际表现与预期收益的出入会影响外界对管理者能力的评估。管理者也深知这一点，因此在面临投资风险时，会谨慎地选择更安全、收益相对较低的投资项目，甚至在现有项目投资失败时，也不愿承认失败，不愿将其清算或退出，而是追加投资，从而导致无法挽回的损失。

④ 群体行为。Scharfstein 和 Stein(1990)发现，经理人市场普遍认同，常规操作的失败要好于非常规的成功。为了维护自身在经理人市场的声誉，这种思维可能是理性的。同时，遵循他人的决定，使管理者比采取反向行为更有利于评估投资决策。即便发生错误，共享责任能分担风险，也表明管理者能够接收市场信号，是聪明的投资者。因此，管理者可能拒绝他所认为的有价值投资，而跟从进行其他经理人做出的无价值投资。

⑤ 过度自信。Malmendier 和 Tate(2006)认为，基于"超过平均"的心理活动，掌握控制权的管理者容易产生控制幻觉，从而触发过度自信，倾向于相信自己可以控制决策结果，高估投资回报，低估失败的可能性。因此，当企业存在内部资金时，管理者往往过度投资。另一方面，管理者认为公司股票被市场低估，如果内部资金不足，其对于外部股权融资的意愿较低，结果造成投资不足。实证表明，管理者过度自信的企业，其投资对现金流的敏感性明显高于同业。

(2) 股东—债权人代理冲突

Fama 和 Miller(1972)指出，任何投资决策都无法使债权人和股东同时达到利益最大化。在此基础上，Jensen 和 Meckling(1976)、Myers(1977)提出资产替代与投资不足的概念。他们认为，债权人和股东承担责任的不同，导致风险偏好和投资风格的不同。具体而言，若项目成功，债权人优先享受固定利息收益，而股东可以享受剩余的投资回报，与项目总收益呈正比；若项目失败，债权人承担大部分损失，优先于股东。因此，债权人偏好不确定性小的投资项目，尽管收益相对不高；股东偏好风险较大的投资项目，目的追求高收益。由此，利益冲突产生。而这种代理冲突也导致，一方面，股东本能地更倾向于用高风险项目替代低风险项目，即资产替代效应；另一方面，当负债较大时，项目投资收益基本用于偿还债务，股东获利较小，削弱其日后对于其他净现值为正的项目投资的积极性，即投资不足效应。这种代理冲突对处于财务困境的企业将会更严重。

负债对于企业投资支出具有两面性，代理冲突的影响是一方面，另一方面，融资政策也被用来限制管理者对于资源的过度控制，从而抑制过度投资倾向，发挥相机治理作用。Grossman 和 Hart(1986)认为，企业持续经营状况下，向债权人定期支付的固定利息和本金，能够降低管理者控制的自由现金流；企业破产

时，债权人拥有企业的剩余索取权，破产机制对于债权人地位的改变将彻底剥夺管理者的控制权，实现有效的监督效应。Aghion 和 Bolton(1992)基于契约不完备和财富约束的假设，认为债务的违约风险使企业面临丧失控制权的危险。因此，在面对权益、负债的融资选择时，应权衡新股东对于其他股东控制权的稀释作用以及债务违约的破产风险。换言之，负债可以通过剩余控制权影响公司治理。Jensen 和 Mecking(1976)认为，债务的偿还性能够减少管理者谋取私利的机会(比如索取薪酬、在职消费)。Fama 和 Jensen(1983)基于不完全契约假设，认为剩余索取权是分散的，因此引发代理矛盾。而负债是由银行提供，银行的强监督风格和严厉债务条款的特点，能够更有效地对代理人进行约束，起到对股东的监督作用。

(3) 大股东—小股东代理冲突

Johnson(2000)等在研究亚洲金融危机时，以公司治理的视角，强调了法律保护对债权人和少数股东的重要性。他们认为，控股股东能利用控制权将企业资产转移出企业，或者令企业投资于满足自己私利而使中小股东受损的项目上，中小股东因为弱势地位而被动，最终导致公司价值降低、股价下跌，从而解释了危机期间股票市场的衰退和汇率的贬值。Johnson(2000)指出，现有法律无法形成对债权人和中小股东的有效保护。比如，少数三星电子的债权人和小股东在亚洲金融危机期间抗议大股东的资源转移，即便当时存在破产法，但实际上并不可能强制违约债务人清算，无法获得清算价值，债权人和小股东一无所获。Holmen 和 Hogfeldt(2004)研究家族企业 IPO 后的控制权归属问题。研究背景是企业上市会导致股权分散，一般企业所有者会选择退出，企业由管理者或中小股东主导；而家族企业上市前是在中小股东保护薄弱的环境下经营的，股权控制权集中，IPO 后较少选择退出。因此，优先控制的创始人在 IPO 进程中，会通过设计公司章程和架构来最大化其控制权价值。并且，在中小股东法律保护越弱的地区，IPO 后家族企业所有权将越集中，这被称为"壕沟效应"。

2) 信息不对称

(1) 股票市场的信息不对称

Myers 和 Majluf(1984)假设管理者比潜在投资者更了解企业价值，能够理性做出投资决策。在面对投资机会，考虑融资方式时，若管理者与老股东利益一致，则发行股票的成本不能超过项目的净现值，只有股票高估，才会选择股权融资方式。而由于信息不对称，潜在投资者意识到自身的信息劣势，会逆向考虑，认为不发行股票是好消息，发行股票反而是对自身不利。导致潜在投资者愿意

支付的价格更低，企业募集不到充足资金，陷入融资陷阱，产生投资不足，影响企业价值。Heinkel 和 Zechner(1990)同样基于信息不对称分析对企业新项目投资的影响，他们的观点有所不同，即项目质量的信息不对称会导致过度投资。因为项目市场定价是基于其平均价值，而项目质量的信息不对称会使得低估值项目也能被执行，并从未来高估值股票中获利，过度投资就出现在此情形中。

(2) 债务市场的信息不对称

Stiglitz 和 Weiss(1981)研究信贷配给时，纳入信息不对称的考量因素。信贷配给指贷款人以贷款利率提供比借款人要求的更小的贷款额度。原因之一是债权人处于信息劣势时，无法识别不同客户的还款可能性，因此不愿全额贷款。按个人愿意支付的利率偿还，可以作为一种筛选优质借款人的手段，即利率的逆向选择。愿意支付高利率的借款人很可能还款的可能性较低。因此，基于这种考虑，企业为了项目投资寻求债务融资时，往往被债权人要求更高的风险溢价，从而增加了融资成本，发生投资不足。Jaffee 和 Russell(1976)同样研究信贷配给问题，与上述不同的是，此时的信息不对称侧重为债权人与债务人对项目净现金流的预期不同，而非笼统的还款能力。不变的是，债权人要求更高的利率补偿，提升企业融资成本，形成融资约束，进而不得不放弃那些原本值得投资的项目，造成投资不足。

(二) 公司治理：非效率投资的约束机制

上文介绍了非效率投资源于企业代理矛盾和信息不对称。而公司治理关注的是两权分离下的委托代理矛盾，是有关公司剩余控制权和剩余索取权分配的一系列制度安排(1996)。有效的公司治理能实现利益制衡，约束代理人的机会主义行为，降低信息不对称，保障股东财富最大化目标的实现。狭义的公司治理通过股东会、董事会、监事会、管理层构造内部治理框架，广义的公司治理关心公司内外所有利益相关者之间的利益关系，致力于维护公司各方面利益。

1. 内部治理机制

(1) 股权结构

Pindado 和 Torre(2005)研究发现，由于企业投资取决于代理人的选择，因此其与所有权存在非线性关系。若代理人与所有人分享最大化利益，则不需要更高债务来避免过度投资风险；否则，所有权集中度的提高将鼓励债务融资。Pagano 和 Roell(1998)分析了公司所有制结构的最优设计，认为最佳结构是股权实现一定程度的分散，可以引导多个大股东相互监督，避免控股股东谋取私

利。除控股股东外的其他股权太过集中，会最大限度地提高企业的监督成本，不利于企业长期发展。Richardson(2006)提出投资支出模型，指出过度投资是美国上市公司的常见问题，原因是自由现金流量未被分配，而是保留用于超额投资。并试图证明治理结构对于过度投资的抑制作用，发现活跃股东持股发挥了作用。

国内方面，白重恩等(2005)实证指出，公司治理的改善是企业市场价值提升的根本途径。胡国柳等(2006)以代理理论为出发点，检验在中国的有效性。发现，股权集中度越高，包括第一大股东持股和国有股，能显著降低企业资本支出水平，而经理持股作用相反。简建辉等(2010)得出了相近的结论，并试图进一步探究股权制衡的治理作用。采用第二至第五大股东与第一大股东的持股比作为股权制衡的替代变量，发现股权制衡反而有加剧过度投资的倾向，解释可能与我国上市企业股权结构过于集中有关，这样弱化了其他股东对控股股东的制衡能力，无法起到预期的治理效应。

(2) 董事会

李维安(2007)首次将公司治理评价指数——南开治理指数应用于研究过度投资。他发现，股东会、董事治理机制能产生有效制约，监事会治理效果不理想。他认为，董事会是公司治理的核心。随着股权分置改革的完成，包括董事薪酬机制、董事持股、股票期权等长效激励机制应被提上日程重点。吕兆德(2016)从过度自信的视角出发，研究发现董事背景多元化可以抑制因董事长过度自信导致的过度投资行为。其使用了内外部性、任职时间、学历、年龄、性别五个指标度量董事的个人背景，认为差异化的背景决定了差异化的思维方式和认知能力，有助于在集体决策时多方考量，避免单方面的“控制幻觉”而造成决策失误。胡诗阳(2015)等重点考察了非执行董事的治理效果，即直接代表股东利益的董事，不受制于管理层，并进一步细分为控股股东董事、非控股股东董事，分别代表控股股东和其他股东的利益。以往研究认为，二者是对立关系，但他研究发现，在针对过度投资的治理时，二者都发挥了显著的作用。并且，当董事长、总经理两职合一时，或当实际控制人控制权与现金流权分离时，控股股东董事的监督职能将受到限制，而另一方不受影响。

Borokhovich(1996)等实证发现，外部董事的比例与外部人士被任命为CEO的可能性存在强烈的正相关性，且新CEO的任命通常有利于股东利益。这是因为，当公司经营业绩恶化时，外部董事倾向于解雇业绩不佳的管理人，并能比内部董事考虑更广泛的候选人。因此，以外部董事为主导的董事会，能够对

管理人形成一种有力的“威慑”作用。中国上市企业中，独立董事的治理机制还有待改革突破。李鑫(2013)检验了独立董事比例与过度投资水平的关系，结果并未形成有效约束，解释中国企业独立董事比例仍显著偏低，相比英美国家的50%以上，中国独立董事显然尚未取得主导地位。同时，独立董事由大股东向董事会提名推荐，缺乏独立性，自然而然发展为大股东的利益代表，从根本上无法防止机会主义行为的发生。

(3) 激励计划

宋丹等(2016)证明薪酬激励，包括经理人薪酬激励和股权激励，可以使已具备股权制衡条件的企业降低过度投资水平。给予经理人除固定薪酬以外的可变薪酬，使对此敏感的经理人能够从公司利益出发考虑投资决策，抑制自利行为。值得注意的是，这一结论的假设前提是股权制衡，即大股东之间分享控制权，互相监督制约。李秉祥等(2016)在没有考虑上述前提的条件下，以CEO为特定研究对象，同样证实了这一此消彼长的关系，并添加国有性质变量探究企业性质对此关系的影响。结果发现，国有性质会弱化这一治理作用。

Brick、Palmon和Wald(2002)表示过高的薪酬激励会带来负面效果。研究发现，CEO和董事薪酬之间存在非常显著的正相关，假设这种关系是裙带主义的表现，即指权力与资本合谋，垄断企业财富，那么超额薪酬会对企业绩效带来消极作用。

2. 外部治理机制

(1) 外部控制权市场

对于市场导向型的公司而言，如果内部治理机制失效，还有一道防线可以最后补救，即外部控制权市场趁机收购，替换现有管理团队，使企业资产重新得到有效利用。通过管理层团队的“换血”，彻底解决无效率问题，达到收购公司的预期收益。

但Masulis(2007)也指出，收购是最大和最易观察的企业投资之一，也会加剧股东和管理者的利益冲突。受到很多反并购条件保护的经理人较少受控制权市场的影响，因此更有可能沉迷于破坏股东价值的帝国建设型收购。这样反而使得收购成为一种无效率投资，使未来公司股票收益显著降低。Gompers(2003)也表示，如果公司有很多反收购保护政策，经理人往往变得更贪婪。Hartzell(2004)研究目标公司CEO在完成的兼并收购中获得的收益。发现一些目标公司CEO在进行收购谈判时，会要求对方补偿他特殊奖金或“黄金降落伞”。这些协商支付的现金与CEO过去享受的超额报酬往往正相关，表明管理

人有动力在收购协商中要求与原先所处位置一致的薪酬水平。在此基础上，目标公司的股东受其影响，只能享受到较低的收购溢价。

中国上市公司一股独大的现象十分普遍，国有控股企业占比较大。控制权市场仍处在发展初期，涉及的兼并收购均为政策驱动型，即由政府主导进行。受其影响，兼并收购完成后，企业的经营模式和股权结构等，并没有根据企业实际情况和市场现实需求进行相应调整，无法切实发挥资产价值。市场机制不完善，理论也难以跟进，国内这方面的研究仍在探索阶段。

(2) 投资者保护

法律环境，尤其是投资者保护制度，会影响公司治理的质量。La Porta 等(2002)使用来自 27 个富裕经济体的 539 家大型企业数据，测试投资者保护对企业估值的影响，得到正相关的研究结论。研究表明，一国对投资者的法律保护是其金融市场发展的重要决定因素，保护和执行力越强，投资者投资意愿越强，能更好地参与资本市场，形成良性循环，进而金融市场发展越广泛深入，越能体现资产真实价值。La Porta 等的一系列研究凸显了法律保护的关键性，不仅有利于企业经营的改善，更有利于金融市场的成熟完善。

反观我国，政府和法律相互交织，成为独具中国特色的监管环境。各级政府承担各自的社会性目标，既有动机又有能力将这些目标内部化到其控制的上市公司中，影响企业契约的签订和执行，进而影响公司治理的效率，从而偏离股东财富最大化的治理目标，损害公司价值。夏立军等(2005)细化政府层级，考察政府控制与企业价值的关系，证实具有负面影响，且这种影响随着政府层级的提高而降低。

(3) 外部审计

外部审计的目的在于加强企业受托责任，以第三方独立视角发现和纠正内部财务报表的偏见和疏忽，向全体投资者提供真实和公允的结果反映，侧重事后监督。受会计丑闻影响，学术研究的重点在于其独立性。Zhang 等(2007)采用对比方法，将具有内部控制缺陷的公司样本与无缺陷样本比对，发现审计师的财务能力越低，企业更有可能出现内部控制缺陷。并且，审计师频繁变更也可能成为暗示公司出现内部控制漏洞的信号。

(4) 舆论监督

网络爆炸时代，通信媒介的发达扩充了信息量，所见所闻都成了信息，与此同时，信息的真实性变得模糊，信息的筛选尤为重要。有价值的信息经舆论媒体的传播，容易放大本受忽视、不为人所知的问题。资本市场领域，一些独立的咨询顾问、投资研究机构通过调研走访、证据搜集、发布分析报告，降低上市公司对

市场的信息不对称，借助舆论压力和声誉机制形成社会约束力。美国第三方研究机构“浑水公司”发布的辉山乳业沽空报告就反映了这一力量的强大。辉山乳业存在夸大利润、操作股价、资金链紧张、控股股东转移财富等种种问题，但由于投资者处于信息劣势，反而保证了股价的平稳。浑水公司通过实地考察，借助行业专家的帮助，利用这种信息不对称，发现背后的关联交易和虚假营收问题，一旦向市场公开，不争的事实叠加消极情绪，辉山乳业股价重挫。在此事件中，监管、外部投资者等力量反而是滞后的。容易引起争议的是，中国A股市场没有做空机制，冒险家的冒险机会成本太低，“浑水”这类公司必须严格按照法律规定进行舆论监管，否则有操纵股价之嫌，其一旦找到证据，有“一票否决制”的威慑力。

（三）机构投资者概述

1. 概念厘定

机构投资者的迅速发展源于社会专业化分工的加深和信托业的发展。一方面，金融体系为了提高服务的专业化程度和工作效率，组织分工是必然发展趋势。金融机构的投资领域作为金融体系的最重要一环，汇集了专业投资管理人打理资产，区别于个人。另一方面，随着社会财富的积累，大量社会资金存在财富增值的主动投资意愿，信托业的发展解决了这一迫切需求，并为机构投资者带来大量资金来源。

对于机构投资者，证监会在发布的《证券期货业统计指标标准指引(2016年修订)》中，将其划分为自然人、专业机构、一般机构和沪股通深股通四个大类，前三者分别对应我们熟知的个人、机构和一般法人投资者。学术界主要有狭义和广义两种定义。狭义定义认为，机构投资者是专门代为管理资金进行投资行为的证券公司、银行、保险、信托、证券投资基金、养老金、企业年金等专门投资组织。狭义定义更强调委托-代理关系，投资管理人代表客户利益，将众多客户财富汇集在一起，通过专业化管理，实现资金的保值增值，并进行定期的收益公示，注重资金的安全性。广义定义认为，机构投资者是一切区别于个人的机构投资者，其范围不仅包括狭义的专门投资组织，甚至包括一般法人企业、学校、慈善机构等具有大量投资资产的组织。广义定义更强调战略投资目的，这里的投资组织不仅包括以有价证券投资交易为主要收入来源的独立专业投资机构，还包括存在其他主营业务、有价证券投资为辅的组织团体，注重资金的增值性。

本文采用狭义定义，将机构投资者定义为这样一种非个人金融组织：利用自有资金(银行、券商自营等)或通过各种金融工具(公募基金、私募基金、券商集

合理财、保险、投资信托等)实现社会资金融合后,对金融证券市场进行投资和盈利的独立专业化金融组织。

2. 中国机构投资者的发展概况

20 世纪 80 年代以来,美国反敌意收购法案"剥夺"了机构投资者高价转让股票的机会,受阻后通过积极参与公司治理来对抗,推动了机构投资者的迅速发展。而对于当时的中国资本市场,机构投资者严重稀缺。根据《上交所统计年鉴 2005 卷》,1996 年机构开户数只有 0.31%[①]。直到 1997 年 11 月《证券投资基金管理暂行办法》的颁布,才为以证券投资基金为主的机构投资者奠定了法律和制度基础。

2001 年,证监会提出"超常规发展机构投资者";2002 年,确定首批社保基金管理人;2003 年,瑞士银行成为首家获批的 QFII 机构,同年批准保险基金入市;2004 年正式实施《证券投资基金法》;2014 年发布《私募投资基金监督管理暂行办法》,其管理规模在 2016 年底突破十万亿元[②];2015 年批准养老金入市。这 10 多年来,中国机构投资者经历了多元化的快速发展,比重不断增加。

图 1-3 所示是上交所统计的历年各类投资者持股市值,可以看到,从 2007 年开始,机构投资者总体有一个飞跃的发展,成为中国证券市场的主体,其中专业机构投资者比例不到 20%,仍有进步空间。

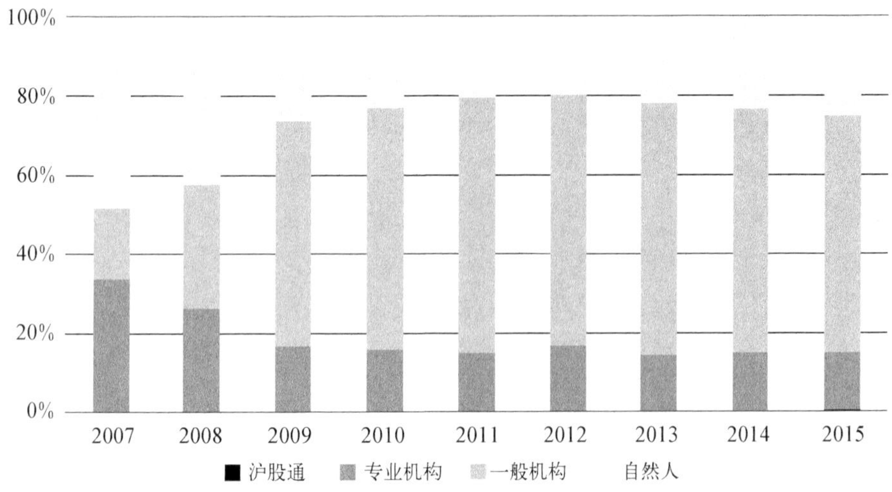

图 1-3 中国上交所 2007—2015 年各类投资者持股市值占比

资料来源:中国上海证券交易所 2008—2016 年统计年鉴。

① 数据来源:《上海证券交易所统计年鉴》2005 年卷。
② 数据来源:Wind 数据库。

随着持股比例的上升，机构扮演着越来越重要的角色。相比个人投资者，机构明显的规模、信息优势使其充分发挥股权价值，在买卖股票交易的表象背后，出现了积极参与公司治理的身影。2015 年底，前海人寿举牌万科引发的股权之争最终以保监会的行政处罚落下帷幕，监管层鼓励保险资金长期投资、价值投资。在此之前，还有 2003 年招商银行的“百亿转债风波”，融资方案公布后，基金经理指责其为一股独大、股权割裂结构下的“恶意圈钱”行为，损害流通股股东利益；2010 年双汇发展的“弃权议案”损害了少数股东权益，在股东大会上遭到公募基金为主的流通股股东集体否决。这些事件表明，机构投资者逐渐关注公司治理，积极介入公司经营，看中的不光是二级市场短期交易的资本利得，同样关注从企业长期价值增长中获利。

3. 机构投资者异质性分类

研究成果表明，并非全部机构投资者对于公司治理都能产生积极影响。对于机构投资者的分类，国内外学者给出了不同的分类标准，归纳后主要有以下角度：业务联系、持股波动、投资行为、产权性质等。

（1）从业务联系角度

Brickley 等(1988)最早研究所有权与反并购方案时，提出银行、保险、信托经常从与企业的业务合作中获利，更易受到管理者控制；而基金会和公共养老基金与企业的业务合作较少，比银行等更能反对管理者。此后，更多学者相继在此标准上研究机构持股对公司治理其他方面的影响，将前者存在业务联系定义为压力敏感型，包括银行、保险、信托；反之为压力不敏感型，主要是独立的养老基金。Almazan 等(2005)研究发现，压力不敏感机构对于管理者薪酬的监督管理比压力敏感机构更具有优势。Borokhovich 等(2006)通过观察市场对企业反收购修正公告的反应来检测外部机构投资者监督的有效性，得到了与上述一致符合的结论，即压力敏感机构持股数超过不敏感机构时，反收购的超额回报往往较低，证明此时的股东财富受到损害。Cornetta(2007)基于经营性现金流回报，认为压力敏感机构为了保护与企业的潜在业务关系，不太愿意挑战管理决策，治理效果更差，而那些与公司没有潜在业务关系的机构被证明与更好的企业经营业绩有关。

（2）从持股波动角度

Chen 等(2007)结合持股波动和独立性，将那些至少一年持有大额股份的独立机构定义为独立长期机构(ILTI)，不满足该条件的为其他机构投资者。他们假设 ILTI 将关注于监督和影响力而不是交易，并证明确实只有 ILTI 持股能利

用其大额所有权缓解代理人冲突,实现更好的并购表现和撤销不良并购交易。并且,ILTI 明显受益于其作为监督者的努力,更能对所有股东产生积极的外部性。

牛建波等人(2013)以三年为观察期,将企业持股波动与同行业中间水平进行比较,分为稳定型和交易型,稳定型秉持价值投资理念,期望通过分红从企业价值提升中获利,交易型偏好流动性,仅希望在股市价格波动中赚取差价。实证发现,稳定型机构投资者对提升企业自愿性信息披露程度影响更大。李争光等(2015)、朱信凯等(2016)分别在牛建波设计的指标基础上,研究机构投资者与会计稳健性、投资效率的影响,均表明稳定型机构投资者的积极监督作用。

(3) 从投资行为角度

一方面,机构的频繁交易和关注短期回报鼓励管理者的短视投资行为;另一方面,股权和机构的多元化使得管理者能够专注于企业长期价值而不是短期收益。Bushee(1998)基于研发支出来研究上述竞争观点。他使用因子分析和聚类分析,共三类指标九个变量,根据机构过去的投资行为进行分类成组。三类指标分别是机构的投资组合多元化水平、投资组合波动性和对当前收益的交易敏感度,将机构分为短期投资型、长期投资型及准指数型。结果表明,长期机构持股越多,管理者越不太可能削减研发来扭转利益下降,这意味着长期机构抑制了管理者的短视行为。而短期机构更重视当期收益,交易频率较高,参与动量交易策略较多,向管理者施加了牺牲研发投入的压力,容易造成管理短视。准指数型机构为了获得市场平均回报,跟踪指数构建投资组合,消除非系统性风险,参与公司治理的积极性不高。

(4) 从产权性质角度

范海峰(2012)认为,机构投资者的资金来源和资金运用综合决定了其产权性质,主要分类为私有和公有。具体说明,保险机构运用的投资资金虽然来自众多客户的保险金,但其实质是由于时间差和数量差而沉淀的闲置资金,保险机构投资并非为了客户实现资金保值增值,而是为了自身利益最大化,应该根据保险机构的产权性质确定,由于我国保险公司大部分国有,因此,大部分保险资金属于公有产权。社保基金、养老金的资金来源决定了其公有产权性质。公募基金、投资信托、阳光私募等是基于信托关系成立的专业投资管理人,属于私有产权。QFII 是境外机构投资者,进行市场化投资操作,中国政府无法对其进行行政干预,可视为私有产权。另一些私募不发行产品,以自有资金进行投资,取决于资金来源,地方国资委下设的投资基金属于公有产权,高净值投资者、企业法人设

立的专业投资基金属于私有产权。

(5) 其他角度

国内方面,孙刚(2012)将机构持股比例细分为受限股和非受限股,借此拆分机构持股的监督和交易双重性动机,并探讨对企业真实盈余管理的影响,发现交易动机的机构持股与真实盈余管理幅度显著正相关,且无法降低发生概率,而监督动机则充分发挥其治理角色,与盈余管理的幅度和概率均显著负相关。

本文将基于牛建波的分类思路,通过持股比例观察持股波动,结合时间和行业两个维度判断机构持股波动的大小,更加全面严谨,从而将机构分类为交易型和稳定型。用式(1-1)~式(1-3)表示如下。

$$SD_{i,t}=\frac{Inspct_{i,t}}{\sigma(Inspct_{i,t-3},\ Inspct_{i,t-2},\ Inspct_{i,t-1})} \tag{1-1}$$

$$SD_{t,j}=\frac{Inspct_{t,j}}{\sigma(Inspct_{t-3,j},\ Inspct_{t-2,j},\ Inspct_{t-1,j})} \tag{1-2}$$

$$Inssta_{i,t}\begin{cases}1,\ if\ SD_{i,t}\geqslant Median(SD_{t,j})\\0,\ if\ SD_{i,t}<Median(SD_{t,j})\end{cases} \tag{1-3}$$

Inspct 表示机构持股比例,由于中国市场对机构参与 IPO 或定增规定 1 年后解禁,因此观察 3 年周期内的持股波动性。*SD* 表示持股比例与持股波动的比值,若持股比例越大,持股波动越小,则 *SD* 越大,表明机构长期持有的价值投资心理越强,参与公司治理的可能性越大。并从行业维度进行异质性区分,若 *SD* 高于行业中值水平,更偏安定,定义为稳定型机构,否则为交易型机构。Inssta 代表机构类型,稳定型机构取值为 1,交易型取值为 0。

值得注意的是,Wei 等(2003)研究了 1994—1996 年中国新私有化企业的国有股权与企业市场表现之间的关系,发现国有股比例对企业价值有消极影响,在该市场环境中,机构投资者并没有改善企业业绩,解释可能是由于机构缺乏积极影响企业管理的适当动机。薄仙慧(2009)、张敏(2010)、李增福(2013)分别从应计盈余管理、薪酬契约、真实盈余管理的角度,纳入产权性质的因素,考察机构的治理效果,均得到了机构在国有企业中治理作用不显著的结论。因此,从结果的有效性角度考虑,本文选择缩小研究范围,将着眼点定位于民营企业,即研究民营企业中机构持股通过公司治理进而影响非效率投资的治理效应。

(四) 小结

本节分为三个部分,第一部分介绍了非效率投资的相关理论,包括概念界定

和形成机理，可以看到，非效率投资根源在于企业治理机制的不完善；第二部分介绍了非效率投资的约束机制，表明有效的公司治理可以加强监督，通过股权结构、董事会、外部控制权市场等途径防范机会主义行为，抑制非效率投资；第三部分引入机构投资者的概念，介绍了其股权不断壮大并参与公司治理的发展趋势，总结了异质性的分类方式，为下文机构通过公司治理约束非效率投资的机理研究打下基础。

三、机构通过公司治理约束非效率投资的机理分析

由于两权分离，大多数中小股东无法深入公司治理，在股东会投票时，其股权限制了话语权，最多只能卖出手头的有价证券实现“用脚投票”，无法根本解决代理矛盾。而机构投资者的股权比例较高，具有较大的话语权，能直接参与公司治理，实现控制权和所有权的局部统一，被称为“股东积极主义”现象。Smith (1996)将“股东积极主义”定义为对于违背股东财富最大化目标的企业行为进行监督和改变。早期指个人投资者的积极行动，但由于能实现积极主义的个人需要强大的资本实力作为支撑，个人势单力薄的情形下无法对公司治理形成较大影响。随着机构投资者的崛起，股东积极主义开始真正发挥内在价值，约束非效率投资。

（一）机构投资者参与公司治理的机理分析

1. 机构投资者参与公司治理的动机

（1）成本收益权衡

机构是否参与公司治理，首先取决于其自我的成本收益权衡。治理成本包括以下几方面：首先，信息收集成本。机构需要了解目标公司的生产经营情况、同行竞争对比、行业发展机会等，了解公司的治理结构，判断公司决策行为是否符合股东财富最大化，必要时，需要聘请外部专家提供相应咨询建议。其次，代理成本。Jensen 和 Meckling 指出，代理成本由三部分构成：第一，监督成本。委托人发挥监督作用，并建立适当的激励措施，来限制代理人的自利行为。第二，担保成本。代理人保证不会采取某些行动来损害委托人利益，否则委托人将得到补偿。第三，剩余损失。即便最终委托人建立了一套科学合理的最优契约来限制代理人的越轨行为，但是为了设计这套机制所付出的相应成本，某种角度也是对委托人福利的损失。并且，最优契约未被完全执行时，代理人所作决策非

最优时，也存在着机会成本。这种损失被称为“剩余损失”。再次，间接成本。包括机构参与治理可能招致公司报复、用脚投票引起的股价下跌影响自身收益等。

机构投资者的治理收益体现为两方面：企业盈利增加和企业股价上升。财务利润取决于多重因素，公司治理机制完善并不意味着企业财务利润有立竿见影的变化，但有利于降低机构未来参与公司治理的成本，减少因管理者机会主义行为而承受的风险，降低控股股东的利益侵占风险。同时，治理完善的企业能够吸引更多外部投资者，扩大企业规模，使机构从中获利。

相较于中小股东，机构持股比例较高、信息资源丰富，机构投资者能够通过长期投资降低治理成本，同时，股数效应可以稀释治理成本，从而避免“搭便车”行为对管理者和控股股东机会主义行为的助涨作用。不仅如此，机构投资者所能获得的信息价值更高，能够降低信息不对称，抑制管理者的非理性，借助外部市场共同督促，从而潜在监督收益更大。这对于规范公司治理、缓解代理矛盾具有积极的促进作用，并且股权比例越高，参与治理的动机越强，未来可能获得的正收益更大。下文会具体介绍机构的规模、信息优势所带来的治理优势。

(2) 流动性风险

持股比例较高也给机构投资者带来了流动性风险。机构投资者持股比例较大，无法实现大量卖出获利，一是因为大量减持，会造成公司股价大幅波动，无法满足机构投资者自身的盈利目标；二是因为机构大量减持往往被解读为释放消极信号，这对于不成熟的金融市场会带来消极情绪的蔓延，监管当局为了维护市场稳定会发布严厉的交易要求；三是众多个人投资者存在追涨杀跌的心理，会跟随机构投资者操作，造成股价的进一步下跌，原本是机构的获利退出，但无形中损害了公司的真正价值和其他投资者利益。因此，机构投资者的资金规模使其丧失了较好的流动性。李维安和武立东(2002)指出，无论机构投资者是为了短期交易还是价值投资，其庞大的资金规模限制其在有价证券交易时间和方式上的选择自由，迫使其转变思路，着眼于采取积极监管的手段，参与公司治理，成为积极的股东。

(3) 社会责任

2017 年保监会对恒大人寿的处罚可以看出，监管层对于机构投资的定位是长期投资、价值投资。机构内含政府的社会性目标，起到稳定市场、培育实体经济的作用。受产权性质影响，一些机构设立背景就是支持本地企业发展，创造工作机会，带动地域经济。中国资本市场尚未成熟，大力发展机构投资者的初衷之一也是希望其可以引导资金走向，规范公司治理，保护广大中小投资者。

2. 机构投资者参与公司治理的优势

（1）规模优势

机构投资者通过委托代理关系，将个人或家庭的财富汇集成庞大的资金池，运用资金池投资，形成可观的股票池（投资对象备选库），使其具备规模优势。经济学告诉我们，公司治理是一种“准公共产品”，具有成本内在性和收益外在性的特点。

这种规模优势为机构投资者带来规模经济效应。首先，机构投资者作为专业的金融投资中介，有能力和动机汇集闲散的社会资金。比起社会投资人，机构投资者的资金规模十分可观，不仅有汇集专业投资人才的资金实力，还能够通过长期的投资活动使平均成本下降，具有正反馈效应；能够通过分散投资标的降低投资失败风险；对客户负责的准则使其更注重资产的安全，能够保障资金规模实现平稳增长，更能从长远角度实现对投资目标的规划。

其次，机构投资者的资金优势使其在买入公司股票时，持股比例较个人投资者有很大提高，因此，机构投资者能享受到更大的话语权。不仅如此，耿志民（2002）还提出了“股数效应”的概念，他认为，机构投资者参与公司治理的总成本是一定的，随着持股数量的增加，单位股数分摊的治理成本下降。同时，持股比上升意味着可能会带来更好的治理效应。因为受持股比例制约的个人投资者只能通过“搭便车”或“用脚投票”方式表明自己参与公司治理的立场，但机构投资者能够通过股东会提案、私下谈判等方式积极提升监督作用，享受更大的监督收益。并且，持股比例越高，越有积极性参与公司治理。这样一来，当治理收益大于治理成本时，机构投资者能享受到个人所不具有的“股数效应”。

再次，机构投资者的规模优势能够发挥范围经济效应。虽然机构投资者有众多的投资标的，不同的投资标的需要采取相应的投资策略，但是投资过程中使用的是相同的人、财、物等要素，对于同一行业的投资分析有很强的复制性，对于同一类业务的投资操作有相近的可参考性。因此，随着投资范围的扩大，共同的投资要素可以降低投资成本，这一范围经济效应会凸显出来。实践中，机构投资者在面对经济形势和概念炒作时，比社会投资人能更快调仓换股，及时跟踪社会热点，把握最有价值的投资机会。

（2）信息优势

机构投资者的规模优势和人员优势决定了其能够从信息收集中获得更有价值的投资机会，从而获得更高收益，因此机构投资者主动搜集信息的意愿比个人投资者更高，且其信息质量更高，噪声小。其信息优势具体体现在以下几点。

第一，对公开信息有更强的分析能力。机构投资者汇集了资本市场上最优秀的分析团队，突出的逻辑分析能力和深度思考能力是进入行业的门槛，也是行业天然的壁垒。他们对于公开信息的解读随着其在资本市场经历、阅历的沉淀会比普通个人投资者来得更加深刻，专业化分工使其对于时局动态的把握更加及时准确。不仅如此，机构投资者可以定期对上市公司进行调研或走访，这种第一手资源可以令其通过产业链或竞争对手的访问来间接掌握目标公司的实际情况，从而具备更强的洞察力。个人投资者可以在某些公司上取得好的收益，但机构投资者更能把握行业性的发展机会。

第二，聘请其他专家来帮助收集或分析信息。资本市场虽然控制着庞大的金融资源，但其精英文化使得投资经理人市场并不大，互相之间存在紧密的联系，这样的人脉资源可以帮助机构投资者主动获取其需要的信息，意即机构投资者间的信息流动性和信息质量要好于个人投资者。不仅如此，机构投资者有能力聘请外部或内部的行业专家帮助解读和收集信息，拓宽信息面。

第三，除了市场公开信息以外，机构投资者还能获得企业内部的私有信息，即“软信息”。这是由于机构投资者持股比例较高，能更容易接近公司管理层，获得企业真实经营情况和内部控制情况。

第四，机构投资者丰富的信息资源和专业的分析能力，能够使其在制定投资决策时避免非理性行为的发生。信息的盲区越少，其纳入考量的因素更加全面；由投资委员会决定最后的投资策略，避免个人非理性行为的影响，从而变得相对理性。

第五，在上述的基础上，机构投资者本身的交易行为将成为一种信号。委托代理关系，决定了机构投资者必须定期披露其经营收益情况，这样会使得很多个人投资者以追随机构投资者操作为投资策略，有利于降低信息不对称，加强对公司的监督。

(3) 人员优势

除了在信息优势中提到的专业知识能力、人脉资源能力、团队协作的能力互补以外，机构投资者不仅可以接近管理层来获取信息，更重要的是，可以选出具备专业行业知识和丰富管理经验的优秀成员直接担任股东代表或董事，切实参与到公司治理。个人投资者只能“用脚投票”，机构投资者可以“用手投票”，充分运用投资团队所搜集的市场信息，进行更深刻的解读，来帮助企业完善公司治理，制定切实可行的战略发展规划。同时，通过财务分析或竞争对手调研等方式，识别企业隐藏的机会主义行为，及时制止，提升企业长期投资价值，并从中

获利。

3. 代理问题的三大特征

第二部分中分析了非效率投资的形成机制，根源在于治理机制的不完善。上文介绍了机构投资者参与公司治理的优势和动机。下文将分析委托代理关系的矛盾特征，以期为机构投资者参与公司治理的治理机理做铺垫。林毅夫等(1997)认为委托代理关系天然具有三方面的特征，即信息不对称、激励不相容和责任不对等。

(1) 信息不对称

一方面，社会分工和专业化的发展决定了信息的客观不对称在加剧。两权分离使代理人在客观上比委托人掌握更真实丰富的企业生产经营信息，中小股东相对于控股股东的信息劣势也是同样道理。另一方面，获取信息的能力和对信息的解读能力导致了信息的主观不对称。上市公司定期披露的财报信息和公司公告是大多数中小股东了解公司经营情况的窗口，但是解读此类信息需要专业的知识背景，需要一定的时间精力，意即对于中小股东而言，监督成本过高，“搭便车”不光省力更节省经济成本，进而刺激代理人的逆向选择和道德风险问题。

(2) 激励不相容

公司经营过程中，代理人获得固定薪酬，考核升迁机制与企业规模正相关；委托人则从股东财富增值中获利。因此，股东财富最大化的经营目标对于代理人很难一直保持吸引力。目标不一致的情况下，代理人机会主义的行为不可避免。上文分析过度投资时，已经说明了代理成本产生的一些动机，包括帝国建造、声誉提升、回避失败、羊群效应和过度自信等。

问题的关键很自然地延伸到如何使代理人成为剩余分享者，给予足够的激励，使其与委托人收益共享，风险共担，在利益一致的情况下，促使其做出完全符合股东财富最大化的行为决策，实现二者的“激励与约束相容”(1999)。

(3) 责任不对等

代理人拥有企业直接控制权，但并不享受股东财富上升的回报，也不必承担经营亏损的风险；相反，委托人不参与管理企业生产经营，但其收益与公司经营成果息息相关。如果企业面临破产风险，代理人只是丧失了一个工作机会，在代理人市场的声誉受一定影响，但对于委托人，这意味着财富的荡然无存。结合激励不相容来看，形成了权、责、利的不对等。又由于信息不对称，代理人有动机和能力，进行逆向选择，发生道德风险。

企业内存在两类代理问题。在股权高度分散的情况下，代理冲突主要来自股东和经理人，被称为第一类代理问题。剩余索取权分散，无法对经理人形成有效制约，一些股东有意无意地采用“搭便车”的监管方式，更加剧了经理人的机会主义倾向。这时适当提高股权集中度，形成能够制衡经理人的力量；同时鼓励部分股东主动参与公司治理，股权比例的升高有助于降低自身的监管成本，从而某种程度上实现正的监督效益，有助于提升公司的整体价值。

第二类代理问题的发生主要是由于控股股东对中小股东的利益侵占。控股股东的存在，具有两面性：第一，利益协同效应。Shleifer 和 Vishny(1986)指出，在存在众多中小股东的公司中，可能不会有人站出来愿意为监督管理层而付出成本。如果这个公司存在大股东，那情况有所改变，大股东将承担监督管理层的责任。这是因为，如果某股东的改善计划得到其他股东的认可，结果是其他股东希望该股东能够保持现状，说明一般情况下都存在着“搭便车”的监管心理。这样一来，该股东必须承担所有的监督成本，而对于小股东而言，他没有足够的股份能够稀释高昂的监管成本，对于大股东，他所能享受到的股价上涨的收益也许可以平衡监管成本。因此，普遍认为，大股东更有动力承担这一角色。第二，利益侵害效应，即壕沟效应。当控股股东的持股达到一定比例时，其控制力强大到其他中小股东无法与其抗衡，进而控股股东可以在更大范围内追求个人利益，成为中小股东无法逾越的壕沟。

4. 机构投资者改善公司治理

从机构投资者的优势、动机和代理冲突的特征可以看出，机构投资者持股对于公司治理具有积极意义。机构投资者自身的信托关系，使其将原本企业中分散的剩余索取权集合在一起，这种从量变到质变的提高，能够改善公司治理的一些弊端，抑制代理人的机会主义行为，进而防范非效率投资行为的发生，提升企业绩效。

(1) 机构投资者与信息不对称

机构投资者的信息优势能够增加资本市场的信息透明度，甚至持股本身就是一种正面信号。机构投资者作为一种外部投资者，其信息优势来自规模实力和人员资本。在参与公司治理时，机构投资者不仅可以获取大量第一手“软信息”，还可以实现信息的精准解读和及时跟踪。更有甚者，能够成为董事会成员或股东代表，通过投票权直接参与公司治理的改善和监督，减少了过去个人投资者“搭便车”的监管模式。也正因为如此，机构投资者持股本身成为一种信号，其一贯的投资风格可以帮助资本市场推测、了解企业真实经营情况，提高对目标公

司的信任度，推动市场共同监督。

机构投资者的信息优势还能够提高公司的财务信息质量。普通投资者基本不具备阅读财务报告的专业能力，即便能够阅读，但深层次的财务造假、财务漏洞信息无法甄别。机构投资者了解公司真实经营情况，借助财务报表的事后监督和事前事中的警示作用，能够及时发现企业生产经营的异动，敏感地感受到企业投融资背后的机会主义行为，在关联交易中查明利益输送的真相。再借助其股东地位或董事会席位，防范非效率投资等损害企业价值和股东利益行为的发生。

国内外研究均证实，机构投资者能提高企业盈余信息的质量。Chung 等(2002)以操纵性应计利润作为盈余管理的衡量标准，发现大型机构投资者的存在阻碍了管理者调整报告利润至自己期望水平或范围的自利行为。程书强(2006)认为，机构投资者的三大优势，使其具备了信息分析和信息传播的双重身份。他发现，机构投资者偏好持股治理结构合理的公司，因为该类公司盈余信息的及时性强。而机构是流通股中的大股东，持股后，公司很难对其隐藏重大财务信息，降低了“沟通阻滞”，因此其持股比例越高，越能降低信息不对称，增强公司盈余信息的真实性，降低盈余管理行为。

(2) 机构投资者与激励不相容

通过激励方式使管理者分享企业价值提升时的利益，实现与所有者的利益一致。这种治理方式需要通过股东会进行表决通过，机构投资者的规模优势使其能够通过直接“用手投票”或间接“用脚投票”来施加影响。具体指通过参与股东大会，提出议案进行投票表决；或在资本市场执行买入或卖出操作，来选择或放弃具备薪酬激励方案的公司。研究发现，机构投资者关注管理者薪酬，并具有积极影响，其希望借助薪酬激励降低代理成本。

Gillan 和 Starks(2000)统计了 1987—1994 年美国机构投资者在共计 2 042 项议案中关注的管理重点，其中与管理者激励相关的条款占比 11.4%，共 233 项。Bushee(2004)发现，为了吸引特定类型的机构投资者，公司的薪酬委员会会根据机构的偏好，战略性地调整经理层的薪酬结构。Almazan 等(2005)检验机构参与的制度监督对管理者薪酬的影响。发现，当机构监管成本下降时，机构对管理者薪酬的敏感性和对薪酬水平的影响力能够得到增强；但这种影响在企业存在较高的特定监管成本时会减弱。国内方面，陈炎炎等(2006)指出，机构持股量对管理者薪酬有显著的积极影响，但对于长期激励影响不显著，解释认为，这可能由于国内机构投资者力量仍受限，并且股权激励等长期激励方式在当时的

中国未得到有效的推行，效果不理想。

(3) 机构投资者与责任不对等

机构投资者代表了众多拥有投资资产的家庭和个人，其发展相当于替代了原先大量持股分散的个人投资者，其规模优势带来的“股数效应”可以充分消化监管成本，并能享受到更大的监管收益，从而减少了资本市场“搭便车”的弱监管行为，将原本被忽视和浪费的剩余索取权凝聚成可观的股本实力，从而解决治理问题。而机构投资者面临的流动性风险，也使其不得不更多地通过用手投票的方式，保证自己收益的安全性和可靠性。

Black(1992)认为，机构投资者之间存在着相互影响，这种影响使得多家机构投资的企业受到更严格的监督作用。具体表现为，如果多家机构强烈影响企业行为，机构投资者会互相监督，从而降低其中任何一方从企业中获取私人利益的风险。如果多家机构拥有共同利益趋向，他们会合作发声，行使共同影响力，这样要比特定机构对公司的直接控制影响更大。宋玉(2009)从投资者保护视角，考察中国分类机构投资者在所有权比例越高、两权分离度越小的上市企业中，能否做到自我利益保护。实证表明，证券投资基金随上述情形的变化而显著提高持股比例，证明具备自我保护能力，且在非国有性质的企业中表现更明显；但券商和 QFII 的持股受上述影响甚微。

(二) 机构投资者约束非效率投资的机理分析

1. 机构投资者的股权二重性

上文介绍了机构投资者对于公司治理的积极影响，但第二部分也说到并非所有机构投资者都能发挥这种治理作用，现实中存在异质性的分类问题。下文将参考牛建波的变量设计，以持股波动为衡量尺度，将机构分类为稳定型和交易型。本节将从股权二重性角度，解释异质性对治理效应的影响。

宋冬林(2002)指出，机构参与公司治理，无外乎两种方式：获取话语权“用手投票”，以及借助外部控制权市场“用脚投票”。这两种方式，对应的其实是股权的二重性。成为企业股东，持有股权，相当于持有对经营管理议案的投票权、红利分配权、剩余财产分配权、股份转让权等。经仔细分析，这些权利可以划分为两大类：一种是通过加强对代理人的监督管理，提升企业价值这一“共同利益”，享受企业长期经营后的业绩回报；一种是获得分红收益，或股份转让的资本利得，享受短期可兑现的“个人利益”。李维安和武立东(2002)将其总结为股份的支配和收益职能，分别具有内在的安定和不安定性。这二重性的复合影响，外

化表现是价值投资还是短期获利退出，取决于机构的利益权衡、独立性、投资风格、政策指示等多方面因素，无形中影响公司治理。也就是说，异质性的内在驱动是股权二重性的博弈，而后者受到机构是否与企业存在业务联系、是否偏向短期交易而非稳定投资、是否重视当期回报大于长期价值等因素影响，也就是第二章中对机构的不同分类标准。

具体说明，从持股波动角度，将那些在行业内持股波动明显较高、持股比例偏小的投资者划分为交易型，反之则为稳定型。这些交易型机构投资者的行为特征告诉我们，它们具有对流动性和短期收益的偏好，因此对股权的收益性需求更强烈，即交易型持股更多是为了获取红利分配和资本利得，尽量规避流动性风险的影响；持股波动较大，说明它们不存在关注公司治理的强烈意愿，无法发挥股东投票权来约束非效率投资，而且持股比例较小限制了股数效应对高额监督成本的稀释作用，成本收益难以均衡，从而更加约束了股权支配性效应的发挥。而稳定型机构重视长期投资、价值投资，有助于发挥股权的支配性。其持股波动越小，表明其能从较长时间跨度内分析企业价值和成长性，参与公司治理的意愿更强；其持股比例较大，流动性风险限制了其短期操作获利的可能性，为了收益目标，只有通过规范公司治理，约束非效率投资，才能长期获利。

再从业务联系角度理解股权二重性的内生驱动作用。与企业存在强业务联系的机构，也就是压力敏感机构，考虑到能从与企业的业务合作中获利，害怕参与公司治理遭受企业报复，担心失去业务合作机会影响收益，容易被管理者控制，当发生管理者或控股股东的利益侵害行为时，倾向于采取忠诚策略，睁一只眼闭一只眼，更重视股权的收益性。而独立机构比压力敏感机构更有动力反对机会主义行为，其不从与企业的业务合作中获利，企业价值上升是独立机构获利的唯一渠道，因此更重视股权的支配性，能够适时进行公司治理。

国内外文献考察机构异质性时，所选择的分类标准都是基于机构本身，比如独立性、持股波动、投资行为等，究其根本都是源于股权二重性的影响。理解这一点，对于理解机构异质性造成的治理效应差异有很大帮助。可以看到，股权的支配属性能很大程度上提高公司治理水平，而公司治理又是非效率投资的约束机制，因此，机构股东积极主义可以降低企业非效率投资水平。而交易属性具有内在的不安定性，治理动机不强，表现为股东消极主义，对于非效率投资的约束性有限。

2. 机构投资者改善非效率投资

机构约束企业非效率投资主要通过以下方式实现。

(1) 股权结构

机构汇集了众多社会资产,将分散的股权集中起来,其持股比例较中小投资者具有显著优势。机构的信息优势和人员优势能提供良好的决策基础,帮助判断企业投资行为的科学性和可行性;而规模优势能够在稀释个人投资者所不能承担的监督成本的同时加强监管,一定程度上实现治理正收益;接着,充分发挥剩余索取权的价值,通过投票权、征集委托投票权、提交股东议案、私下谈判等方式,行使股东权利。从而克服股权分散情形中的中小股东"搭便车"行为,抑制管理者因声誉激励、帝国建造、在职消费等心理而产生的非效率投资现象;也能在一股独大时形成对控股股东的股权抗衡,保护中小投资者,防止利益输送对机构等投资者的伤害。

(2) 董事会

机构的持股规模使其能够引入具有多元化背景的董事,直接参与公司投资决策的制定,并抑制董事长过度自信;同时,由于董事会是由核心大股东选举,代表机构股东的董事能形成一定的治理抗衡;还可以通过股东地位推荐合适的独立董事,监督公司生产经营;若管理人投资业绩不佳,可通过提议罢免代替中小股东的"用脚投票",以"威慑作用"形成对非效率投资的有效约束。

(3) 经理人激励

薪酬激励能够在一定程度上实现经理人的"激励与约束相容",降低代理成本。研究证明,机构关注激励计划,对于经理人薪酬有积极的影响。一方面,能发现裙带主义下管理者超额薪酬对企业财富的侵占,通过股东议案等方式防止该现象发生;另一方面,机构能促进合理薪酬激励制度的建立,使管理人分享企业价值上升的丰厚回报,与股东形成利益共同体,从而约束机会主义倾向下的非效率投资行为。

(4) 外部控制权市场

机构的信息优势可以降低市场的信息不对称性,帮助外部投资者和债权人了解企业的真实经营情况,避免融资陷阱引发的投资不足,防范低估值项目借概念炒作投资过度。如果机构参与内部治理受限,还可以借助外部控制权市场进行"用脚投票"。一方面,如果企业存在较大的债务违约风险,机构可以卖出股票,向市场释放消极信号,这样引起股价的下跌,违约风险过大时,管理者面临债权人剥夺其控制权的风险;另一方面,股价的下跌会引起潜在收购者对于公司控制权的争夺,从而替换现有管理者,使企业资产重新得到有效运用。这种威胁性能够间接激励管理者在一定资本约束下进行合理投资。

(5) 舆论监督

机构投资者的信息优势不仅来源于自带的研究支持部门,还包括第三方研究机构。他们都属于机构投资产业链的一环。通过发布公开的调研、分析报告,既增加了信息的透明度,同时形成舆论监管力量,借助资本市场和社会群体对企业监督。实地调研所获得的一手企业投资概况,通过互联网的传播和放大,实时监督作用更强,舆论导向影响投资者情绪,通过股价波动倒逼企业约束非效率投资。

(三) 小结

本节分为两个部分,第一部分介绍了机构参与公司治理的动机和优势,同时概括出代理矛盾的主要特征,从而得到了机构能够改善公司治理的机理分析。治理机制不完善导致了非效率投资,因此,第二部分介绍了机构通过公司治理约束非效率投资的机理分析。首先从股权二重性角度分析了异质性机构的治理效应存在差距,即受异质性影响的机构发挥股权的支配/收益属性,而支配属性对应了机构股东积极主义,能进行积极治理,收益属性对应了股东消极主义,治理意愿较弱。其次介绍了机构投资者约束非效率投资的机理分析。

四、研究设计与实证分析

(一) 实证思路与研究假设

1. 实证思路(图 1-4)

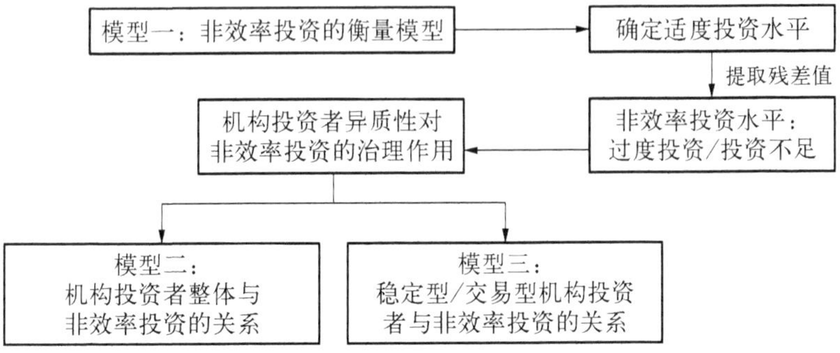

图 1-4　实证思路图

模型一将借助 Richardson 的投资产出模型。Richardson 认为，企业总投资包括两部分，为了维持现有资产状态的投资支出和对新项目的投资，其中后者容易产生非效率投资问题，具体表现为超出或未能满足新项目的最优投资需求。因此，他设立了模型，通过引入成长性、现金流能力等指标来度量资本约束下企业的合理投资水平，与实际投资支出的差值即为非效率支出。之后，许多学者都在该模型基础上建立了自己的理论体系和实证分析，几乎都得到了可靠的研究结论，证明了该模型的可参考性。

模型二将模型一中获得的过度投资/投资不足水平作为被解释变量，研究其与机构投资者整体持股比例的关系。李延喜等(2015)学者研究指出，国有企业在承受越大的政府干预时，更容易诱发非效率投资现象，而这一点在非国有企业样本中未得到显著体现。而程柯(2012)、蒋德权(2016)、张伟华(2016)等均发现，在这样具有中国特色的市场环境中，诸如独立董事机制、高管连锁网络关系、纵向一体化等因素的提升对于非国有企业的治理影响更大，效果更显著。并且，上文介绍机构异质性分类方式时，发现机构在国有企业中治理受限。因此，本文的研究对象将细化为民营企业。根据上文的分析，初步得到负相关的研究假设，将在模型中进行验证。模型三在模型二的基础上添加机构异质性的考察变量，能够对市场真实的机构投资状态有更为准确的了解，以便提供贴切的参考建议。

2. 研究假设

委托代理关系中，两权分离使所有者天然处于信息劣势；管理者同样遵循效用最大化目标，在职消费、帝国建造、声誉等能提升管理者效用，但会损害股东利益，形成利益不一致，并且一旦发生风险，股东所受损失高于管理者，因此代理人机会主义行为无法避免；分散的股权下，众多中小股东承担监督职能后风险收益不匹配，“搭便车”行为忽略其股权支配属性的价值，而存在控股股东时，中小股东的利益又存在被掠夺的风险。在此背景下，机构投资者这一具备规模、信息、优势的角色快速发展，被认为对资本市场和公司治理具有积极意义。机构投资者的资金规模和专业实力不仅可以深刻解读和及时跟踪市场瞬息万变、繁多嘈杂的各种“声音”，还可以利用股东地位接近董事会或高管层，获得真实的经营管理信息，大大降低信息的不对称性，同时为企业提供更有价值的建议，降低管理非理性对投资决策的影响；机构能够提升管理者对薪酬的敏感性，使管理者分享企业价值提升或下降时的收益和损失，利益捆绑，目标一致，能够抑制管理者的短视行为，更能从长期盈利角度评估投资的可行性和执行规划；机构投资者也是一种代理人，其背后是聚沙成塔的社会资金，对应的是过去众多的中小股东，充

分发挥了剩余索取权的真正力量，既避免了“搭便车”行为，又防范了控股股东的自利心理，有助于规范企业治理，提升投资效率。因此，本文提出第一个假设。

H_1：机构投资者整体股权比例与企业非效率投资水平负相关。

随着资本市场的进一步发展和理论研究的逐渐深入，很多学者发现，机构内部也存在“分歧”，机构持股的表象背后，并不意味着绝对的一致行动，因为机构自身的利益权衡、与企业的业务合作、重视短期收益等因素，机构参与公司治理的程度差异很大。因此，考虑机构的分类成为新的研究重点，也为市场能够培育健全、理性的投资者体系提供有实际意义的建议。至于如何分类，不同学者给出了不同的建议，Brickley，Almazan，Borokhovich，Cornett 等从潜在业务联系进行机构的区分，压力不敏感机构具有较强的独立性，相应地，对投资效率的治理作用更明显。本文基于股权的二重性，借鉴牛建波的变量设计方式，根据持股波动划分，即机构的投资期限越长、持股波动性越小，说明支配性目的更强，起稳定作用，机构发挥股权的安定性，行使其话语权、表决权，通过递交/否决提案、私下谈判，甚至借助外部控制权市场的“用脚投票”，都可以对管理人的治理起到约束、警示、威胁的作用，从而抑制投资过度或不足；反之则交易动机更大，收益性需求更强，股权的不安定性无法起到上述效应。因此，本文提出第二个假设。

H_{21}：稳定型机构投资者与企业非效率投资水平负相关。

H_{22}：交易型机构投资者对企业非效率投资水平影响不显著。

（二）样本选择与数据来源

本文选择2010—2015年中国A股上市公司中民营制造业公司为研究样本。之所以选择制造业，是为了排除行业因素的影响，同时能提供充足的样本量，行业选择以中国证监会行业分类方式为标准。由于 Richardson 模型的滞后一期，且该模型所使用的动态面板分析需要被解释变量的滞后二期作为工具变量；再有，牛建波衡量机构的异质性指标使用了滞后三期数据，因此本文实际上是以2007—2015年为观察期。数据来源于同花顺 iFinD 数据库、Wind 数据库。为了保证数据的有效性和模型的稳定性，样本筛选遵循以下原则：

（1）选取民营制造业公司；

（2）剔除被 ST、PT 的样本公司，以避免异常值对研究结果的影响；

（3）剔除2007年及以后上市的样本公司，以避免新股融资对投资支出的影响；

（4）剔除数据缺失、异常的样本公司。

最后得到172家样本公司的1 032个平衡面板数据。采用的数据分析软件为SPSS 14.0和Eviews 9.0。

(三)变量定义与模型设计

(1) 企业非效率投资的衡量

Richardson认为,企业总投资支出由两部分构成,为了维持现有资产状态的投资支出和对新项目的投资,其中后者容易产生非效率投资问题,具体表现为超出或未能满足新项目的最优投资需求。如式(1-4)所示。

$$
\begin{aligned}
I_{Total,\,t} &= I_{Maintenance,\,t} + I_{New,\,t} \\
&= I_{Maintenance,\,t} + I^{*}_{New,\,t} + I^{\varepsilon}_{New,\,t}
\end{aligned}
\tag{1-4}
$$

因此建立了如下的投资支出模型,以企业当期实际投资支出为因变量,上一期的企业成长性、现金能力、资产负债率、股票收益、实际投资支出等为自变量,进行回归分析,残差值即为实际支出与预期合理支出的差异,衡量非效率投资水平,如式(1-5)所示。

$$
\begin{aligned}
Inv_t = {} & \alpha_0 + \alpha_1 TQ_{t-1} + \alpha_2 Cash_{t-1} + \alpha_3 Size_{t-1} + \alpha_4 Lev_{t-1} \\
& + \alpha_5 Age_{t-1} + \alpha_6 \mathrm{Ret}_{t-1} + \alpha_7 Inv_{t-1} + \alpha_8 Year_{t-1} + \varepsilon
\end{aligned}
\tag{1-5}
$$

本文参考张纯等(2009)的研究,因为我国证券市场存在"同股不同权"的问题,因此将Richardson模型进行修正,以变量总资产净利率Roa代替变量股票收益Ret,得到模型一,如式(1-6)所示。

$$
\begin{aligned}
Inv_t = {} & \alpha_0 + \alpha_1 TQ_{t-1} + \alpha_2 Cash_{t-1} + \alpha_3 Size_{t-1} + \alpha_4 Lev_{t-1} \\
& + \alpha_5 Age_{t-1} + \alpha_6 Roa_{t-1} + \alpha_7 Inv_{t-1} + \alpha_8 Year_{t-1} + \varepsilon
\end{aligned}
\tag{1-6}
$$

模型中各变量的定义如表1-1所列。

表1-1 模型一各变量的定义

变量类型	变量名	变量解释
被解释变量	Inv_t	实际投资支出,等于期末购建固定资产、无形资产和其他长期资产所支付的现金/平均总资产
解释变量	TQ	成长性,等于股权市场价值与总负债账面价值之和/期末总资产
	Cash	现金持有量,等于期末现金及现金等价物/期末总资产
	Size	公司规模,等于期末总资产的自然对数

续 表

变量类型	变量名	变 量 解 释
解释变量	Lev	偿债能力，等于期末资产负债率
	Age	上市年限，等于期末日期减去上市日期，再除以 365
	Roa	盈利能力，等于当期总资产净利率
	Inv_{t-1}	上一期的实际投资支出
虚拟变量	Year	年度虚拟变量

各变量的描述性统计如表 1-2 所列。

表 1-2 模型一各变量的描述性统计

Variable	Min	Max	Mean	Std. Dev.	N
TQ	0.531	22.338 3	1.680	1.259	1 032
Cash	0.000	0.738	0.166	0.096	1 032
Size	19.046	24.889	21.924	0.987	1 032
Lev	0.007	2.362	0.481	0.199	1 032
Age	4.570	22.378	12.139	3.794	1 032
Roa	−1.251	1.207	0.040	0.088	1 032
Inv_{t-1}	0.000	0.641	0.061	0.056	1 032
Inv_t	0.000	0.641	0.059	0.056	1 032

由表 1-2 可见，样本公司中对于购建固定资产、无形资产等长期资产的支出接近总资产的 6%。

由于 Richardson 模型使用因变量的滞后项作为解释变量，因此，采用动态面板回归进行模型一的估计。模型一的动态面板回归分析结果如表 1-3 所列。除资产负债率、上市年限外，其他指标均在 10%的显著性水平上显著，且与预期的符号基本一致，即投资支出受上期投资支出水平、成长性机会、现金持有量、盈利能力的正向激励作用，说明本期因为上期的积累获得了更大的投资空间。另外，投资支出与企业规模负相关，一般来说，企业规模越大，其投资机会更多，相应扩大了投资支出，此处可能是由于资产规模越大的民营制造业企业，位于生命周期的偏中后期阶段，也就是成熟阶段，受机制影响，投资活力和积极性不及成长阶段的企业。值得注意的是，表格中的 Sargan - p 表示 Sargan 检验的

p 值，AR(1)-p 和 AR(2)-p 表示 Arellano-Bond 自相关检验的 p 值，是动态面板分析中的两种检验方法。Sargan 检验的原假设是工具变量的选择是合理的，p 值大于 0.05 则接受原假设，表明模型的工具变量选取有效。AR(1)、AR(2) 检验的原假设分别是模型的残差序列不存在一阶序列相关或二阶序列相关。理论上，理想结果应为前者小于 0.05，后者越大越好。此处显示本文回归结果较好。

表 1-3　模型一的动态面板回归分析结果

Inv	WC-Robust			
	Coef.	Std. Err.	z	p
(Constant)	0.569	0.295	1.93	0.054
Inv_{t-1}	0.412	0.073	5.63	0.000
TQ_{t-1}	0.011	0.003	4.10	0.000
$Cash_{t-1}$	0.085	0.028	3.10	0.002
$Size_{t-1}$	−0.024	0.011	−2.14	0.032
Lev_{t-1}	−0.036	0.026	−1.40	0.163
Age_{t-1}	−0.002	0.009	−0.23	0.820
Roa_{t-1}	0.035	0.019	1.81	0.071
年度效应	控　制			
Sargan-p	0.118 0			
AR(1)-p	0.000 5			
AR(2)-p	0.751 6			
Number of obs	1 032			
Number of groups	172			

模型一计算出的残差表明企业考虑成长性、盈利能力后的合理投资水平与实际投资支出的差额，即为非效率投资水平，是模型二、三的被解释变量。得到正残差 513 个，负残差 519 个。将其取绝对值，分别代表过度投资、投资不足水平。表 1-4 所列是非效率投资水平的描述性统计。可以看到，虽然过度投资的样本较少，但均值、最大值均更高，说明样本公司中过度投资程度更大。

表 1-4 非效率投资分组描述性统计

Variable	Min	Max	Mean	Std. Dev.	N
OverInv	0.000	0.350	0.042	0.044	513
UnderInv	0.000	0.314	0.038	0.032	519

(2) 机构投资者异质性的衡量

本文借鉴牛建波的研究思路,根据机构投资者在时间和行业两个维度上的行为特征进行分类。上文分析股权的二重性时,提到股权的支配和收益属性,支配属性更安定,看重长期持股,规范公司治理后从企业价值上升过程中获利;收益属性较为不安定,看重资产的安全性、流动性,短期盈利的目的更强。牛建波通过衡量机构的持股波动,来判断机构对公司治理的态度。由于机构投资者参与 IPO 或定增的限售期是 1 年,纳入该考量因素后,从 3 年周期内观察机构持股的换手情况。又因为,机构投资具有明显的行业偏好,因此,本文选择制造业公司,避免行业干扰的同时,将结合考虑机构持股波动在行业中的位置,由此判断机构性质类型,用式(1-7)～式(1-9)表述如下。

$$SD_{i,t}=\frac{Inspct_{i,t}}{\sigma(Inspct_{i,t-3},\ Inspct_{i,t-2},\ Inspct_{i,t-1})} \tag{1-7}$$

$$SD_{t,j}=\frac{Inspct_{t,j}}{\sigma(Inspct_{t-3,j},\ Inspct_{t-2,j},\ Inspct_{t-1,j})} \tag{1-8}$$

$$Inssta_{i,t}\begin{cases}1,\ if\ SD_{i,t}\geqslant Median(SD_{t,j})\\0,\ if\ SD_{i,t}<Median(SD_{t,j})\end{cases} \tag{1-9}$$

公式中,*Inspct* 表示机构当期持股比例,*Inssta* 区分了机构的不同性质。可以看到,机构投资者持股波动性越小,则 *SD* 越大;当 *SD* 大于行业平均水平时,证明其机构投资者更安定,偏稳定型,此时,*Inssta* 赋值为 1,否则为交易型,*Inssta* 赋值为 0。稳定型机构倾向于发挥股权的支配性,交易型机构对应股权的收益性,从而对非效率投资产生差异化的影响。

(3) 控制变量

朱信凯等以农业上市公司为样本,研究了机构对投资效率的影响,他们的建模设计具有一定的参考意义。在模型二中控制了成长性(主营业务收入增长率)、现金持有量、企业规模、资产负债率、资产净利率,具体的变量定义和计算方式如表 1-1 所列。

(4) 模型设定

本文首先不区分机构投资者类型，将其整体持股水平与非效率投资支出进行回归，再分类回归，进行比较，分别如式(1-10)、式(1-11)所示。

模型二：

$$OverInv/UnderInv_{i,t}=\beta_0+\beta_1 Inspct_{i,t}+\beta_2 Growth_{i,t}+\beta_3 Cash_{i,t}+\beta_4 Size_{i,t}+\beta_5 Lev_{i,t}+\beta_6 Roa_{i,t}+\beta_7 Year_{i,t}+\varepsilon \quad (1-10)$$

模型三：

$$OverInv/UnderInv_{i,t}=\delta_0+\delta_1 Inspct_{i,t}+\delta_2 Inssta_{i,t}+\delta_3 Growth_{i,t}+\delta_4 Cash_{i,t}+\delta_5 Size_{i,t}+\delta_6 Lev_{i,t}+\delta_7 Roa_{i,t}+\delta_8 Year_{i,t}+\varepsilon \quad (1-11)$$

模型二中，除 *Inspct* 外均为控制变量，主要关注 *Inspct* 的系数符号。根据假设 1，预测该系数符号显著为负。模型三在模型二的基础上，添加了虚拟变量 *Inssta*，即按照机构投资者性质进行分类回归，考察稳定型/交易型机构投资者对非效率投资的治理效应。根据假设 2，预测当 *Inssta* 为 1 时，*Inspct* 显著为负，治理效果突出。当 *Inssta* 为 0 时，*Inspct* 显著性较弱，或不显著。

(四) 实证检验

(1) 描述性统计(表 1-5)

表 1-5　模型二、三的描述性统计

Variable	Min	Max	Mean	Std. Dev.	N
OverInv	0.000	0.350	0.042	0.044	513
UnderInv	0.000	0.314	0.038	0.032	519
Inspct	0.000	0.567	0.093	0.092	1 032
Inssta	0.000	1.000	0.500	0.500	1 032
Growth	−0.991	140.241	0.485	4.913	1 032
Cash	0.000	0.738	0.166	0.099	1 032
Size	19.213	24.975	22.075	0.995	1 032
Lev	0.007	2.362	0.474	0.196	1 032
Roa	−1.251	1.207	0.038	0.083	1 032

(2) 模型二回归分析结果(表 1－6)

表 1－6 模型二的静态面板回归分析结果

模 型 二	投资过度(OverInv)		投资不足(UnderInv)	
	Coef.	p	Coef.	p
(Constant)	−0.092	0.186	0.128**	0.039
Inspct	−0.056**	0.018	−0.041**	0.035
Growth	0.007***	0.000	−0.000	0.131
Cash	0.009	0.731	0.034**	0.028
Size	0.006*	0.062	−0.004	0.237
Lev	0.024	0.146	−0.031***	0.008
Roa	0.038	0.183	0.017	0.372
年度效应	控　制			
固定效应检验 p 值	0.000 0		0.000 0	
随机效应检验 p 值	0.081 7		0.000 0	
Number of obs	513		519	
Number of groups	142		140	

注：*** 表示在 1%水平上显著；** 表示在 5%水平上显著；* 表示在 10%水平上显著。

表 1－6 列出了模型二的回归分析结果。首先，由于使用了非平衡面板数据，所以确定了静态面板分析的基本思路。其次，要考虑到对于混合效应模型、固定效应模型和随机效应模型的选择。第一步是前二者的比较，表格中的固定效应检验(F 检验)p 值若小于 0.05，则证明固定效应模型更有效，否则选用混合效应模型；第二步是后二者的比较，表格中的随机效应检验(Hausman 检验)p 值若大于 0.05，则证明随机效应模型更有效，否则选用固定效应模型。此种分析思路同样适用于模型三。最后，表格中呈现的回归结果是这两次检验后的最优模型，即过度投资采用随机效应模型，投资不足采用固定效应模型，下同。

可以看到，从机构投资者整体考虑，过度投资与投资不足与机构持股呈显著的负相关，可以认为机构发挥了治理作用，验证了假设 1。接下来对机构投资者分类回归。

（3）模型三回归分析结果（表 1-7、表 1-8）

表 1-7　模型三过度投资分类回归结果

模 型 三	投资过度(OverInv)			
	交易型	p	稳定型	p
(Constant)	−0.080	0.367	−0.267	0.307
Inspct	−0.100	0.165	−0.168***	0.000
Growth	0.003	0.127	0.006*	0.055
Cash	−0.012	0.780	−0.009	0.843
Size	0.005	0.203	0.014	0.240
Lev	0.047*	0.052	0.032	0.448
Roa	0.096	0.160	0.264**	0.013
年度效应	控　制			
固定效应检验 p 值	0.008 2		0.000 0	
随机效应检验 p 值	0.074 1		0.000 0	
Number of obs	229		284	
Number of groups	105		125	

注：*** 表示在 1%水平上显著；** 表示在 5%水平上显著；* 表示在 10%水平上显著。

表 1-8　模型三投资不足分类回归结果

模 型 三	投资不足(UnderInv)			
	交易型	p	稳定型	p
(Constant)	0.222***	0.003	0.312***	0.000
Inspct	−0.049	0.267	−0.047*	0.060
Growth	0.001	0.252	0.000	0.435
Cash	−0.010	0.632	0.063***	0.001
Size	−0.008**	0.025	−0.012***	0.000
Lev	0.000	0.985	−0.027*	0.040
Roa	0.009	0.733	−0.000	0.995
年度效应	控　制			
固定效应检验 p 值	0.000 2		0.000 0	
随机效应检验 p 值	0.000 3		0.634 0	
Number of obs	287		232	
Number of groups	118		113	

注：*** 表示在 1%水平上显著；** 表示在 5%水平上显著；* 表示在 10%水平上显著。

表 1-7 和表 1-8 是在考虑了 Inssta 变量后的分组回归分析。结果表明，稳定型机构投资者的治理效果显著优于交易型机构投资者。首先是表 1-7，稳定型机构模型中的 Inspct 在 1%水平下能抑制机构过度投资，且对模型解释力强于交易型机构。这一点同样在表 1-8 中有所体现，稳定型机构对投资不足的缓解在 10%水平下显著。以上结论验证了假设 2，即稳定型机构投资者更能发挥股权的支配性，借助投票权，充分发挥剩余分配权的股权价值，在发生非效率投资时能及时纠正管理者的偏误，发挥治理效应。对于投资不足，表 1-8 中 Inspct 的显著性和系数大小明显弱于过度投资模型，朱信凯等(2016)的研究实证中也指出了同样问题，对此，认为可能的原因是，当存在过度投资现象时，机构投资者可以限制管理人的机会主义，起到威胁警告的作用，防止企业资源的浪费；当投资不足时，理论解决方式是通过增加支出来最大化把握市场机遇，但这受限于企业自身的资金实力、发展阶段、竞争环境、融资能力等约束条件，非短时间内可以通过机构的监督作用而解决，因此，压缩过度投资比抑制投资不足更显著，治理效果更突出。

需要说明的是，模型二、三的一些控制变量显著性不强，尤其是交易型机构的分类回归，模型解释力明显偏弱。在此，本文将说明仍列示这种结果的必要性：第一，本文参考了朱信凯等人的建模设计，主营收入增长率、现金持有量、资产负债率等指标从经济意义角度对模型具有解释力，虽然实证效果不显著，但是随意剔除或增加变量会破坏模型的整体性；第二，本文发现，国内多数实证检验对于 Richardson 模型做的是普通 OLS 回归，而事实上 Richardson 模型应该进行动态面板回归，影响之一在于使用动态面板回归时产生残差较小，影响了后续模型的显著性。从严谨性角度考虑，本文认为应进行动态面板回归分析，显著性是未来的研究方向，现有结果应该保留从而为以后的研究做参照。

（五）结果分析

本文运用 A 股民营制造企业的面板数据进行实证分析。通过文献梳理，发现非效率投资主要受代理矛盾的影响，而机构投资者的规模、信息、人员优势可以改善公司治理，从而提升投资效率。同时，机构投资者是差异化的，借助牛建波的变量设计，将机构投资者分为交易型和稳定型，通过股权二重性的内在驱动，解释了异质性对治理效应的影响差异。在此理论基础上，提出了机构投资者整体约束非效率投资的研究假设，并进一步假设稳定型机构对非效率投资治理效应显著，而交易型机构的影响不明显。

本文借鉴 Richardson 模型度量非效率投资水平，借助牛建波的机构异质性分类方式，设立模型并进行实证检验。检验结果证明了研究假设，即从整体角度，机构持股有助于改善非效率投资，考虑异质性后，稳定型机构和非效率投资显著为负，而这一负相关在交易型机构回归中不明显。同时发现，过度投资比投资不足更易受机构约束，猜测原因在于投资不足受限于企业资金实力、成长机会等，机构投资者的治理机制难以产生根本影响。

（六）政策建议

根据以上结论，很容易能够理解 2000 年“超常规发展机构投资者”的政策指示，现就如何更好发挥机构的积极治理作用，提出以下几点建议。

(1) 加强制度性建设，减少行政干预。中国资本市场远未成熟，投资者特别是广大中小社会投资者抗风险能力弱，机构的引入理论上降低了市场的信息不对称，起到稳定市场情绪的作用。但中国证券市场受政策影响深，2015 年中的股灾和 2016 年初的熔断事件后，出台了对于机构和大股东的减持规定，虽稳定了市场波动，但无形中扰乱了市场的合理估值机制，机构投资者的治理角色变得模糊，难以培育理性投资者。2017 年的定增新政，为了规范部分上市公司不合理的过度融资，而一刀切、以偏概全进行监管，同样反映了事后监管的滞后性和低效率。这样，机构投资者短期内只能通过二级市场买卖股票，一级和一级半市场参与受限，缺少合理的治理渠道。因此，政府应寻求监管方式的市场化，加强制度性建设，订立准则引导市场自发的优胜劣汰。

(2) 严控扰乱市场行为，加强投资者保护。2017 年 2 月 25 日，保监会行政处罚决定书显示：以恒大人寿为代表的“恒大系”，采用“买而不举”“快进快出”的投资策略，其股票平均持有期只有 73 天，制造“恒大概念股”，严重伤害散户利益，形成投机炒作的不良风气。因此保监会于 2017 年对前海人寿、恒大人寿进行最严监管处罚。这个事件释放的监管信号是鼓励价值投资，保护市场平稳健康发展，维护投资者利益，值得肯定。保险资金是长期资金，对于流动性的偏好没有那么强烈，政策应在防范投机、寻租行为的同时，引入如养老金、社会保险、企业年金等中长期资本进入市场，建立多层次资本体系，培育价值投资的理念。

(3) 重视投资产业链的各个环节，从源头注入重视公司治理的理念。资本市场是多层次的，社会专业化分工使我们更熟悉机构投资者的资金方，即掌握大量投资资产的交易部门。但其实，投资决策的制定是复杂的，首先是初筛，建立股票池，其次是强化的针对性研究，具有可行性的投资标的才会被更深讨论，最

后由投委会决定是否持有，全程由风控监督。大型机构会建立自己的研究团队，配合投资经理的投资风格选股操作。市场上也存在独立的咨询机构、研究所，通过提供研究服务赚取服务费或佣金分成。信息、人员的流动性使得这些机构会相互共享研究结果，而分工的细化使得研究和投资往往存在一定程度的脱节，同时，研究所和机构投资者的利益不一致，研究所为了提高短期收益，会提供大量概念题材的股票建议，而不是建立在深入了解上市公司的基础上。种种原因交织在一起，市场交易节奏变快，投资的每一环节都可能产生偏误。近年来，证监会对于券商研究所的不当研究成果也进行了多次处罚和警告，揭露了市场的浮躁之风，同时也意识到培育理性市场，要重视投资产业链的各个环节，因为投资情绪会随着产业链传导，所以应全面引导监督。

（七）小结

本节分为两个部分。第一部分是本文的实证研究。首先，根据前两节的理论基础提出两个研究假设。其次，介绍了数据来源和样本选择依据。再次，介绍了模型设计和变量定义，具体来说，本文借助 Richardson 模型衡量非效率投资，参考牛建波的变量设计进行异质性机构的分类，即根据机构的持股波动，从时间和行业两个维度划分为交易型和稳定型。最后，通过描述性统计、面板回归等方式检验了研究假设。结果表明：机构投资者整体对于非效率投资发挥了积极的约束作用；分类来看，稳定型机构与非效率投资（包含投资过度/不足）存在显著的负相关性，交易型机构中这一负相关性并不显著。其中，机构约束投资不足的显著性较约束过度投资偏弱，猜测投资不足不仅受代理冲突影响，还受限于资金约束等，机构的监督作用较为有限。第二部分提出了相应的政策建议。

五、结束语

（一）研究结论

完美市场假设告诉我们，企业投资决策是市场导向的，若项目净现值大于0，则认为具备投资价值，而把握每个投资机会，则奠定了企业的发展基础，是实现股权财富最大化的重要条件之一。但是由于两权分离，代理人为了提高声誉、谋取任职内更多在职消费、享受支配更多企业资源的帝国建造心理，使得委托代理问题天然存在信息不对称、激励不相容、责任不对等的代理人机会主义行为，从而造成无效率投资的资源浪费现象，这对于股权财富和企业价值都是一种损

害。随着社会财富的日益积累和信托关系的发展，机构投资者成为资本市场的重要参与者，其具备的规模、信息、人员优势针对两权分离问题有很好的治理效应。不仅如此，机构投资者通过集合社会财富，能够充分发挥原本被忽视的剩余索取权价值，避免过去的"搭便车"行为对控股股东和代理人自利行为的纵容，降低了市场的信息不对称性，起到积极的监督作用。近年来，机构投资者通过投票权、董事席位、私下谈判、舆论监督等方式参与公司治理的现象越来越多，以这些渠道降低企业非效率投资也成为研究关注的重点之一。

因此，本文充分借鉴了国内外学者的研究成果，首先回顾了非效率投资的根源是两权分离和信息不对称性，指出公司治理能够约束非效率投资，其次详尽分析了机构投资者的自身优势、动机及其治理效应。至此，得到了机构投资者能够通过改善公司治理进而抑制非效率投资的研究假设 1。在此基础上，尝试分析机构投资者股权的安定性与不安定性，提出了异质性影响治理效果的研究假设 2。接着，以 2010—2015 年中国 A 股民营制造业公司为样本，通过三个层层递进的模型进行实证分析，验证了假设猜想，具体如下。

(1) 机构投资者整体对企业非效率投资具有抑制作用。

(2) 其中稳定型机构投资者的引入能发挥显著的监督作用，而交易型的治理效应不明显。值得注意的是，发生投资不足时，机构的调节作用难以充分发挥，猜想与企业自身资本约束和市场竞争环境有关。

关于实证部分，首先，本文参考了 Richardson 投资支出模型，计算出非效率投资水平；其次，借鉴了朱建波的变量设计，从时间和行业两个纬度，通过分析机构的持股期限和持股波动，对其进行区分，意图拆分机构对股权的支配和收益属性的各自侧重点，从而较为贴切地反映真实资本市场上的机构状态，提高了模型的参考意义。在进行数据分析时，本文发现，不少实证文献简单采用了普通 OLS 进行回归分析，但考虑到面板数据的不同，应该严谨地为滞后项引入动态模型，在静态面板回归时考虑不同模型谁更适合。在此基础上，结论才更具有参考价值。

(二) 创新及不足

1. 研究创新

本文的研究主要有以下几个方面的创新。

(1) 基于股权二重性分析机构异质性的内生驱动，以行为特征的持股波动为分类依据，结合内在原因和外在行为角度对异质性深入分析。

(2) 实证数据范围是 2010—2015 年，但实际观察期回顾到 2007 年。另外，

为了提供贴近市场现状的政策建议，充分考虑了2016年、2017年的监管政策和资本市场大事件。较长的时间跨度，同时不失时效性，全面系统，可参考性强。

(3) 实证时，考虑到需根据差异化的数据性质、模型整体显著性，采用不同的回归方式，更严谨。对于非效率投资，Richardson2006年的一篇文献构建了很好的度量模型，也成为之后学者纷纷借鉴的对象之一。回顾的同时发现，他们基本都用到了面板数据。由于滞后项的影响，理论上应采取动态面板分析，但很多文献没有清楚提示这一点，有的只使用普通OLS回归，本文认为有待改进。这不仅会影响非效率投资的数据结果，更会对本文下一步的异质性分析产生更大偏误。而在接下来的静态面板分析时，理论上应详细阐述应该适用固定效应还是随机效应，回顾时也鲜见这一步的严谨论证。本文严格依据F检验、Hausman检验结果来选择模型，关注模型的整体解释力。

2. 研究局限性

本文还存在以下有待改进之处。

(1) 为了避免行业干扰，本文只选取了制造业公司作为研究样本。2016年12月，国务院印发《政府核准的投资项目目录》，指出坚持去产能方向不动摇，所提到的行业如钢铁、水泥、化工等，非效率投资严重，因此结论对于其他行业的适配性有待检验。

(2) 本文参考Richardson投资支出模型，以残差衡量非效率投资水平。但实际回归发现，残差值普遍偏小，影响了后续模型和变量的显著性。

(3) 本文在模型二、三中参考了朱信凯的模型设计，纳入成长性、资产负债率等变量，但显然交易型机构模型的控制变量不够显著，说明仍有未纳入考量因素值得深入分析。

(三) 未来研究方向

(1) 本文根据机构投资者的行为特征进行分类，但实际上机构投资者受其自身的产权性质影响，受其与企业的业务联系影响，未来还可以透过不同视角进行研究。

(2) 机构投资者是被认为理性的、聪明的投资者，其在选择标的时会选择公司治理完善、未来业绩可期的企业，因此存在内生性的问题，即机构投资者的持股改善了公司治理，还是良好的公司治理吸引了机构投资者，这一点模型无法区分。在处理数据时也发现，机构青睐的投资对象是相近的，优质企业被纳入几乎所有机构的股票池，成为观察标的，这种机构投资者间的相互影响超出了企业特征所能解释的范围，需要更严谨复杂的模型加以分析。

参考文献

[1] AGHIOH P，BOLTON P. An Incomplete Contracts Approach to Financial Contracting [J]. The Review of Economic Studies，1992，59(3)：473 - 494.

[2] ALMAZAN A，HARTZELL J C，STARKS L T. Active Institutional Shareholders and Costs of Monitoring：Evidence from Executive Compensation[J]. Financial Management，2005，34(4)：5 - 34.

[3] BLACK B S. Agents Watching Agents：The Promise of Institutional Investor Voice [J]. Social Science Electronic Publishing，1992，39(4)：811 - 893.

[4] BOROKHOVICH K A，BRUNARSKI K，HARMAN Y S，et al. Variation in the Monitoring Incentives of Outside Stockholders[J]. The Journal of Law and Economics，2006，49(2)：651 - 680.

[5] BOROKHOVICH K A，PARRINO R，TRAPANI T. Outside Directors and CEO Selection[J]. The Journal of Financial and Quantitative Analysis，1996，31(3)：337 - 355.

[6] BREALEY R，MYERS S. Principles of Corporate Finance[M]. New York：McGraw-Hill Inc，2000.

[7] BRICK I E，PALMON O，WALD J K. CEO Compensation，Director Compensation，and Firm Performance：Evidence of Cronyism? [J]. Ssrn Electronic Journal，2002，12(3)：403 - 423.

[8] BRICKLEY J A，LEASE R C，SMITH C W. Ownership Structure and Voting on Antitakeover Amendments[J]. Journal of Financial Economics，1988，20(1 - 2)：267 - 291.

[9] BUSHEE B. Identifying and Attracting the 'Right' Investors：Evidence on the Behavior of Institutional Investors[J]. Journal of Applied Corporate Finance，2004，16(4)：28 - 35.

[10] BUSHEE B J. The Influence of Institutional Investors on Myopic R&D Investment Behavior[J]. The Accounting Review，1998，73(3)：305 - 333.

[11] CELLA C. Institutional Investors and Corporate Investment[J]. Social Science Electronic Journal，2010，3：1 - 35.

[12] CHEN X，HARFORD J，LI K. Monitoring：Which institutions matter? [J]. Journal of Financial Economics，2007，86(2)：279 - 305.

[13] CHUNG R，FIRTH M，KIM J B. Institutional monitoring and opportunistic earnings management[J]. Journal of Corporate Finance，2002，8(1)：29 - 48.

[14] COMPERS P，ISHII J，METRICK A. Corporate Governance and Equity Prices[J]. The Quarterly Journal of Economics，2003，118(1)：107 - 155.

[15] CORNETT M M，MARCUSB A J，SAUNDERSC A，et al. The Impact of Institutional

Ownership on Corporate Operating Performance[J]. Journal of Banking & Finance, 2007, 31(6): 1771 - 1794.

[16] FAMA E F, JENSEN M C. Separation of Ownership and Control[J]. The Journal of Law & Economics, 1983, 26(2): 301 - 325.

[17] FAMA E, MERTON H M. The Theory of Finance [M]. New York: Dryden Press, 1972.

[18] GILLAN S L, STARKS L T. Corporate Governance Proposals and Shareholder Activism: The Role of Institutional Investors[J]. Journal of Financial Economics, 2000, 57(2): 275 - 305.

[19] GILLAN S L, STARKS L T. The Evolution of Shareholder Activism in the United States[J]. Journal of Applied Corporate Finance, 2007, 19(1): 55 - 73.

[20] GROSSMAN S J, HART O D. The Costs and Benefits of Ownership: A Theory of Vertical and Lateral Integration [J]. Journal of Political Economy, 1986, 94 (4): 691 - 719.

[21] HARTZELL J C, OFEK E, YERMACK D. What's In It for Me? CEOs Whose Firms Are Acquired[J]. The Review of Financial Studies, 2004, 17(1): 37 - 61.

[22] HEINKEL R, ZECHNER J. The Role of Debt and Preferred Stock as a Solution to Adverse Investment Incentives[J]. The Journal of Financial and Quantitative Analysis, 1990, 25(1): 1 - 24.

[23] HOLMEN M, HOGFELDT P. A Law and Finance Analysis of Initial Public Offerings [J]. Journal of Financial Intermediation, 2004, 13(3): 324 - 358.

[24] HOLMSTROM B, COSTA J R I. Managerial Incentives and Capital Management [J]. The Quarterly Journal of Economics, 1986, 101(4): 835 - 860.

[25] JAFFEE D W, RUSSELL T. Imperfect Information, Uncertainty, and Credit Rationing [J]. Quarterly Journal of Economics, 1976, 90(4): 651 - 666.

[26] JENSEM M C. Agency Costs of Free Cash Flow, Corporate Finance, and Takeovers [J]. The American Economic Review, 1986, 76(2): 323 - 329.

[27] JENSEN M C, MECKLING W H. Theory of the Firm: Managerial Behavior, Agency Costs and Ownership Structure [J]. Journal of Financial Economics, 1976, 3(4): 305 - 360.

[28] JOHN K, NACHMAN D C. Risky Debt, Investment Incentives, and Reputation in a Sequential Equilibrium[J]. The Journal of Finance, 1985, 40(3): 863 - 878.

[29] JOHNSON S, BOONE P, BREACH A, et al. Corporate governance in the Asian Financial Crisis[J]. Journal of Financial Economics, 2000, 58(1 - 2): 141 - 186.

[30] KEVIN J M. Corporate Performance and Managerial Remuneration: An Empirical Analysis[J]. Journal of Accounting and Economics, 1985, 7(1): 11 - 42.

[31] MALMENDIER U, TATE G. CEO Overconfidence and Corporate Investment [J]. Strategic Direction, 2006, 60(5): 2661 - 2700.

[32] MASULIS R W, WANG C, XIE F. Corporate Governance and Acquirer Returns

[J]. The Journal of Finance, 2007, 62(4): 1851 - 1889.
[33] MYERS S C. Determinants of Corporate borrowing[J]. Journal of Financial Economics, 1977, 5: 147 - 175.
[34] MYERS S C, MAJLUF N S. Corporate Financing and Investment Decisions When Firms Have Information that Investors Do Not Have[J]. Journal of Financial Economics, 1984, 13(2): 187 - 221.
[35] NARAYANAN M P. Managerial Incentives for Short-Term Results[J]. The Journal of Finance, 1985, 40(5): 1469 - 1484.
[36] PAGANO M, ROELL A. The Choice of Stock Ownership Structure: Agency Costs, Monitoring, and the Decision togo Public[J]. The Quarterly Journal of Economics, 1998, 113(1): 187 - 225.
[37] PHILIP E D. Institutional Investors, Corporate Governance and the Performance of the Corporate Sector[J]. Economic Systems, 2002, 26(3): 203 - 229.
[38] PINDADO J, CHABELA D L T. A Complementary Approach to the Financial and Strategy Views of Capital Structure: Theory and Evidence from the Ownership Structure [J]. SSRN Electronic Journal, 2005.
[39] PORTA R L, LOPEZ-DESILANES F, SHLEIFER A, et al. Investor Protection and Corporate Valuation[J]. The Journal of Finance, 2002, 57(3): 1147 - 1170.
[40]RICHARDSON S. Over-investment of free cash flow[J]. Review of Accounting Studies, 2006, 11(2 - 3): 159 - 189.
[41] SCHARFSTEIN D S, STEIN J C. Herd Behavior and Investment[J]. The American Economic Review, 1990, 80(3): 465 - 479.
[42] SHLEIFER A, VISHNY R W. Large Shareholders and Corporate Control[J]. Journal of Political Economy, 1986, 94(3): 461 - 488.
[43] SMITH M P. Shareholder Activism by Institutional Investors: Evidence from CalPERS [J]. The Journal of Finance, 1996, 51(1): 227 - 252.
[44] STIGLITZ J E, WEISS A. Credit Rationing in Markets with Imperfect Information [J]. The American Economic Review, 1981, 71(3): 393 - 410.
[45] STULZ R M. Managerial Discretion and Optimal Financing Policies[J]. Journal of Financial Economics, 1990, 26(1): 3 - 27.
[46] WEI Z B, VARELA O. State Equity Ownership and Firm Market Performance: Evidence from China's Newly Privatized Firms[J]. Global Finance Journal, 2003, 14(1): 65 - 82.
[47] ZHANG Y, ZHOU J, ZHOU N. Audit Committee Quality, Auditor Independence, and Internal Control Weaknesses[J]. Journal of Accounting & Public Policy, 2007, 26(3): 300 - 327.
[48] 白重恩,刘俏,陆洲,等.中国上市公司治理结构的实证研究[J].经济研究,2005,(1): 81 - 91.
[49] 薄仙慧,吴联生.国有控股与机构投资者的治理效应: 盈余管理视角[J].经济研究,2009,

(2)：81－92.
[50] 陈炎炎，郑丽莎.机构投资者持股与我国上市公司管理层薪酬的实证研究[J].金融经济，2006，(24)：134－135.
[51] 程柯，陈志斌，赵卫斌.产权性质、独立董事机制与投资效率——来自中国A股非金融类上市公司的经验证据[J].技术经济，2012，(3)：103－109.
[52] 程书强.机构投资者持股与上市公司会计盈余信息关系实证研究[J].管理世界，2006，(9)：129－136.
[53] 范海峰.机构投资者持股与公司绩效——基于中国证券市场的理论与实证研究[M].北京：中国经济出版社，2012.
[54] 方红星，金玉娜.公司治理、内部控制与非效率投资：理论分析与经验证据[J].会计研究，2013，(7)：63－69.
[55] 耿志民.中国机构投资者研究[M].北京：中国人民大学出版社，2002.
[56] 龚光明，彭娟.会计信息质量、投资效率与机构投资者异质性[J].会计之友，2014，(33)：93－99.
[57] 胡国柳，裘益政，黄景贵.股权结构与企业资本支出决策：理论与实证分析[J].管理世界，2006，(1)：137－144.
[58] 胡诗阳，陆正飞.非执行董事对过度投资的抑制作用研究[J].会计研究，2015，(11)：41－48.
[59] 简建辉，黄平.股权性质、过度投资与股权集中度：证券市场A股证据[J].改革，2010，(11)：111－119.
[60] 蒋德权，章贵桥，俞俊利.高管网络、产权性质与企业投资效率[J].山西财经大学学报，2016，(10)：75－88.
[61] 李秉祥，王道静，刘杨.CEO薪酬激励对公司过度投资的影响研究[J].商业会计，2016，(1)：13－16.
[62] 李维安，姜涛.公司治理与企业过度投资行为研究——来自中国上市公司的证据[J].财贸经济，2007，(12)：56－61.
[63] 李维安，武立东.公司治理教程[M].上海：上海人民出版社，2002.
[64] 李鑫.公司治理、自由现金流与企业投资效率[M].北京：经济科学出版社，2013.
[65] 李延喜，曾伟强，马壮，等.外部治理环境、产权性质与上市公司投资效率[J].南开管理评论，2015，(1)：25－36.
[66] 李增福，林盛天，连玉君.国有控股、机构投资者与真实活动的盈余管理[J].管理工程学报，2013，(3)：35－44.
[67] 李争光，赵西卜，曹丰，等.机构投资者异质性与会计稳健性——来自中国上市公司的经验证据[J].南开管理评论，2015，(3)：111－121.
[68] 林毅夫，蔡昉，李周.充分信息与国有企业改革[M].上海：上海人民出版社，1997.
[69] 刘星，曾宏.我国上市公司非理性投资行为：表现、成因及治理[J].中国软科学，2002，(1)：65－69.
[70] 吕兆德，徐晓薇.董事背景多元化抑制董事长过度自信吗？[J].经济管理，2016，(4)：60－71.

[71] 牛建波，吴超，李胜楠.机构投资者类型、股权特征和自愿性信息披露[J].管理评论，2013，(3)：48-59.
[72] 宋常，刘司慧.信息披露、机构投资者持股与上市公司过度投资[J].商业研究，2010，(11)：104-109.
[73] 宋丹，王智林，张妍妍.股权制衡、高管薪酬激励与过度投资关系研究[J].会计之友，2016，(6)：31-34.
[74] 宋冬林，张迹.机构投资者参与公司治理的经济学分析[J].经济纵横，2002，(5)：17-20.
[75] 宋玉.最终控制人性质、两权分离度与机构投资者持股——兼论不同类型机构投资者的差异[J].南开管理评论，2009，(5)：55-64.
[76] 孙刚.机构投资者持股动机的双重性与企业真实盈余管理[J].山西财经大学学报，2012，(6)：114-124.
[77] 唐松莲，林圣越，高亮亮.机构投资者持股情景、自由现金与投资效率[J].管理评论，2015，(1)：24-35.
[78] 吴良海，赵文雪，吕丹丽，牛利英.机构投资者、会计稳健性与企业投资效率——来自中国A股市场的经验证据[J].南京审计大学学报，2017，(2)：11-19.
[79] 夏立军，方轶强.政府控制、治理环境与公司价值——来自中国证券市场的经验证据[J].经济研究，2005，(5)：40-51.
[80] 徐晓东，张天西.公司治理、自由现金流与非效率投资[J].财经研究，2009，(10)：47-58.
[81] 叶建芳，赵胜男，李丹蒙.机构投资者的治理角色——过度投资视角[J].证券市场导报，2012，(5)：27-35.
[82] 叶松勤，徐经长.大股东控制与机构投资者的治理效应——基于投资效率视角的实证分析[J].证券市场导报，2013，(5)：35-42.
[83] 张纯，吕伟.信息披露、信息中介与企业过度投资[J].会计研究，2009，(1)：78-85.
[84] 张敏，姜付秀.机构投资者、企业产权与薪酬契约[J].世界经济，2010，(8)：43-58.
[85] 张维迎.企业理论与中国企业改革[M].北京：北京大学出版社，1999.
[86] 张维迎.所有制、治理结构与委托——代理关系[J].经济研究，1996，(9)：3-15.
[87] 张伟华，郭盈良，张昕.纵向一体化、产权性质与企业投资效率[J].会计研究，2016，(7)：35-41.
[88] 朱信凯，徐星美.产权性质、机构投资者异质性与投资效率——基于我国农业上市公司的经验证据[J].苏州大学学报，2016，(1)：95-101.

附录A 民营制造业样本企业信息

证券代码	证券简称	证券代码	证券简称	证券代码	证券简称
000153.SZ	丰原药业	000782.SZ	美达股份	002011.SZ	盾安环境
000418.SZ	小天鹅A	000790.SZ	泰合健康	002012.SZ	凯恩股份
000510.SZ	金路集团	000821.SZ	京山轻机	002018.SZ	华信国际
000513.SZ	丽珠集团	000836.SZ	鑫茂科技	002019.SZ	亿帆医药
000525.SZ	红太阳	000848.SZ	承德露露	002023.SZ	海特高新
000546.SZ	金圆股份	000876.SZ	新希望	002026.SZ	山东威达
000559.SZ	万向钱潮	000887.SZ	中鼎股份	002028.SZ	思源电气
000566.SZ	海南海药	000890.SZ	法尔胜	002029.SZ	七匹狼
000572.SZ	海马汽车	000893.SZ	东凌国际	002031.SZ	巨轮智能
000584.SZ	友利控股	000910.SZ	大亚圣象	002034.SZ	美欣达
000623.SZ	吉林敖东	000935.SZ	四川双马	002035.SZ	华帝股份
000637.SZ	茂化实华	000980.SZ	金马股份	002036.SZ	联创电子
000639.SZ	西王食品	000982.SZ	中银绒业	002042.SZ	华孚色纺
000650.SZ	仁和药业	000989.SZ	九芝堂	002043.SZ	兔宝宝
000659.SZ	珠海中富	001696.SZ	宗申动力	002045.SZ	国光电器
000662.SZ	天夏智慧	002001.SZ	新和成	002048.SZ	宁波华翔
000677.SZ	恒天海龙	002002.SZ	鸿达兴业	002050.SZ	三花智控
000683.SZ	远兴能源	002003.SZ	伟星股份	600031.SH	三一重工
000687.SZ	华讯方舟	002004.SZ	华邦健康	600055.SH	万东医疗
000700.SZ	模塑科技	002005.SZ	德豪润达	600066.SH	宇通客车
000703.SZ	恒逸石化	002006.SZ	精功科技	600070.SH	浙江富润
000716.SZ	黑芝麻	002007.SZ	华兰生物	600078.SH	澄星股份
000723.SZ	美锦能源	002008.SZ	大族激光	600079.SH	人福医药
000726.SZ	鲁泰A	002009.SZ	天奇股份	600086.SH	东方金钰
000766.SZ	通化金马	002010.SZ	传化智联	600089.SH	特变电工

续　表

证券代码	证券简称	证券代码	证券简称	证券代码	证券简称
600095.SH	哈高科	600293.SH	三峡新材	600485.SH	信威集团
600105.SH	永鼎股份	600295.SH	鄂尔多斯	600487.SH	亨通光电
600107.SH	美尔雅	600300.SH	维维股份	600490.SH	鹏欣资源
600110.SH	诺德股份	600303.SH	曙光股份	600493.SH	凤竹纺织
600112.SH	天成控股	600308.SH	华泰股份	600507.SH	方大特钢
600143.SH	金发科技	600330.SH	天通股份	600516.SH	方大炭素
600152.SH	维科精华	600331.SH	宏达股份	600518.SH	康美药业
600165.SH	新日恒力	600346.SH	恒力股份	600521.SH	华海药业
600172.SH	黄河旋风	600351.SH	亚宝药业	600522.SH	中天科技
600186.SH	莲花健康	600352.SH	浙江龙盛	600527.SH	江南高纤
600191.SH	华资实业	600353.SH	旭光股份	600535.SH	天士力
600196.SH	复星医药	600355.SH	精伦电子	600537.SH	亿晶光电
600210.SH	紫江企业	600360.SH	华微电子	600538.SH	国发股份
600211.SH	西藏药业	600363.SH	联创光电	600557.SH	康缘药业
600216.SH	浙江医药	600366.SH	宁波韵升	600566.SH	济川药业
600220.SH	江苏阳光	600380.SH	健康元	600567.SH	山鹰纸业
600226.SH	升华拜克	600381.SH	青海春天	600568.SH	中珠医疗
600232.SH	金鹰股份	600388.SH	龙净环保	600572.SH	康恩贝
600237.SH	铜峰电子	600398.SH	海澜之家	600577.SH	精达股份
600255.SH	鑫科材料	600400.SH	红豆股份	600580.SH	卧龙电气
600261.SH	阳光照明	600408.SH	安泰集团	600584.SH	长电科技
600273.SH	嘉化能源	600422.SH	昆药集团	600586.SH	金晶科技
600276.SH	恒瑞医药	600438.SH	通威股份	600589.SH	广东榕泰
600277.SH	亿利洁能	600439.SH	瑞贝卡	600594.SH	益佰制药
600282.SH	南钢股份	600460.SH	士兰微	600596.SH	新安股份
600285.SH	羚锐制药	600462.SH	九有股份	600613.SH	神奇制药
600288.SH	大恒科技	600478.SH	科力远	600615.SH	丰华股份
600290.SH	华仪电气	600481.SH	双良节能	600666.SH	奥瑞德

续 表

证券代码	证券简称	证券代码	证券简称	证券代码	证券简称
600673.SH	东阳光科	600869.SH	智慧能源	600888.SH	新疆众和
600702.SH	沱牌舍得	600873.SH	梅花生物	600966.SH	博汇纸业
600803.SH	新奥股份	600883.SH	博闻科技	600978.SH	宜华生活
600836.SH	界龙实业	600884.SH	杉杉股份		
600867.SH	通化东宝	600885.SH	宏发股份		

附录 B　Stata 运行代码

1. 模型一计算非效率投资水平

import excel / * 输入数据 * /

tsset fcode year / * 声明截面变量和时间变量 * /

sum inv tq cash size lev age roa / * 描述性统计，其中由于解释变量均为滞后一期，可使用 Excel 统计 * /

xtdpdsys inv year11 year12 year13 year14 year15 　l.tq l.cash l.size l.lev l.age l.roa，lags(1) 　twostep vce(robust)/ * 动态面板回归，被解释变量为 inv，year11 到 year15 为 5 个年度虚拟变量，l.tq 到 lags(1)为 7 个解释变量。l.tq 表示变量 tq 的滞后一期，lags(1)表示变量 inv 的滞后一期 * /

estat sargan/ * Sargan 检验 * /

estat abond / * Arellano－Bond 检验 * /

predict r，e / * 提取残差值，即为非效率投资水平 * /

2. 模型二、三检验机构持股整体、机构异质性与非效率投资的相关性

下述代码以机构投资者整体与过度投资的相关性分析为例。

import excel / * 输入数据 * /

tsset fcode year/ * 声明截面变量和时间变量 * /

suminspct inssta overinv underinv growth cash size lev roa/ * 描述性统计 * /

xtreg overinv inspct year11 year12 year13 year14 year15 growth cash size lev roa，fe/ * 估计固定效应模型，同时显示 F 检验，原假设为混合效应模型比固定效应模型更有效 * /

est store fe/ * 存储估计结果 * /

xtreg overinv inspct year11 year12 year13 year14 year15 growth cash size lev roa，re/ * 估计随机效应模型 * /

est store re/ * 存储估计结果 * /

hausman fe/ * Hausman 检验，原假设为随机效应模型比固定效应模型更有效。 * /

第二篇

新三板创新层与基础层企业定向增发融资效率研究

——基于DEA模型的实证分析

朱丽蓉

一、引言

（一）选题背景

新三板（全称“全国中小企业股份转让系统”），主要定位为创新型、科技型成长型的中小企业提供上市、融资、股份转让等业务。随着近年来新三板全国性扩容等各类利好政策层出不穷，加之新三板较低的挂牌准入门槛，新三板挂牌企业数量开始呈现几何式的增长。截至 2016 年末，新三板挂牌企业总数达到 10 163 家，总股本 5 851.55 亿股①，显然，新三板已成为我国目前最大的基础性证券市场，并成为我国多层次资本市场建设的重要组成部分。

但相较我国沪深交易所，同样截至 2016 年底，我国主板、中小板、创业板的上市公司数量虽仅有 3 002 家，但总市值、年融资额却分别高达 391 044.66 亿元、16 901.9 亿元，而新三挂牌企业家数虽高达 10 163 家，但总市值与年融资总额却分别仅有 40 558.11 亿元、1 477.82 亿元②。换句话来比较，就是我国新三板企业数量是主板、中小板、创业板上市公司企业总数的 3 倍，但市值与融资额却仅为它们的 1/10。融资难似乎已经成为眼下新三板的顽疾。

2016 年 6 月 27 日，《全国中小企业股份转让系统挂牌公司分层管理办法》开始正式实施。根据分层标准，新三板企业被划分为创新层和基础层两个层级，新三板分层制度的实施能否卓有成效地提升新三板企业的融资效率？创新层与基础层不同层级的挂牌企业、不同行业间的企业融资效率又是否存在显著差异？新三板企业融资效率的影响因素可能有哪些？带着上述问题与不解，本文选取了新三板挂牌企业的定向增发融资效率作为研究的主题。

（二）研究意义

本文研究的理论意义在于：新三板分层制度于 2016 年 6 月落地，因此目前

---

① 资料来源：全国中小企业股份转让系统官网。

② 数据来源：Wind 资讯金融终端。

学术界对于新三板创新层与基础层企业之间横向的融资效率的比较以及分层落地前后的纵向比较的文献为数不多,对其进行定量的实证研究文献更是少之又少。鉴于此,本文选取在分层落地前后均有进行过定向增发融资的新三板创新层和基础层企业作为研究样本,运用DEA模型对新三板不同层级之间、不同行业之间的企业融资效率进行了横向与纵向的比较分析,希望可以在一定程度上弥补该领域学术研究的相对空白。

本文研究的现实意义在于:对新三板市场整体、不同层级、不同行业间的新三板挂牌企业的融资效率做了描述性统计与实证分析后,作者从投入角度分析了企业融资效率不佳的原因,并从企业微观与政府宏观两个角度提出了改进新三板市场融资效率的对策建议。因此,希望通过此课题的研究,可以为新三板挂牌企业提高定向增发融资效率提供一些指导意见,也为我国未来新三板市场的制度建设与完善提供一些新的启发与思路。

(三)文献综述

1. 融资效率厘定的文献综述

从目前已有的融资效率的相关研究成果看,国外对于融资效率概念厘定的研究很少出现,这与西方国家财产组织的分散化、市场化和产权制度的私人特征使得企业融资天然具有效率有很大的关系。

国内学者曾康霖(1993)最早对企业融资效率展开了探讨。他在分析比较直接融资与间接融资的基础上,认为应该从融入与融出利益约束、投资风险、融资信息披露、资本市场环境、货币政策、融资对象情况、市场选择性七个方面衡量融资的效率,然而他并未给出企业融资效率的具体定义。

后续学者在曾康霖的基础上,对融资效率进行了更加深入的研究,主要从资金筹集效率、配置效率、宏观效率、微观效率等方面对融资效率进行了研究。

宋文兵(1997)在对比分析了债权融资与股权融资后,将融资效率划分为交易效率与配置效率,认为前者指企业能否以最低的成本筹集资金的能力,即企业获取资金来源的成本越低,企业融资的交易效率就越高;配置效率则是指企业获取得到的资金能否取得效益最大化的资源配置与整合,将稀缺的资本对接到生产性最优使用者时,则配置效率最高。

文宏(1999)基于上市公司股权融资的角度,从资金筹集角度对融资效率进行了研究,分析得出债权融资的融资效率相较股权融资效率要高。

卢福财(2001)从宏观和微观两个角度对融资效率进行了研究,把企业融资

效率定义为企业在融资活动中，把储蓄转换为投资的能力及有效性。融资的微观效率针对的是企业微观经济体，具体包括企业资金的融入效率、企业资金的融出效率以及企业法人的治理效率；宏观效率则是从企业融资活动对国家宏观经济增长与运行的影响而言，具体包括资金配置效率、资金运营效率和经济安全效率三个维度。

谈毅(2003)从资源配置与投资回报角度对融资效率进行了定义。他认为，融资效率包含两个方面，即确保投资者的回报以及合理配置资源、实现最大产出。马亚军(2004)与宋林(2004)从交易和配置两个方面对融资效率进行研究，认为，融资效率指企业筹集资金并创造企业价值的能力，企业要提高融资效率，就需要降低企业资金融入的成本，并做到对资金的有效利用，力求最大化提高企业价值；此外，考察融资效率需要用对比和动态变化的视角：在研究企业个体的融资效率时，可以通过横向企业比较，对于融资制度的研究，则要纵向地、动态地比较其演变趋势。此外，他还给出了自己衡量企业融资效率的定量指标，认为融资效率指标要体现资本融入成本以及融入资本对企业价值的提升效率，因此最终选取资本成本率作为投入指标，资产报酬率作为产出指标进行定量分析。

王新红(2007)则站在企业个体角度与市场宏观两个角度对融资效率进行了研究，认为影响企业融资效率的内部因素包括企业规模、企业的融资结构、融资渠道、企业盈利能力的高低及对未来的预期，影响企业融资的外部因素则包含资本市场整体融资环境及政府的政策机制。基于理论分析的基础，作者还采用DEA模型进行了定量分析，最终分析得出我国高新技术企业总体融资效率偏低，企业本身创新意识薄弱、管理不够科学及资金运作能力低下是造成企业融资效率不佳的主要原因。

本文认为对于融资效率的研究，一方面要综合考虑交易效率和配置效率，另一方面，也需要综合考虑成本与收益，同时从微观企业个体角度对融资效率进行研究，相比宏观角度可以更为精确，也与本文新三板挂牌企业的研究对象更为贴合。

2. 融资效率评价方法的文献综述

随着对融资效率研究的不断深入，各个学者对于融资效率的评价方法也逐步完善丰富。目前对于融资效率的评价方法主要有以下五种：① 描述性统计法；② 模糊综合分析法；③ 单一因素分析法(单一指标融资效率评价)；④ 回归分析法；⑤ 数据包络分析法(DEA)。下面我们分别针对这五种评价方法，选取若干经典文献进行回顾总结。

(1) 描述性统计法

邓召明(2001)和范伟(2001)采用描述性统计对我国证券市场融资效率进行了实证分析。具体地,作者以1993—2000年我国A股上市公司的数量、融资总额对证券市场的融资规模效率进行分析,研究发现一级市场融资状况与二级市场公司表现具有强相关性,且融资效率的提升也有利企业营业收入的增加与市场层面的企业数量扩容;在证券市场的资源配置效率方面,作者则根据各上市公司的每股收益、每股净资产、净资产收益率、资产负债率和总资产周转率等财务指标,对资本在不同行业的配置效率进行比较分析,研究得出资本向高科技、高成长性行业倾斜有利于提高证券市场整体的资金配置效率。

(2) 模糊综合评价法

运用模糊综合分析法来研究融资效率的专家学家通常认为融资效率及其评价指标具有不确定性的特征,因此融资效率无法做到定量化的准确分析,而模糊综合分析法则可以综合考虑多种影响因素的影响做出综合决策,因此可能更加合适。

魏开文(2001)运用模糊综合分析法对我国中小企业的内源融资、债权融资、股权融资等不同融资方式的融资效率进行分析,得出企业内部融资、债权融资、股权融资这三种融资方式的融资效率依次递减的结论。方沐晗(2011)利用模糊分析法对北京中小企业不同融资方式的融资效率进行研究,也得出了债权融资效率高于股权融资效率的结论。可以发现,这些学者的研究结论与优序融资理论都是相符合的。

(3) 单一指标分析法

单一指标分析法则是选取一个核心影响因素作为分析指标,因此分析结果相对具有片面性。方芳(2005)和曾辉(2005)将净资产收益率作为衡量企业融资效率的指标,研究得出融资效率与净资产收益率正相关。聂新兰(2007)和黄莲琴(2007)主要从融资对企业价值创造这一角度对融资效率进行了研究,并认为EVA率是一个评价企业资金使用效率高低的合适指标,所谓EVA率,是EVA(经济增量值)与公司资本总额的比率。当EVA率大于0时,表示公司的资本收益超过了公司资本成本,即创造了企业价值,因此,EVA率越高,就意味着企业的融资效率就越高。

(4) 回归分析法

回归分析是根据大数据统计,建立投入与产出之间的回归函数进行分析的方法。宋增基(2003)和张宗益(2003)基于A股上市公司样本企业的财务数据

建立回归模型对企业资金的筹资效率和配置效率进行了研究，研究得出融资的成本与股本流通性相关、流通性越差则融资成本越高的结论，另外，企业管理制度的不完善也将导致资金配置效率偏低。

(5) 数据包络分析法(DEA)

数据包络分析法(DEA)适用于评价具有多个输入、多个输出的“部门”或“单位”间的相对有效性的综合评价分析问题，其应用优势在于不必要求输入与输出之间存在函数关系，也无需进行权重假设，而是直接应用线性规划、多目标规划、半无限规划、随机规划等数学规划模型进行考查，因此相比上述其他融资效率评价体系具有更加全面客观的优点，被广泛应用于管理科学、技术评价和系统工程等领域中的相对效率研究。

美国著名运筹学家 Chames、Cooper 和 Rhode(1978)最早阐述了数据包络分析方法的数学原理和推导过程，并给出了第一个 DEA 模型 C^2R 模型，该模型假定规模报酬不变，且以单输入、单输出的工程综合效率作为基础。随后，他们又发现 C^2R 模型中生产可能集的凸性假设在某些条件下并不合理，因此给出了另一个评价生产技术相对有效性的 DEA 模型即 BCC 模型。上述两个模型的出现构成了最基本的两个 DEA 模型，使得研究生产函数的技术手段由参数方法转向参数与非参数并重的时代。

国内学者在 DEA 模型的研究方面，魏权龄教授较早地自 1986 年起开始从事 DEA 理论、模型、软件及应用的研究，系统地介绍了 DEA 研究的起源、发展过程及现状，同时对模型应用广泛地向运筹学、管理科学等领域进行扩展，奠定了国内 DEA 模型理论研究及应用的基础。

汪涛(2014)以 56 家新三板概念股企业为样本，选取企业在 2009—2012 年间的各项财务数据，应用 DEA 模型的技术效率、纯技术效率、规模效率三个指标，对新三板概念股融资效率进行了纵向时间对比、横向行业对比和融资效率的非有效性原因分析。最终研究得出：① 新三板概念股企业整体融资效率较低；② 从时间维度看，制造业企业的融资效率呈总体下降趋势，其他几类行业企业也存在不同程度的融资非有效问题；③ 针对上述研究的实证结果，分析了企业分析融资效率低下的原因，并给出了改进建议。

马可(2014)和雷汗云(2014)则选取我国 1 401 家上市公司在 2009—2012 年间的企业财务数据，并基于 DEA 模型和 Logit 模型对我国上市公司的融资效率进行了实证研究。研究认为，企业融资结构对融资效率有重要影响，企业总资产规模越大、股权越分散、流通股比例越高、财务费用支出越低，则企业的融资效

率就越高,并基于此分析结果,建议从优化上市公司股权结构、创造企业良好的融资市场大环境和从根本上提升企业自我盈利能力三个方面寻求改善企业融资效率。

白一帆(2016)则在新三板做市商制度推行的大背景下,选取在2013年挂牌且采用做市转让方式交易的77家企业作为研究样本,采用DEA方法对新三板企业的融资效率做了专项研究。研究得出:① 企业在新三板挂牌后,综合融资效率虽有一定程度提升但整体提升效果不明显;② 大量企业处于规模报酬递增状态,即企业处于亟需资金来扩大生产经营规模的阶段;③ 大量企业存在融资规模与技术水平不匹配的问题,从而导致了企业的规模效率与纯技术效率不能同时达到最优,因此需要企业合理评估切实所需的融资规模,更有针对性地筹集和利用资金。最后,作者根据DEA模型的实证结果,建议应从新三板制度完善及企业本身管理及创新提高等维度寻求新三板挂牌企业融资效率的提高。

3. 新三板分层管理的文献综述

李慧(2016)对我国新三板分层管理的必要性、可能性并对新三板内部层级调整进行了利弊分析。作者认为,我国新三板挂牌企业体量庞大,但各企业在公司股本、营业收入等方面却差异显著,因此对各企业进行层级划分与调整,是进一步完善全国股转系统市场功能的必然选择。此外,我国场内交易市场已实现分层管理,场外交易市场同步进行分层管理后,有利于我国多层次资本市场建设的逐步健全;同时,作者也从我国监管层政策执行的力度与卓效性以及国外成熟资本市场分层建设的先行成功经验,阐述了在我国新三板市场成功进行层级管理的可能性;最后,作者认为我国新三板分层利大于弊,分层管理有利于打造企业优胜劣汰的良好竞争环境,有效地规范市场管理、提高监管层风险控制能力,并降低投资者信息收集与筛选成本,能在一定程度上为提高我国新三板市场流动性注入活力、改善新三板挂牌企业的融资与交易环境,是我国审慎推进市场创新的重要举措。

管清友(2016)则认为,新三板分层带来诸多红利的同时,也存在诸多弊端,比如在为挂牌企业带来流动性红利的同时也增加了企业成本,增加的成本包括企业监管加强带来的管理成本增加、企业信息披露要求趋严导致的成本增加以及主办券商加强对募集资金的督导带来的融资成本增加。

宋杰(2016)认为,新三板分层落地后的重点在于对纳入创新层与基础层的不同层级的企业以及新三板不同行业间的企业进行差异化的监督与管理:① 相对中小创市场,新三板创新层企业估值水平明显偏低,作为价值洼地,新三板创

新层绩优公司间存在明显的并购套利的空间，因此成为不少主板上市公司并购瞄准的方向；与此同时，创新层与基础层之间也会战略合作进行并购投资，但挂牌公司的并购行为常不规范，重大资产重组下可能存在内幕交易，所以监管层要严格管理创新层企业的并购重组业务，对于基础层企业，则应加强全面的信息披露要求。② 对新三板市场上不同行业的公司进行差异化的管理方面，对新兴战略产业，要加大政策及资金的扶持力度，对夕阳产业及产能过剩的行业挂牌新三板则应进行一定的限制。

4. 文献评述

综合上述融资效率相关文献，我们发现，对融资效率的研究经历了从简单到复杂、从定性到定量、从企业微观到市场宏观的逐步发展完善的过程，目前比较完备的融资效率分析框架应该包括企业层面的资金交易效率与配置效率以及企业融资对国家层面整体经济的影响来展开，并再进一步地在这两个维度进行横向的差异比较和纵向的时间序列动态比较。

从新三板分层管理的文献回顾来看，我国的新三板分层管理的实施是切实完善新三板市场功能、降低投资者信息收集成本、提高风险控制能力和审慎推进市场创新的必要举措，是我国多层次资本市场建设过程中的重要一步，同时，学者普遍认为，新三板分层管理利弊共存、利大于弊，分层办法的出台带来的是一种优胜劣汰、有进有出的倒逼机制，创新层企业更容易得到资本的青睐，劣质企业则会逐步淡出投资者的视线。

（四）研究内容与方法

本文基于 2016 年新三板挂牌企业分层管理落地的大背景下，首先利用文献研究法，对企业融资结构、融资效率内涵、融资效率的评价方法的相关学术研究进行了总结归纳，这奠定了本文研究的理论基础。

其次，本文利用描述性统计的方法，从全国中小企业股份转让系统官网、Wind、Choice 等金融数据终端里下载了完备的新三板挂牌企业的财务数据、IPO 与再融资数据等深度资料，并对这些数据做了进一步的加工、处理与统计汇总，并在论文的第三节，对新三板企业整体的融资现状、不同融资方式的比较以及与 A 股企业融资的差异做了初步的描述性统计与比较分析。

最后，本文在运用 DEA 模型的实证分析方法，选取在分层前后均有进行过定向增发融资的新三板挂牌企业作为研究样本，对新三板市场整体以及创新层、基础层不同层级间、不同行业间的企业技术效率、纯技术效率、规模效率等各项

融资效率指标进行了实证研究，并结合各实证结果穿插对其研究结果的进一步解释与分析。

（五）创新与不足

本文最大的创新点在于选取的样本对象与时间考察期的最新性。基于《全国中小企业股份系统挂牌公司分层管理办法（试行）》2016 年 5 月刚刚出台，研究新三板创新层与基础层企业融资效率定量差异的文章为数尚少，本文选取了创新层与基础层不同层级企业的融资效率作为本文实证研究的细分领域之一，同时考察的时间周期是 2015 年与 2016 年新三板企业的定向增发融资情况，这些均体现了研究样本对象与考察期在一定程度内的新颖性。

本文由于写于新三板分层制度落地不久，而新三板企业 2016 年年报的披露时间为 2017 年 4—5 月，因此在样本数据选择上，仅能基于 2015 年及 2016 年上半年分层落地初期新三板企业的半年报财务数据，对其运用 DEA 模型进行分析，因此仅仅能反映新三板落地前及落地初期创新层与基础层企业融资效率的特点。随着新三板市场制度建设的不断完善、信息披露要求不断趋严带来的企业财务数据更为充分，新三板企业融资效率的层级差异、行业差异、不同融资方式的差异以及变化，还有待更深层次及更长时间范围内的研究。

二、融资效率的相关概念、理论与方法

（一）融资效率的内涵分析

关于融资效率的界定，学术界尚无统一的定义，而是在实际使用过程中各自定义，但拆分成融资以及效率的基本含义去理解的话：融资是指资金需求者与资金所有者之间通过各种各样的方式融通资金的经济活动。这些融资方式，按企业资金是源于企业自身积累还是外部市场，可相应分为内源融资和外源融资，其中，外源融资又可分为直接融资和间接融资，直接融资则又可分为债券融资和股权融资，外部融资则包括贷款融资、融资租赁和票据融资等。关于效率的概念界定，则一直是学术界研究的焦点，其中最被普遍接受的效率界定则是“帕累托效率”。所谓帕累托效率，是指这样一种理想的资源配置最优状态，这种最优资源配置状态下，不再存在这样一种改进，可以使得在不让任何人状况变差的前提下，让至少一个人的状况得到改善，即不可能存在帕累托改进的余地。站在不同的维度去理解效率的话，融资效率则又可划分为企业微观层面的融资效率以及

整个社会资源综合配置的宏观方面的效率。

基于本文是站在新三板挂牌企业角度对融资效率展开研究，因此本文中的融资效率界定特指企业微观层面利用某种融资方式筹集资金并利用资金这两方面的综合能力。具体来说，企业筹集资金的能力体现在筹集资金的成本高低、筹资的便利程度以及筹资带来的风险大小，企业利用资金的能力则体现在企业融通得到的资金给企业带来的经济效用的大小，只有当融资得到的经济收益大于为融资付出的成本且不给企业带来额外的高风险时，我们才能称企业的融资效率处于有效状态。

分析企业融资效率时，我们需要用比较的、动态的视角，也就是说当我们比较企业的融资效率时，不单要与企业自己不同的融资方式相比较，更要与同类型、同行业的可比公司相比较以及在不同的时间区间内进行动态的纵向比较。

（二）融资效率的影响因素

由于我国新三板市场成立的时间较短，当前对我国新三板挂牌企业融资效率的研究相对较少，学术界也并未形成较为成熟的理论体系，但国内外学者对上市公司企业融资效率的影响因素研究已较为丰富完善，这就为本文研究新三板挂牌企业的融资效率提供了借鉴。

基于此，本文综合前人对上市公司企业融资效率的相关学术研究，发现企业融资效率的影响因素虽然纷繁复杂，但大致可归纳为企业内部因素与外部因素两大类。其中，内部因素可细分为企业的融资结构、企业资产的规模与结构、企业所处的发展周期、企业自身的盈利能力与成长性、融资所花费的时间与成本等；企业融资效率的外部因素则包括资本市场各项制度与功能发展的完备程度、货币供应量的供需状况、通货膨胀状况、市场利率的高低变化及预期、国家各项财政政策与产业政策的引导以及整个宏观经济增长的速度与前景。此外，不管是企业融资效率的外部影响因素还是内部影响因素，各个因素彼此之间都是相互贯通、相互影响的关系。

上述企业融资效率的影响因素分析中，企业的融资结构是最被学术界普遍认可并已形成完备理论体系的一个重要影响因素。企业的融资结构理论是指对企业融资方式的选择与比例组合进行最优筹划的一系列理论研究，通过优化企业的融资结构，可以使得企业融资的成本、收益以及风险控制得到最优的组合，进而提升企业融资效率，并实现企业价值最大化的最终目标。基于上述原因，本文选取 MM 理论、权衡理论、优序融资理论三大经典融资结构理论进行了展开。

1. MM理论

Franco Modigliani 和 Merton Miller 最早对融资结构进行研究并提出 MM 理论，自此开创现代资本结构理论的先河。MM 理论是基于资本市场有效且资本可自由流动等一系列基本假设下，得出在不考虑税收和考虑税收两种情况下，企业的融资结构与资金成本以及企业价值之间的关系，具体研究结论如下：① 无税的 MM 理论：在不考虑税收的情况下，企业的债务比例不影响企业资本总成本和企业总价值，即此时公司无法通过改变财务杠杆获利，也就不存在最优的资本结构；② 修正的 MM 理论(含税条件下的资本结构理论)：在考虑税收情况下，由于债务的利息支出可以免税，所以提高负债比率，可降低公司总的资金成本，从而增加企业的价值，即企业的资本结构与资本成本和企业总价值相关，当企业资产负债率达到最大即 100%时，企业价值达到最大。

显然，MM 理论基于证券市场不存在交易成本、个人及企业均能以无风险利率借到所需的资金等一系列假设太过严苛，在现实的资本市场上很难得到满足，因此后来很多学者放宽了 MM 理论的假设条件，并提出了一系列新的融资理论。

2. 权衡模型理论

权衡模型理论认为虽然债务融资可以带来节税效应，但随着企业背负的债务比例不断提高，企业陷入企业财务困境的可能性也会随之增加，甚至会步入破产危机，即使不破产，但只要外界认为企业发生财务危机的可能性加大，企业进一步利用债务融资的便利性就会受到制约。因此 MM 理论只考虑到负债的节税利益，却忽略负债带来的财务拮据成本，显然是与资本市场实际不符的。

因此，权衡模型理论在综合考虑企业负债成本与收益的基础上，对 MM 理想假设进行了修正，即确定最优的融资结构需要综合考虑负债节税的作用以及财务负债成本，在二者之间寻找平衡点实现企业的最佳融资结构。具体来说，最佳的资本结构应当是企业负债的减税收益等于两种成本现值之和时的负债比例，及满足“有负债企业的企业价值＝无负债企业的企业价值＋负债的减税收益－财务拮据预期成本现值－代理成本预期现值”这一等式。

3. 优序融资理论

Myser(1984)和 Majluf(1984)则把资本市场存在信息不对称问题引入了融资结构的研究中，提出了优序融资理论。优序融资理论认为，当某公司的股票被高估时，企业管理者会借机发行新股，但当投资者能意识到自己处于信息不对称中弱势一方群体时，就会调低对该公司股价的预期，从而引发公司股价下跌、进

而企业价值下跌。

因此，通过股权融资等外部融资方式，除却高昂的融资成本外，还容易给企业带来负面效应，因此，最佳的融资先后次序应该遵循先内源融资，再债务融资，最后才是股权融资的顺序。

因为MM理论与权衡模型理论研究的重心在于企业融资结构与企业价值最大化之间的关系，却缺乏对企业融资偏好的相关研究，优序融资理论是对上述理论较好的补充与发展。将理论回归到现实生活中，也可发现美国、英国、德国等西方发达资本主义国家的企业融资结构与优序融资理论倡导的融资模式基本一致，都具有明显的内源融资的特征。

（三）融资效率的DEA模型测度方法

数据包络分析法(DEA，Data Envelopment Analysis)是一种通过对研究对象建立线性规划模型来分析其相对效率的一种分析方法，既可用于横向比较不同企业之间的相对效率，也可用于纵向研究企业不同时期的相对效率。此外，DEA模型各个投入量与产出量之间相互联系，直接数据值量纲不影响分析结果，且无需对投入和产出量进行任何权重假设，因此DEA方法相比其他评价方法在处理多投入多产出问题时能更加客观真实地反映各个决策单元之间的相对效率，是研究企业融资效率最为常用的实证模型。

DEA模型的应用通常分为四个步骤：① 研究目标的确立；② 投入与产出量的选取；③ 样本数据的处理与分析；④ 基于实证分析结果提出对策及建议。实际应用过程中，DEA模型的研究对象被称为决策单元，DEA模型决策单元的资产总额、负债率、财务费用、利息等生产经营过程中的支出量被称为投入单元，决策单元的总营业收入及增长率、盈利能力、资本利用效率等企业经营管理中的产出量则被称为产出指标。DEA模型的决策单元可根据是否相对其他决策单元效率最高，划分为相对有效以及无效状态。DEA相对有效从融资效率角度分析，指决策单元已有资金投入得到了合理的利用，且资金投入规模处于最优状态，不存在融资过剩或不足。DEA模型处于无效状态的决策单元，则存在融资规模不合理或者所融的资金未得到有效利用的问题。

1. DEA模型的推导

包含n个决策单元、s个投入量、m个产出量的多投入多产出的DEA模型如图2-1所示。

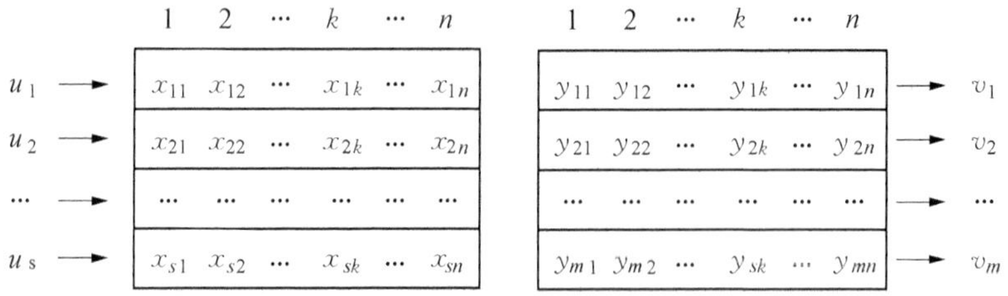

图 2-1 决策单元投入产出数据

x_{ij} ——决策单元 j 的投入量 i 的数值，$x_{ij} > 0$；

y_{rj} ——决策单元 j 的产出量 r 的数值，$y_{rj} > 0$；

v_i ——投入量 i 权重系数，$v_i > 0$；

u_r ——产出量 r 权重系数，$u_i > 0$。

根据产出量总和与投入量总和的比例关系，建立决策单元相对效率评价指标如式(2-1)。

$$h_j = \frac{u^T y_{rj}}{v^T x_{ij}} = \frac{\sum_{r=1}^{s} u_r y_{rj}}{\sum_{i=1}^{m} v_i x_{ij}},\ j = 1,\ 2,\ \cdots,\ n \tag{2-1}$$

通过选择适当的权重系数 v_i 和 u_r 可以使得相对效率评价指标满足式(2-2)。

$$h_j \leqslant 1,\ j = 1,\ 2,\ \cdots,\ n \tag{2-2}$$

相对效率评价指标 h_{j0} 数值越大，则决策单元 j_0 越有效，表明决策单元在相同的投入条件下产出更多。为分析决策单元 j_0 的相对效率，建立以 h_{j0} 最大值为目标函数，其他决策单元效率评价指标为约束条件的数学规划如式(2-3)。

$$\begin{cases} \max h_{j0} = \dfrac{\sum_{r=1}^{s} u_r y_{rj0}}{\sum_{i=1}^{m} v_i x_{ij0}} \\ s.t. \dfrac{\sum_{r=1}^{s} u_r y_{rj0}}{\sum_{i=1}^{m} v_i x_{ij0}} \leqslant 1,\ j = 1,\ 2,\ \cdots,\ n \\ u_r > 0,\ r = 1,\ 2,\ \cdots,\ s \\ v_i > 0,\ i = 1,\ 2,\ \cdots,\ m \end{cases} \tag{2-3}$$

式(2－3)为分式规划研究相对复杂，令：$t = 1/v^T x_0$，$w = tu$，$\mu = tu$ 将式(2－3)简化为线性规划模型如式(2－4)。

$$\begin{cases} \max h_{jO} = \mu^T y_o \\ s.t. w^T x_j - \mu^T y_j \geqslant 1,\ j = 1,\ 2,\ \cdots,\ n \\ w^T x_0 = 1 \\ u_r > 0,\ r = 1,\ 2,\ \cdots,\ s \\ v_i > 0,\ i = 1,\ 2,\ \cdots,\ m \end{cases} \tag{2-4}$$

由式(2－4)DEA 相对效率线性规划模型可得，当决策单元 j_0 的相对效率评价指标 $h_{j0} = 1$ 时，决策单元 j_0 相对其他决策产出与投入比最高，我们称其为处于相对有效状态。

根据对于投入与产出不同角度的研究，式(2－4)可以根据对偶定理得到其对偶规划，具体如式(2－5)所示。

$$\begin{cases} \min \theta \\ s.t. \sum_{j=1}^{n} \lambda_j x_{rj} \leqslant \theta x_0,\ r = 1,\ 2,\ \cdots,\ s \\ \sum_{j=1}^{n} \lambda_j y_{ij} \geqslant y_0,\ i = 1,\ 2,\ \cdots,\ m \\ \lambda_j \geqslant 0,\ j = 1,\ 2,\ \cdots,\ n \end{cases} \tag{2-5}$$

为了方便讨论与计算，我们引入松弛变量 s^+ 与 s^- 以及非阿基米德无穷小量 ε，从而将不等式约束转化为等式约束得到 DEA 的 C^2R 模型如式(2－6)所示。松弛变量值不为零时，表明相应的投入或产出处于非最优状态，且松弛变量值偏离程度越高，对相应的投入与产出需要进行的调整量就越大。

$$\begin{cases} \min \left[\theta - \varepsilon \left(\sum_{r=1}^{s} s_r^- + \sum_{i}^{m} s_i^+ \right) \right] \\ s.t. \sum_{j=1}^{n} \lambda_j x_{rj} + s_r^- = \theta x_0 \\ \sum_{j=1}^{n} \lambda_j y_j - s_i^+ = y_0 \\ \lambda_j \geqslant 0,\ j = 1,\ 2,\ \cdots,\ n \\ s_r^-,\ r = 1,\ 2,\ \cdots,\ s \\ s_i^+,\ i = 1,\ 2,\ \cdots,\ m \end{cases} \tag{2-6}$$

在考虑规模收益可变的基础上，式(2-6)DEA的C^2R模型可转换为BCC模型，根据BCC模型可以对决策单元的纯技术效率进行研究，模型如式(2-7)所示。

$$\begin{cases}\min\left[\theta-\varepsilon\left(\sum_{r=1}^{s}s_r^{-}+\sum_{i}^{m}s_i^{+}\right)\right]\\ s.t.\sum_{j=1}^{n}\lambda_j x_{rj}+s_r^{-}=\theta x_0\\ \sum_{j=1}^{n}\lambda_j y_j-s_i^{+}=y_0\\ \sum_{j=1}^{n}\lambda_j=1\\ \lambda_j\geqslant 0,\ j=1,\ 2,\ \cdots,\ n\\ s_r^{-},\ r=1,\ 2,\ \cdots,\ s\\ s_i^{+},\ r=1,\ 2,\ \cdots,\ m\end{cases}\tag{2-7}$$

2. DEA模型的有效性分析

基于DEA模型分析可以分别对决策单元的技术效率、纯技术效率以及规模效率的相对有效性进行研究。决策单元纯技术效率有效表明决策单元基于现有资本投入下产出达到最优，即代表企业对所融资金的充分利用程度；决策单元规模效率有效表明决策单元融资规模最优，即不存在融资的过剩或不足，决策单元的技术效率在数值上等于纯技术效率与规模效率的乘积，它综合反映了决策单元的融资规模合理性以及所融资金的有效利用程度。

决策单元的规模收益分为规模收益不变、规模收益递减和规模收益递增三个状态。当企业的产出增长率随着投入增加维持恒定时，表明企业处于规模收益不变状态、投入规模最优；当企业产出增长率随着投入增加而减小时，表明企业处于规模收益递减状态、投入过剩需要减少投入；当企业产出增长率随着投入增加而增大时，表明企业处于规模收益递增状态，投入不足需要增大投入。

图2-2为单投入单产出的DEA模型有效性曲线。图中曲线$y=f(x)$为DEA模型纯技术效率有效曲线，曲线上的各个点处于纯技术有效状态。对$y=f(x)$求一阶导数可以得到产出相对投入的增长率y'，对$y=f(x)$求二阶导数可以得产出增长率的变化率y''。当$y'>0$时，产出随着投入的增加而增大；当$y''>0$时，规模效率递增，表明产出随着投入增加其增长速度也加快；当$y''=0$

时规模效率不变，企业的规模效率达到有效状态；当 $y''<0$ 时规模效率递减，产出随着投入增加其增长速度也减慢。

图 2－2 包含 A、B、C 三个点。A 点位于纯技术效率有效曲线上，且 A 点处 $y''=0$，A 点左侧 $y''>0$，表明产出增长率递增，A 点右侧 $y''<0$，表明产出增长率递减，A 点同时处于纯技术效率和规模效率有效状态，整体技术效率有效。B 点也位于纯技术效率有效曲线上，B 点 $y''<0$，表明产出增长率递减、规模效率非有效。C 点未位于纯技术效率有效曲线上，同时 C 点 $y''<0$，表明 C 点的纯技术效率和规模效率均非有效。

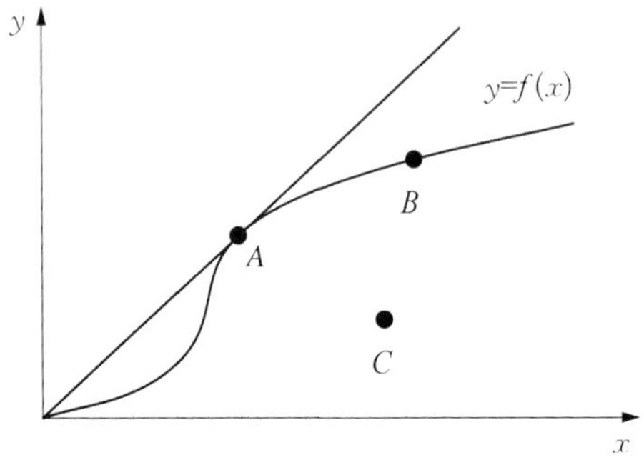

图 2－2　单投入单产出 DEA 模型有效性分析图示

多投入多产出的 DEA 的 C^2R 模型有效性分析与单投入单产出情况类似。以决策单元 j_0 为例，假设最优解为 λ_{j0}、s_{r0}^-、s_{i0}^+、θ_0。当 $s_{r0}^->0$ 时，则投入量 r 存在冗余，需要减少投入量 r 提高决策单元效率；当 $s_{i0}^+>0$ 时，则产出量 i 存在冗余，需要增加产出量 i 以提高决策单元效率。

(1) 当 $\theta_0=1$，$s_{r0}^-=0$，$s_{i0}^+=0$ 时，DEA 模型处于有效状态并同时达到技术效率最优与规模效率最优。

(2) 当 $\theta_0=1$，$s_{r0}^->0$ 或 $s_{i0}^+>0$ 时为弱 DEA 有效，即技术效率和规模效率不同时达到有效。

(3) 当 $\theta_0<1$ 时为 DEA 非有效状态，且纯技术效率与规模效率均未达到有效。

根据上述 DEA 模型的最优解可以对决策单元 j_0 的规模收益进行分析如下：

当 $\frac{1}{\theta_0}\cdot\sum_{j=1}^{n}\lambda_{j0}=1$，则规模收益不变。

若 $\frac{1}{\theta_0}\cdot\sum_{j=1}^{n}\lambda_{j0}>1$，则规模收益递减。

若 $\frac{1}{\theta_0}\cdot\sum_{j=1}^{n}\lambda_{j0}<1$，则规模收益递增。

三、新三板的分层管理机制与融资现状分析

本部分先对我国新三板的发展历程进行了回顾，接着对新三板分层管理的

必要性、创新层的进入与维持标准、新分层落地后的现状及分层意义进行了解读,从而也为下文创新层与基础层企业融资效率的差异化分析打好理论分析的基石。

(一) 新三板的发展历程回顾

新三板是公众对全国中小企业股份转让系统(简称“全国股转系统”)的俗称,是继上交所、深交所之后第三家全国性证券交易场所,但不同于上交所、深交所的场内交易方式,新三板的本质是定位于为我国创新型、创业型、成长型的中小企业提供上市、融资、股份转让等服务的场外市场。

我国的“新三板”最早可以追溯到 2001 年的“代办股份转让系统”(俗称“旧三板”),即为原来在“两网”(STAQ 和 NET 两网系统)挂牌的非公众公司和被退市的非上市公众公司提供规范化的股份转让服务的流通平台。但因“代办股份转让系统”市场关注度低、交易清淡且缺乏融资功能,我国政府后续又对其进行了一系列大刀阔斧的改革:2006 年 1 月,国务院发布通知将北京市中关村科技园区内具备规定资质的非上市高科技公司纳入代办股份转让系统中实现融资,自此,我们将 2006 年开始的、以中关村园区企业为主体的市场层次称为“新三板”;同年 2 月,中关村部分企业进入系统进行股份转让的试点工作开始启动;2012 年 9 月,试点范围扩大到上海张江、天津滨海和武汉东湖高新区等 3 个国家级高新园区;2013 年 1 月 16 日,全国股份转让系统正式揭牌运营,对原证券公司代办股份转让系统挂牌公司实现全部承接;2013 年 6 月,全国股份转让系统试点扩容至全国,挂牌新三板的企业数量开始迅猛增长;2014 年 6 月 5 日,新三板做市商制度正式出台,新三板市场流动性有所增强①。

表 2-1 简单汇总了 2013—2016 年间我国新三板的各项具体数据,从中不难发现自 2013 年新三板在全国扩容之后,我国新三板的企业数量、市值、交易及融资等各项数据可谓逐年增加,其中 2015 年与 2016 年新三板的企业数量与总市值更是呈现井喷式增长(图 2-3)。截至 2016 年底,新三板挂牌企业数量达到 10 163 家②,标志着我国新三板市场正式进入“万家”时代,新三板作为我国众多中小企业便利的融资渠道,与主板、创业板、中小板共同构成了我国建设多层次资本市场的重要基石。

---

① 资料来源:根据全国中小企业股份系统官网相关文件整理。

② 数据来源:Wind 资讯金融终端。

表 2-1 2013—2016 年新三板企业数量、市值、交易及融资情况

	2013 年	2014 年	2015 年	2016 年
挂牌企业家数(家)	356	1 572	5 129	10 163
总市值(亿元)	553.6	4 591.42	24 584.42	40 558.11
总股本(亿股)	97.17	658.35	2 959.51	5 851.55
年交易额(亿元)	8.14	130.36	1 910.62	1 912.28
年交易股份数量(亿股)	2.02	22.82	278.91	363.64
股票发行家数(家)	55.00	291.00	1 882.00	2 647.00
股票发行次数(次)	60.00	329.00	2 565.00	3 041.00
年融资额度(亿元)	10.02	132.09	1 216.17	1 477.82
年融资股份数(亿股)	2.92	26.52	230.79	344.10

数据来源：根据 Wind 资讯金融终端相关数据整理计算。

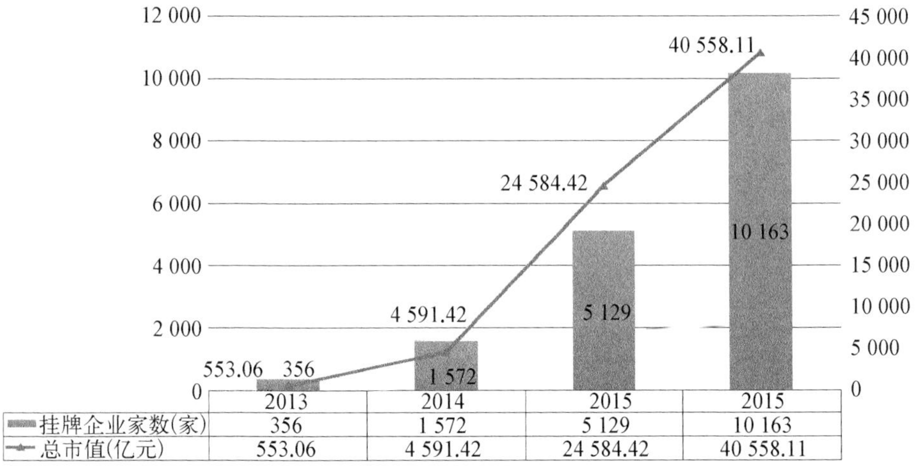

	2013	2014	2015	2015
挂牌企业家数(家)	356	1 572	5 129	10 163
总市值(亿元)	553.06	4 591.42	24 584.42	40 558.11

图 2-3 2013—2016 年我国新三板企业数量与总市值变化趋势图

数据来源：根据 Wind 资讯金融终端相关数据整理计算。

(二) 新三板的分层管理机制

1. 新三板分层管理机制出台的必要性

图 2-4 为新三板各个行业的挂牌企业数量和资产总额，从中可以看出新三板各个行业规模存在较大差异。在新三板市场准入方面，我国当前执行的

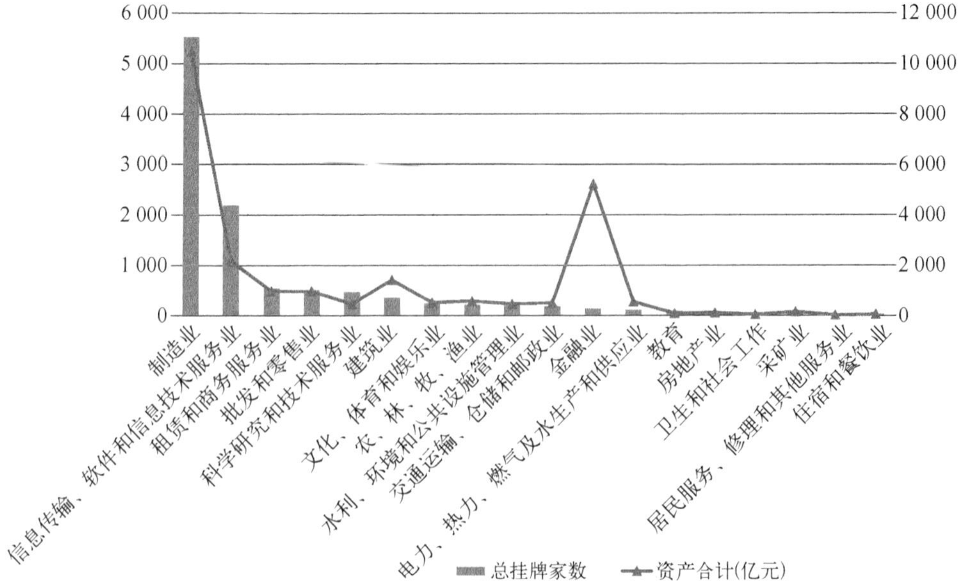

图 2-4　2016 年新三板各行业企业数量及资产分布

数据来源：根据 Wind 资讯金融终端相关数据整理计算。

是类注册制的宽松体系，并未对申请挂牌企业设置财务门槛以及主营业务等要求，其次对企业信息披露频率和质量也较为宽松，新三板的“新兴”和“低门槛”特性，导致新三板市场本身体量大且组成复杂，各挂牌公司在行业属性、资本规模、盈利能力、公司成长性上存在着显著差异，导致外界给新三板市场贴上了“泥沙俱下、鱼龙混杂”的便签，也给投资者筛选优质新三板企业带来了难度，因此新三板分层管理机制的出台是针对解决新三板发展难题的必要举措。

2. 新三板分层管理的划分与维持标准

2016 年 6 月 27 日，《全国中小企业股份转让系统挂牌公司分层管理办法》开始正式实施。根据分层标准，新三板企业被划分为创新层和基础层两个层级。截至 2016 年 12 月 31 日，创新层企业总共 952 家，占比 9.4%，基础层企业总共 9 211 家，占比 90.6%①。

《分层管理办法》对新三板创新层与基础层的划分标准与创新层的维持标准都做了明确规定，详细划分标准说明如表 2-2 所列。

① 数据来源：全国中小企业股份转让系统官网。

表 2-2 新三板创新层企业的划分标准

标准一：净利润＋净资产收益率
1. 最近两年连续盈利且平均净利润不少于 2 000 万元； 2. 最近两年平均净资产收益率不低于 10%。
标准二：营业收入复合增长率＋营业收入＋股本
1. 最近两年营业收入连续增长且复合增长率不低于 50%； 2. 最近两年营业收入不低于 4 000 万元； 3. 股本不少于 2 000 万元。
标准三：市值＋股东权益＋做市商家数＋合格投资者
1. 最近有成交的 60 个做市转让日的平均市值不少于 6 亿元； 2. 最近一年的年末股东权益不少于 5 000 万元； 3. 做市商的数量不少于 6 家； 4. 合格投资者不少于 50 人。
通 用 标 准
满足上述三个中的任意一个标准且公司管理与运营符合规范，同时近 12 个月通过股票融资额度不小于 1 000 万元或近 60 个转让日成交天数大于一半。

资料来源：根据《全国中小企业股份转让系统挂牌公司分层管理办法(试行)》整理。

由表 2-2 也可看出，新三板创新层三套划分标准并行，分别从新三板挂牌公司的盈利能力、公司成长性以及公司市值三个方面来筛选新三板优质企业。

其中标准一以企业净利润、净资产收益率两个指标，从盈利金额、盈利质量、盈利连续性三个方面筛选出盈利能力强、运营成熟稳定、盈利质量高的企业进入创新层，排除出盈利能力弱、企业经营波动大和盈利收益质量不高的企业。

标准二以营业收入、营业收入增长率、股本作为指标，从企业营业收入金额、企业增长速度以及流动性三个角度，筛选出处于孵化落地初期、盈利模式不稳定但成长性强的企业，排除出营业金额过低、市场占有能力弱以及流动性较差的企业。

标准三则以市值、股东权益、做市商家数，从市场对企业的认可度、企业规模与偿还债款能力筛选出商业模式新颖、未来收益乐观、市场认可度高的企业，排除出市场前景不乐观，估值偏离较大的企业。

《分层管理办法》对申请挂牌即进入创新层的企业划分标准在原来的划分基础上增加了附加要求。因为做市转让方式相比于协议转让方式，更加有利于企业流动性的提高以及企业价值的挖掘，因此《分层管理办法》要求所有申请挂牌

时就进入创新层的企业均需采用做市转让方式，故在标准一的基础上增加了“申请挂牌同时发行股票，且融资额不低于 1 000 万元”的要求，在标准三的基础上增加了“股票发行做市商不少于 6 家，且融资额度不低于 1 000 万元”的要求[①]。

为了保证新三板的动态管理，提高新三板的流动性，实现新三板“优胜劣汰”的健康发展模式。《分层管理办法》还设置了创新层的维持标准，维持标准如表 2－3 所列。

表 2－3　新三板创新层企业的维持标准

标准一：净利润＋净资产收益率
1. 最近两年连续盈利且平均净利润不少于 1 200 万元； 2. 最近两年平均净资产收益率不低于 6%。
标准二：营业收入复合增长率＋营业收入＋股本
1. 最近两年营业收入连续增长且复合增长率不低于 30%； 2. 最近两年营业收入不低于 4 000 万元； 3. 股本不少于 2 000 万元。
标准三：市值＋股东权益＋做市商家数＋合格投资者
1. 最近有成交的 60 个做市转让日的平均市值不少于 3.6 亿元； 2. 最近一年的年末股东权益不少于 5 000 万元； 3. 做市商不少于 6 家。

资料来源：根据《全国中小企业股份转让系统挂牌公司分层管理办法(试行)》整理。

对比表 2－2 创新层的进入标准及表 2－3 创新层的维持标准，可以发现维持标准相比于进入标准，在企业财务要求方面有所降低，而且在包含企业量化的财务数据同时，还包含了公司运营管理规范等一系列要求，如对企业存在财务造假、市场操作以及近一年有证监会处罚历史等严重违法情形的企业将直接进行降级处罚。

此外，《分层管理办法》规定新三板内部需每年进行一次优劣层级调整机制，优质的符合挂牌直接进入与分层后进入创新层的企业，如果出现运营不善等原因导致不再符合创新层维持标准，则将被调整至基础层。

3. 新三板分层管理落地后的现状及分层意义

图 2－5 统计了新三板创新层与基础层企业在总资产、总股本、成交额及融资方面的差异，从中可以看出新三板创新层相比基础层体量偏小，但是创新层主

---

① 资料来源：全国中小企业股份转让系统官网。

要为优质成长型企业，因此如若用两个层级的总额除以相应的企业数量，可以发现创新层企业在平均资产、平均股本及成交额方面均远大于基础层企业。

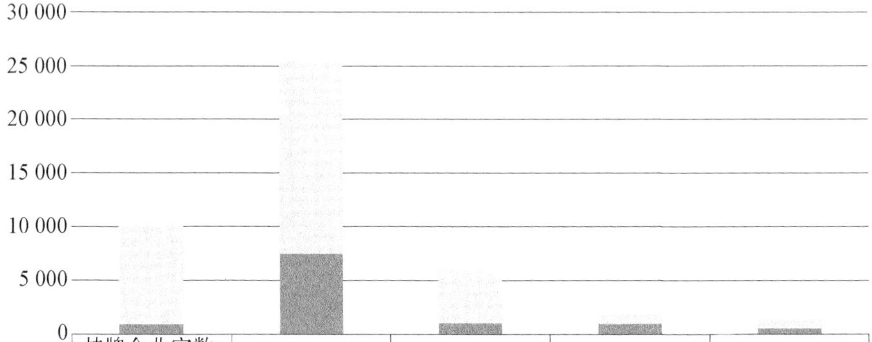

	挂牌企业家数(家)	总资产(亿元)	总股本(亿股)	总成交额(亿元)	总融资(亿元)
基础层	9 211	17 972.19	4 829.43	909.96	900.63
创新层	952	7 469.07	1 022.64	1 000.2	549.95

图 2-5　2016 年新三板基础层与创新层挂牌企业整体情况比较

数据来源：根据 Wind 资讯金融终端相关数据整理计算。

新三板实施分层管理的重要意义方面，我们认为首先当前新三板的交易方式主要以协议转让为主，新三板流动性的极度匮乏成为制约其发展的瓶颈，因此新三板分层制度落地后，一方面分层标准三及直接挂牌进入创新层企业要求企业采用做市的交易方式，有利于通过做市商制度在一定程度上改善新三板流动性。同时创新层与基础层企业在公司信息披露、股票发行转让以及公司管理标准方面均具有差异化的要求，通过量化的财务要求等指标筛选出不同层级的企业，有利于降低投资者筛选企业的信息，资金可以更有效地对接企业的融资需求。另外，伴随着分层落地，新三板的市场监管以及信息披露制度也更加规范，能够更加有针对性地提供差异化的服务与市场监管。

（三）新三板市场融资方式及融资现状

1. 新三板市场的整体融资现状

图 2-6 描绘了我国新三板在 2013—2016 年间总融资额与融资股份数的变化情况。从中可以看出，新三板自 2013 年在全国范围内扩容以来，各年度总融资额与融资股份份数均逐年增加，其中 2015 年相比 2014 年更是呈爆发式增长，但 2016 年相比 2015 年因为考虑新三板 2016 年企业数量的过快膨胀，在社会整体资金量不能同步跟进的情况下，新三板融资增长势头有所放缓。

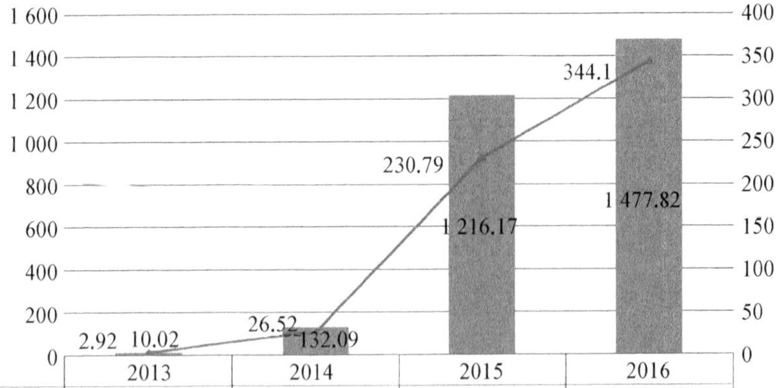

	2013	2014	2015	2016
年融资额(亿元)	10.02	132.09	1 216.17	1 477.82
年融资股份数(亿股)	2.92	26.52	230.79	344.1

图 2－6　2013—2016 年新三板市场年融资额与年融资股份数

数据来源：根据 Wind 资讯金融终端相关数据整理计算。

2. 新三板市场与 A 股市场融资比较

表 2－4 和图 2－7 统计了 2016 年我国新三板市场与 A 股市场在企业数量、总市值以及年融资规模方面的比较。从中我们不难发现，新三板作为场外交易市场，年融资总额及企业平均年融资总额均远低于 A 股市场，这与新三板市场融资方式相对单一，可融资对象范围明显偏小有着显著关系。

表 2－4　2016 年 A 股市场与新三板市场比较

	A 股	新三板
挂牌企业家数(家)	3 002	10 163
总市值(亿元)	391 044.66	40 558.11
年融资额(亿元)	16 901.9	1 477.82

数据来源：根据 Wind 资讯金融终端相关数据整理计算。

3. 新三板企业的各项融资方式

新三板作为场外交易市场，企业可以通过定向增发股票、股权质押、发行优先股、发行债券以及企业规范化运作后提高授信以及在创业板或主板转板上市等途径进行融资。

其中，新三板定向增发凭借程序简洁、融资周期短、方式灵活便利等优点，定向增发相比其他融资方式在融资额度以及比重上均占有显著优势，因此本节仅选取定向增发该种融资方式进行详细展开，而对股权质押融资、债券融资、优先股融资等其他融资方式仅做简单论述。

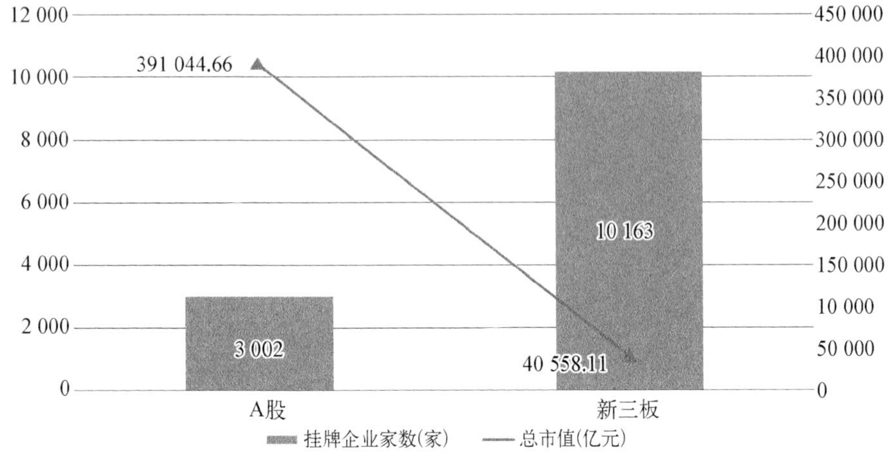

图 2-7 2016 年 A 股与新三板挂牌企业家数及总市值对比

数据来源：根据 Wind 资讯金融终端相关数据整理计算。

(1) 股权质押融资

股权质押融资是指挂牌企业以其自己持有或第三方持有的企业股权抵押给银行、担保公司、投资管理公司、小额贷款公司等金融机构获得融资的方式，也是挂牌企业大股东惯用的一种融资方式。

我们统计了 2014—2016 年间新三板市场股权质押数据，如表 2-5 所列，变化趋势则如图 2-8 所示。

表 2-5 2014—2016 年新三板股权质押数据

	2014	2015	2016
股权质押企业家数(家)	141	469	1 345
股权质押笔数(次)	233	1 046	3 221
股权质押企业占市场比重	7.44%	9.14%	13.23%

数据来源：根据 Wind 资讯金融终端相关数据整理计算。

可以发现，2016 年股权质押笔数由 2015 年的 1 046 笔激增到了 3 221 笔①，在考虑新三板挂牌企业在 2016 年扩容了一倍的基础上，股权质押融资的年增长率仍然较高。但是股权质押相比于定向增发，一般利率在 10%，对于新三板中小企业来说融资成本较高，新三板挂牌企业 1～3 折的股权质押率，相对主板和创业板股票 3～4 折的质押率也明显偏低。

① 数据来源：Wind 资讯金融终端。

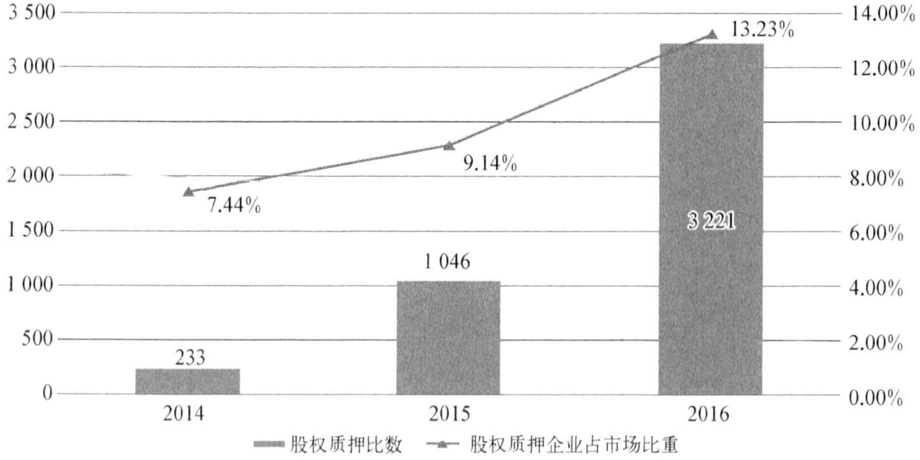

图 2-8　2014—2016 年新三板股权质押变化趋势图

数据来源：根据 Wind 资讯金融终端相关数据整理计算。

（2）债券融资方式

债券融资指新三板企业通过发行债券的形式进行融资。新三板企业大多规模较小且经营状况不稳定，因此发行债券的风险相对较高，2015 年新三板挂牌企业进行债券融资的企业仅有 7 家，融资金额仅为 28.76 亿元，相比同年 1 212.66 亿元的定向增发融资，整体融资规模显著偏小；虽然 2016 年进行债券融资的企业家数增加到 17 家，融资金额也激增到 162.2 亿元[①]，但相对定向增发仍然总量较小。但是，不可否认的是单家企业的债券平均融资金额较高，有利于为新三板优质企业提供充足的资金。

（3）发行优先股融资

2015 年新三板推出优先股融资方式，优先股对于企业来说无需抵押、不稀释股权、不影响创始人对于公司发展的决策，同时对于投资者来说又可以获得稳定的股息收入。因此，优先股同时兼顾了投融资双方利益，是对新三板融资渠道的有益拓展。

（4）定向增发融资

新三板定向增发，指新三板已挂牌企业或申请挂牌的企业通过向特定投资对象（不超过 35 人）发行股票的方式来进行股权融资的行为。相比 A 股市场，新三板企业的定向增发核准程序有所简化、标准也相对较低，主要体现在以下三个方面：① 企业在挂牌前、挂牌时、挂牌后均可以进行定向增发，符合豁免条件

---

① 数据来源：根据 Wind 资讯金融终端相关数据整理计算。

的企业可直接进行定向增发融资而无需审核；② 新三板定向增发为投融资双方协议增发，融资方式、时间、规模、过程、价格都可由双方协议商定，且允许新三板企业一次核准通过后，多次进行定向增发融资，即所谓的储架发行制度；③ 对通过新三板定向增发方式新增的股份不设立锁定期，即股票上市后可直接在二级市场交易，从而不存在股票锁定风险。

凭借新三板定向增发程序简洁、融资周期短、方式灵活便利等特点，定向增发相比其他融资方式在融资额度以及比重上均占有显著优势。我们统计了2013年至2016年之间，新三板定向增发融资的整体数据如表2-6所列，各项数据变化趋势如图2-9所示，从中我们可以直观地看到，近年来，新三板企业的定向增发次数、股份数量及其资金金额均呈现逐年增加态势。

表2-6　2013—2016年我国新三板市场定向增发相关数据

	2013年	2014年	2015年	2016年
定向增发次数(次)	58	305	2 529	2 903
定向增发规模(亿股)	2.74	25.42	233.02	275.72
定向增发资金额(亿元)	9.25	123.14	1 212.66	1 271.58
平均增发规模(万股/家)	77.00	161.73	454.32	271.29
平均增发金额(万元/家)	259.93	783.35	2 304.32	1 251.19

数据来源：根据Wind资讯金融终端相关数据整理计算。

	2013	2014	2015	2016
定向增发次数(次)	58.00	305.00	2 529.00	2 903.00
定向增发规模(亿股)	2.74	25.42	233.02	275.72
定向增发资金额(亿元)	9.25	123.14	1 212.66	1 271.58

图2-9　2013—2016年我国新三板定向增发融资整体数据

数据来源：根据Wind资讯金融终端相关数据整理计算。

图 2－10 统计了 2013—2016 年间，我国新三板进行定向增发企业的每家平均增发股数及金额，从中可以看出 2013—2015 年我国新三板平均增发规模及金额均快速增加，但 2016 年平均增发金额及次数较 2015 年出现了明显下降。为此，本文进一步细分到 2016 年各月度融资数据中寻找可能的原因，并在图 2－11 中对 2016 年各月新三板定向增发规模做了简单统计。从中我们可以发现，对

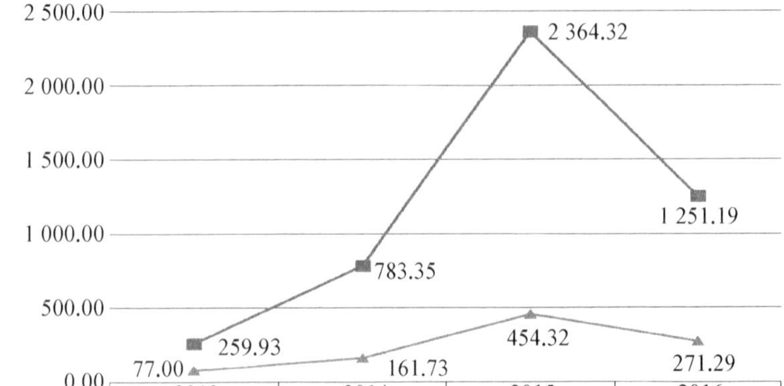

	2013	2014	2015	2016
平均增发规模(万股/家)	77.00	161.73	454.32	271.29
平均增发金额(万元/家)	259.93	783.35	2 364.32	1 251.19

图 2－10　2013—2016 年我国新三板企业平均增发规模及金额

数据来源：根据 Wind 资讯金融终端相关数据整理计算。

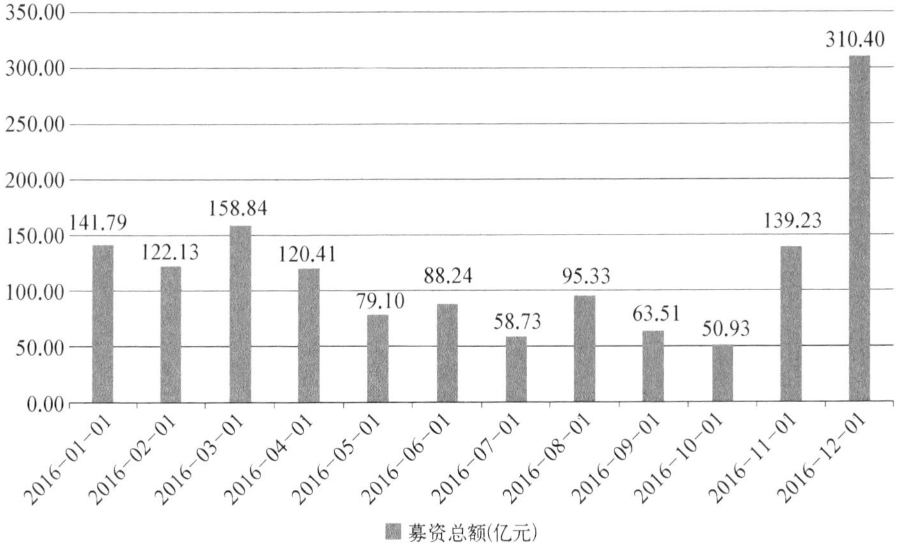

图 2－11　2016 年新三板各月定向增发的募集资金总额

数据来源：根据 Wind 资讯金融终端相关数据整理计算。

2016 年总体而言，新三板市场前 10 个月定向增发规模呈逐步下滑态势。这一方面是由于参与新三板的投资机构获利退出渠道单一，导致投资者处于观望态度、投资热情不高。“L”形经济走势大背景下，国家宏观货币政策处于紧平衡状态，导致市场利率不断攀升、流动性趋紧，这传导到流动性本就较为匮乏的新三板市场则表现得更为明显。另外一方面则是由于监管逐渐趋严，2016 年 8 月，全国中小企业股转系统发布募集资金管理新规定，重点解决新三板资金募集管理及使用问题。新规要求挂牌公司应设立募集资金存放专户，主办券商对于新三板挂牌企业募集资金存放及使用的管理核查趋严，是 2016 年新三板定向增发不太景气的另一个重要原因①。

四、基于 DEA 模型的新三板企业融资效率的实证研究

（一）样本对象的选取

2016 年 5 月 27 日，新三板分层制度试行，全国股转公司根据资产规模、盈利能力、成长性三个主要财务指标，将挂牌企业划分为创新层和基础层两个层级。基于分层和维持标准十分细致且有可操作性，因此标准出台后，各券商分析师纷纷对符合标准的挂牌公司进行筛选并列出具体名单，此外由出台后各挂牌公司的股价变化来看，可见市场也已在分层管理办法出台后即进行了反映，待 6 月 27 日创新层挂牌公司名单正式公布后，市场早已充分消化了之前的信息。因此，本文选取了在 2016 年 5 月 27 日分层试运行以后和 2015 年均有进行过定向增发融资的新三板挂牌企业作为研究样本，以更好地对比研究新三板不同层级企业间的融资效率。

具体地，在分层管理办法出台后至 2016 年底，共有 223 家新三板创新层企业进行了 238 次定向增发融资，而在分层管理办法出台前则选取的是 2015 年进行统计，期间共有 886 家创新层企业进行 1 381 次定向增发融资，考虑到部分新三板企业挂牌时间短、企业信息披露不及时且不完整，在剔除各项财务数据不齐全的企业后，最终得到 80 家创新层样本企业②，详细创新层样本企业信息见附表 A。按照同样的方法再对基础层挂牌公司进行筛选，最终筛选得到 79 家基础层挂牌公司③，详细基础层样本企业信息见附表 B。

---

① 资料来源：全国中小企业股份转让系统官网。
② 数据来源：Wind 资讯金融终端。
③ 数据来源：Wind 资讯金融终端。

（二）样本数据的来源及处理

对这159家样本企业应用DEA模型进行研究时，所需的相关财务数据则主要来自于全国中小企业股份转让系统官网、Wind资讯金融终端以及各样本企业的公司公告等，运用的分析软件则是Deap 2.1软件。

因为运用Deap 2.1软件对新三板企业融资效率进行研究时，要求企业的各项投入与产出数据均为非负数。但现实生活中企业实际的净收入、营业收入等财务数据可能为负值，存在不满足非负要求的可能，因此在进行DEA模型有效性分析前，我们需要对企业投入和产出的数据进行统一的归一化处理，具体处理方式如式(2-8)所示。

$$\begin{cases} x_{rj}^{*}=0.1+0.9\cdot\dfrac{x_{rj}-\mathrm{Min}(x_{rj})}{\mathrm{Max}(x_{rj})-\mathrm{Min}(x_{rj})},\ r=1,\ 2,\ \cdots,\ s \\ y_{ij}^{*}=0.1+0.9\cdot\dfrac{y_{ij}-\mathrm{Min}(y_{ij})}{\mathrm{Max}(y_{ij})-\mathrm{Min}(y_{ij})},\ i=1,\ 2,\ \cdots,\ m \end{cases} \tag{2-8}$$

x_{rj}^{*} y_{ij}^{*} 分别为对各项投入和产出进行归一化处理后，转化为区间[0, 1]内的数据。DEA方法投入与产出数据的量纲不影响DEA模型的分析结果，因此上述对于样本数据的归一化处理不影响最终挂牌企业相对效率的分析结果。

（三）投入与产出指标的选取

我们在选取DEA模型的投入和产出指标时，主要关注以下两个条件是否满足：① 选取的数据与研究问题具有强相关性；② 数据全面且可获得。

企业融资效率从投入角度看，主要应实现企业以较低的成本获得充足的融资，从而实现企业生产的扩大与技术的革新。企业自身的资产规模大小、融资结构的合理性、融资成本高低都对企业的融资效率有重要影响。具体来说，① 企业的资产规模对于企业的融资渠道的多样性及融资金额有一定影响，企业资产规模越大往往更容易受到投资机构的青睐，相对更容易通过多个融资渠道获得充足的融资；② 合理地调整企业内源融资与外源融资比例、股权与债券融资比例，融资结构的优化有利于企业提高资金使用的安全性与高效性；③ 企业在融资过程中费用支出的体现的是企业的融资成本，融资成本与企业融资效率负相关。

从产出角度看，提高融资效率需要有效地利用所融得的资金去最大化地提高企业价值。企业盈利能力的强弱、成长性的好坏、资金运营效率的高低是衡量企业产出的几个主要指标。具体来看，① 公司盈利能力的大小是企业运营的核心，盈利能力往往与投资机构的融资热度直接挂钩，盈利能力强的企业更加容易得到资本的青睐；② 企业成长性的好坏则体现了资本市场对企业未来发展空间的看法，一般情况下，企业成长性越好，则预期的未来投资收益也就越高；③ 企业资金运营能力越强、资金周转速度越快，则表明资金的利用效率越高，有利于创造更大的企业价值。

综合考虑上述关于投入与产出量与本文研究对象新三板企业融资效率的相关性以及数据的完整性和可获取性。我们最终选取的投入和产出指标如表 2－7 所列。

表 2－7　应用 DEA 模型时选取的投入与产出指标

	变量名称	影响因素	变 量 说 明
投入指标	总股本	股东总投入	公司挂牌前的股份和挂牌以后发行的普通股股份数量的总和
	资产负债率	企业融资结构	企业负债总额占资产总额的比例
	财务费用	融资成本	企业融资过程中支出的费用总和
	利息支出	资金成本	企业债券融资、间接融资的费用支出
产出指标	营业总收入	企业规模	企业销售产品、提供服务等营业活动中产生的经济利益的总流入
	营业收入增长率	企业成长性	营业收入增长量与营业收入的比值
	净资产收益率	盈利能力	税后利润相对净资产的比率
	总资产周转率	运营能力	净收入相对平均资产总额的比率

（四）实证结果及分析

1. 融资效率均值分析

运用 Deap 2.1 软件对样本企业进行分析处理后，可分别得到 2015 年与 2016 年 159 家样本企业的各项融资效率的均值、2015 年与 2016 年 80 家创新层企业各项融资效率的均值以及 79 家基础层挂牌企业各项融资效率的均值，整理后得到各项融资效率均值如表 2－8 所列。

表 2-8　2015 年与 2016 年新三板各企业融资效率均值

年 平 均 效 率	技术效率(TE)	纯技术效率(PTE)	规模效率(SE)
2015 年 159 家样本企业	0.723 4	0.815 7	0.891 3
2016 年 159 家样本企业	0.677 7	0.786 4	0.860 0
2015 年 79 家基础层企业	0.682 5	0.739 8	0.926
2015 年 80 家创新层企业	0.763 8	0.890 6	0.868 6
2016 年 79 家基础层企业	0.630 2	0.733 4	0.860 1
2016 年 80 家创新层企业	0.724 5	0.838 6	0.870 1

数据来源：根据 Wind 资讯金融终端相关数据整理计算。

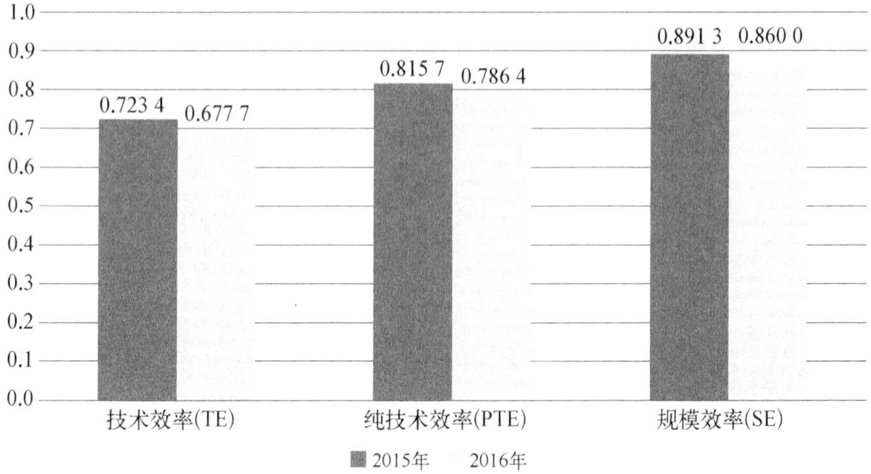

图 2-12　2015 年与 2016 年新三板企业整体融资效率比较

数据来源：根据 Wind 资讯金融终端相关数据整理计算。

图 2-12 为 2015 年和 2016 年各项效率指标的对比。观察图 2-12，我们可以直观地发现，2016 年新三板市场相比 2015 年在技术效率、纯技术效率与规模效率方面均有所略微下降。回顾我们在第三部分对新三板市场整体融资现状的数据统计分析：2016 年新三板所有挂牌企业的年总融资总额与融资股份份数较 2015 年在量上虽依旧有所小幅增加，但相比 2013—2015 年的爆发式增长速度来说，2016 年新三板融资势头可以说是大幅放缓。由此，也可以发现先前的描述性统计与本章节的实证结果是相一致的。

进一步的探究新三板企业为何在 2016 年整体融资效率不佳,有以下几个方面原因:① 2016 年相比 2015 年新三板市场体量迅速扩容,挂牌企业数量增加了足足一倍,然而"资本寒冬"下整个市场的可融资金规模增加不明显,"僧多粥少"情况下表现出来的就是整个新三板市场的定向增发总金额虽略有增加,但每家企业的平均增发金额却显著降低了;② 2016 年三板成指(899001.CSI)全年下跌 13.59%,三板做市指数(899002.CSI)全年下跌 21.79%,很明显二级市场的惨烈下跌以及交易量的持续萎缩会传导至一级市场的融资环境,影响一级市场的投资者情绪,加之新三板市场本身投资准入门槛高、满足要求的投资者数量较 A 股市场显著偏少、投资机构获利退出的机制与渠道又不稳定,因此 2016 年整个新三板市场融资可谓陷入"资本寒冬"困境;③ 此外,股转系统对新三板融资持续监管的趋严以及对企业融资审查进度放缓,也是导致 2016 年融资效率相较 2015 年有所下滑的另外两个重要原因。

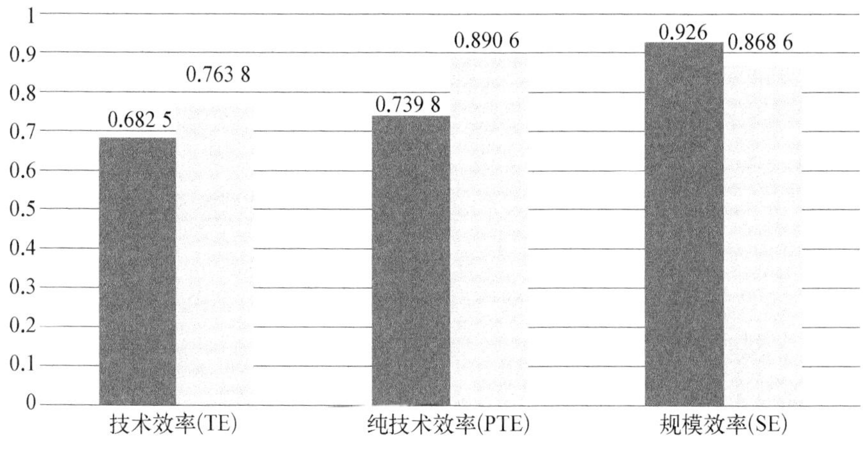

图 2-13 2015 年新三板基础层与创新层企业融资效率比较

数据来源:根据 Wind 资讯金融终端相关数据整理计算。

在图 2-13 和图 2-14 中,我们则分别对 2015 年、2016 年新三板创新层企业与基础层企业的融资效率做了对比分析,可以发现:① 在 2015 年分层管理未落地前,创新层挂牌企业的融资技术效率与纯技术效率均高于基础层,但规模效率略低于基础层;② 2016 年新三板分层制度正式实施后,创新层企业在融资技术效率、纯技术效率、规模效率指标上均高于基础层企业。

对此实证结果,我们认为可能导致创新层与基础层企业融资效率不同的因

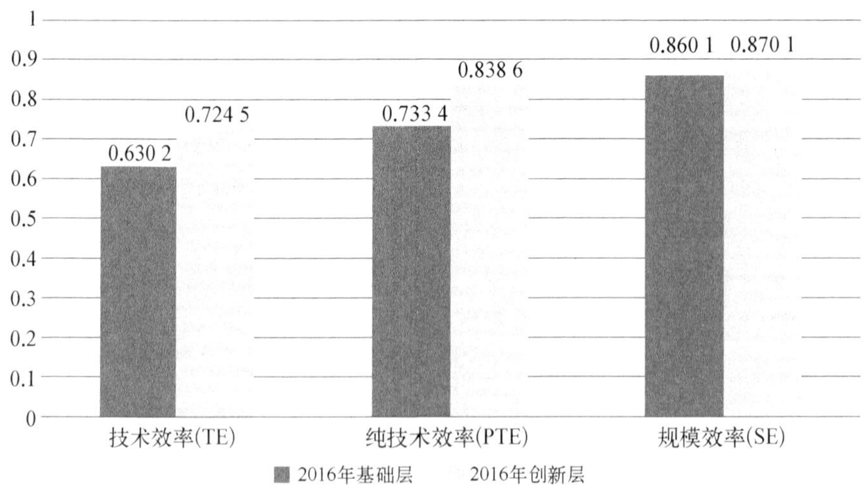

图 2-14　2016 年新三板基础层与创新层企业融资效率对比

数据来源：根据 Wind 资讯金融终端相关数据整理计算。

素在于：① 创新层企业的盈利能力、市值、公司管理运营的成熟性与企业未来发展的成长性本身相比于基础层企业有显著优势；② 分层名单正式出炉后，被划分为创新层或者直接进入创新层的企业，表明其企业综合实力得到了相关部门的正式认可，进而企业知名度与关注度有所增加，也就更容易受到资本市场的青睐，各项融资费用相对较低并易获得更充足的融资金额；③ 同时，新三板创新层企业相对而言，公司各项运营管理机制也更为成熟稳健，因此在融资结束后，对资金的使用效率就更为合理高效。

2. 融资效率分布分析

(1) 纯技术效率分布

纯技术效率指决策单元的产出相对投入而言以达到最大，即基于目前的资金投入产出已达到最优状态。我们用 PTE 表示企业的纯技术效率，当 $PTE=1$ 时，表明企业的纯技术效率相对于其他企业效率最高，处于相对有效状态；当 $0.8 \leqslant PTE < 1$ 时，表明企业的纯技术效率相对较高；当 $0.5 \leqslant PTE < 0.8$ 时，表明企业纯技术效率相对较低；当 $0 \leqslant PTE < 0.5$ 时，认为企业纯技术效率明显低下。

2015 年、2016 年我国新三板企业整体的纯技术效率与创新层、基础层不同层级企业在 2015 年与 2016 年的纯技术效率分布具体如数据如表 2-9 和图 2-10 所示。

表 2-9　2015 年与 2016 年新三板企业纯技术效率分布

	$PTE=1$	$0.8 \leqslant PTE < 1$	$0.5 \leqslant PTE < 0.8$	$0 \leqslant PTE < 0.5$
2015 年 159 家样本企业	16.35%	47.17%	27.67%	8.81%
2016 年 159 家样本企业	15.72%	38.99%	37.74%	7.55%
2015 年 79 家基础层企业	6.29%	16.98%	18.24%	8.18%
2015 年 80 家创新层企业	10.06%	30.19%	9.43%	0.63%
2016 年 79 家基础层企业	8.18%	13.21%	22.64%	5.66%
2016 年 80 家创新层企业	7.55%	25.79%	15.09%	1.89%

数据来源：根据 Wind 资讯金融终端相关数据整理计算。

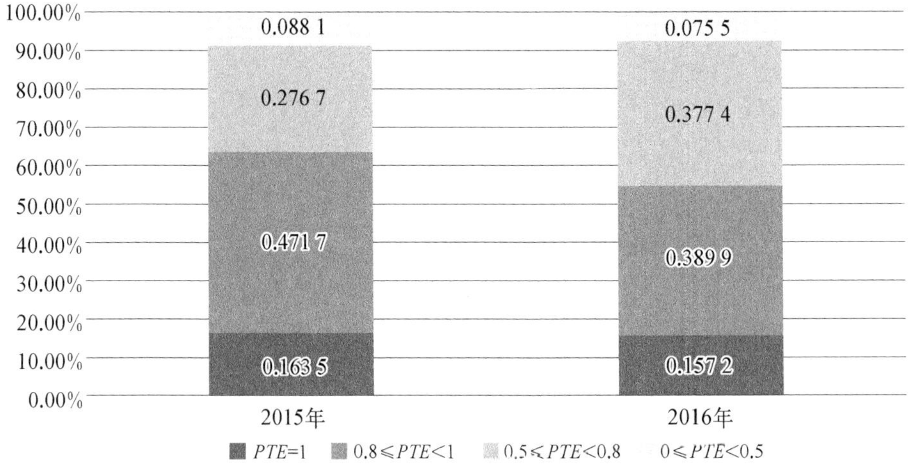

图 2-15　新三板市场企业整体纯技术效率分布

数据来源：根据 Wind 资讯金融终端相关数据整理计算。

由表 2-9 及图 2-15 分析可得，2015—2016 年新三板企业纯技术效率达到有效的比例非常少，2015 年仅有 26 家占 16.35%，2016 年有 25 家占 15.72%。2015 年处于纯技术相对较低及较低状态合计占 36.48%，2016 年合计占 45.29%。由上述分析可以看出新三板大量企业处于非纯技术效率有效状态，整体技术效率不高，大量企业所融得的资金未得到充分最大化利用，企业需要优化自身的管理与运营来提高纯技术效率从而进一步提高企业的融资效率。

2015 和 2016 创新层与基础层的纯技术效率对比分别如图 2-16 和图 2-17 所示。由图 2-16 和图 2-17 可以看出，2015 年创新层和基础层的纯

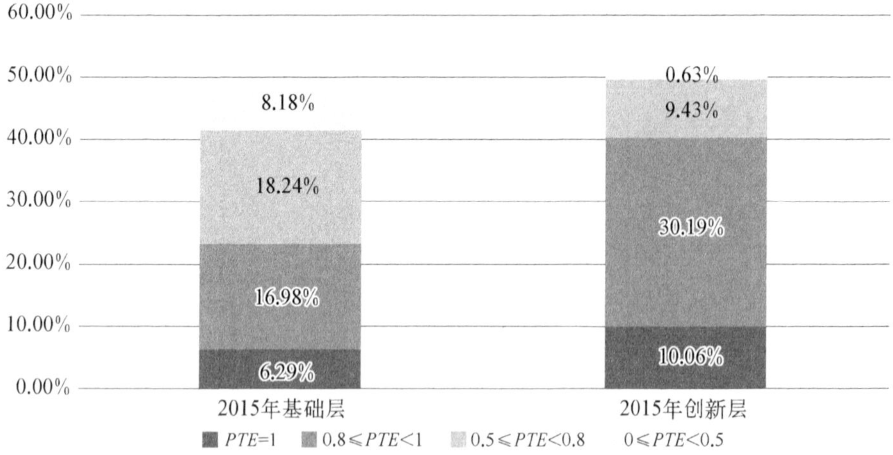

图 2－16　2015 年新三板创新层与基础层企业纯技术效率分布对比

数据来源：根据 Wind 资讯金融终端相关数据整理计算。

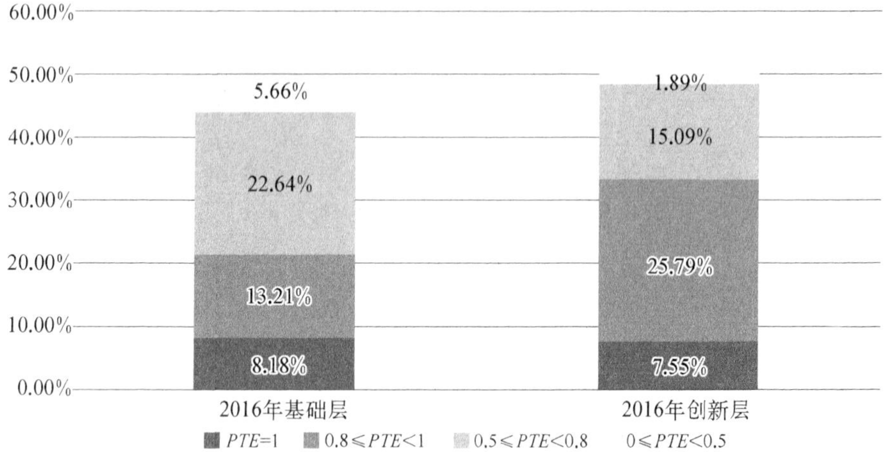

图 2－17　2016 年创新层与基础层企业纯技术效率分布对比

数据来源：根据 Wind 资讯金融终端相关数据整理计算。

技术效率有效的企业占总样本的比例分别为 10.06％与 6.29％，技术效率相对较高的企业占总样本的比例分别为 30.19％与 16.98％。2016 年创新层和基础层技术效率有效的企业占总样本的比例分别为 8.18％与 7.55％，技术效率相对较高的企业占总样本的比例分别为 25.79％与 13.21％。新三板各层级企业技术效率横向对比分析来看，创新层相对基础层的纯技术效率要高，所融的资金利用效率较高，在企业管理与运营方面创新层更加完善，但整体而言创新层与基础层的纯技术效率有效企业比例均较低。纵向比较 2015—2016 年新三板各个层级的

融资效率，创新层的纯技术效率下降较明显，2016 年新三板分层落地初期对于创新层与基础层进行差异化管理，创新层企业的监管更加严格，如创新层企业的董秘持证上岗，创新层的信息披露更加严格等都使得创新层的融资成本更加显著提高，从而影响了创新层的相对融资效率。

（2）规模效率与规模报酬的分布

规模效率有效表明决策单元融资规模最优不存在融资的过剩与不足。新三板 2015 年和 2016 年 159 家样本企业的规模效率数据如表 2－10 所列，两年对比的规模效率分布如图 2－18 所示。

表 2－10　新三板各层级企业 2015 年与 2016 年规模效率分布

	$SE=1$	$0.8\leqslant SE<1$	$0.5\leqslant SE<0.8$	$0\leqslant SE<0.5$
2015 年 159 家样本企业	11.32%	62.26%	27.04%	0.00%
2016 年 159 家样本企业	8.18%	66.67%	25.16%	0.00%
2015 年 79 家基础层企业	5.03%	33.96%	11.32%	0.00%
2015 年 80 家创新层企业	6.29%	28.30%	15.72%	0.00%
2016 年 79 家基础层企业	3.14%	35.22%	11.32%	0.00%
2016 年 80 家创新层企业	5.03%	31.45%	13.84%	0.00%

数据来源：根据 Wind 资讯金融终端相关数据整理计算。

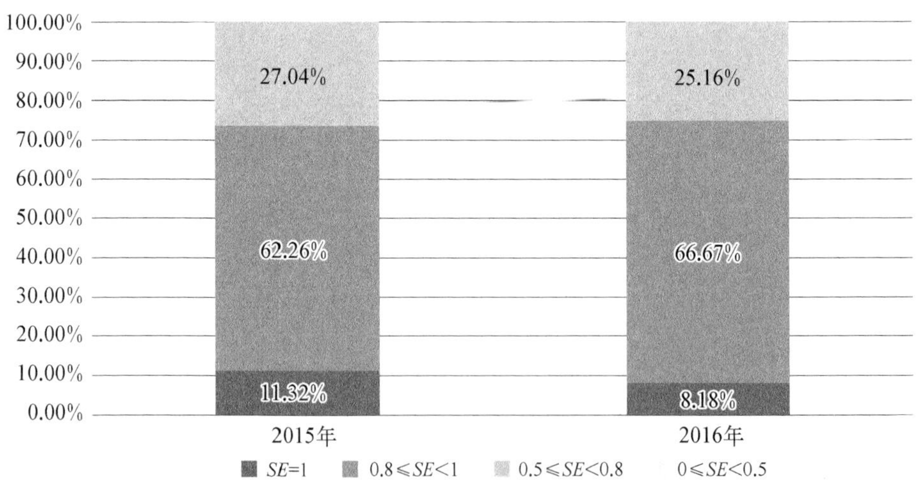

图 2－18　新三板市场企业整体规模效率分布

数据来源：根据 Wind 资讯金融终端相关数据整理计算。

对表 2-10 及图 2-18 进行分析可得，2015 年和 2016 年新三板规模效率达到最优的企业比例都非常少，2015 年仅有 18 家企业规模效率处于有效状态、占比 11.32%，2016 年企业规模效率处于有效状态更是减少到 13 家、仅占 8.18%。由此可以看出，大量新三板企业处于非规模效率有效状态，大量企业融资规模未达到最优规模，换句话说即企业融资额过剩或存在严重短缺。

2015 年与 2016 年创新层与基础层企业的规模效率对比则分别如图 2-19 和图 2-20 所示。

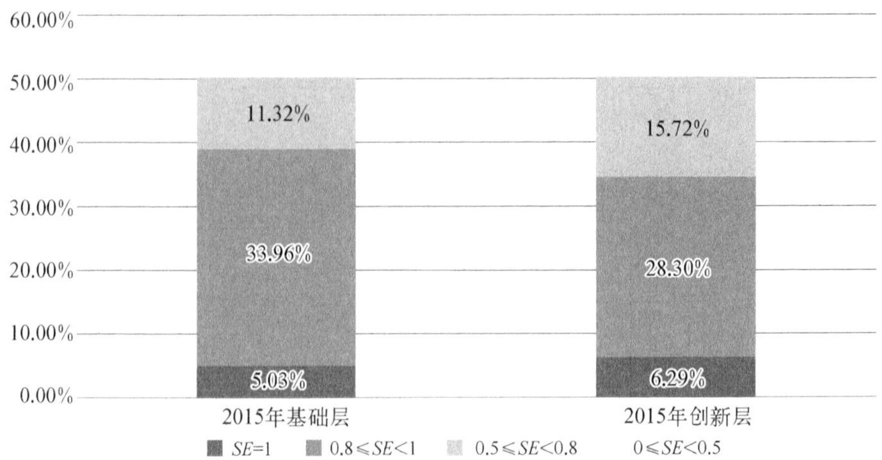

图 2-19 2015 年新三板创新层与基础层企业规模效率分布对比

数据来源：根据 Wind 资讯金融终端相关数据整理计算。

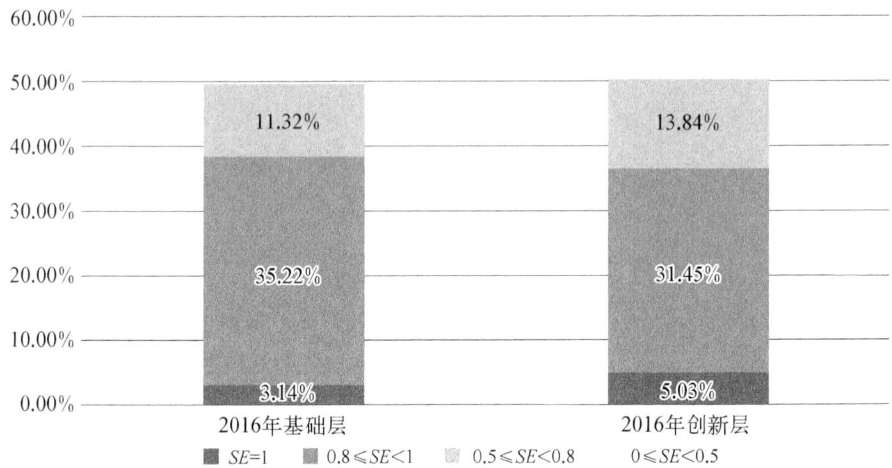

图 2-20 2016 年新三板创新层与基础层企业规模效率分布对比

数据来源：根据 Wind 资讯金融终端相关数据整理计算。

结合图 2-19 和图 2-20 不难发现：① 2015 年创新层和基础层处于规模效率有效状态的企业占总样本的比例分别为 6.29%与 5.03%，2016 年创新层和基础层达到规模效率有效的企业占总样本的比例则分别为 5.03%与 3.14%，这表明我国新三板大量企业的实际融资规模与最优融资规模存在偏离，而且从纵向比较来看，2016 年相比 2015 年创新层和基础层的规模效率均有所降低，表明 2016 年新三板整体融资环境有所衰退，企业平均融资金额的显著降低或是导致创新层与基础层的大量企业融资规模不合理的重要原因之一；② 再从新三板各层级企业规模效率的横向对比来看，也可发现创新层相对基础层的规模效率要略高，表明创新层企业实际融资规模相对最优融资规模的偏离相对较小、融资规模相对更为合理，而基础层企业则相对较难在新三板市场募集到充分的资金。

规模报酬指保持 DEA 模型各项条件不变的基础上，输入等比例变化情况下输出随输入的变化情况。规模报酬按照产出量的增长速度可分为递增、不变、递减三个状态。① 规模报酬递增代表企业产出量随着投入的增加，其增长速度加快、规模收益递增，反映企业需要增加资金投入来实现技术的升级和生产的扩容；② 规模报酬不变则代表产出量随着投入增加，其增长速度维持恒定，企业的融资规模已经处于最优状态；③ 规模报酬递减则代表产出量随着投入增加增长速度减慢，企业相对于目前的技术水平处于融资过剩状态。

新三板分层落地前后，159 家样本企业在 2015 年与 2016 年的规模报酬数据如表 2-11 所列，两年对比的规模报酬分布则如图 2-21 所示。

表 2-11　2015—2016 年新三板企业规模报酬情况

	规模报酬递增	规模报酬不变	规模报酬递减
2015 年 159 家样本企业	77.36%	11.95%	10.69%
2016 年 159 家样本企业	77.63%	8.07%	13.04%
2015 年 79 家基础层企业	33.96%	5.66%	10.06%
2015 年 80 家创新层企业	43.40%	6.29%	0.63%
2016 年 79 家基础层企业	37.89%	3.11%	8.07%
2016 年 80 家创新层企业	39.75%	4.97%	4.97%

数据来源：根据 Wind 资讯金融终端相关数据整理计算。

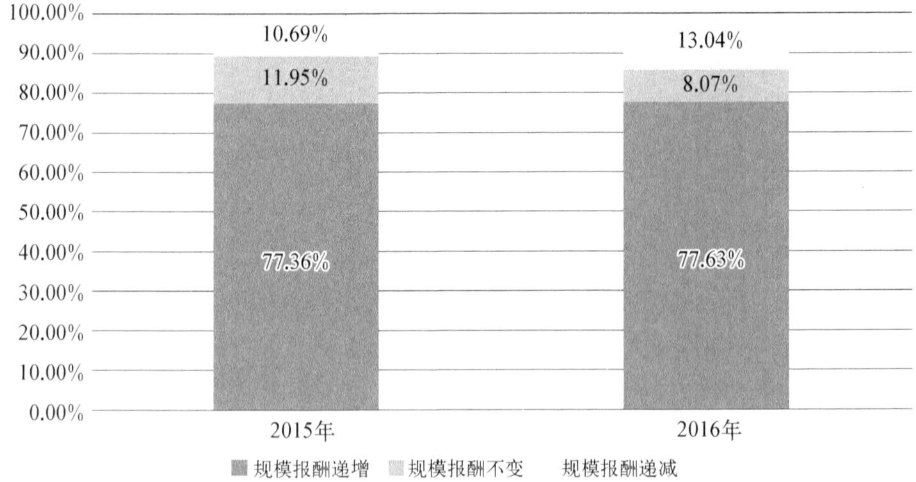

图 2-21　2015—2016 年新三板企业规模报酬分布

数据来源：根据 Wind 资讯金融终端相关数据整理计算。

由表 2-11 及图 2-21 分析可得，2015—2016 年新三板规模效率不变企业均非常少，2015 年仅有 19 家占 11.95%，2016 年相对相比 2015 年略微减少仅有 13 家占 8.07%。2015 年处于规模报酬递增的企业占 77.36%，2016 年合计占 77.63%。由上述分析可以看出新三板大量企业融资规模不合理，处于融资规模效率递增状态，需要进一步增加融资扩大企业的生产与技术升级从而进一步提高企业的融资效率。

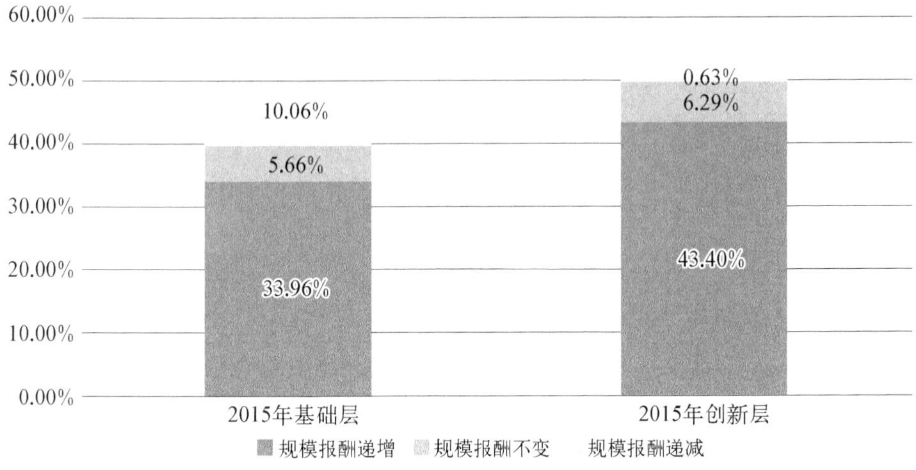

图 2-22　2015 创新层与基础层企业规模报酬分布比较

数据来源：根据 Wind 资讯金融终端相关数据整理计算。

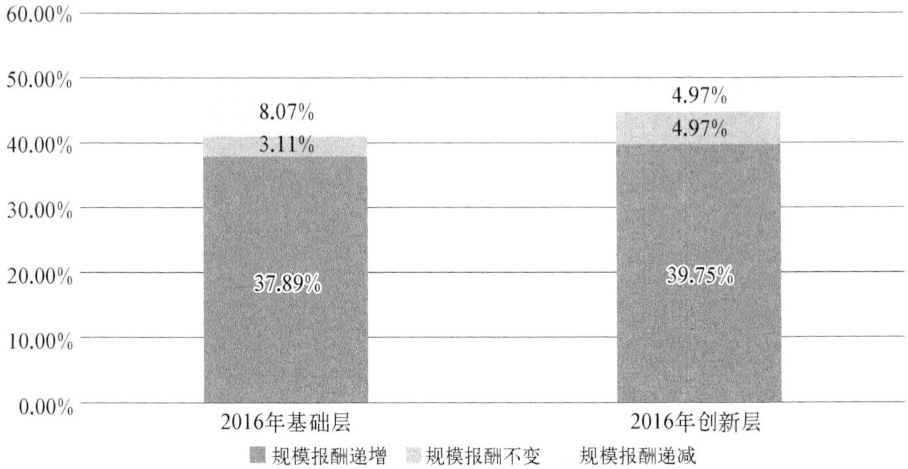

图 2－23 2016 年新三板创新层与基础层企业规模报酬分布对比

数据来源：根据 Wind 资讯金融终端相关数据整理计算。

图 2－22 和图 2－23 为 2015 年和 2016 年创新层与基础层的规模报酬对比。由图 2－22 和图 2－23 可以看出 2015 年创新层和基础层的规模报酬不变的企业占总样本的比例分别为 10.06%与 6.29%，规模报酬递增的企业占总样本的比例分别为 43.4%与 33.96%。2016 年创新层和基础层的规模报酬不变的企业占总样本的比例分别为 4.97%与 3.11%，技术效率相对较高的企业占总样本的比例分别为 39.75%与 39.89%。新三板各层级企业规模报酬横向对比分析来看，创新层处于融资规模最优的比例相比基础层要高，但整体而言创新层与基础层融资规模合理的企业比例均较小，大量企业处于规模报酬递增状态需要增加融资。纵向比较 2015—2016 年新三板各个层级的规模报酬，2016 年创新层规模报酬递增的企业占比相比 2015 年有明显减少，而基础层则有一定程度的增加，这表明 2016 年新三板分层落地之后，资本愈发向创新层企业倾斜。

(3) 技术效率分布

企业融资效率的技术效率指标，数值上等于纯技术效率和规模效率的乘积，经济意义上则综合反映了企业的融资规模是否合适以及所融的资金是否得到有效的利用。新三板 2015 年和 2016 年 159 家样本企业的技术效率数据如表 2－12 所列和图 2－24 所示。

表 2 - 12　2015—2016 年新三板各层级企业技术效率分布百分比

	$TE = 1$	$0.8 \leqslant TE < 1$	$0.5 \leqslant TE < 0.8$	$0 \leqslant TE < 0.5$
2015 年 159 家样本企业	11.32%	27.67%	50.31%	10.69%
2016 年 159 家样本企业	8.18%	22.64%	50.31%	18.87%
2015 年 79 家基础层企业	5.03%	11.32%	23.90%	9.43%
2015 年 80 家创新层企业	6.29%	16.35%	26.42%	1.26%
2016 年 79 家基础层企业	3.14%	7.55%	25.16%	13.84%
2016 年 80 家创新层企业	5.03%	15.09%	25.16%	5.03%

数据来源：基于 Wind 资讯金融终端企业样本财务数据作者计算整理。

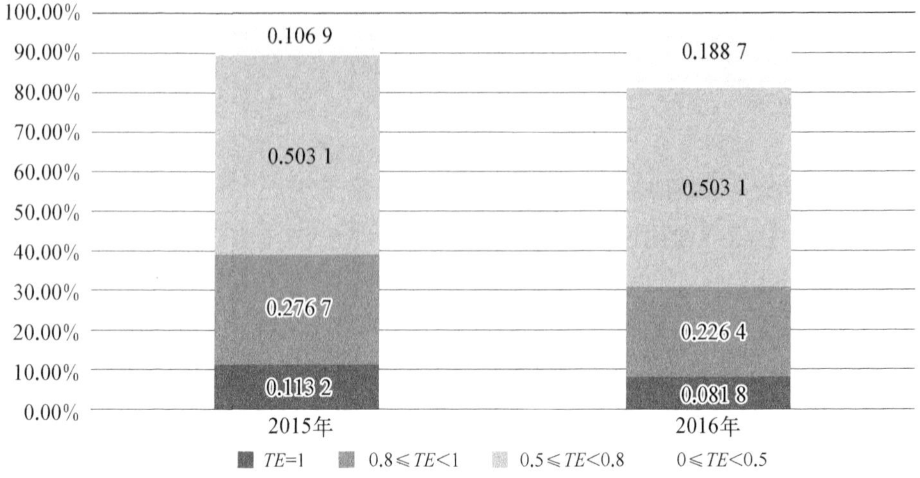

图 2 - 24　2015—2016 年新三板各层级企业技术效率分布比较

数据来源：根据 Wind 资讯金融终端相关数据整理计算。

由表 2 - 12 及图 2 - 24 分析可得：① 2015 与 2016 年新三板企业融资的技术效率达到最优状态的企业非常少，2015 年仅有 18 家、占所有样本企业的 11.32%；2016 年相对相比 2015 年更是有所下滑，159 家样本企业中仅有 13 家达到技术融资效率有效，占比 8.18%；② 2015 年新三板企业融资效率处于技术相对较低及较低状态的企业合计占比 61.00%，2016 年合计占比也高达 69.18%，可见我国新三板大量企业处于融资非有效状态，整体融资效率低下，表明企业融资规模不合理或所融得的资金并未得到有效的利用；③ 因此，从纵向比较各个层级挂牌企业在 2015 年与 2016 年融资效率的变化，可以看到 2016 年融

资技术效率非有效状态企业占比较 2015 年有所上升，也表明新三板分层管理的推行与落地并未显著地改善新三板市场整体的融资效率。

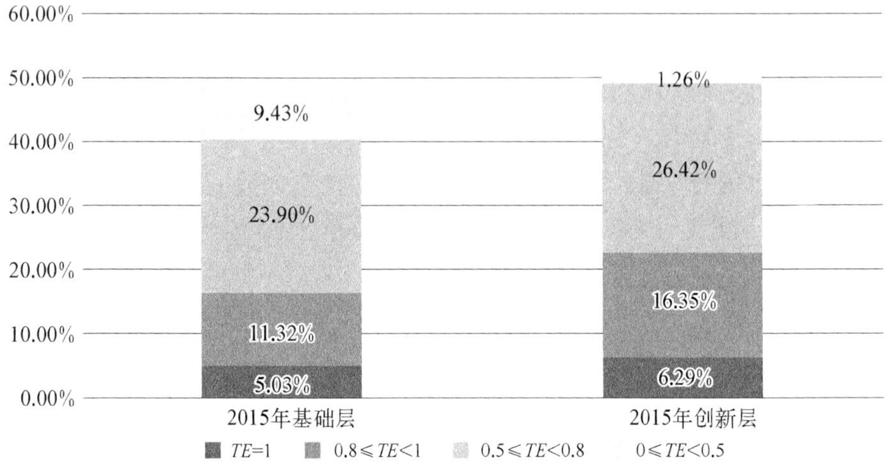

图 2－25　2015 年新三板创新层与基础层企业技术效率分布对比

数据来源：根据 Wind 资讯金融终端相关数据整理计算。

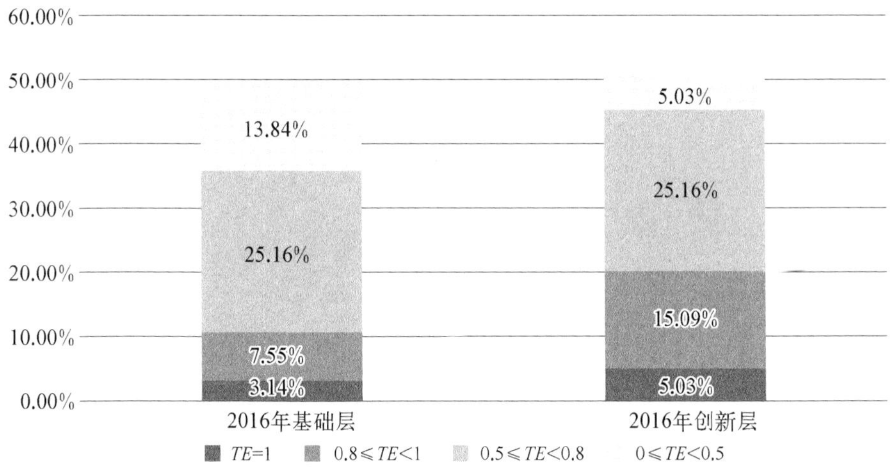

图 2－26　2016 年新三板创新层与基础层企业技术效率分布对比

数据来源：根据 Wind 资讯金融终端相关数据整理计算。

图 2－25 和图 2－26 分别为 2015 年和 2016 年新三板创新层和基础层企业技术效率对比。由图 2－25 与图 2－26 分析可以得到：① 在 2015 年，我国新三板创新层和基础层企业处于技术效率有效的企业占总样本的比例分别为 6.29% 与 5.03%，创新层与基础层技术效率处于相对较高状态的企业占总样本的比例

则分别为 16.35%与 11.32%;② 在 2016 年,创新层和基础层技术效率处于有效状态的企业占总样本的比例则分别为 5.03%与 3.14%,技术效率相对较高的企业占总样本的比例分别为 15.09%与 7.55%。因此,从新三板不同层级企业技术效率的横向对比分析来看,创新层相对基础层的技术效率明显要高出很多,因此创新层整体的融资效率相对更高。

3. 融资效率的行业差异分析

新三板市场行业组成复杂多样,不同行业的企业数量及企业资本规模均有较大的差异,因此本节对新三板企业融资效率的行业差异进行了分析。图 2-27 为 159 家样本企业的行业分布。

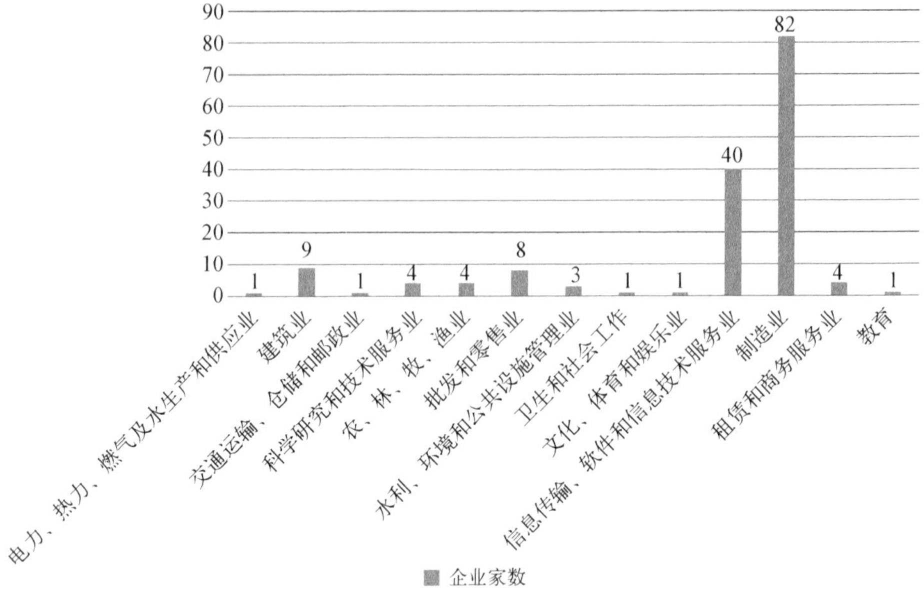

图 2-27 159 家新三板样本企业行业分布

数据来源:根据 Wind 资讯金融终端相关数据整理计算。

观察图 2-27 可知,样本企业中电力、热力、燃气及水生产和供应业,交通运输业、仓储和邮政业,卫生和社会工作,文化、体育和娱乐业,教育这五个大行业仅包含一家样本企业,样本太小不具有代表性,因此我们在下文的融资效率分析中剔除了这五大行业。

基于技术效率指标数值上等于纯技术效率与规模效率的乘积,因此技术效率可以综合反映融资规模合理性以及所融资金的有效利用程度,因此出于篇幅的限制,在下文的融资效率行业比较中,我们将着重以技术效率指标展开分析。

具体的新三板各行业在 2015 年与 2016 年的技术效率分布由表 2－13、表 2－14 所列。

表 2－13　2015 年新三板不同行业技术效率分布

行　业	企业数量	2015 年各行业技术效率分布百分比			
		$TE=1$	$0.8 \leqslant TE < 1$	$0.5 \leqslant TE < 0.8$	$0 \leqslant TE < 0.5$
建筑业	9	0.00%	22.22%	66.67%	11.11%
科学研究和技术服务业	4	0.00%	25.00%	75.00%	0.00%
农、林、牧、渔业	4	0.00%	25.00%	50.00%	25.00%
批发和零售业	8	50.00%	25.00%	12.50%	12.50%
水利、环境和公共设施管理业	3	0.00%	33.33%	66.67%	0.00%
信息传输、软件和信息技术服务业	40	17.50%	30.00%	47.50%	5.00%
制造业	82	4.88%	28.05%	52.44%	14.63%
租赁和商务服务业	4	75.00%	0.00%	25.00%	0.00%

数据来源：根据 Wind 资讯金融终端相关数据整理计算。

表 2－14　2016 年新三板不同行业技术效率分布

行　业	企业数量	2015 年各行业技术效率分布百分比			
		$TE=1$	$0.8 \leqslant TE < 1$	$0.5 \leqslant TE < 0.8$	$0 \leqslant TE < 0.5$
建筑业	9	0.00%	11.11%	66.67%	22.22%
科学研究和技术服务业	4	0.00%	0.00%	75.00%	25.00%
农、林、牧、渔业	4	0.00%	0.00%	50.00%	50.00%
批发和零售业	8	12.50%	62.50%	12.50%	12.50%
水利、环境和公共设施管理业	3	0.00%	0.00%	66.67%	33.33%
信息传输、软件和信息技术服务业	40	12.50%	32.50%	47.50%	7.50%
制造业	82	4.88%	18.29%	53.66%	23.17%
租赁和商务服务业	4	25.00%	50.00%	0.00%	25.00%

数据来源：根据 Wind 资讯金融终端相关数据整理计算。

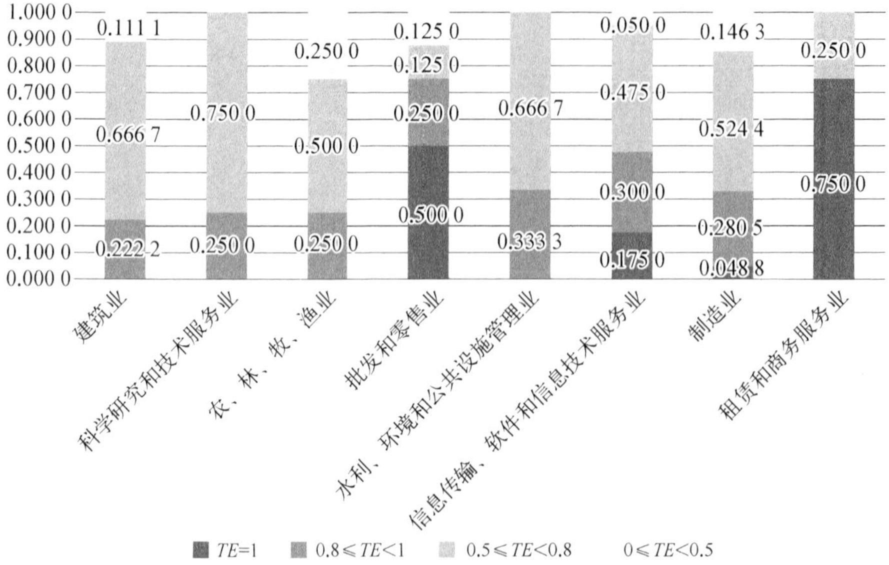

图 2－28　2015 年新三板不同行业技术效率分布比较

数据来源：根据 Wind 资讯金融终端相关数据整理计算。

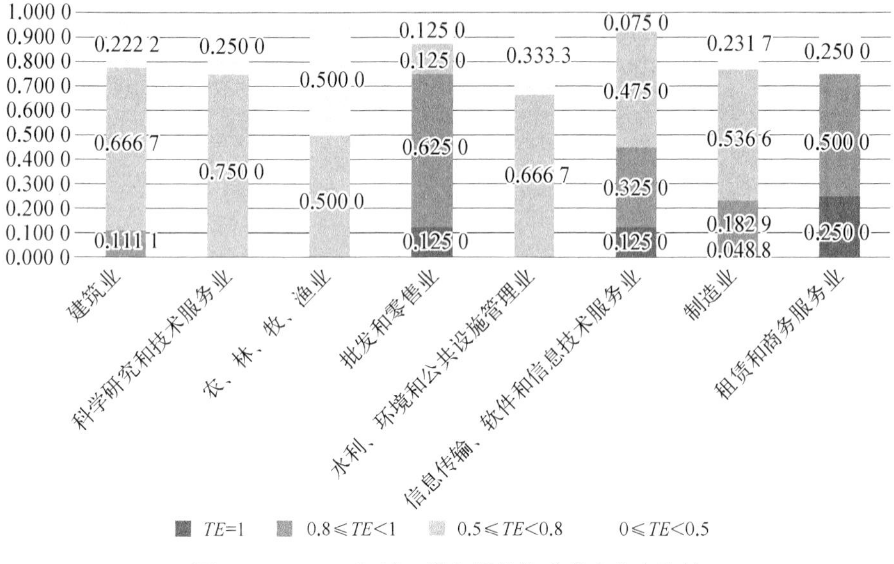

图 2－29　2016 年新三板各行业技术效率分布比较

数据来源：根据 Wind 资讯金融终端相关数据整理计算。

图 2-28 和图 2-29 分别为 2015 年和 2016 年新三板各行业技术效率对比。从图 2-28 和图 2-29 可以看出，新三板不同行业之间融资效率存在较大差异。具体相比较而言：① 批发和零售业、信息传输、软件和信息技术服务业、租赁和商务服务这三个行业的融资效率处于有效或相对有效的企业占比最高，这与上述行业近年来受益于国内经济结构转型、产业的升级换代、城乡居民收入水平的提高，带来的行业景气度高、增长空间大、盈利能力强有着一定的关联，进而资本市场对其未来发展预期乐观，故在融资规模和资金对企业效益的带动上相较其他行业有明显的优势；② 制造业整体在总样本中所占比重最大，共包含了 82 家样本企业，但 2015 年与 2016 年均只有 4 家企业处于技术有效状态，仅占 4.88%，表明新三板制造业行业整体融资形势严峻，进一步分析背后的原因，我们可以认为，制造业与经济周期紧密相关，近年来我国经济呈"L"形筑底阶段，加之部分制造业细分领域产能过剩，在国家大力倡导"去产能"的背景下，行业集中度不断向大型龙头企业集中，以新三板为代表的中小企业则易受资本冷落，此外，新三板制造业整体低端，尚处于由"工业 2.0"向"工业 3.0"过渡的阶段，高端制造业薄弱也是导致制造业整体融资效率不高的重要原因；③ 科学研究和技术服务业，农、林、牧、渔业，水利、环境和公共设施管理业这三个大类行业，则均处于融资效率相对较低与明显低下的状态。对此，这与上述行业内企业多为中小企业，加之营收不稳定，缺乏"资本炒作"题材等诸多因素有一定关联，进而导致上述行业缺乏对资本的吸引力。

4. 融资效率 DEA 非有效性分析

图 2-30　2015—2016 年新三板样本企业投入冗余量均值

数据来源：根据 Wind 资讯金融终端相关数据整理计算。

基于上述我们对新三板样本企业DEA模型下各项融资效率指标的分析，我们试图通过投入冗余量分析法去进一步探究造成企业融资效率低下的原因。投入冗余量指的是DEA模型决策单元投入量偏离最优投入的程度。当投入冗余量值非零时，代表对应的投入量不合理，并且冗余量的数值越大，则表明企业在这项的投入相对最优投入的偏离度越大，此时，企业需要降低在该项的投入量以提高融资效率。

图2-30为2015—2016年投入冗余量的均值。分析图2-30可得：① 2015年与2016年新三板企业的资产负债率、财务费用、利息支出的冗余量均值都明显非零，表明在这些项下的实际投入相对最优投入都存在一定程度的偏离；② 纵向比较2015年与2016年可以发现，2016年相比2015年资产负债率冗余量显著增大，财务费用、利息支出的冗余量也有所增加，其中尤其是2016年资产负债率该项的偏离最为严重。

（1）基于资产负债率冗余量的DEA非有效分析

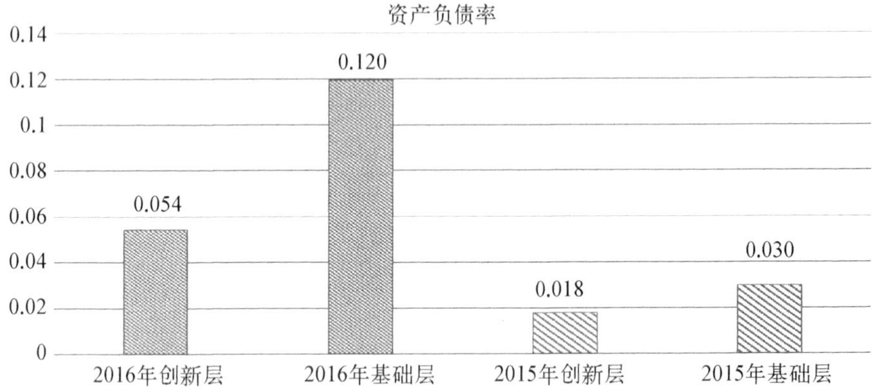

图2-31　2015—2016年创新层与基础层企业资产负债率冗余对比

数据来源：根据Wind资讯金融终端相关数据整理计算。

我们认为2016年资产负债率冗余量的显著增长，这可能与以下几个因素有关：① 2016年新三板挂牌企业扩容一倍，同时新三板一级市场受二级市场的惨烈下跌与交易量持续萎缩影响，投资者对定增的热情衰减有较大关联。② 2016年新三板股权抵押企业数量及金额突增，资金的分流也在一定导致新三板定向增发市场不景气，大量企业在难以通过定增等股权融资方式获得资金的情况下，就会转而寻求银行借款融资和债券融资等方式，最终表现出来就是在企业的融资结构中，债务融资比例增大、资产负债率增加。③ 2016年，我

国市场利率整体处在国家“去杠杆”、从紧的货币政策、融资监管趋严以及10月“股债双杀”的大背景下，资金的利率其实相较2015年有了很大的上升，这就导致了新三板财务费用冗余量相比2015年也有所增加，企业融资成本提高。

此外，在图2-31中，我们又进一步对2015年与2016年新三板创新层与基础层的资产负债率平均冗余量做了对比。由图2-32可见，创新层样本企业在2015年与2016年的资产负债率平均冗余量均小于基础层，这表明创新层相比基础层的资产的负债率更加合理，融资结构相对更优。这可能与新三板分层筛选出的创新层企业相比基础层企业的总体盈利能力更强、企业运营业更加成熟，因此创新层企业相对更受投资者的青睐，融资渠道也更为丰富有一定关系。

(2) 基于利息支出冗余量的DEA非有效分析

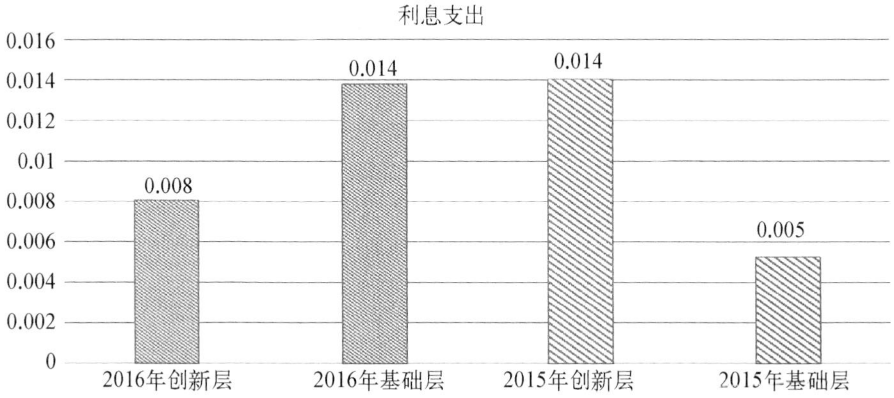

图2-32　2015—2016年创新层与基础层利息支出冗余对比

数据来源：根据Wind资讯金融终端相关数据整理计算。

图2-32为2015—2016年创新层与基础层企业利息支出的平均冗余量对比。由图可以看出，2016年新三板实施分层管理后，创新层相对基础层企业的利息支出冗余量明显减少，创新层企业资金使用成本相对有所削减。我们认为这与2016年新三板分层落地后，创新层企业的知名度与投资的可信任均有所改善，因此在向银行申请授信或者发行债券融资时，就更能以一个相对较低的利率水平筹集到资金，因此创新层企业利息支出的冗余量在2016年有所减少，而2016年基础层挂牌企业的利息支出冗余量则相较2015年有所增加。

（3）基于总股本冗余量的 DEA 非有效分析

图 2-33　2015—2016 年新三板创新层与基础层企业总股本冗余量对比

数据来源：根据 Wind 资讯金融终端相关数据整理计算。

图 2-33 为 2015—2016 年创新层与基础层的总股本平均冗余量对比。由图可以看出新三板分层前后，创新层股本冗余量均小于基础层，相对而言创新层的股东总股本规模更为合理，而基础层企业的实际总股本则与最优总股本投入存在较大的偏离。在 2016 年 5 月出台的新三板分层管理细则中，股东权益也是企业进入并维持在创新层层级的一项重要标准，创新层企业的平均总股本规模远高于基础层企业，我们知道通常情况下，企业股本规模更大，表明企业本身的资金实力较为雄厚，在市场中进行融资，投资者对企业的认可度也就越高，相应的融资成本也就越低、企业的融资效率也越高，这也就解释了图 2-30 中创新层企业总股本冗余量远远低于基础层的原因。

（4）基于财务费用冗余量的 DEA 非有效分析

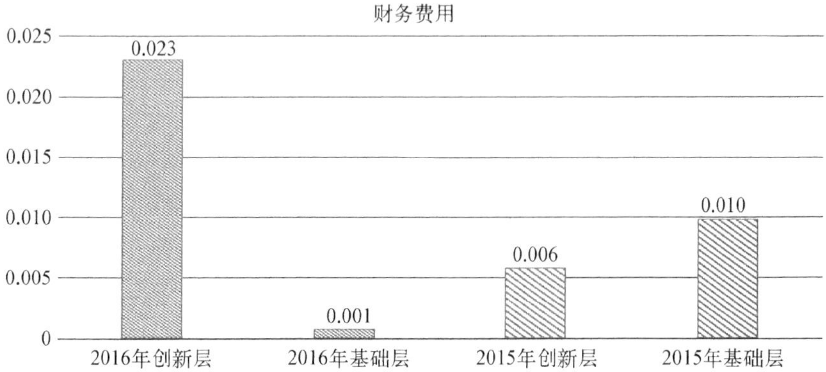

图 2-34　2015—2016 年新三板创新层与基础层企业财务费用冗余对比

数据来源：根据 Wind 资讯金融终端相关数据整理计算。

在图 2－34 中，我们则是对 2015—2016 年创新层与基础层财务费用的平均冗余量做了对比。可以看出，2015 年创新层财务费用冗余量相比基础层相对较低，可到了 2016 年，创新层企业的财务费用冗余量相比基础层却显著增加了。对此反转，在 2016 年新三板分层正式落地后，社会各界对创新层企业的关注度提升，这在让其享受新三板分层带来的制度红利的同时，也意味着监管层及社会各界对创新层的监管也更为严厉全面，而这可能就导致了企业的运营及融资成本有所提升。

进一步佐证，新三板分层落地后，创新层企业在以下几个方面的成本均都有所增加：① 创新层公司运营管理成本提高。新三板市场对创新层挂牌企业公司的规章制度、交易管理制度、利润分配管理制度、承诺管理制度以及董秘资质都提出了更高的要求，这些制度建设的趋严都意味着企业运营管理中的各项成本支出增加；② 融资成本的增加，新三板市场增强了对融资定价、募集资金使用披露的管理，同时主办券商对于企业募集资金的使用督导力度也增强；③ 信息披露成本的提高。企业进入创新层后，定期信息披露报告时间提前且必须同时发布公司业绩预报，此外，创新层企业的投资、收购、资产转让等经济活动都必须披露临时信息。因此，分析后不难发现新三板分层初期，创新层企业各项财务费用支出的增加在一定程度上导致 2016 年创新层企业财务费用冗余量的增加。

五、提升新三板企业融资效率的对策建议

分析上一部分的实证研究结果不难发现，我国新三板挂牌企业整体融资效率仍不甚理想，不同层级企业间差异较大，尚有很大的改进空间。基于此，本文将从企业微观角度及政府宏观管理的政策角度分别提出相应的改进对策。

（一）企业微观管理对策

俗语云："打铁还需自身硬"，要想在资本市场更高效地进行融资，除了改善外部融资环境外，更需要首先从企业自身角度寻找对策，从根本上提高企业综合竞争实力，从而提高对投资方的吸引力以及自身的资本利用效率。

1. 加强企业科技创新

由第四部分实证分析结果可知，企业的纯技术效率水平较低是影响新三板企业融资效率低下的主要因素，而纯技术效率代表的是企业基于现有资本投入下产出达到最优的程度，换句话说即代表企业对所融资金的利用程度。新三板

市场的企业主体是具有高成长性的创新型企业和科技型企业，挂牌企业要提高企业的资金利用效率需要坚持创新发展，着力提高发展质量与效益。提高新三板企业整体的科技创新能力可以从两个方面着手：一方面，新三板企业可以根据企业发展需要，加强与各高校和科研机构的技术与人才对接。如在通信技术、新材料、新能源、生物制药、智能制造等核心技术领域，新三板企业可以充分挖掘它们的基础研究成果，在其基础研究的成果上进一步创新化、产业化，实现产学研一体化。与此同时，企业也可以积极引进国外的先进技术，做到集成创新以及引进吸收再创新，努力寻求区域和产业间的创新联盟与创新合作。

2. 提高企业经营管理水平

新三板市场的挂牌主体以中小企业为主，因此普遍存在公司管理水平较低的问题，这不仅影响企业融资及融资效率，同时也成为企业持续稳定健康发展的瓶颈。分析目前新三板中小企业公司管理现状，可以发现存在以下几个问题：① 企业的所有权与经营权不分。大部分中小企业创建初期往往是家族式管理模式，企业创始人集所有权和经营权于一体，虽然企业发展初期集权模式有利于决策的快速出台与推行，但随着企业的业务拓展与多样化，初始创始人的个人经验和能力的局限，对公司发展的制约会体现得越来越明显；② 大量新三板挂牌企业的人才储备与激励不到位。人才是企业发展的根本，创新型人才是公司长期可持续发展的动力源泉，人才激励措施的匮乏难以实现企业的可持续发展；③ 公司监管体制不完善，缺乏规范的治理章程，管理混乱。新三板企业大多规模较小，公司董事会和监事会成员一般由内部聘任形式产生，多数为公司经营者的亲朋或下属，不具有公正客观独立性，监管职能难以可靠实行，加之公司的风险防控体系、财务管理体系建设的严重缺位或滞后，这些都在很大程度上导致公司财务管理不透明、资金容易出现非法侵占和浪费，进而直接影响企业融资效率。

解决上述新三板企业管理问题，可以相应从以下三个方面入手。一方面，企业要完善人才储备和员工激励机制，建立优秀员工长期激励计划，打造公司发展稳定的核心团队；另一方面，公司可以引进职业化经理人来加强公司日常管理的科学性，进而将公司的所有权与经营权适度分离，并建立内部独立的监管体系、财务管理体系。此外，新三板挂牌公司也可以通过积极寻求主办券商的持续监督及引导、加强企业日常与律师事务所、会计师事务所等中介机构的咨询与沟通，以便于企业在融资方式的选择与资金的后续利用上可以更科学地进行统筹规划。

（二）宏观政策建议

1. 完善做市商制度

做市商制度推出之前，我国新三板市场主要采取“线下撮合、线上协议转让”的协议转让的方式，这在一定程度上导致我国新三板市场交易活跃度与流动性水平低下，市场的价值发现功能也一直未真正发挥作用。直到 2014 年 6 月 5 日，全国中小企业股份转让系统官网发布《全国中小企业股份转让系统做市商做市业务管理规定（试行）》和《全国中小企业股份转让系统做市业务备案申请文件内容与格式指南》，才意味着我国新三板做市商制度正式出台。

我国新三板做市制度采用传统竞争性做市商制度，即由两家以上的做市商为一家挂牌公司提供做市服务，并且规定在做市转让时间内，投资者之间相互不能成交，这相较之前的协议转让制度，也在一定程度上规避了交易价格操作问题。

做市商制度在新三板市场发挥着重要的基础功能。首先，做市商以自有的资金买卖做市证券，市场是否活跃直接与做市商的只自有资金充裕程度挂钩。当市场交易清淡时，做市商可以通过双向买卖报价或降低买卖价格差主动交易，从而提高市场流动性；其次，做市商对于稳定市场价格也具有重要作用，当市场出现过度投机时，做市商可通过与投资者的反向操作，避免股票价格的大幅度波动；此外，做市商在新三板市场还扮演着企业价值发现的重要角色方面。目前，我国做市商多为券商，而多数券商旗下会设立专业且庞大的研究所团队，依托证券分析师们的研究水准和丰富的做市经验，做市商制度可以充分挖掘企业的内在投资价值，从而引导市场的有序投融资。

但是，不难发现，目前我国新三板做市商机制仍然存在着诸多问题，从而影响企业融资效率的进一步提升。

(1) 需要做市的企业数量近年来急剧猛增，而拥有做市商机制的做市商数量却增长缓慢，两者比例严重失配，导致市场供需矛盾尖锐。目前我国新三板市场做市商资质门槛高，且几乎被券商垄断，做市商数量少。根据 wind 统计数据显示，截至 2017 年 3 月 31 日，我国新三板挂牌公司家数合计 11 023 家，其中采用做市转让的企业仅 1 604 家，而采用协议转让的企业数量则多达 9 419 家，可见新三板做市的企业比例不到 15%，而且在已经采用做市转让的企业中，平均每家企业仅约 3.96 家做市商。相较美国纳斯达克市场平均每只做市股票 20 家做市商的数量，足见我国做市商数量严重不足。我国新三板能为企业提供做市

服务的做市商数量的严重不足,也在一定程度上制约了企业融资效率的增强。

(2) 新三板市场投资者准入门槛要求严苛,限制了投资者数量,进而难以满足新三板企业融资需求。目前新三板市场投资者适当性的管理主要依据的是2013年12月出台的《全国中小企业股份转让系统投资者适当性管理细则(试行)》,根据规定,机构投资者要求为注册资本500万元以上的法人机构或者实缴出资500万元以上的合伙企业;自然人则需同时满足两个条件:① 500万元以上的证券类资产市值;② 两年以上的证券投资经验或金融、会计、财经等相关培训或专业教育背景。毋庸置疑,高达500万元的开户门槛,对很多投资者来说是道难以逾越的"坎",从而将多数普通投资者拒之门外。

(3) 做市企业流通股比例少,严重影响交投活跃度。目前,我国新三板市场上的做市企业以中小企业为主,股权主要集中于企业实际控制人和高管层,多数股份处于限售状态,加之如果大股东惜售,则做市企业的实际流通股数量就更为稀少。根据华融证券研究所的统计,如果新三板做市企业流通股比例低于30%,则几乎不存在换手率。

(4) 各做市商对新三板业务覆盖的投研服务存在重大缺口且严重滞后,多数挂牌企业陷入了投资失据、模式混乱、估值难定的困境。目前,新三板业务对多数券商来说,还算是创新业务,且由于新三板研究的分仓佣金收入难以覆盖成本,券商内部为新三板企业配备的研究员数量极度稀缺,对挂牌企业的调研不充分、研究能力及经验也明显不足。此外,不少券商研究所盲目将A股卖方研究思维体系套用到对新三板挂牌企业的估值之中,更有甚者将销售业务与投研服务相挂钩,以路演、培训等形式对挂牌企业进行过度包装,或采用市值管理概念做投研服务、以共谋方式操作市场,搅乱市场合理的估值体系,混淆投资者对企业内在价值的正确判断,令新三板市场运行失序。

针对上述四点做市商制度存在的不足与弊端,笔者认为应该从以下几个方面来寻求改进措施。

(1) 应当逐步放开非券商机构做市,增加券商做市商数量的同时,丰富提供做市服务供给的机构种类,鼓励具备实力的做市商增加做市企业数量。可喜的是我们看到,2016年5月27日发布的《全国中小企业股份转让系统挂牌公司分层管理办法(试行)》中已经允许私募机构参与新三板挂牌做市业务,无疑这对打破券商做市垄断、进一步丰富做市商机构的种类有重要意义。

(2) 在合理范围内允许卖空机制并建立做市商保护激励机制。现有机制下,做市商会先行低价买入做市企业库存股,成为现实意义上最大的"空头",但

由于缺乏卖空机制，库存股流动性堪忧一直是个难题。对此，如果卖空机制能够被允许，则就意味着有了做空获利的可能，那么在市场大幅下跌时也能够吸引资金入场，从而有助增加新三板市场的流动性。此外，在完善做市商激励机制方面，也应当逐步允许做市商优先融资融券，如在新三板企业定向增发时，可以专门腾出一定数量的股票给做市商作为原始的股票筹码，那么当股票交易价格明显高于其合理价格时，做市商就可利用手中的股票筹码和做空机制，引导股价回归合理区间。

(3) 进一步降低新三板市场投资者准入门槛，进而改善挂牌企业股票流动性。虽然由于新三板特殊的企业性质要求投资者有更高的风险识别与承受能力，定位上也应以机构投资者作为主导，但"一刀切"的 500 万元的投资门槛，对于一些中小机构和市场化的民营机构实在太过严苛，况且在新三板分层管理已经落地的现实背景下，差别化的投资者准入机会，即对创新层与基础层设置不同的准入门槛不失为一个可行的举措。

(4) 做市券商应加大对新三板投研服务的人力、物力投入，并联合第三方投研大数据平台重构新三板定价估值体系以正确引导市场投资需求。目前，若仅用服务于传统 A 股市场的证券分析师去覆盖庞大且增长迅猛的新三板市场，明显心有余而力不足，加之新三板企业缺乏成熟的盈利模式，传统的估值分析模型并不适用，但是若能通过结合第三方投研大数据平台来搭配人工投研，则可以在很大程度上填补新三板投研服务的缺口，并帮助快速筛选优质企业。

2. 严格执行挂牌准入的负面清单管理，建立常态化退市制度

2015 年 7 月 22 日，我国新三板挂牌公司总数达到 2 811 家，超过两市上市公司总和；2016 年 9 月 12 日，新三板挂牌公司突破 9 000 家，2016 年 12 月 19 日，新三板挂牌公司达 10 000 家，正式进入"万家时代"，但低门槛高速膨胀的同时，外界对张新三板企业"鱼龙混杂"的标签越发突显，流动性的严重不足也使得新三板市场涌现出众多长期零交易的僵尸企业。在此背景下，适当提高挂牌标准，及时淘汰不良企业才能保障新三板市场长期健康发展。

首先，在负面准入清单方面，因为新三板市场"服务创新型、创业型和成长型中小微企业"的角色定位，所以对科创类企业和非科创类企业应适当区别对待，对符合国家战略性新兴行业的科创类企业应在市场准入方面适当有所倾斜，对非科创类企业挂牌，监管层则应当更为严格地考核企业的盈利能力、企业规模与成长性。同时，对于产能落后、缺乏成长空间、企业经营不诚信或存在严重亏损的企业应该严格将其拒之门外，即严格执行市场准入的负面清单管理，从源头上

严格把关，有利我国新三板市场逐步从粗放型的“放养模式”过渡到“优选模式”，进而提升新三板市场整体形象、降低投资者信息收集与企业筛选成本、吸引更多的投资者眼光，最终提升新三板企业融资规模与融资效率。

其次，在新三板退市机制方面，2016 年 11 月，《全国中小企业股份转让系统挂牌公司股票终止挂牌实施细则(征求意见稿)》正式发布，这一意见稿对新三板企业强制摘牌做了详细的规定，新三板企业如出现信息披露不可信、未能在法定期限内披露定期报告、构成重大违法、欺诈挂牌，多次违法违规、持续经营能力存疑、公司治理不健全、无主办券商督导、强制解散、宣告破产等上述任意情形，全国股转公司应将按规定终止其股票挂牌。同时，赋予券商在退市方面更大的话语权，对于挂牌企业持续经营能力低下，连续两年被主办券商出具经营能力存在不确定性的企业将被强制终止挂牌，毋庸置疑，券商监管权力的增大，有利于打造更严格的外部监管环境。

根据 wind 资讯数据统计，2007 年至 2017 年 2 月 13 日，我国新三板共有 106 家公司摘牌，且从纵向数据对比上可以很直观地发现，摘牌企业数量可谓“与年俱增”。

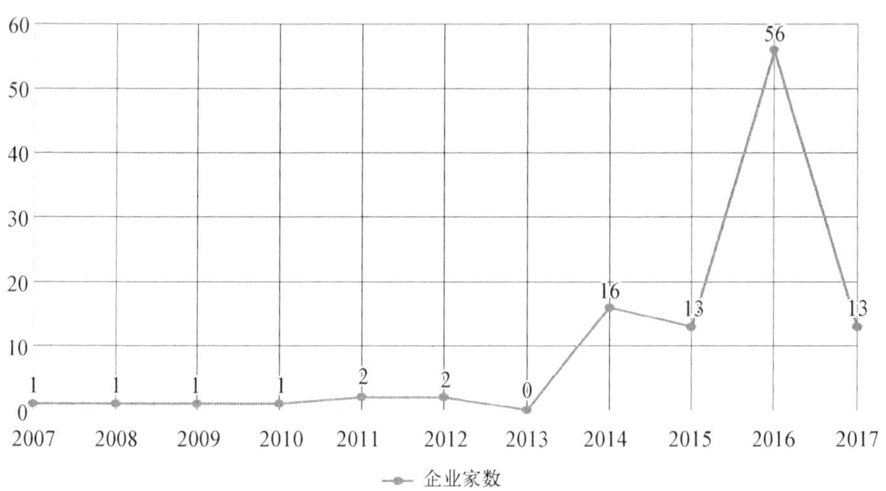

图 2－35　新三板各年度摘牌企业数量图

但究其摘牌缘由，则有主动摘牌与被动摘牌两大类，再细分可以发现被并购是企业摘牌最主要的原因，其次则是公司战略发展需要而主动申请终止挂牌，但对于战略发展调整是真是假、是利好还是利空，普通投资者通常难以正确判断，因此，对于这种“想来就来、想走就走”带有来新三板市场圈钱嫌疑的公司，监管

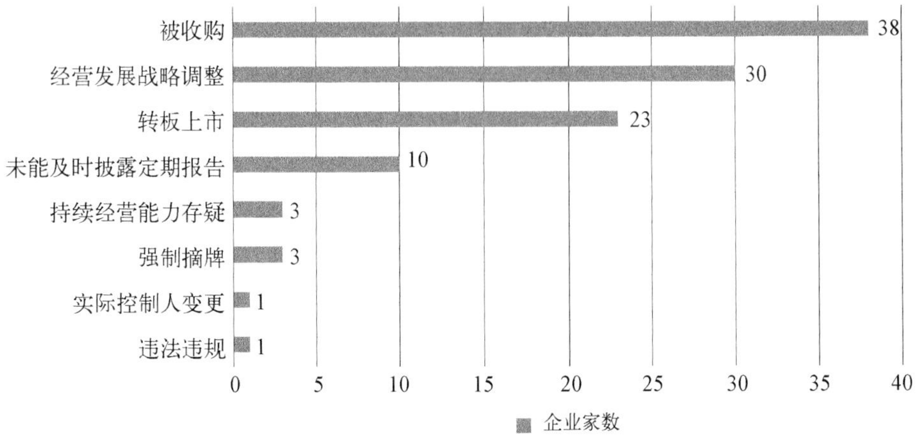

图 2－36　106 家新三板企业终止挂牌原因分布图

数据来源：根据 Wind 资讯金融终端相关数据整理计算。

层对于其退市的申请就应该严格审批，进而保护投资者的利益。

综上，通过市场准入的负面清单管理和摘牌退市机制，优化入口和把控出口的“双壁联合”，有利我国新三板市场形成“优胜劣汰、有进有出”的良好发展业态，最终提升新三板挂牌企业整体质量，增强新三板市场对投资机构的吸引力，

拓宽新三板企业的融资渠道与对象，进而改善新三板企业融资难困境，同时也能为投资人提供更为丰厚稳健的回报，形成良好的投融资良性循环机制。

3. 循序渐进推进新三板转板试点

目前新三板的转板途径主要有：通过被上市公司收购而曲线上市、借壳上市、和通过首次公开发行(IPO)转板上市。

对于有转板需求与能力的挂牌企业来说，IPO 是最受欢迎的转板途径。新三板分层之后，创新层企业需要履行披露义务，同时一些财务指标已经接近 IPO 标准的部分创新层的优质高成长性企业会优先考虑 IPO 转板融资，此举不但可以获得大量现金流，而且容易提升企业知名度，利于企业后续发展壮大和再融资，但是申请转板上市的企业在证监会受理后不得不先暂停新三板市场的报价交易，重新申请二板市场上市。此外，新三板市场上机构投资者众多，导致多数预转板企业里存在“三类股东”，进而受限于三类股东问题(即资产管理计划、信托计划和契约型基金不能成为拟 IPO 企业的股东)，在经历排队后顺利拿到新三板 IPO 批文的企业并不多，加之 IPO 辅导流程缓慢且成本高昂，整体上来看，能顺利通过 IPO 转板上市的企业并不多。

为此，相关部门应该积极主动推动新三板向创业板、主板转板试点，比如对于符合要求的优质创新层挂牌企业开通绿色转板通道、对上市辅导成本费用给予一定的优惠或减免，同时简化繁琐漫长的上市审批手续。与此同时，新三板市场的逐步成熟需要建立各大板块之间顺畅的流通途径，因此，在创造条件让优质高成长性的企业升板上行的同时，对那些经营不善的劣质企业也需要加强监管，让其降板下行。

加快推动新三板转板制度，可以完善我国多层次资本市场建设，更高层级的资本市场可以为企业提供更加丰富的融资渠道。因此新三板转板制度的完善，有利提高新三板市场的流动性，挂牌公司上市后可以发行新股进行融资，企业知名度的提高也有利企业获得更多投资机构的青睐进而增加直接融资来源、更高效地获取银行信贷资金，新三板的投资机构也能够有退出渠道获利，进而更加有效的对接与匹配资本，提升新三板市场资本配置效率和企业自身融资效率。

六、总结和展望

（一）结论

本文基于新三板实施创新层与基础层分层管理的大背景，运用DEA模型的实证研究，初步描述了我国新三板市场的整体融资现状，探讨了新三板创新层与基础层企业融资效率的差异、不同行业间企业的融资效率差异以及在分层推行前后企业融资效率发生的变化，并从投入角度对企业融资效率进行了DEA非有效分析，最终得出下列结论。

(1) 从新三板市场整体融资现状来看，大部分新三板企业的定向增发融资效率处于DEA非有效状态，换言之，新三板市场整体融资效率较低，而且由于2016年新三板挂牌企业数量的过快膨胀叠加新三板市场的“资本寒冬”，2016年新三板市场整体的纯技术效率、规模效率、技术效率相比2015年均有所下降。其中，新三板企业的纯技术效率总体较低是导致企业融资效率较低的主要因素。为此，新三板企业需要进一步改善企业的日常经营管理模式与财务管理，加强科技创新、产业升级，从而提高对资金的有效利用程度。此外，新三板市场整体的DEA规模效率也较低，大量企业处于融资规模效益递增阶段，这表明大量新三板企业通过定向增发方式筹集到的资金相对不足，并不能最大程度地满足企业发展的需要。

(2) 从新三板市场创新层与基础层不同层级的企业融资效率对比来看，在

2015 年分层管理未推行前，创新层挂牌企业的融资技术效率与纯技术效率均高于基础层，但规模效率略低于基础层；2016 年新三板分层管理实施后，创新层企业的规模效率虽然相对 2015 年有所下降，却高于同期基础层企业的融资效率，换言之，创新层企业在 2016 年的定向增发融资效率上，其技术效率、纯技术效率、规模效率三项指标上均高于基础层企业。

(3) 从新三板市场融资效率的行业差异分析来看，新三板各个行业融资效率均较为低下且不同行业间企业的融资效率差异较大。其中，批发和零售业、信息传输、软件和信息技术服务业、租赁和商务服务这三个行业的融资效率相对较高；而制造业行业虽然整体在总样本中所占比重最大，共包含了 82 家样本企业，但 2015 年与 2016 年均仅有 4 家企业处于技术有效状态，仅占 4.88%，表明新三板制造业行业整体融资效率较低。

(4) 最后，从投入量角度进行 DEA 非有效分析可以发现，2015 年与 2016 年新三板企业整体的资产负债率、财务费用、利息支出的冗余量均值都明显非零，表明在这些项下的实际投入相对最优投入都存在一定程度的偏离。从层级差异上比较，可以发现创新层相比基础层企业的资产负债率、总股本平均冗余量较小，但新三板分层落地后，创新层企业的资产负债率、财务费用冗余量有所增加。

(二) 进一步工作的方向

本文的研究虽然取得了初步的成功，但由于时间不充分和新三板企业信息披露相对不足和滞后等因素的局限，对新三板市场未来更长的时间区间内、更丰富的样本企业之间以及不同的融资方式之间的融资效率差异及其影响因素，还有待更加深入的研究。

参考文献

[1] ALMEIDA H，WOLFENZON D. The Effect of External Financeon the Equilibrium Allocation of Capital [J]. The Journal ofFinance，2005，75(1)：133-164.
[2] FOTIOS P，EMMANOUIL S，ZOPOUNIDIS C. Estimating and analysing the cost efficiency of greek cooperative banks：an application of two-stage data envelopment analysis [J]. International Journal of Financial Services Management，2011，5(1)：34-51.
[3] KUNIMOTO K. Indeseribability and Its Irrelevance for Contractual[J]. Incompleteness Review of Economic Design，2010，14(3)：271-289.
[4] MODIGLIANI F，MILLER M H. Corporate Income Texes and the Cost of Capital：A Correntíon [J]. Amercian Economic Review，1963，6：443-445.
[5] WILLIAM W COOPER，LAWRENCE M. Seiford and Joe Zhu. Handbook on data envelopment analysis [M]. Abingdon：Taylor &Francis，2011.
[6] 白一帆.基于DEA模型的新三板企业融资效率研究[D].南京：南京大学，2016.
[7] 柴瑞娟，朱士玉.从美国纳斯达克市场分层评价我国新三板分层[J].海南金融，2016(05)：25-32.
[8] 邓召明，范伟.我国证券市场融资效率实证研究[J].国际金融研究，2001(10)：60-64.
[9] 丁怡.创业板中小企业融资效率的影响因素及相应对策[J].环球市场信息导报，2013：14-14.
[10] 方芳，曾辉.中小企业融资方式与融资效率比较[J].管理科学，2003(6)：2-7.
[11] 方沐晗.北京中小企业融资效率的模糊综合评价和实证分析[J].经营管理者，2011(04)：38-39.
[12] 方先明，吴越洋.中小企业在新三板市场融资效率研究[J].经济管理，2015(10)：42-51.
[13] 官建成、王军霞.DEA灵敏度分析的进一步探索与应用[J].系统工程理论与实践，2003(6)：37-43.
[14] 管清友.新三板分层不完全信息动态博弈的诗和远方[J].资本市场，2016.78-82.
[15] 胡旭微，陈宁泊，王芸.浙江省中小上市企业股权融资效率影响因素[J].经营与管理，2013(9)：132-134.
[16] 黄明劼，郝革红.新三板分层制度对中小企业融资影响分析[J].轻工科技，2016(09)：122-123.
[17] 李芳，王超.创新型中小企业融资效率评价体系构建[J].统计与决策，2014，2：172-175.
[18] 李慧.关于新三板分层制度的探讨[J].时代金融，2016(14)：147-154.
[19] 李志刚，迟宪良，穆春舟.中小企业融资效率实证分析[J].工业技术经济，2008，27(9).
[20] 林宇，邱煜，高清平.基于三阶段DEA的房地产公司债务融资效率研究[J].科研管理，2013(8)：149-159.
[21] 卢福财.企业融资效率分析[M].北京：经济管理出版社，2001.

[22] 马可，雷汗云.基于 DEA 和 Logit 模型的我国上市公司融资效率研究[J].海南金融，2014(1)：12－17.
[23] 马亚军，宋林.企业融资效率及理论分析框架[J].财经科学，2004(5)：337－340.
[24] 聂新兰，黄莲琴.企业融资效率理论分析框架[J].工业技术经济，2007(10)：157－159.
[25] 邵永同，陈淑珍.基于 DEA 方法的我国上市生物医药企业融资效率实证研究[J].科技管理研究，2013(2)：181－185.
[26] 沈莲.对中小企业融资环境和影响因素的实证研究-以江苏常州为例[J].武汉金融，2009(2)：29－31.
[27] 宋杰.分层后新三板怎么走[J].中国经济论坛，2016.30－31.
[28] 宋文兵.关于融资方式需要澄清的几个问题[J].金融研究，1998(1)：35－37.
[29] 宋增基，张宗益.上市公司融资效率实证分析[J].商业研究，2003(5)：97－99.
[30] 谈毅.企业融资制度和创新企业融资效率分析[J].管理科学，2003(16)：2－7.
[31] 佟孟华，刘迎春.辽宁省中小企业融资方式与融资效率实证研究[J].东北财经大学学报，2012(2)：36－39.
[32] 汪涛.新三板概念股融资效率的实证研究[D].合肥：安徽大学，2014.
[33] 王平.基于 FAHP 的民营企业融资效率评价[J].商业研究，2006(9)154－155.
[34] 王新红.我国高新技术企业融资效率研究[D].西安：西北大学，2007.
[35] 魏开文.中小企业融资效率模糊分析[J].金融研究，2001(06)：67－74.
[36] 魏权龄.评价相对有效性的数据包络分析模型：DEA 和网络 DEA[M].北京：中国人民大学出版社，2012.
[37] 魏权龄.数据包络分析(DEA)[J].科学通报，2000;45(17)：1793－1808.
[38] 魏权龄.数据包络分析[M].北京：科学出版社，2004.
[39] 文宏.融资偏好于融资效率对我国上市公司的实证研究[J].当代经济科学，1999(11)：38－43.
[40] 夏恩君，李文思.我国创业板上市公司融资效率实证分析[J].现代商业，2014(28)：67－71.
[41] 杨源泳，华蕴琪.我国物联网上市公司融资效率及影响因素探讨[J].商业经济研究，2015,19：11－14.
[42] 曾康霖.怎样看待直接融资与间接融资[J].四川金融，1993(11)：21－21.
[43] 朱雅琴.中小企业融资方式对融资效率影响的实证研究——以辽宁中小上市公司为例[J].中国商贸，2015(9)：62－64.

附录A 新三板80家创新层样本企业信息

证券代码	证券简称	证券代码	证券简称	证券代码	证券简称
831486.OC	索尔科技	832003.OC	同信通信	831544.OC	北超伺服
430092.OC	金刚游戏	831491.OC	佳音王	831908.OC	古麒羽绒
832641.OC	天蓝地绿	832638.OC	瓦力科技	831392.OC	天迈科技
430182.OC	全网数商	830938.OC	可恩口腔	831543.OC	松炀资源
830951.OC	嘉行传媒	832665.OC	德安环保	831370.OC	新安洁
831603.OC	金润和	831499.OC	立元通信	430051.OC	九恒星
831802.OC	智华信	832367.OC	慧图科技	430071.OC	首都在线
430752.OC	索泰能源	832412.OC	同益物流	832444.OC	蓝海骆驼
430178.OC	白虹软件	430355.OC	沃特能源	831697.OC	海优新材
430261.OC	易维科技	430356.OC	雷腾软件	831562.OC	山水环境
831161.OC	伊菲股份	831287.OC	启奥科技	832491.OC	奥迪威
430077.OC	道隆软件	430198.OC	微创光电	832184.OC	陆特能源
430492.OC	老来寿	430755.OC	华曦达	832462.OC	广电计量
430421.OC	华之邦	831445.OC	龙泰竹业	831437.OC	天劲股份
832499.OC	天海流体	831429.OC	创力股份	832246.OC	润天智
430353.OC	百傲科技	831226.OC	聚宝网络	832559.OC	熊猫乳业
830851.OC	骏华农牧	430082.OC	博雅科技	430462.OC	树业环保
831101.OC	奥维云网	831918.OC	天立泰	831608.OC	易建科技
831478.OC	天际数字	832563.OC	帮豪种业	832196.OC	秦森园林
830799.OC	艾融软件	831030.OC	卓华信息	831621.OC	中镁控股
831681.OC	智洋电气	831533.OC	绩优股份	430678.OC	蓝波绿建
831011.OC	三友创美	430152.OC	思银股份	831450.OC	金宏气体
831594.OC	赛力克	832570.OC	蓝海科技	831710.OC	昊方机电
832221.OC	聚元食品	831950.OC	亚太能源	831651.OC	保通食品
831858.OC	海誉科技	832397.OC	恒神股份	832219.OC	建装业
830841.OC	长牛股份	430211.OC	丰电科技	831354.OC	话机世界
430373.OC	捷安高科	430085.OC	新锐英诚		

附录 B　新三板 79 家基础层样本企业信息

证券代码	证券简称	证券代码	证券简称	证券代码	证券简称
831969.OC	埃蒙迪	830861.OC	金诺科技	831097.OC	思为同飞
830959.OC	爱珂科技	832495.OC	精铟海工	430392.OC	斯派克
832062.OC	爱科赛	831676.OC	景川诊断	832314.OC	四砂泰益
832000.OC	安徽凤凰	831704.OC	九如环境	831699.OC	泰力松
430349.OC	安威士	830986.OC	九星娱乐	831510.OC	特思达
831492.OC	安信种苗	831200.OC	巨正源	430613.OC	腾晖科技
831303.OC	澳凯富汇	430633.OC	卡姆医疗	832117.OC	腾冉电气
830983.OC	保得威尔	832611.OC	凯迪网络	832046.OC	天安智联
430310.OC	博易股份	831463.OC	凯雪冷链	830853.OC	天加新材
430501.OC	超宇环保	430175.OC	科新生物	430342.OC	天润康隆
830805.OC	德马科技	832516.OC	罗曼新材	831829.OC	同方软银
832546.OC	方德博纳	832014.OC	绿之彩	831025.OC	万兴隆
831846.OC	飞驰环保	832373.OC	美特桥架	430516.OC	文达通
832644.OC	固泰新材	430238.OC	普华科技	831424.OC	薪泽奇
832595.OC	海宝生物	832065.OC	乔扬数控	831816.OC	兴锐科技
830921.OC	海阳股份	832640.OC	青木高新	831027.OC	兴致体育
831856.OC	浩淼科技	430647.OC	青鹰股份	831675.OC	一拓通信
830825.OC	和泰塑胶	832091.OC	清科股份	832353.OC	益泰药业
831446.OC	亨利技术	430762.OC	荣昌育种	430389.OC	意普万
830807.OC	恒瑞能源	430142.OC	锐新昌	430594.OC	盈光科技
831488.OC	华宏医药	831684.OC	瑞珑科技	831996.OC	永裕竹业
831365.OC	华意隆	832391.OC	润达光伏	831165.OC	远洲股份
831292.OC	汇智光华	832447.OC	森馥科技	830812.OC	约伴旅游
832255.OC	建通测绘	430046.OC	圣博润	830788.OC	运通四方
831937.OC	建研信息	831860.OC	盛安资源	831794.OC	正大富通
832605.OC	江苏腾达	832060.OC	施可瑞		
831516.OC	金科环保	832342.OC	思普润		

附录 C Deap 2.1 运行代码

以 2016 年为例，应用 Deap 2.1 评估新三板企业融资效率代码如下。

```
2016.dta   DATA FILE NAME
2016.out   OUTPUT FILE NAME
159        NUMBER OF FIRMS
1          NUMBER OF TIME PERIODS
2          NUMBER OF OUTPUTS
2          NUMBER OF INPUTS
0          0=INPUT AND 1=OUTPUT ORIENTATED
1          0=CRS AND 1=VRS
0          0=DEA(MULTI-STAGE),1=COST-DEA,2=MALMQUIST-
           DEA, 3=DEA(1-STAGE), 4=DEA(2-STAGE)
```

运行代码个参数含义如下。

DATA FILE NAME：样本数据输入文件名

OUTPUT FILE NAME：分析结果输出文件名

NUMBER OF FIRMS：DEA 分析决策单元数量

NUMBER OF TIME PERIODS：数据年限

NUMBER OF OUTPUTS：输出指标数量

NUMBER OF INPUTS：输入指标数量

INPUT OR OUTPUT ORIENTATED：分别为投入主导型模型和输出主导型模型，投入主导型是基于投入的技术效率评估，衡量一定产出条件下以最小的投入与实际投入比值来评估，决策者倾向于减少输入。输出主导型是基于产出的技术效率评估，衡量在一定输入条件下，以实际输出与最大产出的比值来评估，决策者倾向于输出的增加。

CRS AND VRS：CRS 表示不考虑规模收益的模型即 C^2R 模型，VRS 表示考虑规模收的 DEA 模型即 BC^2 模型。

MULTI-STAGE，CONST-DEA，MALMQUIST-DEA，1-STAGE，2-STAGE：DEA 模型类型，1-STAGE，2-STAGE，MULTI-STAGE 分别为一阶段 DEA 模型，二阶段 DEA 模型，多阶段 DEA 模型。多阶段 DEA 模型相对其他两种方法计算复杂但能更准确识别投入与产出效率。MALMQUIST-DEA 为 Malmquist 指数分析方法。

第三篇

股票名称、行业同步性与非理性投资行为

郑　莹

一、引言

（一）研究背景及意义

传统金融学中“有效市场理论”的前提为投资者是理性的。理性的投资者能够迅速而充分地获取有关资产价值的信息，而不会对无关信息做出反应。股票名称仅是一个代表和区分不同股票的符号，其含有何种特征并不影响股票的实际价值，故投资者的决策不应当受到其名称的影响。然而，即使是在机构投资者比例较高的美国，与互联网毫不相关的公司在股票名称中加入“.com”也会引起持续正向的超额收益，更不用说“奥巴马上台，澳柯玛涨停”的中国市场。种种现象说明不含实质信息的股票名称对股票的价格产生影响。认识到这些现象的存在并了解其形成机理对于我国这样个人投资者占主导，非理性因素相对较大的市场具有重要的意义。

股价的市场同步性指单个公司股票价格的变动与市场平均变动之间的关联性，即所谓股价“同涨同跌”现象（许年行等，2011；唐松等，2011）。类似地，定义股价的行业同步性为单个公司股票价格的变动与行业平均变动之间的关系。股票收益率反映了市场、行业和个股三个层面的信息，行业同步性取决于单个公司的基本面因素对行业层次信息的捕捉程度，而不应取决于股票名称为何。考察我国沪深 A 股市场，可以明显地发现股票名称的一些不同的特征：一些股票不与行业产生关联，如“浩云科技”“山东华鹏”；一些股票名称与自己所在行业联系，如“招商地产”“合肥百货”；另外一些则与其他行业相连，如属于房地产行业却让人联想到航运的“空港股份”，属于家用电器行业却让人联想到种植的“三花股份”。那么在我国的股票市场中，股票名称对行业信息的反映是否影响到股价的行业同步性？在我国这种“重题材”的资本市场上，研究这一问题可以加深对我国投资者投资心理规律的认识，有助于指导人们在进行投资决策时考虑到人心理因素带来的偏差，同时指导上市公司选择对自己更为有利的名称。

（二）文献综述

1. 关于股票名称的研究

早期有关股票名称的研究多与更名相关，这是因为单纯的更名行为仅仅是改换了一个代表公司的符号而已，不具有更多的经济意义，使得更名事件成为不具有信息含量的“非事件”研究（Lamoureux 和 Poon，1987）的极佳样本。Cooper 等（2001）针对美国互联网狂热时期，许多公司在名称中加入“.com”的现象进行研究，发现不论公司的业务是否与互联网相关，在名称中加入“.com”后都会引起股票收益率的持续的异常。刘力和田雅静（2004）研究了各种实质性变化在更名公告前已经公布并发生了的“纯粹样本”，发现更名公告仍会带来股价的显著变动。

股票更名事件会带来股价的异常变动，而股票名称的特征同样与股价有着联系。例如，像 Barnings Incorporated 这样名称顺口的公司的表现会好于像 Aegeadux Incorporated 这样名称不顺口的公司（Alter 和 Oppenheimer，2006）。IPO 后股价的短期表现与投资者对股票名称评价的好坏有着明显的关系（刘亚琴，2008）。含有“中国”字样的股票具有更高的长期收益率和更久的上涨持续时间（陈素等，2012）。此外，被称为“发财码股”的代码尾数为 8 的股票在上市后一年内市盈率高于非 8 股票，但随后市盈率会有一个较大的回落，即存在“发财码股价格高”，和“发财码股不发财”两个特性（赵静梅和吴风云，2004）。种种研究表明，股票名称的特征会对股票的短期或长期表现有所影响。

在对股票名称特性的研究中，名称相似导致的关联性是研究的重点之一。具有相似股票代码的两只股票 MCI 与 MCIC 在回报率、交易量和波动性上都具有联动性（Rashes，2001）。MCI 是一家小型封闭式基金，而 MCIC 是一家大型电信商，这种存在于两家业务几乎完全不相关的公司间的高度同步性仅凭经济或基本面因素难以解释。Rashes 认为这种现象完全由大量交易中不可避免的操作失误造成的可能性比较小，联动性的产生很可能是由于投资者信息掌握不足而混淆了两者的股票代码。李广子等人（2011）以 A 股市场为样本，将类似的研究移植到中国，并上升到一般层面，同时进行了双向影响的检验。他们发现，名称非常相似，而经营实质却完全不同的股票之间的收益率存在高度的正相关性。然而，该研究仍只是股票与股票间的对比，并没有将股票名称与行业联系起来。张鸣等（2013）发现如果股票名称显示出所在行业的信息，会导致与行业更高的同步性。同时指出机构投资者由于具有更加完善的信息，其存在降低了名

称对同步性的影响。

2. 关于同步性的度量方法

针对股票同步性的研究在很多年前就引起了学者的广泛兴趣。由于同步性可以理解为两个研究对象间的关联程度，一些学者以回归系数的大小及其显著性作为考察行业同步性的指标（Rashes，2001；孙天琦，2004）。另外一些学者选择使用市场上同向运动股票的比例（Morck 等，2000）来代表股票的同步性。然而，更多的学者选择采用拟合优度来表示同步性。Roll（1988）首先利用该指标来代表市场层面的信息对股价的解释力，进而表示股价与市场的同步性。Morck 等（2000）考虑到拟合优度的取值范围在[0, 1]，不适合在接下来的考察中作为因变量，故对其进行了对数化变形，该做法在后来研究同步性的文献中得到了广泛的应用。一些学者指出，在考虑公司特有的收益率变动时应该同时去除市场和行业的影响，故在回归模型中同时加入市场收益率和行业收益率作为解释变量（Durnev 等，2003）。此外，为了考虑影响的滞后效应，可以为市场和行业指标加入滞后期（袁知柱和鞠晓峰，2009）。

（三）本文的研究内容

本文针对股票名称所反映的行业信息对股价的行业同步性是否产生影响这一问题，以沪深 A 股 2006—2015 年的数据为样本，以拟合优度为指标，同时辅以配对股票方法进行研究。此外，本文通过 DCC - MGARCH 模型检验更名导致名称所反映行业信息的变动是否会造成股价行业同步性的改变。

本研究的贡献主要有以下几点。

从理论上，一方面，本文是对已有的行为金融理论的实践，检验相关理论在我国是否存在、效应是否显著。另一方面，通过分析实证结果与预期结果的差异可以对投资者的投资行为进行更加深入的分析，以获得对其投资决策过程更加深刻的认识。

从内容上，研究名称相似导致收益率同步性或关联性的文献所考察的相似性大多存在于股票与股票之间，而非股票与行业之间。仅有的考察股票名称与行业同步性的文献只研究了股票名称反映所在行业信息的情况，并没有涉及股票名称反映其他行业信息的情形。本文在研究中加入了名称与其他行业相似的情况，这样得出的结论有助于揭示非理性投资心理的不同层面。

从方法上，本文在采用了传统的以对数化后的拟合优度为指标度量同步性这一方法之后，又对学者所采用的相关系数法进行了改进，将 DCC - MGARCH

模型运用在该研究领域,以体现出股价与行业同步性的时变特征。

从政策建议上,本文结论可以为三个群体提供指导。对于广大缺乏经验和专业知识的个人投资者来说,本文结论有助于其意识到自身在投资过程中的认识偏误,指导自身在未来的投资中注意避免非理性的行为。对于专业的机构投资者而言,本文的结论可以作为投资过程中除理性估值之外同时需要考虑的一个非理性因素,有助于其利用其他投资者的非理性行为寻找套利机会。对于上市公司,本文结论可以作为公司命名时需要注意的事项。

二、行业同步性影响因素分析

(一) 非理性投资心理与行业同步性

在现代认知心理学中,注意(attention)是将心理能量聚焦于感觉的心理事件。不同于理性人假说中人们可以迅速了解到一切信息并依据全部信息做出决策的说法,在现实中,注意是一种稀缺资源(Kahneman,1973),当人们进行投资决策时,由于大量可获得信息与有限注意力的矛盾,投资者在处理信息时会有所筛选,即使可获得的信息很多,其投资决策也只能依赖于其中的一部分。与投资相关的信息可以被划分为市场、行业和个股这三个范畴,投资者需要将注意力在这三者之间进行分配以使总体不确定性降至最低。研究表明,在投资者注意力有限的情况下,将更多注意力分配给市场和行业层面,而不是公司层面会达到最好的效果(Peng 和 Xiong,2006),这解释了为什么在股市上会存在重题材、重行业的现象。投资者依据行业层面的信息,对其认为属于该行业的个股进行买入卖出的操作,其结果是个股与行业整体产生较强的同步性。然而,由于投资者对信息的不全面掌握,个股属于某个行业与投资者认为其属于某个行业中间存在着一道障碍。在没有进行深入调查前,投资者有时很难认识到公司所属的行业,有时甚至会简单依据一些与基本面无关的特征将其归为某个错误的行业。股票名称作为一只股票最直接,也是投资者最先接触的信息,很容易给人留下先入为主的印象。例如股票首发上市时,由于对其他方面信息了解较少,股票名称便成了投资者认识了解股票的重要窗口之一,名称的流利程度(Alter 和 Oppenheimer,2006),名称主观的好坏评价(刘亚琴,2008)会对上市后短期的收益率产生影响。那么可以推想,股票名称中所反映的行业信息很有可能会影响到投资者对股票所属行业的认识。

人的思维中存在代表性启发模式(Representativeness heuristic),即人们往

往会基于相似性来判断未知的情况(Kahneman，1973)。如果名称中含有了所在行业的信息，投资者便有可能通过名称所包含的与行业相似的特征将其准确归入所在行业。而模糊厌恶心理(Ambiguity aversion)导致了人们对不熟悉或未知的排斥，这使得名称中不反映所在行业信息时，人们由于掌握的信息更多属于行业层面而非个股层面，会回避这样的股票。综合上述观点提出如下假设：

假设1：如果股票S的名称中反映了其所在行业A的信息，其与行业A的同步性要强于名称中不反映行业信息的股票。

代表性启发模式理论同样指出，人们有时会因为某些明显的相似性而忽略其他相关信息，最终做出错误的判断。如果股票名称中恰好含有与其他行业相联系的概念，人们则有可能基于这种相似性，错误地将其归为其不属于的行业。由于该股票被错误地归类为其他行业，投资者对其的投资决策不再受到股票自身所在行业消息的影响。例如，当人们看到股票名称为“三花股份”的股票时，很可能会认为它是属于“农林牧渔”行业的股票，而忽略了其属于“家用电器”行业的可能性。这时，该股票与所在“家用电器”行业的同步性降低。同时，如果不进行进一步的调查，这种错误的观念可能会持续下去并导致投资者依据“农林牧渔”行业的消息对该股票进行投资，导致了该股票与“农林牧渔”指数的同步性增强。故提出如下假设。

假设2：如果股票S的名称中反映了其不属于的行业B的信息，该股票与自身所在行业A的同步性降低。

假设3：如果股票S的名称中反映了其不属于的行业B的信息，该股票与B行业的同步性增强。

(二)其他影响因素与行业同步性

在研究名称对行业同步性的影响时，有必要将同样作用于同步性的其他因素进行控制。

公司透明度是影响股价同步性的因素之一。在噪声程度低的市场中，如果公司的透明度低，会导致其个体信息进入股价的成分减少，使得其体现个体特征的波动降低，而反映市场或行业的程度提高(Morck等，2000)，导致更高的行业同步性。在噪声程度高的市场环境中，股价的波动在很大程度上是受到噪声影响的。这时，股价透明度高将给投资者提供关于这家公司更加明确的信息，使得噪声对其股价波动的影响程度降低，股票的同步性提高(Dasgupta等，2010)。中国股票市场属于第二种情况，即信息透明度越高，股价同步性越高(王亚平等，

2009)。

公司的其他诸多基本面因素同样对同步性有着影响。公司规模是体现公司特征的重要因素,其对同步性的影响一方面在于公司的规模越大,其自身对市场加权平均指数的影响也就越大,其受到行业层面调控管制的影响也越大,故具有较高的同步性。另一方面则在于,公司越大,越容易受到投资者的关注,其特质信息便更容易为人所了解,使得其同步性降低。公司的资本结构体现了公司的财务风险。资产负债率越高,财务风险也就越高,公司未来经营的不确定性就相应增大,导致其未来偏离行业指标的可能性越大,行业同步性越低。公司的盈利能力是影响投资者投资决策的重要因素。如果公司的盈利能力背离行业平均盈利能力过多,其股价与行业的联动程度会降低。而公司的所有权安排也会影响到股票价格的信息含量(李增泉,2005),进而影响到其行业的同步性。如果大股东通过控制公司能够获得较大的私人收益,其公司股价会更加容易被噪声交易影响,从而与市场的波动背离的可能性更大,行业的同步性更低(周林洁,2014)。

此外,机构投资者由于具有更多的信息渠道和专业知识,导致其对市场、行业、个股三个层面信息的挖掘与普通投资者产生差异进而对同步性造成影响(侯宇和叶东艳,2008)。过高的换手率可能会意味着更加盲目的交易,使得对公司特质信息的挖掘不足,同步性提高。

三、模型设定与实证分析

(一)实证模型

在验证假设 1 和假设 2 时,采用前人在度量同步性时惯用的方法,用拟合优度(R - Squared)指标来度量同步性。收益率r_t由相邻两天价格比值经对数化得到。

$$r_t = \ln\left(\frac{P_t}{P_{t-1}}\right) \cdot 100 \tag{3-1}$$

用 $r_{j,t}$ 代表个股j 在第t 星期的收益率,$r_{m,t}$ 代表整个市场的在第t 星期的收益率,对于沪市的股票使用上证综合指数求得,对于深市的股票使用深证成分指数求得。$r_{i,t}$ 代表行业 i 的指数在第 t 星期的收益率。

为了得到拟合优度指标,建立如下模型。

$$r_{j,t} = b_{10} + b_{11} \cdot r_{m,t} + b_{12} \cdot r_{i,t} + \varepsilon_{j,t} \tag{3-2}$$

$$r_{j,t}=b_{20}+b_{21}\cdot r_{m,t}+\varepsilon_{j,t} \tag{3-3}$$

首先将式(3-2)进行回归,得到的拟合优度 $R^2_{m,i}$ 代表着市场和所属行业对股票收益率的共同解释程度。

然后将式(3-3)进行回归,得到的拟合优度 R^2_m 代表着市场单独对股票收益率的解释程度。

对式(3-2)和式(3-3)进行回归分别得到拟合优度 $R^2_{m,i}$ 和 R^2_m 这两个指标,用前者减去后者便可以得到行业收益率单独对股票同步性的解释水平 R^2_i。

$$R^2_i=R^2_{m,i}-R^2_m \tag{3-4}$$

由于得到的 $R^2_{m,i}$,R^2_m 的取值范围均在[0, 1]之间,又由于方程(3-2)与方程(3-3)相比增加了一个解释变量,故 $R^2_{m,i}\geqslant R^2_m$。所得的 R^2 值在[0, 1]范围内。在实证分析中,这样的变量作为因变量不符合计量经济学的基本要求,故对其进行对数变换,得到度量股票收益率同步性的指标 syn。

$$syn=\ln\left(\frac{R^2_i}{1-R^2_i}\right) \tag{3-5}$$

一些学者在相关研究中采用调整后的拟合优度(Adj R-Squared),而本文则选择采用未经调整的拟合优度。原因在于调整后的拟合优度会对变量的增加有所惩罚,导致在加入了一个解释变量后,调整后的拟合优度可能比加入变量前的方程小,这样很可能会得到取值为负数的 R^2_i,这样既与其经济意义不符,也给接下来的对数化处理造成困难。

通过多次回归得到各股票各年度的同步性数据,接下来建立模型,考察股票名称中反映了所在或其他行业的信息是否对行业同步性有影响,模型如下。

$$\begin{aligned}syn=&\beta_0+\beta_1\cdot Ref\_ind+\beta_2\cdot Ref\_other+\beta_3\cdot Size+\beta_4\cdot Lev+\beta_5\cdot Insti\\&+\beta_6\cdot Tur+\beta_7\cdot Roa+\beta_8 First\_holder+\varepsilon\end{aligned} \tag{3-6}$$

其中,Ref_ind、Ref_other 为本文所关注的变量,均为哑变量。如果公司名称中体现了公司所在行业的信息,则 Ref_ind 的值为 1,否则为 0。如果公司名称反映了其他行业的信息,则 Ref_other 为 1,否则为 0。

从上一部分的分析中可以看出,除了两个反映与行业相似特征的因素,还有其他一些因素会影响到其同步性,模型中必要对这些因素进行控制。为控制各因素选取的指标如下。

(1) 公司规模($Size$)。选择公司当年年报中总资产的对数值作为其指标。

(2) 资本结构(Lev)。选择当年年报中负债总额除以总资产得到的资产负债率作为其指标。

(3) 机构投资者参与程度($Insti$)。选用机构持股比例作为其指标,这里的机构包括一般法人、基金、券商、保险和银行。计算公式为,

$$机构持股比例=机构持股数量/流通股本\times 100\%$$

(4) 股票换手率(Tur)。选择股票的年平均换手率为其指标。年平均换手率为年度范围内日均转手买卖的频率,可以用来衡量公司股票交易的频繁或活跃程度。

(5) 资产回报率(Roa)。控制企业的基本面情况,计算公式为:

$$资产回报率=净利润\times 2/(期初总资产+期末总资产)\times 100\%$$

(6) 股权结构($First\_holder$)。选用公司第一大股东的持股比例这一指标。

对式(3-6)进行回归后通过考察所关注变量相关系数的正负和显著性来验证假说 1 和假说 2。

在验证假设 3 时,根据倾向性评分(杨阳和万迪昉,2010)的方法构造配对股票,形成一个由样本股票和为其选择的配对股票共同组成的股票池。样本股票属于行业 A,名称与行业 B 相似,则配对股票为属于行业 A,名称既不与 A 相似,也不与 B 相似的股票。在每一个考察区间,为样本股票选取配对股票规则具体如下。

(1) 选取出在考察区间与样本股票属于同一行业,在考察区间内没有更名、没有更换行业的非 ST 股票,罗列这些股票的总资产、资产负债率、机构投资者持股比例、年平均换手率和总资产收益率等指标,这些数据来源于数据库中对所选区间具有代表性的年度的值。此后,将总资产对数化。

(2) 以前述模型在实证研究后得到的各控制变量的相应系数为各指标在评分中的权重,将选出的各股票与样本股票按此权重与各项指标的值的乘积求和,计算出得分。

(3) 从与样本股票评分相近的股票中选取出名称既不与所在行业相似,也不与其他行业相似,并且主营业务与样本股票比较相近的一只股票,作为其配对股票。

将样本与其配对股票用式(3-2)和式(3-3)进行回归,这时,对于每只样本股票来说,回归方程中 $r_{i,t}$ 为 B 行业,对于每只配对股票来说,回归方程中的 $r_{i,t}$ 为其对应样本股票的 B 行业。回归后按照式(3-4)与式(3-5)进行变换得

到每只股票对应的 *syn* 值。在得到整个股票池的 *syn* 之后，选择模型如下。

$$syn = \beta_0 + \beta_1 \cdot Ref\_other + \beta_2 \cdot Size + \beta_2 \cdot Lev + \beta_4 \cdot Insti + \beta_5 \cdot Tur + \beta_6 \cdot Roa + \beta_7 \cdot First\_holder + \varepsilon \quad (3-7)$$

其中样本股票的 *Ref_other* 值为 1，配对股票 *Ref_other* 的值为 0。模型中其余变量含义与式(3-6)相同。为了验证假说 3，我们所关注的是 *Ref_other* 系数的正负和显著性。

（二）数据来源及处理

本文中，股票及股票指数收益率数据来自 wind 金融资讯终端，收益率范围包括了 2006 年 1 月 1 日—2015 年 5 月 1 日沪深 A 股的交易数据，这段时期既包含了牛市、熊市，也包含了股市运行比较平稳的时期。实证研究中使用周收益率，因为与月数据或季数据相比，周数据可以发现其体现不出的同步性、联动性规律，同时周数据与日数据相比更加不容易受到偶然性因素的影响，也减少了由于个别日期停牌造成数据缺失的问题。

上市公司中存在着很多更改股票名称的情形。股票更名的数据来源于 wind 金融资讯终端中的沪深股市专题统计。本文认为的股票更名不包括两种特殊情况，一类是与 ST 相关的更名，这类更名往往意味着公司的经营出现了变动。另一类与特殊的时代背景相关，例如，股权分置改革实施初期，已经实施了股权分置改革恢复交易的股票在其股票名称前冠以“G”，随着股改的基本完成，2006 年 10 月 9 日起，G 股摘掉帽子，而还未完成股改的股票名称前加“S”。对于这类变动也予以排除。

行业分类、财务指标等数据均来自 wind 金融资讯终端。行业分类标准选择 2014 年版申银万国行业分类标准中的一级行业分类，该分类标准将所有上市公司按照收入、利润等指标分为 28 个一级行业。由于综合类和国防军工类的股票与多个行业相关联，故从样本中排除。由于所有银行类股票名称中均含有体现行业信息的“银行”两字，且财务指标统计口径有所差别，故也从样本中排除。

在验证假设 1 和假设 2 时，选取 2006 年 1 月 1 日至 2015 年 1 月 1 日这 9 个完整年度为研究区间。排除此期间内有过股票更名，变为过 ST，或变更过行业的股票以及在 2006 年 1 月 1 日上市不满 1 年的股票。经过这样的筛选，全部沪深 A 股 2 700 多只股票中留下 599 只作为研究样本。由于每个样本具有 9 年的数据，共得到 5 391 个样本年度观测值。股票名称是否与行业联系以及股票名

称是否反映其他行业则参照张鸣等(2012)的方法,通过手动整理获取。

对各变量的描述统计如表3-1所列。其中,*Lev*、*Insti*、*Tur*、*Roa*、*First_holder* 均为百分比。

表3-1 变量描述性统计

变 量	均 值	标准差	最小值	最大值	ref_ind =1	ref_ind =0	ref_other =1	ref_other =0
syn	−1.929	1.291	−9.210	0.788	−1.804	−2.058	−2.236	−1.919
Ref_ind	0.508	0.500	0.000	1.000			0.263	0.516
Ref_other	0.032	0.175	0.000	1.000	0.016	0.047		
Size	22.215	1.223	19.598	28.004	22.420	22.003	22.445	22.207
Lev	50.388	18.593	0.708	96.370	51.033	49.722	52.010	50.334
Insti	38.911	23.247	0.000	100.853	41.541	36.201	41.051	38.841
Tur	2.419	1.590	0.042	11.701	2.316	2.525	2.470	2.417
Roa	4.729	5.689	−29.947	46.558	4.971	4.481	4.534	4.736
First_holder	36.003	14.973	3.620	83.740	38.206	33.732	40.198	35.865

从描述统计中可以看出所选样本中有超过一半的股票反映了自身所在的行业,但只有少数反映了其他行业。当股票名称反映所在行业时,即 $Ref\_ind=1$ 时,*syn* 值较大,当股票名称反映了其他行业时 $Ref\_other=1$ 时,*syn* 值较小。回归模型中各个解释变量 VIF 值中的最大值不超过2,表示变量之前没有严重的共线性问题。

在验证假设3时,以2006年1月1日—2015年5月1日为研究区间。如果选择这一时间段内未更名,未更换行业,且名称明显与其他行业相关的股票为样本,则样本数不到10,结论不具有说服力。故在研究这一问题时,从大区间中抽取四段时长为一年的小区间进行研究,以保证每段区间内观测值的数量。第一段为2006年10月16日—2007年10月16日的牛市,第二段为2008年1月14日—2009年1月14日的熊市,第三段为2012年1月1日—2013年1月1日这段股市运行较为平稳的时期,最后一段为较新的2014年5月1日—2015年5月1日。对于每个时间段,选出其间未更名、未变更行业,且名称与其他行业相连的非ST股票作为样本股票,并为每个样本选取一只配对股票。四段区间中各指标分别从2007年、2008年、2012年和2014年年度合并报表中获取。

对四个小区间选出的样本股票和配对股票组成的股票池，以及四个股票池构成的整体进行描述性统计，其中，*Lev*、*Insti*、*Tur*、*Roa*、*First_holder* 均为百分比，结果如表 3-2 所列。

表 3-2 变量描述统计

变量	均值	标准差	最小值	最大值	样本股票	配对股票	第一段	第二段	第三段	第四段
syn	−2.58	1.78	−9.21	0.03	−2.40	−2.77	−2.06	−3.19	−3.42	−2.15
Ref_other	0.5	0.5	0	1	1	0	0.5	0.5	0.5	0.5
Size	21.82	1.09	19.94	25.14	21.9	21.74	21.89	21.75	22.06	21.71
Lev	48.78	21.22	2.81	103.18	50.72	46.83	59.68	56.98	47.11	42.07
Insti	33.32	25.36	0	172.16	33.66	32.98	24.93	33.7	36.51	34.89
Tur	2.89	1.84	0.05	10.72	2.89	2.88	4.38	2.49	2.07	2.87
Roa	3.98	4.96	−20.15	22.26	3.88	4.09	3.96	4.14	3.95	3.95
First_holder	38.34	16.06	8.34	80.65	41.5	35.18	42	40.75	41.01	34.72

从描述分析的结果可以初步发现样本股票与配对股票的 *syn* 值存在差别，样本股票的 *syn* 值略低于配对股票。此外，注意到在第一段和第四段两个市场涨势较好的时期，*syn* 的值较大，原因可能是市场收益率高的情况下，投资者羊群行为程度（即股票与市场同涨同跌的程度）低于市场收益率低的情况（宋军、吴冲锋，2001），在市场整体收益率低的时段，股价与市场的同步性过高挤占了其与行业的同步性水平，反之，在市场整体收益率高的时段，这种挤占效应较小，导致行业同步性较高。

（三）实证结果分析

对假说 1 和假说 2 的验证结果如表 3-3 所列。

表 3-3 假说 1、假说 2 模型结果

变量	syn	syn	syn	syn
Ref_ind	0.240*** (4.38)		0.250*** (4.56)	
Ref_other	−0.267* (−1.74)			−0.335** (−2.16)

续 表

变 量	syn	syn	syn	syn
Size	0.045* (1.76)	0.058** (2.29)	0.043* (1.71)	0.059** (2.34)
Lev	−0.003** (−2.05)	−0.003** (−2.13)	−0.003** (−2.05)	−0.003** (−2.13)
Insti	0.003*** (3.04)	0.003*** (3.16)	0.003*** (3.01)	0.003*** (3.19)
Tur	0.076*** (4.61)	0.075*** (4.58)	0.075*** (4.59)	0.076*** (4.61)
Roa	0.005 (1.30)	0.005 (1.31)	0.005 (1.30)	0.005 (1.30)
First_holder	−0.003 (−1.50)	−0.002 (−1.16)	−0.003 (−1.58)	−0.002 (−1.08)
_cons	−2.782*** (−5.37)	−2.982*** (−5.71)	−2.758*** (−5.32)	−3.001*** (−5.75)
年份	控制	控制	控制	控制

注：* $p<0.1$，** $p<0.05$，*** $p<0.01$。

结果显示不论是否控制 *Ref_other*，*Ref_ind* 的系数均在 1%水平下显著，符号为正，说明了股票名称反映了所在行业 A 的信息会使得其与行业 A 的同步性增强，证实了假说 1。不论是否控制 *Ref_ind*，*Ref_other* 均在 5%或 10%的水平下显著，且系数为负，表示股票名称反映了其他行业 B 会使得其与所在行业 A 的同步性降低。

此外，还观察到 *Size* 的系数显著为正，即规模较大的公司与行业的同步性较高；*Insti* 的系数显著为正，说明机构投资者的存在提高了行业的同步性。

验证假说 3 的模型结果如表 3－4 所列。

表 3－4 假说 3 模型结果

变 量	全时段 syn	全时段 syn	第一段 syn	第二段 syn	第三段 syn	第四段 syn
Ref_other	0.372* −1.66		0.378 (0.91)	0.805 (1.54)	0.738 (1.08)	0.292 (0.91)

续　表

变　量	全时段 syn	全时段 syn	第一段 syn	第二段 syn	第三段 syn	第四段 syn
Size	−0.426*** (−3.10)	−0.422*** (−3.05)	−0.373 (−1.22)	−0.597** (−2.05)	−0.133 (−0.38)	−0.466** (−2.18)
Lev	−0.006 (−0.73)	−0.005 (−0.61)	−0.015 (−0.84)	−0.011 (−0.54)	−0.012 (−0.53)	−0.005 (−0.38)
Insti	−0.007 (−1.14)	−0.008 (−1.27)	0.038** (2.67)	0.006 (0.70)	−0.013 (−0.60)	−0.029*** (−2.99)
Tur	−0.036 (−0.45)	−0.035 (−0.44)	0.387* (1.80)	0.095 (0.37)	0.066 (0.35)	−0.189 (−1.59)
Roa	−0.047* (−1.69)	−0.046 (−1.65)	−0.105** (−2.41)	−0.052 (−0.98)	−0.177 (−1.25)	−0.030 (−0.65)
First_holder	0.014* −1.82	0.017** (2.20)	−0.013 (−0.80)	0.024 (1.47)	−0.005 (−0.18)	0.035*** (2.81)
年份	控制	控制	控制	控制	控制	控制
N	212	212	36	38	44	94

注：* $p<0.1$，** $p<0.05$，*** $p<0.01$。

前述模型中 *syn* 代表股票 S 与其所在行业 A 的同步性。与前述模型不同，这里的 *syn* 对于样本股票代表其与名称相似的行业 B 的同步性，对于配对股票代表其与相应样本股票对应的行业 B 的同步性。由表 3－4 可以看出，*Ref_other* 系数均为正，符合预期，样本股票与行业 B 的同步性确实大于其配对股票。但从回归结果来看，*Ref_other* 的系数仅在全时段组存在 10%的水平的显著性，而在分时段考察中该系数中并不显著，这表明该正向影响是比较微弱的，名称与其不属于的行业 B 相关联并没有导致其与 B 行业同步性的显著增强。

前述模型中一些显著的变量在该模型中变得不显著，这是由于影响股票与非所在行业 B 同步性的因素并不一定与理论分析中提到的影响股票与所在行业 A 同步性的因素重合。同时，与前述模型相比，一些变量的符号发生了改变，*Size* 的符号由正变负，这一方面是由于不论上市公司规模多大，其收益率均不计入 B 行业的指数；另一方面由于公司规模较大，易于引起人们的关注，使得人们容易认识到其不属于 B 行业，进而降低与 B 行业的同步性。*Insti* 的符号由正变负，这是由于机构投资者的存在降低了混淆程度也即降低了股票与 B 行业的

同步性。

值得注意的是，在第一段和第四段两段牛市区间，*Ref_other* 的系数比较小，意味着在这样的时间段内，人们更加不易受到名称混淆的影响。由于 *Ref_other* 系数大说明混淆程度严重，非理性程度严重，这与行为金融学中在市场下行阶段投资者的非理性程度会更大的说法相符。

（四）稳健性检验

为了得到更加稳健的结论，进行如下稳健性检验。

首先，在验证假说 1～3 时为了得到 *syn*，需要用到个股、行业及市场的收益率。前述两项实证中使用的收益率为对数化收益率，在进行稳健性检验时，尝试将收益率的计算公式换作：

$$r_t = \frac{P_t}{P_{t-1}} - 1 \tag{3-8}$$

将收益率指标进行了变换后，所关注变量的符号及显著程度没有发生明显的变化，得到的结论与原结论没有本质区别。

此外，在验证假说 3 时，使用到了倾向性评分的方法为样本股票选取配对股票。在进行稳健性检验时，采用其他配对股票的选取方法。这里，所采用方法参照周林洁(2014)。

具体选择原则如下。

(1) 在每一个细分时段，列出在该时段未更名、未更行业的非 ST 股票。取每家公司在这一时期的 *Size*、*Lev*、*Insti*、*Tur*、*Roa*、*First_holder* 值。去掉含有异常值的公司，例如去掉资产负债率(%)大于 100 的公司。

(2) 在行业范围内，将变量标准化，如式(3-9)所示。

$$S\_Size = \frac{Size - mean(Size)}{std(Size)} \tag{3-9}$$

其余变量也作相同处理，最终得到行业内每家公司的 *S_Size*、*S_Lev*、*S_Isti*、*S_Tur*、*S_Roa*、*S_First_holder*。

(3) 计算 $D_j = \sqrt{\sum (F_j - F_s)^2}$，其中 j 代表第 j 家公司，F_j 分别取每家公司的 *S_Size*、*S_Lev*、*S_Isti*、*S_Tur*、*S_Roa*、*S_First_holders* 等代表其基本面情况的值，F_s 取样本公司各项基本面情况的值。

将每家样本公司所处行业的其他公司按照 D_j 值由小到大进行排序，选出名称不反映任何行业的排名最靠前的股票，作为其配对股票。

例如，“空港股份”名称与港口航空相连，让人容易与交通运输（B 行业）行业联系起来，而这家公司却是属于房地产行业（A 行业）的，在为其在第一段时期选择配对股票时，首先列出 2006 年 10 月 16 日—2007 年 10 月 16 日这一时间段内未变更换过名称和行业的所有房地产行业（A 行业）的非 ST 股票，同时从年报或数据库中获取这些股票在 2007 年的公司规模等基本面的值。然后，以“空港股份”为基准计算各公司的 D_j 值，D_j 最小的公司的名称如果既不反映房地产行业的信息，也不反映其他行业的信息，则作为“空港股份”的配对股票，否则考察第二名，直到为其选出配对股票。

利用重新选取的样本进行实证分析，得到的 *Ref_other* 的系数仍然不显著，结论与原结论无本质差别。

四、动态视角下的行业同步性分析

（一）选用模型

前面的研究并没有涉及有过更名的股票。在研究过程中，发现了华润万东（600055.SH）与羚锐制药（600285.SH）这一对股票在考察期间内均有过更名，前者于 2012 年 3 月 6 日由万东医疗更名为华润万东，后者于 2009 年 9 月 10 日由羚锐股份更名为羚锐制药。同时，这对股票一直同属于医药行业，在考察期间内均没有更换过行业，各自的主营业务在考察区间内没有较大变化，且两者用前述方法得到的倾向性评分十分接近，这使得这对股票成了难得的研究样本，得以观察和比较更名对行业同步性的影响。

syn 指标可以很好地描述同步性，但连续时间下的动态 *syn* 序列却难以得到。考虑到有学者（孙天琦，2004）曾经用相关系数作为度量同步性的指标，而相关系数的时变序列却可以通过计量手段得到，故本部分以股票与行业的动态相关系数作为度量同步性的指标进行研究。Engle（2002）提出了 DCC - MGARCH 模型，该模型从提出至今，被广泛用来研究两个样本间的动态、时变相关性。例如，Hyde 等（2008）用其考察 20 世纪 90 年代的金融自由化进程是否影响到拉美国家与美国资本市场的相关性，董秀良等（2008）运用该模型考察沪深 A、B 股之间的时变相关性问题等，所以使用该模型可以很好地观察股票与行业同步性随时间的变化，尤其是考察更名事件前后同步性是否表现出不同的特

征。本部分利用该模型来考察两只股票分别与医药生物行业的动态相关系数，并互为参照进行比较。

动态相关模型的表示如下。

假设 $r_{1,t}$，$r_{2,t}$ 都是均值为 0 的满足以下条件的随机变量：

$$r_t = (r_{1,t},\ r_{2,t})' \mid I_{t-1} \sim N(0,\ H_t) \tag{3-10}$$

这里，H_t代表条件协方差矩阵，其形式可表示为：

$$H_t = D_t R D_t \tag{3-11}$$

其中，$D_t = diag\{\sqrt{h_{i,t}}\}$，是由 $h_{i,t}$ 构成的 2×2 对角矩阵，其中 $h_{i,t}$ 是由单变量 GARCH 模型估计出的 t 时刻的方差。$R_t = \{\rho_{i,j}\}$ 是动态条件相关系数矩阵，动态相关结构的形式为：

$$R_t = Q_t^{*-1} Q_t Q_t^{*-1} \tag{3-12}$$

$$Q_t = (1-\alpha-\beta)\bar{Q} + \alpha(\varepsilon_{1,t-1}\varepsilon'_{2,t-1}) + \beta Q_{t-1} \tag{3-13}$$

这里，$Q_t = \begin{pmatrix} q_{11,t} & q_{12,t} \\ q_{21,t} & q_{22,t} \end{pmatrix}$，$Q_t^* = \begin{pmatrix} \sqrt{q_{11,t}} & 0 \\ 0 & \sqrt{q_{22,t}} \end{pmatrix}$，$\bar{Q}$ 则是标准化后的残差的无条件方差矩阵。α 和 β 是模型中的调整系数，分别代表上期标准化残差乘积项的影响和前期相关系数的影响。

$$\rho_{12,t} = q_{1,2} / \sqrt{q_{11,t}\, q_{22,t}} \tag{3-14}$$

DCC－MGARCH 模型中的$q_{ij,t}$的表示如下，其中$\overline{\rho_{i,j}}$是非条件相关系数。

$$q_{ij,t} = (1-\alpha-\beta)\,\overline{\rho_{i,j}} + \alpha(\varepsilon_{i,t-1}\,\varepsilon_{j,t-1}) + \beta q_{ij,t-1} \tag{3-15}$$

在建立 DCC－MGARCH 模型前首先需要为两只股票与医药行业这三个序列建立单变量 GARCH 模型，得到两个序列标准化残差序列，运用此序列与第二步 DCC－MGARCH 模型估计得到的参数结合得到动态相关系数序列。

（二）数据来源与分析

1. 数据选择及检验

以这两只股票及医药生物行业指数从 2006 年 1 月 1 日至 2015 年 5 月 1 日的交易数据为样本，选择周收益率，参照式（3－1）进行对数化处理。根据徐有俊等（2010）的做法，剔除掉三个序列中交易日不重叠的数据。

构建 DCC-MGARCH 模型的第一步是对每个序列构建单变量 GARCH 模型。在构建模型前，有必要首先对收益率序列进行自相关以及平稳性的检验。

各序列的描述性统计及各检验结果如表 3-5 所列。

表 3-5 DCC-MGARCH 描述统计及前期检验结果

描述性统计	医药生物	华润万东	羚锐制药
均　值	0.47	0.49	0.51
中位数	0.87	0.76	0.60
最大值	17.54	36.58	28.30
最小值	−15.22	−24.45	−26.96
标准差	4.27	7.32	7.01
偏　度	−0.42	0.51	−0.19
峰　度	4.42	6.13	4.85
JB 检验	24.94***	46.63***	21.92***
Q(5)	11.94**	8.04	3.70
DF-GLS 滞后阶数	1	1	2
DF-GLS 统计量	−12.99***	−13.35***	−9.01**
PP-Z(t)	−21.86***	−22.71***	−22.08**

注：* $p<0.1$，** $p<0.05$，*** $p<0.01$。

观察各序列的图形可以发现其收益率存在峰值并且峰值体现出丛聚的特征。从观察来看初步认为其具有条件异方差特性，扰动不是白噪声过程。三个 JB 统计量均在 1% 水平下显著，表示三个收益率序列显著异于正态分布（图 3-1）。根据 Q(5)统计量，并配合各序列的自相关和偏自相关图（图略），可以得知在 5%的水平下，只有医药生物行业的收益率序列存在着自相关性，有必要在其均值方程中加入滞后项。

在平稳性检验中，同时采用了 DF-GLS 与 PP 检验两种方法。两种方法得到的结果均显示在不小于 5%的水平下，各序列是平稳的，故适合进行下一步的回归分析。

对于存在序列自相关性的医药生物指数序列选择带有 AR 滞后项的方程。运用 Stata 编程，反复比较各种形式自回归方程的 AIC 值，最终确定的自回归方程的形式为：

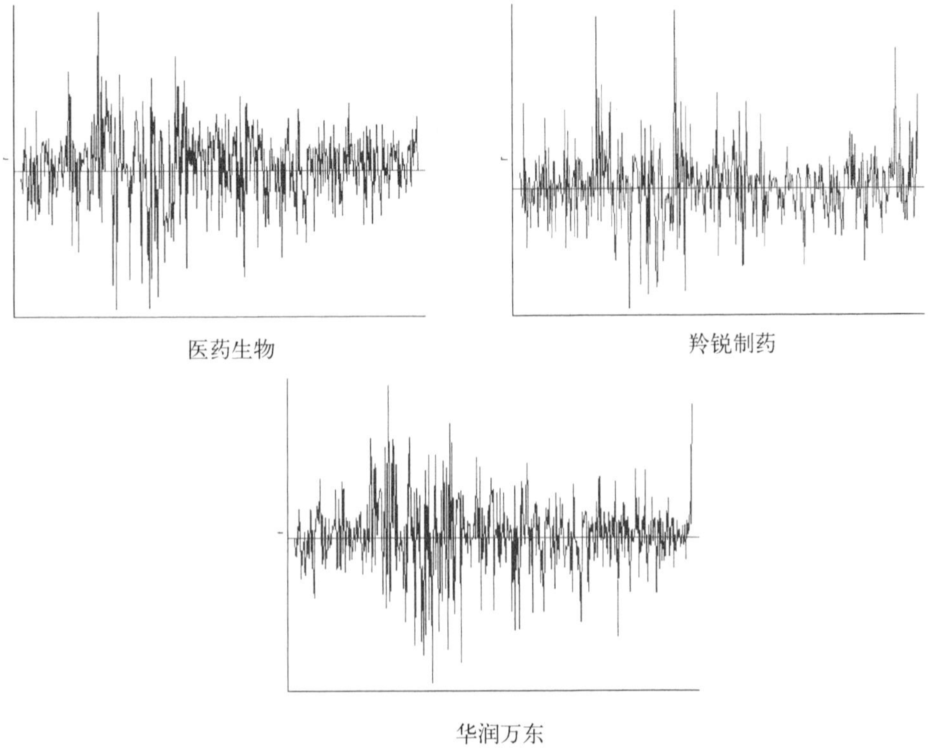

图 3-1　医药生物、华润万东和羚锐制药的收益率序列

$$r_t = \beta_1 \cdot r_{t-2} + \beta_2 \cdot r_{t-4} + \beta_3 \cdot r_{t-5} + c \tag{3-16}$$

在去除了自相关性后，三个序列的 ARCH(5)统计量分别为 25.48、20.34 和 33.20，均在 1%水平下显著，表明各序列具有显著的 ARCH 效应，适合建立 GARCH 模型，这与通过图形观察得到的结论一致。

2. 单变量 GARCH 模型的建立与估计结果

由于 GARCH(1，1)对股市收益率的波动具有很好的拟合效果，同时又持了简洁性(Bollerslev 等，1992)，故直接采用 GARCH(1，1)进行建模。

建立 GARCH(1，1)模型后，得到标准化残差序列，该序列不再存在自相关问题，也不具有显著的 ARCH 效应，说明模型设定是合理的，得到的标准化残差序列可以用于下一步 DCC-MGARCH 模型的构建。

3. DCC-MGARCH 模型估计结果

接下来对两只股票分别建立其与医药生物行业的 DCC-MGARCH 模型，具体结果如表 3-6 所列。

表 3－6　DCC－MGARCH 模型估计结果

组　　合	相关系数	α	β
华润万东-医药生物	0.70***	0.03***	0.96***
羚锐制药-医药生物	0.68***	0.02*	0.97***

注：* $p<0.1$，** $p<0.05$，*** $p<0.01$。

可以看出，α 的值与 0 比较接近，却显著异于零，说明标准化残差乘积对动态相关系数产生着影响，β 的值均在 1％水平下显著且接近于 1，说明当期的动态相关系数与上一期有很强的持续性。$\alpha+\beta<1$，显示整个模型是均值回复的。将动态相关系数作图，如图 3－2 所示。

图 3－2　华润万东、羚锐制药分别与医药生物行业的动态相关系数

从图中可以看出，在羚锐股份更名为羚锐制药前，其与行业的动态相关系数大多处于万东医疗之下，在 2009 年，羚锐股份更名为羚锐制药之后，其动态相关系数明显地运动到万东医疗相关系数曲线之上。在万东医疗更名为华润万东后，本来就位于羚锐制药下方的曲线大幅下降，导致两者差距增大。两者的差距虽然在 2013 年左右有所缩减，但整体来看，更名后华润万东的相关系数曲线位于羚锐制药的下方，且差距大于更名前。这样的结果验证了股票名称反映了所在行业会提高股票与所在行业同步性的结论。

五、结论与启示

本文以我国沪深股市为样本，首先采用对数变换后的拟合优度指标度量同步性，研究了股票名称中反映信息对股票与行业收益率同步性的关系。随后，利用特殊的更名样本，采用 DCC－MGARCH 模型，观察动态相关系数在更名前后的变动特征以验证先前结论。

通过研究可得出如下结论。

(1) 当股票 S 的名称与所在行业 A 相连时，其与所在行业 A 的同步性提高。

该结论与理论分析得到的预期结论相符。我国的 A 股市场中有 2 700 多只股票，投资者很难有精力对全部个股投入研究，故认为投资者在进行投资决策时分配更多注意力给行业层面的信息是合理的。可以认为，人们在掌握了行业信息，选取个股构建投资组合的过程中，确实会受到名称这一与股票基本面无关，却很易获得的信息的影响。启发式思维模式导致人们在看到名称反映自身行业的股票时就形成对股票所属行业的初步判断，并依据行业的消息对其进行操作，导致了其与行业的较高同步性。然而由于模糊厌恶心理，投资者对名称不反映行业的股票所感到困惑，不容易主动对其产生兴趣，也不易主动发现其所在行业，这导致其与所在行业的同步性较低。

(2) 当股票 S 的名称与不所属的行业 B 相连时，其与所在行业 A 的同步性降低。

该结论与(1)是紧密相连的。由于股票名称反映了其他行业的信息，故投资者倾向于在一开始便将其认为属于其他行业，在认识上从而将其从自身行业中排除，导致其与所属行业关联性较低。

(3) 当股票 S 的名称与不所属的行业 B 相连时，其与 B 行业的同步性并没有显著的提高。

依据理论分析及(1)(2)两项结论，可以认为，当名称与不所属的 B 行业相连时，投资者倾向于将其错误归类为 B 行业。然而将其错误归类后，股票与 B 行业的同步性并没有显著得到提高。通过分析，我们可以发现这样的结果与(1)(2)两项得出的结论并不矛盾，反而可以更好地剖析投资者的投资过程。启发式思维模式确实会在把股票归类于行业的筛选阶段起作用，在筛选之后，投资者可能会错误地将本属于 A 行业的股票归类于 B 行业，使得该股票在认识上成为 B

行业中的待选样本。然而，在其决定将真金白银投到某只股票前，投资者不会盲目地仅凭最前期获得的最简单的信息就做出决策。例如，当航运方面出现利好消息，投资者因为名称注意到“空港股份”时，只要通过不复杂的网络搜索就可以发现其真实属于房地产行业，也就会放弃对其的投资。投资者在投资前对筛选出的样本进行至少最初步的调查这一行为使得即使名称与其他行业相连，股票与该行业同步性也不会产生显著增长。

综合起来可以认为，投资者在选股的过程中，由于其在海量的投资信息面前只具有有限的注意力，使得其倾向于关注行业面的信息而不是逐个考察个股信息。在对股票按行业进行分类的过程中，代表性启发模式和模糊厌恶心理共同作用，使得关于一只股票最易获得的信息——股票名称在股票筛选的过程中起到了影响，造成了漏选或错选的现象。然而，在进行了初步的筛选之后，投资者不会盲目实施投资行为，而是至少会进行一些调查和研究再决定是否投资。在投资者从筛选股票到决定投资股票的过程中，既存在非理性的认知偏差，也存在理性的研究分析。

该结论对投资者和上市公司都具有一定意义。首先，对于个人投资者来说，要认识到自身在认知层面固有的不足，并加以注意，这样有助于为自己创造更多的投资机会；对于机构投资者来说，由于投资者对名称不含有其行业或含有其他行业的股票的关注不够、认识不足，故研究这样的股票，先于广大投资者掌握其基本面信息，有助于得到更多有利的套利机会；对于上市公司来说，在为公司命名时，最好的做法是将股票名称中加入公司所在行业，不会被漏选，也不会因错选被排除，可以更加容易地进入到投资者的投资组合中去，便于企业实现融资目标。

当然，本文的研究也存在着不足。例如，手动将股票按照名称特征进行分类虽然也为其他学者所采用，但这一过程不可避免地会掺入个人的主观因素。下一阶段可以考虑通过问卷形式得到更多人对股票名称所反映行业信息的看法。此外，DCC - MGARCH 模型涉及的样本过少，下一步可以继续寻找具有其他更名特征的样本来进行研究。

参考文献

[1] ALTER A L, OPPENHEIMER D M. Predicting short-term stock fluctuations by using processing fluency[J]. Proceedings of the National Academy of Sciences, 2006, 103

(24)：9369 - 9372.

[2] BOLLERSLEV T, CHOU R Y, KRONER K F. ARCH modeling in finance: A review of the theory and empirical evidence[J]. Journal of Econometrics, 1992, 52(1 - 2): 5 - 59.

[3] COOPER M J, DIMITROV O, RAU P R. A Rose. com by any other name[J]. The Journal of Finance, 2001, 56(6): 2371 - 2388.

[4] DASGUPTA S, GAN J, GAO N. Transparency, Price Informativeness, and Stock Return Synchronicity: Theory and Evidence[J]. Journal of Financial and Quantitative Analysis, 2010, 45(5): 1189 - 1220.

[5] DURNEV A, MORCK R. YEUNG B, ET AL. Does greater firm-specific return variation mean more or less informed stock pricing? [J]. Journal of Accounting Research, 2003, 41(5): 797 - 836.

[6] ENGLE R. Dynamic Conditional Correlation: A Simple Class of Multivariate Generalized Autoregressive Conditional Heteroskedasticity Models [J]. Journal of Business & Economic Statistics, 2002, 20(3): 339 - 350.

[7] HYDE S J, BREDIN D P, NGUYEN N. Correlation Dynamics between Asia-Pacific, EU and US Stock Returns [J]. Social Science Electronic Publishing, 2008, (8): 39 - 61.

[8] KAHNEMAN D. Attention and Effort[M]. New Jersey: Prentice-Hall, 1973.

[9] LAMOUREUX C G, POON P. The market reaction to stock splits[J]. The Journal of Finance, 1987, 42(5): 1347 - 1370.

[10] MORCK R, YEUNG B, YU W. The information content of stock markets: why do emerging markets have synchronous stock price movements? [J]. Journal of Financial Economics, 2000, 58(1): 215 - 260.

[11] PENG L, XIONG W. Investor Attention, Overconfidence and Category Learning [J]. Journal of Financial Economics, 2006, 80(3): 563 - 602.

[12] RASHES M S. Massively confused investors making conspicuously ignorant choices (MCI - MCIC) [J]. The Journal of Finance, 2001, 56(5): 1911 - 1927.

[13] ROLL R. The Stochastic Dependence of Security Price Changes and Transaction Volumes: Implications for the Mixture-of-Distributions Hypothesis[J]. The Journal of Finance, 1988, 43(3): 541 - 566.

[14] 陈素，孙建东，申宇.我国沪深股市股票名称的“中国”效应[J].投资研究，2012，30(2)：113 - 131.

[15] 董秀良，吴仁水.基于DCC - MGARCH模型的中国A、B股市场相关性及其解释[J].中国软科学，2008，(7)：125 - 133.

[16] 侯宇，叶冬艳.机构投资者、知情人交易和市场效率——来自中国资本市场的实证证据[J].金融研究，2008，(4)：131 - 145.

[17] 李广子，唐国正，刘力.股票名称与股票价格非理性联动——中国A股市场的研究[J].管理世界，2011，(1)：40 - 51.

[18] 李增泉.所有权结构与股票价格的同步性——来自中国股票市场的证据[J].中国会计与财务研究,2005,(3):57－82.
[19] 刘力,田雅静.没有信息,也有反应:中国A股市场股票名称变更事件的市场反应研究[J].世界经济,2004,(1):44－50.
[20] 刘亚琴.股价会受股票名称影响吗?——基于行为金融学的调查研究[J].南开经济研究,2008,(1):45－56.
[21] 宋军,吴冲锋.基于分散度的金融市场的羊群行为研究[J].经济研究,2001,(11):21－27.
[22] 孙天琦.我国各省与全国经济景气的同步性研究(1953—2004)[J].经济研究,2004,8:27－37.
[23] 唐松,胡威,孙铮.政治关系、制度环境与股票价格的信息含量——来自我国民营上市公司股价同步性的经验证据[J].金融研究,2011,(7):182－195.
[24] 王亚平,刘慧龙,吴联生.信息透明度、机构投资者与股价同步性[J].金融研究,2009,(12):162－174.
[25] 徐有俊,王小霞,贾金金.中国股市与国际股市联动性分析——基于DCC－GARCH模型研究[J].经济经纬,2010,(5):124－128.
[26] 许年行,洪涛,吴世农,等.信息传递模式、投资者心理偏差与股价"同涨同跌"现象[J].经济研究,2011,(4):135－146.
[27] 杨阳,万迪昉.股指期货真的能稳定市场吗?[J].金融研究,2010,(12):146－158.
[28] 袁知柱,鞠晓峰.基于面板数据模型的股价波动非同步性方法测度股价信息含量的有效性检验[J].中国软科学,2009,(3):174－185.
[29] 张鸣,税煜,陈明端.股票名称,选择性关注与股价的行业同步性[J].财经研究,2013,39(11):112－122.
[30] 赵静梅,吴风云.数字崇拜下的金融资产价格异象[J].经济研究,2009,(6):129－141.
[31] 周林洁.公司治理、机构持股与股价同步性[J].金融研究,2014,(8):146－161.

第四篇

人民币国际化对国际货币稳定性的影响研究

曹梦雪

一、引言

在世界经济的发展历程中，各个经济体拥有的官方储备结构在不断地发生着变化。从贵金属本位货币体系盛行时期起，世界上大多数国家都以金或银为主要交换媒介、计价工具和价值储备的手段。同时英国作为当时国际贸易最发达的国家，其货币英镑也逐渐成为最主要的国际储备货币之一。两次世界大战之后建立起来的布雷顿森林体系解决了世界黄金供给不足以满足经济发展的问题，建立了以美元和黄金双挂钩为基础的货币体系，也为此后美元成为世界经济贸易的中心货币提供了基础。由于特里芬难题的存在，布雷顿森林体系解体后美元与黄金脱钩，全球货币体系彻底成为以国家信用为基础的货币供给体系。牙买加协议后，美元作为公认的国际货币因其发行国经济政治发达、货币价值稳定而继续受到世界各国的信任，在国际贸易交易、资本资产定价和各国的国际外汇储备中占很大比重。在全球大量持有美元外汇储备的情况下，一旦美国货币当局为了维持国内经济稳定而放弃国际货币责任，则会造成全球金融动荡甚至经济危机。2008 年发生的由美国次级抵押贷款金融危机引起的全球经济危机就证实了一点。同时，1999 年问世的欧元也被看作第二个中心货币，以欧元区发达的经济市场为依托逐步在国际外汇储备体系中占据一席之地。但 2009 年以来的欧洲债务危机也让国际投资者为欧元区自身内在稳定性感到担忧，从而引发对欧元安全性的不信任。

随着世界经济多极化的发展，多数国家央行和专家学者开始考虑改变以美元为中心货币主导或美元-欧元双寡头竞争的国际储备货币体系，认为在成功建立超主权货币体系之前，应该大力发展适应多极化世界经济的多元化的货币储备体系。中国自 1978 年决定贯彻实施改革开放政策以来，在经济建设上取得了举世瞩目的成就，数年前国内生产总值就已经超过德国、日本，成为世界第二大经济体。截至 2014 年，中国国内生产总值首次突破十万亿美元，是继美国之后第二个拥有十万亿美元级经济规模的国家。据 2014 年国际货币基金组织的研究调查预测报告显示，经过购买力平价调整后的中国国内生产总值已经超过美

国，跃居世界第一。另一方面，中国在2001年成功加入世界贸易组织后，对外贸易总量逐步提升，顺利超越日本、德国，并在2013年首次超过美国，成为国际贸易进出口规模世界第一。然而与中国在世界经济贸易中举足轻重的地位不符的是，人民币在国际贸易结算、资产定价和国际外汇储备中所占比例微乎其微。在近年来中国政府和央行的不断开放和努力下，跨境贸易结算和人民币债券的发行都有一定发展，人民币作为储备货币的前景也逐步被看好。根据环球同业银行金融电讯协会提供的数据，截至2014年，人民币已经成为全球交易最活跃货币第五位。另外德意志银行的分析报告指出，2015年第一季度人民币跨境贸易结算达1.655万亿元，占中国全球贸易结算总额的27%，人民币直接投资结算2 880亿元，较去年同期增长49%。因此，为了今后进一步发展人民币国际化进程，研究对国际货币储备的影响因素十分重要。

本文在已有文献资料研究的基础上增加两次经济金融危机以后最新的实证经济数据进行计量研究，分析总结影响国际储备货币的重要因素，并进一步分析和预测人民币国际化后纳入国际储备货币体系的情形和对国际货币体系稳定性的影响。

二、国际储备货币份额的影响因素：理论框架

（一）货币国际化及其影响因素

根据Kenen(1983)对货币国际化的定义，货币国际化是指一种主权信用货币的使用超出其国界范围，被本国居民和非居民在境外同时持有和使用。Tavlas(1997)认为国际货币是指一国货币在超出国界外的国际贸易中充当交易媒介、计价单位和储值手段的货币，其中成为国际储备货币是一国货币国际化的最终表现和最高层次。因此对于已经国际化或正在国际化的货币而言，其国际化程度在一定程度上可以用其价值储备功能的发挥程度来衡量。

在货币国际化的影响因素研究方面，许多经济学家从货币发行国经济基础规模、该国在国际贸易中的重要性、该国货币的货币币值稳定性和可兑换性、国内金融市场的发达程度和政治经济制度等对货币国际化造成影响的因素进行了具体或综合的分析。Kindleberger(1967)认为，一个国家的经济规模决定该国货币在国际市场上的竞争力，一国经济实力越强大其货币在国际市场上的地位就越高。Bergsten(1975)认为，决定货币国际化的因素是由国际贸易和外汇储备所引起的对这种货币的需求。对外贸易规模在很大程度上影响了国际贸易的交

易成本并且呈现规模效益递增的趋势，在国际贸易市场上有影响力的经济体其货币更容易在贸易结算和资金融通中被采用。Krugman(1980)和 Dooley(1989)研究指出，一国货币的平均交易成本随着货币交易量增大而减少，而本币和外币的交易成本对一种国际货币在交易计价和国际储备中所占份额具有重要影响。Tavals(1997)总结了货币国际化的三个条件，即货币发行国政治稳定、拥有深度开放的金融市场和占全球贸易出口比重大。欧元区之父 Mundell(2003)提出，一国货币能否国际化取决于人们对这种货币的信心、货币的流通规模、发行国资本管制程度和货币经济政策的稳定性、发行国经济规模和货币本身的还原价值。一个强大繁荣的经济体往往有利于维持稳定的货币供给和货币价值，而一种可自由兑换、价值稳定的国际货币更容易在国际贸易和国际投资中被接受和使用，汇率波动较低且长期缓慢升值的国际货币也更受各国外汇储备的欢迎。拥有稳定并且活跃的金融市场的经济体可以为该种货币提供充足的流动性和收益性从而更好满足国内国际投融资需求，而自由开放、健全规范的经济金融贸易制度也是维持国际市场对该货币的安全性信心的保障。

根据 2014 年新华・道琼斯国际金融中心发展指数报告，如表 4－1 所列，货币国际化程度高的国家和地区均有金融市场和服务发达的国际金融中心作为支持和保障。如美国拥有纽约、芝加哥，英国拥有伦敦，日本拥有东京，欧元区拥有巴黎和法兰克福等在国际知名举足轻重的国际金融中心，在一定程度上反映了该国在国际经济金融市场中的地位。值得关注的是 2014 年全球前十名的国际金融中心里中国香港、上海、北京同时上榜，体现了近年来中国经济金融不断发展的显著成果和未来人民币国际化的发展潜力。

表 4－1　历年国际金融中心城市排名

	2014 年	2013 年	2012 年	2011 年
纽　约	1	1	1	1
伦　敦	2	2	2	2
东　京	3	4	3	3
新加坡	4	5	5	5
香　港	5	3	4	4
上　海	5	6	6	6
巴　黎	7	7	8	7

续 表

	2014年	2013年	2012年	2011年
法兰克福	8	8	7	8
北　京	9	—	—	—
芝加哥	10	9	10	—

资料来源：新华·道琼斯国际金融中心发展指数报告2014。
*"—"表示该城市当年未进入国际金融中心城市排名前十。

同时，在全球经济金融活动中明显体现出的滞后效应和网络外部性也对货币国际化有深刻影响，在规模效应和交易习惯等惯性作用下一种国际货币的地位改变过程会相当缓慢，一种货币的中心货币地位很难被其他货币取代。

（二）国际储备货币的影响因素及量化指标

在国际储备货币的影响因素研究方面，国外学者通过实证分析来研究的文献较国内更丰富。与货币国际化程度的影响因素相似，作为货币国际化一项重要指标的国际储备功能的影响因素也主要有经济规模、贸易重要性、币值稳定性和可兑换性、金融市场发达程度和历史惯性因素等。Dooley(1989)通过回归模型证实汇率制度、国际贸易对象和外债结构是影响国际储备货币结构的主要因素。Eichengreen和Frankel(1996)通过实证分析指出一国货币在国际外汇储备中占比与该国GDP在世界总额占比存在显著正向关系，即一国的经济规模是影响该国货币国际化的显著因素之一。Eichengreen和Mathieson(2000)在Heller研究的基础上指出资本账户开放程度和储备货币收益等因素也会影响国际储备货币体系结构。在国外学者的实证研究中，最经典、被研究讨论最广泛的是Chinn和Frankel(2005)通过面板数据计量分析讨论了关于国际储备货币的影响因素，显著的变量包括发行国经济规模、通货膨胀率、汇率波动性、发行国金融中心规模。同时他们证明，对因变量货币在国际外汇储备占比作Logistic变换后得到的回归函数关系更接近真实情况。2008年，两人指出储备货币结构由发行国经济规模、金融市场开放程度和历史惯性三类因素共同决定。

国内学者对国际储备货币影响因素的研究主要以定性为主，通过实证来计量分析的较少。李稻葵和刘霖林(2008)在Chinn和Frankel的研究基础上对国际货币的三种职能的影响因素进行普通最小二乘法回归，认为对国际储备货币有显著影响的因素有经济规模、通货膨胀率、实际利率水平、汇率波动。胡琳琳

(2012)认为货币发行国经济规模、对外贸易总量、金融市场发达程度、政治军事影响力及路径依赖性是影响货币成为国际储备货币的主要因素,并对发行国GDP增长率、贸易对GDP占比和汇率波动性这三个因素对该货币在国际外汇储备中占比的影响进行了实证研究,证明对外汇储备份额有显著影响。李美洲(2012)在研究中利用主要国际货币的面板数据对国际货币的储备职能的影响因素进行了计量分析。静态回归模型表明,货币国际化程度受到国家经济总量、进口贸易规模、出口产品技术水平和货币升值幅度、汇率稳定程度的影响较为显著。动态回归模型表明,货币国际化存在惯性效应。张彬(2014)通过对美元、欧元、英镑和日元成为国际储备货币的影响因素建立面板数据模型进行实证分析,从这些发行国的经济基本面出发,指出这些因素包括一国经济实力、国际贸易规模、金融市场开放和发达程度、币值稳定性及历史惯性。选取一国GDP在世界总额的占比、贸易总额在世界贸易总额的占比、汇率波动性和债券发行量为解释变量,对各国货币在国际外汇储备中占比份额变动进行了实证分析,证明四个因素均有显著影响。

总的来说,为了量化研究国际储备货币的主要影响因素,选择一国货币占国际外汇储备货币量的百分比为主要量化指标可以客观地反映该货币在国际储备中的地位和被各国货币当局接受的程度。由于货币成为国际外汇储备币种所发挥的价值储藏职能是货币国际化的最终表现,一国货币占国际外汇储备份额越大,该货币的国际化程度和国际地位就越高。衡量一国经济规模的量化指标通常是该国国内生产总值GDP,国内生产总值指标可以从需求和收入方面较客观的反映一个经济体的社会经济活动最终结果,也可以在适当调整后用于国际间经济规模的对比比较。反映贸易重要性的指标通常有经常项目盈余、国际贸易进出口总量等。币值稳定性和可兑换性常常由一国货币当局的外汇政策决定,影响币值稳定性的主要量化指标有通货膨胀率、实际利率和汇率波动率等。金融市场的发达程度在一定程度上可以由资本市场的一些量化数据来衡量,金融市场广度可以体现在金融工具的完善性和可靠性,如银行信贷总量占GDP比重和国际债券发行量占全球比重、货币市场收益率等;金融市场深度体现在二级市场规模和流动性上,如证券市场成交额、换手率等。历史惯性因素作为货币网络外部性的一种表现方式,可由各量化指标的滞后数据来衡量。

(三)人民币国际化及国际货币体系稳定性

在对人民币国际化和国际货币体系稳定性的研究上,外国学者多以研究美

元和欧元为主,研究新兴市场货币的较少,国内学者则对人民币国际化的定性研究较多,对人民币在国际储备货币体系中占比和人民币对国际货币体系产生的影响的实证研究较少。

在人民币国际化方面,王丰(2006)认为人民币国际化的条件有:人民币可兑换性、币值稳定性、中国宏观经济状况、国际收支状况、金融体系完善程度等。一国金融市场越发达,该国发行的货币就越容易被其他国家和国际市场接受。李稻葵和刘霖林(2008)在对国际储备货币影响因素的实证研究中,进一步模拟了2020年主要国际货币在国际储备货币中所占比重,认为在完全可兑换的假设和乐观预期下人民币在国际外汇储备货币中所占比例可能达到20%。Chen、Peng和Shu等(2009)在Chinn和Frankel的模型基础上对国际储备货币影响因素进行了分析,并对人民币作为国际外汇储备货币进行了情景假设,如果人民币可兑换,则人民币在国际储备中的比重将接近英镑和日元。李勤习(2012)站在一国央行管理外汇储备的角度,虚拟了一国央行来分析包括人民币之后的各主要外汇储备货币在外汇储备中的占比。实证研究表明加入人民币为储备货币后人民币主要挤压了瑞士法郎和日元的份额,美元、欧元和英镑份额较为稳定。

对于国际货币体系稳定性,外国学者普遍将其定义为国际货币体系结构适应内外冲击的能力。熊爱宗和黄梅波(2010)通过理论模型和分析指出,无论欧元是否能取得和美元同等的竞争地位,美元-欧元二元国际货币体系也较美元中心的一元货币结构更加稳定。庄太量和许愫珊(2011)通过面板数据实证分析的研究方法对货币国际化影响因素进行了研究,并且通过在国际货币体系中引入人民币来预测分析,经过方差比较后认为人民币在可自由兑换后将成为能与欧元抗衡的国际货币,并且引入人民币后的三元货币结构能够增加国际货币体系的稳定性。

综上所述,国内外文献资料在实证研究方面以2008年全球经济危机和2011年欧洲金融危机前的国外文献为主,目前还没有一种国际公认的计量模型来解释国际储备货币影响因素。本文主要对货币国际化后作为国际储备货币的影响因素进行定性分析,并在已有文献资料研究的基础上增加两次经济金融危机以后的实证经济数据进行计量研究,分析总结影响国际储备货币的重要因素并进一步分析和预测人民币国际化后纳入国际储备货币体系的情形。

三、国际储备货币份额的影响因素：基于主要货币的检验

（一）模型选取、变量选择和数据处理

本文在经典的 Chinn 和 Frankel 的理论模型基础上进行了必要的修改和简化，主要采用动态面板数据模型对国际储备货币的影响因素进行分析研究。Chinn 和 Frankel(2005)在国家经济研究局(NBER)的工作报告中，对几种不同情景下欧元建立前后的实证数据进行了面板回归，主要采用的模型方程为

$$Share = \alpha + \beta_0 lag(share) + \beta_1 GDPratio + \beta_2 Inflationdiff + \beta_3 Depreciation + \beta_4 Exratevar + \beta_5 Fxturnoverratio$$

其中 *share* 表示各国货币占国际外汇储备份额，*lag*(*share*)表示 share 的一阶滞后变量，GDPratio 表示该国国内生产总值占全球总量的份额，Inflationdiff 表示各国通货膨胀率，Depreciation 表示各国货币贬值率，Exratevar 表示汇率波动方差，Fxturnoverratio 表示外汇周转率。为了更好地进行回归模拟，Chinn 和 Frankel 选择变更 Logistic 变换后各国货币占国际外汇储备份额(logrevshare)作为被解释变量。通过 Logistic 变换可得：

$$\text{Logistic}(revshare_{i,t}) = \text{Log}(revshare_{i,t}/(1 - revshare_{i,t}))$$
$$i = 1,\ 2,\ 3,\ 4;\quad t = 1,\ 2,\ \cdots,\ T$$

将原国际外汇储备份额占比数据变化范围从$[0,\ 1]$扩展为更适合进行计量模型分析的$[-\infty,\ +\infty]$，函数回归结果更符合真实情况。综合 Chinn 和 Frankel 在 2005 年和 2008 年的面板数据回归结果和胡琳琳(2012)的改进模型，本文剔除了结果不显著的通货膨胀率、货币贬值率和外汇周转率等解释变量，进而引入可以量化代表贸易规模和金融市场发达程度的解释变量。

在变量选择和数据收集上，本文通过对 1999 年至 2014 年国际外汇储备货币量和结构进行分析，认为目前国际上最具影响力的国际储备货币分别为美元(USD)、欧元(EURO)、英镑(GBP)和日元(JPY)，且占全球外汇储备份额变化趋势稳定。

如图 4-1 显示了自 1999 年欧元诞生以来，国际外汇储备份额的变化趋势。可以看出自欧元诞生以来，美元在国际外汇储备中占比缓慢持续下降，欧元占比也在欧洲国家主权债务危机后略有下降。日元和英镑在国际外汇储备中占比变

化较为平稳，变化趋势明显的是其他主权国家货币所占份额逐渐提升，国际储备货币结构不断趋于多元化。因此，在截面数据上本文选取美国、欧元区、英国和日本的各项数据指标来进行实证分析。根据上文对国际储备货币的影响因素的定性研究，本文针对经济规模、贸易重要性、币值稳定性、金融市场发达程度和历史惯性等主要影响因素选取了最具代表性的量化指标变量，如表 4-2 所列。

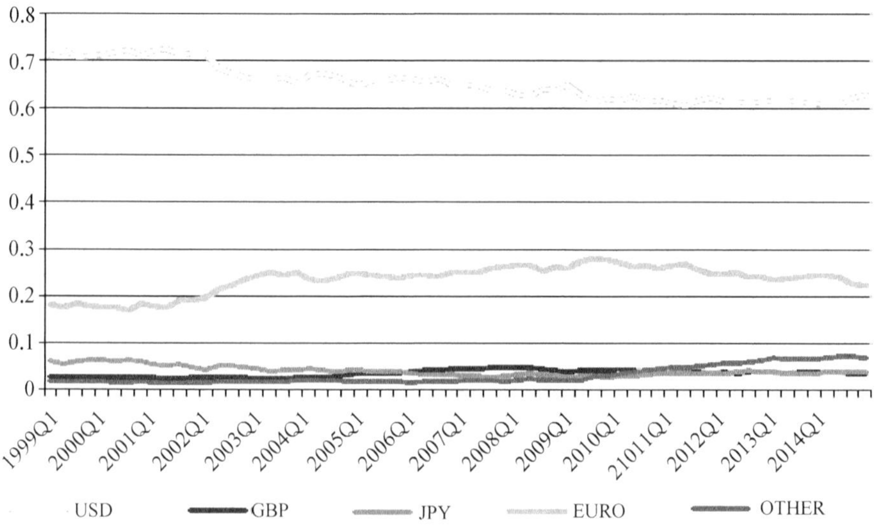

图 4-1 国际外汇储备结构占比(1999Q1—2014Q4)

数据来源：IMF COFER DATABASE。

表 4-2 回归模型变量

	变量名称	影响因素
Logrevshare	国际外汇储备份额	因变量
Adgdpshare	国内生产总值份额	经济规模
Expshare	对外商品服务贸易出口份额	国际贸易重要性
Reexrateindsd	实际有效汇率波动率	币值稳定性
Stockshare	股票交易额占 GDP 比例	金融市场发达程度
AR(n)	国际外汇储备份额滞后数据	历史惯性

对被解释变量 Logistic 变换前各国货币在国际外汇储备份额占比，原始数据来自国际货币基金组织 Currency Composition of Official Foreign Exchange Reserve Data 官方数据整理。

在本文所选取的解释变量中，反映经济规模对国际外汇储备占比的影响的变量指标为各国季节调整后2005年美元不变价国内生产总值GDP占全球GDP总量的份额(adgdpshare)。如图4-2所示，美国、英国、日本及欧元区均有与其货币在国际外汇储备中的地位相符的经济规模，国内生产总值越高的国际货币国家或地区其货币在国际外汇储备中份额越大。各国GDP季度数据分别来自各国官方统计部门、欧盟统计局和世界银行提供的数据和整理。

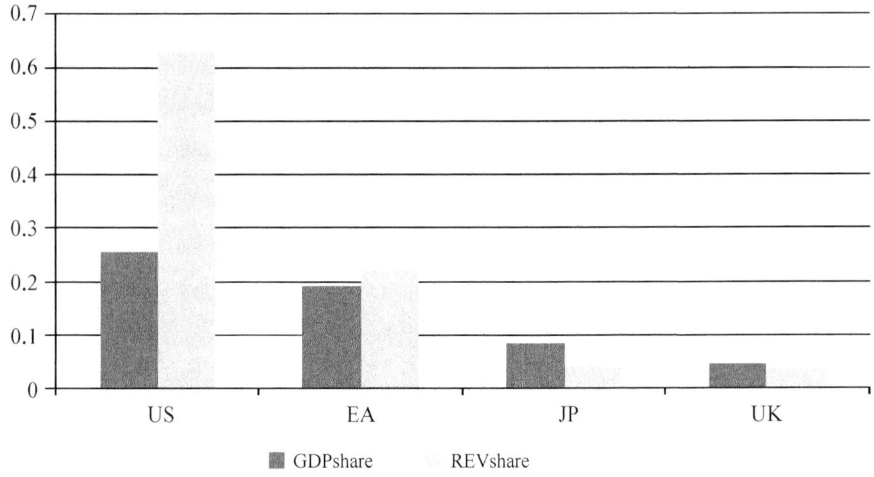

图4-2 2014年第四季度各国家或地区GDP份额与国际外汇储备份额

数据来源：IMF COFER Database、World Bank World Development Indicators。

另外，本文选取各国和地区各季度对外商品和服务贸易出口额占全球份额(expshare)来反映贸易重要性对国际储备货币的影响，其中各国家和地区出口额数据均采用2005年百万美元不变加进行计算。

对于币值稳定性影响因素，本文使用以2010年为基准的实际有效汇率指数波动标准差(reexrateindsd)数据来衡量各国货币汇率稳定性。其中，实际有效汇率指数波动标准差由相对各季度指数样本内标准差比例计算而得。计算式为：

$$\text{Reexrateindsd}_{i,t} = \frac{index_{i,t} - \left(\sum_{t=1}^{T} index/T\right)}{SD(index_{i,t})}$$

$$i = 1,\ 2,\ 3,\ 4;\quad t = 1,\ 2,\ \cdots,\ T$$

对于金融成熟度，本文采用衡量各国证券市场流动性的股票交易额对该国

GDP 占比(Stockshare)数据进行实证分析。以上所使用的数据来自世界银行 World Development Indicators、世界贸易组织 Statistics Database、国际清算银行 IFS Database 和各国证券监管部门官方网站提供的数据和整理。

在时间序列上，由于 1999 年欧元诞生国际外汇储备格局发生了根本性变化。在考虑到样本容量和数据的有效性后本文选取 1999 年第一季度至 2014 年第四季度的季度数据进行实证分析。

（二）实证检验

本文采用了 1999—2014 年美国、英国、日本、欧元区的多个影响因素变量数据构成的动态面板数据模型进行实证分析，包括时间序列和截面数据产生的三维变量模型。因此在对面板数据进行回归模拟之前，需要对面板数据进行平稳性分析和协整分析。

1. 单位根检验

由于经济金融市场常常存在惯性作用，为了检验面板数据的平稳性以防止伪回归的出现，本文首先对面板数据进行单位根检验。对于不平稳的变量数据是不能直接进行回归模拟的，至少需要检验出经过某阶差分后数据具有平稳性。

因此，本文对所有变量进行多种单位根检验后，得到如表 4 - 3 所列的结果。从表中可以看出，在 5%的显著性水平下所有变量都不能完全通过单位根检验，即这些变量序列都是非平稳的。于是对各个变量进行一阶差分，一阶差分后各变量序列的单位根检验结果如表 4 - 4 所列。所有变量的一阶差分序列均能通过 5%水平的显著性检验，拒绝原单位根假设，可以认为各变量的一阶差分序列是平稳的。

表 4 - 3　原数据单位根检验 *P* 值结果

变　量	LLC 检验	PP 检验	ADF 检验	IPS 检验
Logrevshare	0.033 5	0.111 6	0.420 5	0.280 0
Adgdpshare	0.496 8	0.981 0	0.940 7	0.970 8
Expshare	0.990 6	0.000 0	0.000 0	0.000 0
Reexrateindsd	0.294 2	0.873 5	0.536 9	0.467 6
Stockshare	0.042 1	0.376 7	0.075 7	0.042 1

表 4-4　一阶差分数据单位根检验 P 值结果

一阶差分变量	LLC 检验	PP 检验	ADF 检验	IPS 检验
Logrevshare	0.000 7	0.000 8	0.021 7	0.013 9
Adgdpshare	0.000 0	0.008 9	0.001 8	0.000 7
Expshare	0.000 0	0.000 0	0.000 0	0.000 0
Reexrateindsd	0.000 0	0.001 5	0.000 8	0.000 2
Stockshare	0.000 0	0.001 2	0.000 1	0.000 4

2. 协整检验

除了由上文得知各变量序列具有一阶差分后平稳性，在建立回归模型之前还需要对面板数据进行协整检验。通过协整检验可以判断各变量之间是否具有长期稳定的相互作用关系，这是后文建立面板数据回归模型具有较好的有效性和经济意义的保证。本文对面板数据分别进行了 Kao 残值协整检验和 Johansen Fisher 面板协整检验，检验结果如表 4-5 和表 4-6 所列。

表 4-5　Kao 检验结果

原假设 H0	统计量	*T* 统计值	*P* 值
不存在协整关系	ADF	−1.784 380	0.037 2

表 4-6　Johansen Fisher 检验结果

原　假　设	Fisher 迹统计量		Fisher 最大特征值统计量	
	统计值	*P* 值	统计值	*P* 值
不存在协整关系	22.58	0.003 9	22.58	0.003 9
至多一个协整关系	56.65	0.000 0	56.65	0.000 0
至多两个协整关系	314.2	0.000 0	106.1	0.000 0
至多三个协整关系	59.27	0.000 0	44.43	0.003 7
至多四个协整关系	28.04	0.000 5	28.04	0.000 5

从两次协整检验结果均可看出，在 5%的置信度下应拒绝不存在协整关系的原假设，且该面板数据间具有多个协整关系。

3. 回归模型设定和回归

经过协方差模型设定检验，本文将面板数据回归模型设定为动态变截距固

定影响模型。设定回归模型方程为：

$$Logrevshare_{i,t}=\alpha_i+\beta_0 Logrevshare_{i,t}(-1)+\beta_1 Adgdpshare_{i,t}+\beta_2 Expshare_{i,t}+\beta_3 Reexrateindsd_{i,t}+\beta_4 Stockshare_{i,t}+\mu_{i,t}$$

$$i=1,2,3,4;\quad t=1,2,\cdots,T$$

表 4-7 显示了该动态固定影响变截距面板数据模型的回归结果。

表 4-7 固定影响变截距模型回归结果

变　量	系数	标准误差	T 统计值	P 值
C	−1.035 366	0.066 231	−15.632 75	0.000 0
Adgdpshare	1.763 806	0.450 046	3.919 168	0.000 3
Expshare	0.629 127	0.391 232	3.307 475	0.001 6
Reexrateindsd	−0.011 323	0.004 248	2.665 512	0.010 3
Stockshare	0.007 925	0.002 687	2.949 764	0.004 8
Logrevshare(−1)	0.731 741	0.075 968	9.632 187	0.000 0
Fixed Effect(Cross)				
US-C	0.792 485			
UK-C	−0.470 167			
JP-C	−0.535 672			
EA-C	0.213 355			

由此，我们可以得到该面板数据模型的回归估计结果如下。

$$Logrevshare_{i,t}=-1.0354+\alpha_i+0.7317\,Logrevshare_{i,t}(-1)+1.7638\,Adgdpshare_{i,t}+0.6291\,Expshare_{i,t}-0.0113\,Reexrateindsd_{i,t}+0.0079\,Stockshare_{i,t}$$

$$R^2=0.998945,\ F=6038.544,\ D.W.=2.016166;$$

$$i=1,2,3,4;\quad t=1,2,\cdots,T$$

其中固定影响 α_i，对于美元 $\alpha=0.7925$，英镑 $\alpha=-0.4702$，日元 $\alpha=-0.5357$，欧元 $\alpha=0.2134$。

（三）结果分析

从上述面板数据实证分析所得出的回归模型结果可以看出，上文总结出的

影响国际储备货币的主要因素确实均对一国货币在国际外储备份额具有显著影响。其中经济规模、国际贸易重要性和历史惯性对国际储备货币产生的影响最为显著。

1. 经济规模

由实证分析得出的数据看来，货币发行国的经济实力对该货币在国际储备货币体系中的地位发挥了最重要的作用。各国国内生产总值在全球GDP中所占份额对该国货币占国际外汇储备份额具有显著且为正的最大影响，表明一国经济规模的增长有利于该国货币在国际市场中取得优势地位，提升该货币的国际竞争力并更容易取得国际投资者和国际货币当局的信任，进而巩固并提升其在国际外汇储备中的份额。现代货币作为以国家经济为基础的信用货币，想要国际化并且成为储备货币体系中的中心货币，强大繁荣的经济实力是最重要的基础和推进力。

2. 贸易重要性

实证数据结果中，国际贸易出口份额对国际外汇储备份额也具有显著且为正的影响作用，证明货币发行国的对外贸易规模也是国际储备货币的重要影响因素。对外贸易越频繁出口份额越大的经济体在国际市场中往往地位越重要，与其他经济体贸易往来越密切、贸易规模越大，其交易成本就会由于规模效应降低。同时，大量作为跨境交易和资产定价的手段的货币的交易成本也会随着规模效应降低，长期的经常项目盈余也表现了该国贸易输出国的重要地位，有利于该国货币的国际化同时提升其在国际外汇储备中的份额。

3. 币值稳定性

本文选择实际有效汇率指数的标准差作为衡量各国货币币值稳定性的标准，在实证分析中表现为对国际外汇储备份额具有统计上显著并且为负的影响。这样的实证结果证实了上文中币值波动性越大越不利于货币成为国际储备货币的观点。一种货币的币值稳定性在很大程度和很多方面影响了这种货币的国际化程度，不仅不利于作为贸易结算和资产定价手段的职能，而且币值波动会大大影响这种货币作为国际储备的安全性和收益性。稳定的货币价值有助于增强国际消费者和持有者的信心，是维护国际储备货币地位的保障。

4. 金融市场发达程度

实证分析中，股市交易量占GDP比重指标对国际外汇储备份额影响虽小但仍然显著，这样的结果从一定程度上证实了一个经济体的金融市场交投活跃、具有良好的流动性对其货币成为国际储备货币具有显著影响。繁荣自由的国内金

融市场可以为国内外投融资活动提供稳定活跃的交易平台，其良好的深度和广度都有利于维持货币的流动性和安全性，降低交易成本和维持国际信心，进而维护其国际储备货币的地位。

5. 历史惯性

从实证结果中可以看出国际外汇储备份额的一阶滞后变量在回归模型中影响最为显著，且重要性仅次于经济规模，这在很大程度上体现了历史惯性因素对国际储备货币的巨大影响。由于国际经济金融活动中广泛存在着交易习惯和网络外部性，货币国际化和国际储备货币份额很大程度上会受到历史因素的影响。这也是国际外汇储备结构变化较为缓慢，份额变动较为平滑的主要原因。

6. 变截距效应

本文采用了固定效应变截距面板数据回归模型，所得到的各国家和地区不同的截距数据也能说明一些问题。从回归结果中的截距数据可以看出，只有美元和欧元对应的截距为正，而日元和英镑为负，本文认为这恰好对应了目前国际储备货币体系中美元-欧元双中心货币的现状。尤其对应美元的较大的正截距体现了美国当前强大的经济、政治、军事实力所维持的中心货币主导地位，这在一定程度上也反映了自布雷顿森林体系以来美元作为国际货币一枝独秀的历史作用。相对于其他国家货币，欧元凭借欧元区整体的经济实力和内部贸易所带来的规模效应跻身主要国际货币之列并且有不断扩张其国际外汇储备份额，与实证结果所得出的正截距相符。

四、人民币国际化预测分析

（一）人民币占国际储备份额预测

在国际储备货币影响因素的实证分析中，本文得出主要影响因素有经济规模、贸易重要性、币值稳定性、金融市场发达程度和历史惯性。比观世界主要经济体和国际储备货币，如今的中国和人民币在国际化方面已经初步具备了很多必要条件，如经济规模、贸易重要性等。与此同时，Cohen(2007)也提出了阻碍人民币国际化进程的主要因素，即存在资本管制和国内金融市场不健全，主要体现在资本账户不完全可兑换，境外资本受限，利率、汇率非市场化和中央银行独立性不强。随着中国经济不断可持续发展，金融体系和金融市场不断规范和开放，人民币国际化进程将会稳定推进，人民币成为国际储备货币前景良好。

1. 假设条件

由于目前中国经济金融现状中存在的主要限制，本文将 2025 年人民币国际化程度预测按人民币是否可以自由兑换划分为情景一和情景二，在情景一下人民币具有可兑换性，情景二反之。要对人民币国际化及人民币占国际外汇储备份额进行预测分析，还需要对上文实证分析中面板数据变量做出以下条件假设：

(1) 国内生产总值份额

根据近年各国家和地区的经济发展状态和官方预期，本文对参与预测的各国家和地区 2015 年至 2025 年的平均经济增长率进行条件假设。本文假设世界经济增速为每年 3%，美国、英国经济增速每年 2.5%，欧元区经济增速每年 1.5%，日本经济增速每年 0%，中国经济增速为每年 7.5%。在以上假设下，2025 年各国家和地区国内生产总值占全球 GDP 份额情况如表 4－8 所列。

表 4－8　2025 年各国家和地区预计 GDP 份额

国家或地区	中　国	美　国	英　国	日　本	欧元区
GDP 份额	14.37%	24.11%	4.30%	5.94%	16.34%

注：* 原始数据来自世界银行 World Development Indicators。
* 假设 2025 年之前没有国家新加入欧元区。

(2) 对外贸易出口份额、实际有效汇率波动和股市交易额占 GDP 份额

假设参与预测分析的各国家和地区股市交易额增长率与其国内生产总值增长率一致，则 2025 年各国家和地区股市交易额占 GDP 份额维持不变。同时假设各国对外贸易出口份额、股市交易额占 GDP 份额在预测期间内保持不变，实际有效汇率指数波动等于 1999 年至 2014 年各国实际有效汇率指数的样本标准差。2025 年各指标变量数据如表 4－9 所列。

表 4－9　2025 年各国家和地区预计指标数据

国家或地区	中　国	美　国	英　国	日　本	欧元区
贸易出口份额	16.69%	15.70%	5.78%	6.04%	40.4%
实际汇率波动	5.895 8	0.846 5	1.496 3	0.159 5	0.457 6
股市交易份额	72.81%	55.83%	105.89%	55.83	39.02%

2. 预测分析

基于以上条件假设和表 4－7 的面板数据回归结果，可以预测出 2025 年两个情景不同中国经济增速情况下各国家和地区货币占国际外汇储备份额情况，

如表4－10所列。在情景一中，人民币不能完全自由兑换，在国际外汇储备中仍然属于边缘货币，美元和欧元仍然处于霸主地位，甚至不断挤占其他弱势货币在国际外汇储备中的份额。情景二下，中国施行自由的经济金融政策并且人民币可以完全自由兑换，人民币到2025年可以成为主要国际货币之一，并且在国际外汇储备中份额超过欧元成为第二大储备货币。虽然人民币和欧元的份额与美元仍有一定的差距，但可以预测到美元-欧元-人民币三元中心的国际储备货币体系的形成。

表4－10　2025年国际外汇储备构成份额预测

货　币	情　景　一	情　景　二
人民币	—	21.36%
美　元	64.87%	52.34%
英　镑	2.07%	1.75%
日　元	2.65%	2.01%
欧　元	27.10%	20.45%

根据上文中的实证分析和国际储备货币预测，人民币国际化进程仍然需要一步步脚踏实地的实施。根据对国际储备货币影响因素的研究分析，经济规模、贸易重要性、币值稳定性、金融市场发达程度和历史惯性对国际储备货币和货币国际化有重大影响。

对人民币国际化而言，截至2014年，中国国内生产总值首次突破十万亿美元，是继美国之后第二个拥有十万亿美元级经济规模的国家。中国目前的经济规模已经达到仅次于美国的总量水平，数年前国内生产总值现值就已经超过德国、日本，成为世界第二大经济体。同时，中国在2001年成功加入世界贸易组织后，对外贸易总量逐步提升，并超越美国、德国成为国际贸易进出口规模世界第一，在经济规模和贸易重要性方面已经满足成为主要国际货币的条件。然而在币值稳定性和金融市场发展方面，中国仍然需要稳步推进利率市场化、汇率市场化、人民币可兑换性逐步放开的步伐。同时也需要不断改进规范金融一级、二级和场外市场活动，维护国内金融市场的流动性、安全性和盈利性。在建设国内市场的同时，也要善于利用和发展香港和上海自贸区的离岸金融市场，逐步扩大人民币在跨境贸易结算和国际资产定价中的使用，实现在岸离岸人民币的合理循环。

（二）国际储备货币结构稳定性预测

为了预测人民币加入国际储备货币体系对其结构稳定性的影响，本文采用庄太量和许愫珊（2011）提出的外汇组合方差分析法，通过计算 2025 年不同情境下国际外汇储备份额组合的方差来预测和衡量国际储备货币体系的稳定性。

1. 情景假设

本文将未来 2025 年国际外汇储备结构情况分为以下三种情景。

情景一，至 2025 年人民币仍未实现完全可兑换，国际外汇储备份额结构如表 4－10 的情景一所示。情景二，至 2025 年人民币实现完全可兑换，国际外汇储备份额结构如表 4－10 的情景二所示，人民币与美元份额正相关。情景三，至 2025 年人民币实现完全可兑换，国际外汇储备份额结构如表 4－10 的情景二所示，人民币与美元份额负相关。

同时，假设 2025 年各主要国际储备货币间相关系数如表 4－11 所列。从表中可以看出美元与日元、英镑与欧元呈正相关，在一定程度上反映了这两组国家和地区间经济金融政策和国际商品服务贸易的联系和依赖程度。另外假设 2025 年各国家和地区货币的实际有效汇率波动标准差同 2014 年，如表 4－9 所列。

表 4－11　各货币间相关系数

	美元	人民币	英镑	日元	欧元
美　元	1	——/0.5/—0.5	—0.771 88	0.815 10	—0.840 72
人民币		1	—0.702 43	—0.278 44	—0.693 23
英　镑			1	—0.886 93	0.744 07
日　元				1	—0.900 01
欧　元					1

数据来源：由 IMF COFER Database 数据计算而得。

2. 稳定性预测

根据国际外汇储备组合方差（标准差）公式：

$$\alpha_s = \sqrt{\sum_{i=1}^{n} \sum_{j=1}^{n} w_i w_j \rho_{i,j} \delta_i \delta_j}$$

$$i = 1,\ 2,\ \cdots,\ 5;\ j = 1,\ 2,\ \cdots,\ 5$$

其中 i 和 j 分别代表人民币、美元、英镑、日元和欧元，w_i，w_j 表示各货币

占国际外汇储备份额，$\rho_{i,j}$ 表示各组货币对的相关系数，δ_i，δ_j 表示各货币实际有效汇率波动标准差。从已预测出的各国外汇储备份额和相关系数及波动率，本文分别求出各个情景下国际储备货币体系的总标准差，如表 4－12 所列。

表 4－12　2025 年各情景国际外汇储备组合方差

	情景一	情景二	情景三
α_s	1.56%	0.67%	0.098%

从该预测结果可以看出，人民币完全可兑换下的情景二、情景三具有更小的国际外汇储备组合方差，即人民币加入主要国际外汇储备货币后国际储备货币体系更加稳定。比价情景二和情景三可以发现，当人民币和美元储备份额变化呈现负相关状态，人民币和美元出现相互替代的情况时，国际储备货币体系最稳定。由此，本文认为人民币国际化进而成为国际储备货币不仅满足中国未来经济金融发展的目标，同时也是世界全球化经济金融体系趋向稳定的多元化国际储备体系的共同需求。

五、结语

自 2008 年全球经济危机和 2011 年欧洲金融危机以来，全球经济金融界一直在讨论和发展着一个更加安全稳定的国际储备货币体系。人民币国际化在这样的机遇与挑战下，有着非常光明的前景和重大的责任。

本文从研究国际储备货币影响因素的角度出发，通过动态面板数据回归模型的计量方法对当前国际主流外汇储备货币的份额进行了实证研究，结论表明货币发行国的经济规模、贸易重要性、币值稳定性、金融市场发达程度和历史惯性是主要影响因素。凭借国家信用发行的主权货币想要获得国际市场和货币当局的信任，必须拥有强大的经济实力和贸易规模，货币价值必须稳定且保持收益性，同时拥有足够深度和广度的国内金融市场以维持流动性和安全性。历史惯性表明国际储备货币体系的形成和发展具有惰性和缓慢变化的特征，网络外部性导致已经成为主导货币的地位很难在短时间内改变。

在美元与欧元都不断体现出作为独大的国际货币所产生的问题时，人民币国际化已经具备了许多基本条件。中国经济发展硕果累累，经济规模和贸易规模已经达到世界顶级水平，为人民币作为跨境贸易结算和国际资产定价的手段

打好基础。同时，不断深化开放的金融市场也在为人民币成为国际外汇储备货币提供动力。一旦利率、汇率市场化，人民币可兑换性开放完毕，相信会有更多国际贸易及投资者和货币当局会采纳人民币作为常用的国际货币，甚至是国际储备货币。本文对 2025 年人民币在各种情景下在国际外汇储备体系中的表现做出的预测和分析也符合作者对人民币国际化进程的预期。在不断加深人民币在跨境贸易结算和国际资产定价中的使用并取得完全可兑换性后，人民币最终将会成为主要国际储备货币之一，并且为维护国际储备货币体系稳定性做出与国际经济地位相符的应有的贡献。

参考文献

[1] BERGSTEN C F. How to Solve the Problem of the Dollar[N]. Financial Times, 2007-12-11.

[2] CHEN H, PENG W, CAPITAL B, et al. The potential of the Renminbi as an international currency [J]. BIS Asian Research Program Research Papers, 2009.

[3] CHINN M, FRANKEL J. The euro may over the next 15 years surpass the dollar as leading international currency[R]. NBER Working Paper, No. 13909, 2008.

[4] CHINN M, FRANKEL J. Will the Euro Eventually Surpass the Dollar as Leading International Reserve Currency? [R]. NBER Working Paper, No. 11510, 2005.

[5] COHEN B. Toward a Leaderless Currency System[R], Working Paper, New York: Cornell University, 2007.

[6] DOOLEY M, LIZONDO P, MATHIESON D. The Currency Composition of Foreign Exchange Reserves[R]. IMF Staff Papers, 1989, 36(2): 385-434.

[7] EICHENGREEN B, FRANKEL J. The SDR, Reserve Currencies, and the Future of International monetary System in The Future of the SDR in Light of Changes in the International Financial System[R]. International Monetary Fund, 1996.

[8] EICHENGREEN B J, MATHIESON D J. The Currency Composition of Foreign Exchange Reserves-retrospect and Prospect[M]. International Monetary Fund, 2000.

[9] KENEN P B. The Role of the Dollar as an International Currency[M]. New York: Group of Thirty, 1983: 28-68.

[10] KINDLEBERGER C P. The Politics of International Money and World Language [M]. Princeton: Princeton University Press, 1967.

[11] KRUGMAN P R. Vehicle Currencies and the Structure of International Exchange [J]. Journal of Money, Credit and Banking, 1980, 12(3): 513-526.

[12] MUNDELL R. Prospects for an Asian currency area [J]. Journal of Asian economics, 2003, 14(1): 1-10.

[13] TAVLAS G. The International Use of the US Dollar[J]. World Economy, 1997, 20: 709-749.
[14] 胡琳琳.国际储备货币的演变及影响因素分析[D],上海:上海社会科学院,2012.
[15] 李稻葵,刘霖林.人民币国际化:计量研究及政策分析[J].金融研究,2008,11:1-16.
[16] 李美洲.货币国际化影响因素研究——基于多国面板数据计量分析[J].上海金融,2012,12:28-30+120.
[17] 李勤习.人民币作为国际储备货币实证分析[J].中央财经大学学报,2012,03:22-27.
[18] 王丰.人民币国际化的条件与路径选择分析[D].四川:四川大学,2006.
[19] 熊爱宗,黄梅波.国际货币多元化与国际货币体系稳定[J].国际金融研究,2010,(9):21-28.
[20] 张彬.国际储备货币演变的计量分析与人民币国际化研究[D].上海:上海师范大学,2014.
[21] 钟阳.货币国际化影响因素的实证研究[D].吉林:吉林大学,2013.
[22] 庄太量,许愫珊.人民币国际化与国际货币体系改革[J].经济理论与经济管理,2011,09:40-47.

第五篇

投资者情绪、异质性与公司债券信用利差

王亚琳

一、引言

（一）问题提出

债券市场发展一直是我国金融改革的热点。境外成熟资本市场，公司债的发行量和持有量往往高于国债和股票，而我国资本市场结构，企业融资多以股权融资或银行直接贷款为主。截至 2014 年底，美国公司信用类债券余额占 GDP 的比重高达 46%，而我国数据显示比例仅为 18%。因此，我国信用债券市场还有很大的发展空间。公司债券的合理定价是决定公司债券市场发展的核心问题（方红星等，2013）。与多数金融资产相似，公司债券定价包括无风险收益率和风险收益率两个部分，风险收益率即投资者要求的风险补偿，通常称之为信用利差。公司债券的价格变动及其一定时期内的投资表现往往与信用利差的变化密切相关。因此，信用利差成了学者广泛关注的焦点。

现有文献更多地从企业因素以及宏观市场环境对信用利差进行解释，且研究多是以市场有效和同质性预期假设为前提。然而，越来越多的现象表明投资者特征对债券定价也具有影响力。一方面，自 2014 年超日打破债券市场“刚性兑付”现象以来，多起债券违约事件密集发生，使得投资者对债券信用高度信任的状态被打破，从而抬高了债券信用利差。2016 年 4 月中国企业至少 18 只债券共 178 亿元取消发行，均因无法准确判断投资者心理波动。从国内外披露信息来看，一些企业债券融资失败并不是由于自身现金储备或投资项目未来现金流存在缺陷，而是由于对市场投资者特征的判断出现偏差。2015 年，*ASIAMONEY* 曾指出，一方面在美国首次债券融资失败是因为对投资者需求的判断出现失误，继而做出了错误定价。另一方面，中国资本市场制度改革措施不断推进，投资者利益保护也成为监管层愈加关注的重要目标，债券违约现象的多次发生更是引起了监管层对债券投资者利益保护的高度重视。这使得发行人和承销商进行债券定价、方案设计或选择发行时机时更加关注市场投资者特征。国家努力支持机构投资者发展和吸引海外投资者进入中国市场，同时合理放低债券市场投资者门槛，从而优化投资者结构，也使得债券市场投资者特征更为复

杂，投资者特征对债券市场的影响会日益显著。

在此背景下，特别值得我们思考的问题是，对股票市场和投资者决策具有显著影响的投资者情绪，是否同样影响债券市场？对相同信息具有不同信息反应模式、不同预期的投资者差异，是否对债券市场信用利差产生影响？投资者特征对不同类型公司债券信用利差产生的影响是否存在差异？研究这些问题可以加深对我国债券市场投资者心理规律的了解，引导债券市场考虑投资者特征带来的偏差，同时指导公司把握正确的市场时机，做出更合理的融资决策。

（二）文献回顾

国内外关于信用利差的研究已经形成了相对完善的体系。

从理论模型角度，国内外研究主要可以分为三类。一类是"结构模型"，Merton 最先将期权理论引入信用证券定价研究，发现财务杠杆、资产波动性和债券期限会共同影响信用利差。Langstall 和 Schawts(1995)、Collin-Dufresne 和 Goldstein(2001)在此基础上进行扩展，逐渐形成了以他们为代表，基于公司价值波动的"结构模型"。赵静、方兆本(2011)以结构化理论为基础，通过实证分析发现债券期限的确对信用利差具有解释作用，但是结构理论模型对不同信用等级的债券解释力有显著差异。Black 和 Cox(1997)、Duffie 和 Singleton(1999)等则放弃了 Merton 的假设，认为信用风险不仅发生在债券兑付时刻，而是将违约看作外生的随机事件。将公司债分解为无风险部分和违约风险部分，外生地指定随机过程，由此建立了"简约模型"。最后一类是结合了"结构模型"的公司价值波动和"简约模型"违约外生特点的"混合模型"，典型的代表人物有 Bakshi、Madan 和 Zhang(2006)。袁鲲、梁红漫(2012)基于混合定价模型通过理论推导证明资产负债率的上升的确可以通过违约率渠道显著提高公司债券信用利差。

上述三类模型主要集中在信用风险研究，信用风险无法解释的"信用利差之谜"逐渐引起学者的高度关注，实证检验开始被广泛应用。任兆璋、李鹏(2006)在 Duffie-Singleton 定价模型基础上构造了流动性风险影响下的可违约债券定价模型，结果显示债券利差的期限结构对流动性风险非常敏感。于静霞、周林(2015)通过宏观角度对"信用利差之谜"做了解释，研究发现，随着企业债券信用级别的降低和期限的增长，货币政策调整和宏观经济波动对信用利差的影响逐渐加大。周宏、林晚发、李国平(2014)发现信息不对称、信息不确定也对信用利差产生影响。高强、邹恒甫(2015)结合结构模型和简约模型理论，采用线性回归的方法引入了流动性风险和宏观系统性风险研究了二级市场信用利差的变化规

律，表明除信用风险之外，流动性风险、宏观系统性风险也是信用利差的影响因素。方红星，施继坤等则通过描述性统计、相关性分析以及多元回归分析等方法，以信用利差为债券定价的代理变量，验证了产权性质和信息质量对信用利差的影响作用。

关于信用利差影响因素的研究多集中于企业特征和宏观环境等客观因素角度。但随着证券价格偏离实际价值现象的出现，譬如证券价格的大涨大跌，以及短时期内证券价格的巨大波动等，传统金融学理论并不能对其作出很好的解释。传统资本资产定价理论和有效市场假说都是以“理性投资者的同质预期”为假设。这一假设暗含两层意思：首先，投资者对影响证券价格的信息都能作出迅速且理性的判断。其次投资者面对相同的信息，对资产收益的未来预期能够作出一致而准确的判断(张圣平，2002)。这一假设在更为复杂的真实资本市场中并不成立。行为金融学恰恰考虑了投资者之间的非理性以及差异性。

Baker 和 Stein(2004)指出投资者情绪是投资者对未来预期的系统性偏差。当投资者情绪高涨阶段，其对资产的总体评价较为乐观，从而对资产价格作出高估判断，当投资者情绪低落时，总体评价相对悲观，相应的伴随价格的低估和交易的减少。早期投资者情绪多用于解释股票收益的变动以及对融资决策的影响。Baker 和 Wurgler(2003)用实证的方法研究了投资者情绪如何对股票收益产生影响，发现投资者情绪高涨时，股票对乐观主义者和投机者更有吸引力，相对的，套利者会退出交易。同时有研究证明投资者情绪对不同投资组合收益(刘莉亚，2010)、企业股权融资方式选择、信贷资源获取(黄宏斌和刘志远，2013)、股票市场波动(胡昌生，2013)都具有影响。甚至更深入地对投资者进行分类，研究不同投资者在不同情绪下的反应模式等，进一步细致地研究其对股票市场和企业行为的作用(游家兴，2010；刘维奇和刘新新，2014)。

投资者异质性是针对“同质预期”概念提出的另一种更加符合现实的观点。异质信念指出相同条件下不同机构类型、不同投资习惯的投资者之间资产估值存在差异。积极投资者高估资产价格，消极投资者低估资产价格。在市场存在卖空机制的条件下，当证券价格被高估时，认识到这一点的投资者没办法进行卖空操作，理性套利者(消极投资者)就会退出交易，市场上很可能只反应乐观投资者观点(Miller，1977)。异质性不仅体现在异质信念上，也体现在投资者对信息的反应模式上，市场上投资者可根据投资习惯不同，分为配置型投资者和交易型投资者，因投资目的不同(徐枫和胡鞍钢，2012)，他们的投资行为也会不同。股票价格(Brock 和 Hommes，1998)、股票收益预测(游家兴，2008)等都会受投资

者异质性影响。Kim 和 Ryu(2014)等研究发现投资者异质信念的差异程度会受投资者情绪影响。

随着债券市场的发展，以及股市与债市具有联动性(袁超等，2008)，学者开始逐渐将投资者特征应用债券市场现象的解释。Subhankar Nayak 通过实证分析发现投资者情绪会对企业债的利差产生影响，高利差的债券往往意味着对投资者情绪的敏感性更强。Francis A. Longstaff(2004)验证了投资者情绪对信用债券的流动性转移产生影响。徐浩平、杨国超(2013)通过实证，分析得出投资者情绪对债券定价产生影响，发行前投资者情绪越高，发行利率越低。崔长峰、刘海龙(2012)在"简单模型"的基础上证实投资者异质性对信用债券市场流动性风险有影响，配置型投资者和交易型投资者之间的异质性强度越高，信用债券市场流动性风险越低。郭牧炫、魏诗博(2012)，林晚发、李国平(2013)分别发现，研究员收益的差异和分析师预测的差异也会影响债券利差，但二者得出了相反的相关关系。Xiong 和 Yan(2006)指出异质信念会加剧市场波动并增大流动风险溢价，并且随着异质信念分散程度的加深，成交量越高，流动性风险溢价越大。

考虑到现有文献较多的关注企业因素和市场因素对信用利差的影响，目前鲜有学者专门针对投资者特征如何影响公司债信用利差进行研究，本文依据行为金融学原理，在"结构模型"和"简单模型"理论的基础上，借助固定效应模型、门槛回归模型工具，首次研究了以投资者情绪和投资者异质性为代表的投资者特征对信用利差的解释作用。对于进一步探讨信用利差的影响因素，发现信用利差内在的变化规律，以及拓展行为金融学应用领域有积极的学术意义。同时，我国当前债券市场投资者结构不完善和债券违约的问题突出，研究投资者情绪和投资者异质性对信用利差的影响，对于进一步精确债券定价以及完善投资者结构提供了新思路，从而对我国债券市场的健康发展有重要的推动作用。

(三) 研究思路与特色

针对投资者特征如何影响公司债券信用利差这一问题，本文依据行为金融学原理，在"结构模型"和"简单模型"理论的基础上，以 2013—2015 年市场上未到期公司债券构成的面板数据为研究样本，借助固定效应模型、门槛回归模型工具，首次研究了以投资者情绪和投资者异质性为代表的投资者特征对信用利差的解释作用。

本文的贡献在于以投资者情绪和投资者特征两个角度，采用固定效应模型

更全面地验证了投资者特征对公司债券信用利差的具体影响作用，将公司债价格影响因素从企业特征、宏观环境和债券特征扩展到投资者行为，丰富了公司债价格影响因素。同时，为企业选择发行时机、合理利用投资者的市场判断以降低融资成本提供了理论依据。

本文其他部分安排如下：第二部分介绍了投资者情绪、异质性和公司债券信用利差的相关理论，并在此基础上提出了研究假设。第三部分介绍了实证模型、数据的选择和描述。第四部分主要是对实证结果的分析。第五部分进行总结并据此提出了一些建议。

二、理论分析

信用利差可以反映债券价格，公司债券风险越高，其信用利差越大，风险越小，其信用利差越小。关于信用利差的影响因素，早期集中于信用风险对信用利差的影响，建立了以结构模型和简约模型为主的理论体系。随着对信用利差的进一步研究，除了信用风险，流动性风险和宏观环境波动也会对信用利差产生影响，这构成了信用利差影响因素分析的基本框架。

（一）信用风险与信用利差

公司债所承担的风险在早期被认为是信用风险，因此投资者基于风险水平要求的风险补偿被称为信用利差。

结构化风险理论认为，信用利差是对违约风险（信用风险）的补偿，企业资产价值波动和杠杆水平是影响企业是否违约（违约风险）的决定因素，因此，二者与信用利差密切相关。模型以期权定价理论为基础，将公司债券分解为买入一份无风险债券并卖出一份公司资产的看跌期权。研究假设，公司资产价值服从如下分布：

$$\frac{\mathrm{d}V_t}{V_t}=(r_t-\delta)\mathrm{d}t+\sigma_v \mathrm{d}W_t^q \tag{5-1}$$

其中，V_t 表示公司资产价值；σ_v 表示公司资产价值波动率；δ 为公司的红利支付比率；r_t 为无风险利率。

假设无风险利率已知，公司债的价值为：

$$B_t=K(e^{-rt}Nd_2)-\frac{1}{h_t}N(-d_1) \tag{5-2}$$

公司债券信用利差则可用如下公式计算：

$$CS=-\frac{1}{T-\mathrm{t}}\log\left[N(d_2)+\frac{1}{h_t}N(d_t)\right] \tag{5-3}$$

其中，d_t、d_2 是期权定价公式中对应的算子，是杠杆比率、波动率和期限的函数；h_t 表示企业的杠杆率。由上述公式可以看出，企业资产价值波动率和杠杆比率是决定信用利差的重要因素。

学者在结构化风险理论基础上，通过对模型进行一定的修正，将信用风险的影响因素进行了进一步扩展，但其本质，杠杆比率、资产价值波动率依然是信用利差的决定因素。

（二）其他风险与信用利差

多位学者实证表明信用风险并不能完全解释信用利差，除了信用风险，流动性风险、宏观系统性风险等其他因素也会影响信用利差（Christensen，2008；王雄元等，2015）。

国内债券市场一个显著特点是其流动性较弱。债券发行和交易会涉及多方机构的参与。债券市场分为交易所市场和银行间市场，债券托管又会涉及中国证券登记结算有限公司、上海清算所、中央结算公司等独立机构，各机构的监管及制度存在差异，同时增加了交易成本。同时，由于债券风险较小的特点，债券往往是投资者进行稳定投资的选择，长期持有成为机构投资者的普遍选择。因此，当投资者想要将债券变现，遭受损失的可能性加大。

债券市场是中国资本市场的重要组成部分，其与整体经济以及宏观波动存在着密切联系。重大事件的发生、政策的修订、人民币汇率以及通货膨胀等都可能影响债券利差。这些波动往往与特定年份相联系。

此外，信息质量、产权信息、税收和破产成本等也会对信用利差造成一定的影响。

（三）投资者特征与信用利差

传统金融理论认为市场有效，在有效市场中，投资者都是“理性人”，并且投资者对信息的判断以及对市场的预期具有同质性。上述信用利差分析框架也是建立在传统金融学理论的假设前提下。但行为金融学理论打破了传统金融学的框架，行为金融学认为投资者对证券价格的估计会受主观情绪的影响，乐观或者

悲观,积极或者消极的态度都会在其是否愿意投资或者以什么价格投资中体现。并且投资者对证券价格的判断存在差异,即相同的信息,部分投资者认为其可能预示着证券价值在未来会增加,部分可能认为其预示着风险的增大。这都会导致证券价格偏离其真实价值。

投资者情绪理论表明,投资者对证券价格的判断离不开自身主观情感的影响。投资者并非都是理性投资者,且并非一直处于所谓的理性状态。当投资者情绪高涨时,市场对资产价值的总体评价较为乐观,认为资产未来现金流较为稳定,而且这种乐观的预期会超过其真实价值。因此会造成资产价格的高估,从而产生对证券的需求增加,最终导致证券价格的实际上升。对于债券而言,价格的上升表现为信用利差的降低。相反,投资者情绪处于低落阶段,投资者会低估资产价值,从而减少对证券的需求,表现为信用利差的增大。同时,股票与债券均是基于公司资产价值发行的证券凭证,投资者对债券和股票未来风险的判断都是以企业未来现金流和潜在风险为基础,因此债市和股市有着强相关性(Subhankar Nayak, 2010)。投资者情绪对股票和债券价值判断的影响应具有相似性。因此,与情绪高涨股票价格被高估类似,债券价格被高估,应当表现为信用利差降低。

另一方面,根据资产配置理论,投资者会根据自己的需求在高风险、高收益和低风险、低收益的资产中进行投资组合。债券和股票在资本市场中通常被看作互补资产。在我国企业多以股权方式进行融资的大背景下,当投资者情绪较为高涨时,投资者对股票的价格判断更容易处于过分乐观状态。股票的高估增大了股市"泡沫"风险,此时理性套利者会更加看好收益相对有保证的债券市场,转而进行债券交易,从而增大债券需求,降低债券信用利差。

投资者之间存在差异,即对资本市场相同信息的反应模式不尽相同,这也会引起资产价格偏差。学者通常称对同一信息反应较大的为乐观投资者,反应不敏感的为悲观投资者。股票市场中,投资者异质性导致的对企业未来发展判断的差异,通常被认为是企业未来现金流波动的代理变量,异质性越大往往表示波动越大。根据结构理论模型,一份公司债券等价于买入一份无风险债券和卖出一份公司资产的看跌期权。该模型指出,企业在其资产价值低于执行价格时发生违约。企业资产价值被看作未来现金流的贴现值,未来现金流的不确定增大使得企业发生违约的概率增大,从而使得债券信用利差增大。

另一方面,异质投资者的存在会加剧债券市场的投机交易。在债券市场稳定的情况下,各机构以债券财富值加权的平均信念为 0,即不乐观,不悲观

(Xiong 和 Yan，2006)。以利好消息为例，当债券市场稳定的时候出现利好消息，乐观投资者会对该消息过度看好，从而悲观投资者和乐观投资者之间会产生债券交易，债券财富从悲观投资者中转向乐观投资者。随着市场投资者异质性的增大，投资者面临更加分散的市场价格，这种投机交易会更加频繁，从而使得债券市场波动加剧，风险溢价增大。

综上，建立信用利差分析模型如图 5 - 1 所示。

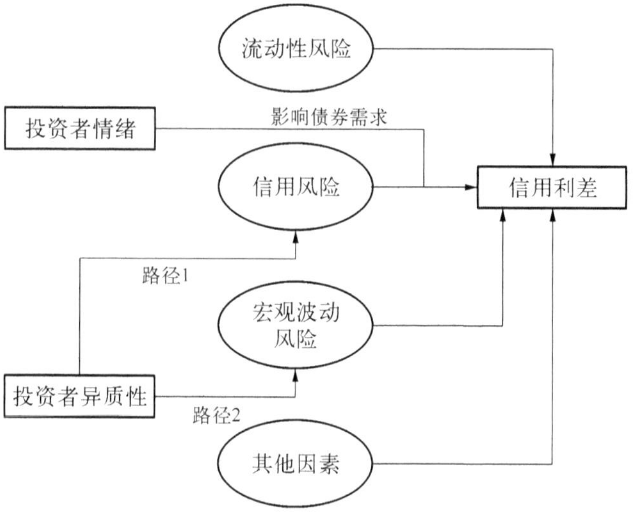

图 5 - 1　投资者情绪、异质性影响路径分析

三、实证模型与数据说明

（一）实证模型

由于本文研究核心变量投资者情绪和异质性不属于信用风险因素，故不采用结构模型和简约模型。而是与探讨信用利差其他影响因素的学者一致(于静霞，2015)，采用固定效应回归模型研究二者对信用利差的作用。构建模型如下：

$$CS_{it} = \partial + \beta_1 IS_t + \beta_2 IH_t + \sum_{j=1}^{k} \beta_j X_{it} + \varepsilon_{it} \tag{5 - 4}$$

其中，i、t 分别表示时间点 i 和债券 t。CS_{it} 为研究的被解释变量公司债信用利差，代表投资者要求对风险的补偿，这里用公司债券到期收益率和相同剩余期限的国债到期收益率只差描述；IS 和 IH 为核心解释变量，其中 IS 代表投资

者情绪，IH 代表投资者异质性；X_i 代表控制变量，包括：主体信用评级 ZTP、行业分类虚拟变量 HY、债券余额 ZY、债券剩余期限 SQ、年化波动率 NBL 和资产负债率 DAQ。

关于投资者情绪和异质性的研究，多位研究学者发现投资者情绪在股市(Kim 和 Ryu，2014)和公司融资决策(徐枫和胡鞍钢，2012)中会影响被解释变量对投资者异质性的敏感度。因此通过对投资者情绪进行分类，探究了不同投资者情绪下异质性与股市收益和融资决策的关系。本文在回归模型分析的基础上，为了进一步验证投资者情绪影响异质性对被解释变量作用的现象是否存在于债券市场，引入了门槛回归模型。现有文献对投资者情绪的分类，多采用大于 0 或小于 0 等主观标准，其并未给出客观依据。门槛回归模型解决了现有文献对投资者情绪分类的主观性，通过统计检验的分类标准更具说服力。

Hansen(2000)将门槛回归的模型基本设置如下：

$$y_i = x_i\beta_1 + e_i,\ q_i \leqslant \gamma$$
$$y_i = x_i\beta_2 + e_i,\ q_i < \gamma \tag{5-5}$$

其中 y_i 为被解释变量，x_i 为 $p \times 1$ 阶解释变量向量，q_i 为门槛变量。Hansen(2000)指出，门槛变量可以外生变量，也可以是 x_i 的一部分。门槛变量 q_i 的作用是将样本划分为不同的组(内生分组)，采用 Hansen(2000)的门槛回归方法，以门槛变量为体制(regime)改变的转折点，模型中不同体制就是通过门槛变量大于或小于某一门槛值来表示。

进一步定义虚拟变量 $d_i(\gamma)=(q_i \leqslant \gamma)$，其中(・)是指示函数，即对于 $q_i \leqslant \gamma$，$(\cdot)=1$，否则(・)$=0$。这样，上述方程组就可以用单一方程表示如下：

$$y_i = x'_i\beta + x'_i d_i(\gamma)\theta + e_i,\ e_i \sim iid(0,\ \delta_i^2), \tag{5-6}$$

其中 $\beta=\beta_2$，$\theta=\beta_1-\beta_2$。

对应于任意门限值 γ，可以通过求残差平方和 $S_1(\gamma)=e_i(\gamma)'e_i(\gamma)$ 得到各参数的估计值，使 $S_1(\gamma)$ 在所在残差平方和中最小的 $\hat{\gamma}$ 即为最优门槛值。

为了检验门槛值 $\hat{\gamma}$ 样本数据是否真的存在门槛效应，门槛回归中设置了显著性检验，此检验的目的是确认门槛值划分的两组样本其模型估计参数是否显著不同。原假设为 H_0：$\beta_1=\beta_2=\cdots=\beta_n$，同时构造 LM 统计量对零假设进行统计检验。统计量如下：

$$F = n\frac{S_0 - S_n(\hat{\gamma})}{S_n(\hat{\gamma})} \tag{5-7}$$

其中，S_0 为零假设条件下的残差平方和加总，S_n 为存在门槛效果下的残差项平方和加总。

在对上式进行统计检验时存在的重要问题是，零假设下 $\hat{\gamma}$ 是无法识别的，这将造成传统的检验统计量其大样本分布并非“卡方分布”，而是受到干扰参数影响的“非标准非相似分布”，使得分布的临界值无法以模拟方式得到。为克服这一困难，Hansen(1996)以统计量的大样本部分为均值分布，并且可以由“自助抽样法”(Bootstrap)来计算。其基本思路是：在解释变量和门槛值给定的前提下，模拟产生一组因变量序列，并且使其满足 $N(0;\ \hat{e}^2)$，其中 $\hat{e}^2$ 是残差项。每得到一个自抽样样本，就可以计算出一个模拟的 LM 统计量。将这一过程重复 1 000 次，Hansen(1996)认为模拟产生的 LM 统计量大于上述 F 统计量的次数占总模拟次数的百分比就是“自举法”估计得到的 P 值。这里的 P 值类似于普通计量方法得出的伴随概率 P 值。如：Bootstrap P 值小于 0.01 时，表示在 1%的显著性水平下通过了 LM 检验，即拒绝了原假设。

(二) 变量预期影响

1. 投资者情绪 *IS*

本文结合 Baker and Wurgler(2006)和徐浩平(2013)等人对投资者情绪测算的方法，选择消费者信心指数(*CCI*)、封闭式基金折价率(*ZZL*)、股票换手率(*GHL*)、成交量(*CJL*)四个指标，做主成分分析，选择第一主成分作为投资者情绪的测量指标 *IS*。其中，封闭式基金折价率是由每月最后一天所有封闭式基金折价率的整体均值计算得到。对上述 4 个单独变量进行 *KMO* 和 *Bartlett* 检验，$KMO > 0.6$，*Bartlett* 检验伴随概率 0.000，因此适合做主成分分析，得第一主成分如下：

$$IS = 0.965GHL + 0.971CJL - 0.797CCI + 0.043ZZL \tag{5-8}$$

考虑到投资者情绪若要在信用利差中体现，需要一个传导时间，我们选择 t 时期前一个月度的投资者情绪指标作为 t 时期的投资者情绪。由假设可知，本文预期其系数符号为负。

2. 投资者异质性 *IH*

首先采用不同机构投资者的托管量度量其市场的参与程度，因债券市场主

要投资者为机构投资者，所以此度量方法具有合理性。假设某时刻 t 共有 n 种不同类型的机构投资者，w_{ti} 为某类型投资者托管量占整个投资者托管量的比例，$w_t=[w_{t1}, w_{t2}, w_{t3}, \cdots, w_{tn}]$，$\sum_{i=1}^{n} w_{ti}=1$。那么构建指标 $IH_t=1/\sigma_{w_t}^2$ 作为 t 时刻的投资者异质性测量指标作为 t 时刻的投资者异质性测量指标。这里将商业银行和保险机构作为悲观投资者或配置型投资者，视作一类投资者。其他机构投资者视为不同程度的乐观投资者或交易型投资者。其指标值较大时，意味着参与债券市场的机构类型越多，此时投资者之间的异质性较大。由假设可知，预期变量系数符号为正。

3. 控制变量

（1）信用评级

信用评级越高，说明企业违约的可能性越小，投资者对其要求的风险越低，从而信用利差越低。本文采用主体信用评级作为代理变量。

（2）行业

一般不同行业债券的信用利差具有不同的整体水平，多属于国有企业所在的行业公司债券信用利差较低，如能源和公用事业；波动性较大的行业一般含有较高的信用利差，如金融行业。

（3）债券余额、剩余期限

公司债券余额越大，往往意味着其流动性风险较小，信用利差较小。剩余期限越长，代表违约可能性越大，信用利差越大。

（4）年化波动率、资产负债率

根据结构模型理论，资产价值波动率和杠杆水平是信用利差的重要影响因素。资产价值波动率越大，表明企业违约的可能性越大，因此，预期变量符号为正，信用利差越大。杠杆水平越大，表明其负债水平越高，未来偿还本金和利息的风险越大，预期变量符号为正，信用利差增大。

历史文献一般采用股票波动率来代表企业资产价值波动率，本文采用债券的年化波动率来表示企业资产价值波动。一方面，股票波动的影响因素更为复杂，且股票波动相对较大，用债券年化波动率代表企业资产价值波动研究对债券的影响更为合适；另一方面，已有大量文献证明投资者情绪会影响股票波动情况，为了尽可能降低自变量之间的相关性，使用年化波动率作为企业资产价值波动率的代理变量更具合理性。本文采用资产负债率作为杠杆水平的代理变量。主要相关变量说明如表 5－1 所列。

表 5-1 主要相关变量说明

变量	简 称	符号	预期符号	变 量 描 述
被解释变量	信用利差	CS	—	公司债券到期收益率与相同剩余期限国债到期收益率之差
解释变量	投资者情绪	IS	—	消费者信心指数、封闭式基金折价率、成交量、股市换手率 4 个单独变量的第一主成分
	投资者异质性	IH	+	t 时期不同机构债券托管量的方差倒数
控制变量	主体信用评级	ZTP	—	虚拟变量，$A=1$，$A^{+}=2$，$AA^{-}=3$，$AA=4$，$AA^{+}=5$，$AAA=7$
	行 业	HY		虚拟变量，按照证监会对行业的分类进行变量编号
	债券余额	ZY	—	t 时期尚未偿还的债券
	剩余期限	SQ	+	债券到期所剩年限
	年化波动率	NBL	+	采用 wind 数据库中债券年化波动率计算方式
	资产负债率	DAR	+	t 时期投资者能获得的最新数据

（三）数据来源与处理

1. 数据来源

本文以我国 2013—2015 年未到期的公司债为样本，数据均来自 wind 数据库。2013—2015 年我国资本市场经历了熊市、牛市以及平稳时期，此时期内投资者特征波动更能反映于信用利差变化。实证研究采用半年度数据，因为半年度数据与年度数据相比更能涵盖牛市、熊市、平稳时期的区别。本文对样本数据进行了如下筛选：① 删除了关键指标缺失或者连续性缺乏的观测值；② 选择剩余期限在 15 年以内(含)的观测值，由于国债到期收益率只有 15 年内的数据，相应的对公司债券作出调整。且剩余期限为 15 年以上的观测值较少，不会对整体样本造成显著差异；③ 剔除剩余期限不足 1 年的债券。在此基础上，本文最终选取 118 起债券，连续 3 年的观测值作为样本。

2. 描述性统计

表 5-2　相关变量描述性统计

变　量	极小值	极大值	均　值	标准差
CS	0.011 0	19.339 3	2.422 7	1.892 3
ZTP	2.000 0	7.000 0	4.783 1	1.354 3
HY	1.000 0	10.000 0	6.310 2	3.216 6
ZY	0.390 2	160.000 0	17.141 4	21.112 9
NBL	0.000 0	2.161 9	0.400 5	0.288 2
ZFL	17.460 8	97.702 1	61.348 5	14.934 5
SQ	0.961 7	7.964 4	3.705 3	1.444 5
TY	74.976 0	89.238 1	83.238 6	5.400 0
TQ	−0.835 1	2.030 0	0.105 7	1.030 9

表 5-2 列出了本文相关变量全样本的描述性统计结果，由上述统计可以看出：CS 的均值为 2.422 7，波动范围从 0.011 0 到 19.339 3，极大值是最小值的 1 000 倍，说明中国公司债券整体存在正信用利差，并且存在较大的波动空间。主体评级从 A 到 AAA 不等，均值为 4.783 1，说明公司债券发行企业信用等级普遍较高。

表 5-3　信用利差在子样本中的描述性统计及单因素检验结果

分　类		均　值	标准差	均值的 95%置信区间		组间 F 值	显著性
				下　限	上　限		
评级	A^+	1.567 6	0.000 0	1.567 6	1.567 6	7.853 6	0.000 0
	AA^-	3.198 7	1.652 1	2.807 7	3.589 8		
	AA	2.659 5	1.307 5	2.500 7	2.818 2		
	AA^+	1.989 3	1.230 5	1.762 0	2.216 6		
	AAA	1.961 1	2.975 1	1.464 0	2.458 3		
异质性	低	2.222 7	2.262 5	1.932 6	2.512 9	4.482 0	0.034 7
	高	2.561 8	1.625 2	2.391 9	2.731 7		

续 表

分类		均值	标准差	均值的95%置信区间		组间F值	显著性
				下限	上限		
情绪	1	2.996 0	2.011 0	2.629 3	3.362 6	7.873 7	0.000 0
	2	1.763 2	2.195 3	1.363 0	2.163 4		
	3	2.555 0	1.768 3	2.232 6	2.877 4		
	4	2.134 4	0.650 5	2.015 8	2.253 0		
	5	2.682 3	2.244 2	2.273 1	3.091 5		

表5-3按信用评级、投资者异质性、投资者情绪对子样本进行分类，描述了信用利差在不同子样本中的数值表现。并通过单因素检验方法检验了不同分组间信用利差是否存在显著差异。

由表5-3可知以下几点。

（1）信用评级不同的子样本间，信用利差的差异性在1%水平显著，表明信用评级很有可能是信用利差的重要影响因素。另外，主体评级为A^+、AA^-、AA、AA^+、AAA的债券，其信用利差的均值分别为1.567 6、3.198 7、2.659 5、1.989 3、1.961 1，信用利差大小与信用评级高低并未表现出明显的正向关系。因此，在控制变量中同时选择其他可能影响信用利差的影响因素十分必要。

（2）我们按照异质性大于均值与否对全样本进行分类，结果表明，两组之间的差异性显著，且异质性较高的子样本信用利差高于异质性较低的子样本，初步预期投资者异质性有可能影响信用利差。

（3）根据投资者情绪指标的不同，我们将其按照指标的大小分为5类，单因素检验结果显示，样本组之间存在显著的差异性。因此，投资者情绪同样可能影响信用利差。

四、实证结果与分析

本文实证主要分为三个阶段：首先验证投资者情绪和投资者异质性对公司债信用利差的影响；其次，检验不同风险特征的公司债受投资者情绪和投资者异质性的影响程度；最后，结合现有研究对投资者情绪和异质性的分析角度，探究不同投资者情绪下，异质性与公司债信用利差的关系。

（一）相关性检验

Pearson 相关分析结果显示：多数变量相关系数位于 0～0.3 之间，表明变量之间具有极弱相关关系。其中，主体评级和债券余额的相关系数为 0.507，从经济意义而言，主体评级的影响因素复杂，信用评级并不能完全解释信用利差。债券余额与信用评级没有直接的相关性，且二者并没有高度相关，因此信用评级、债券余额可以同时作为控制变量。方差膨胀因子（VIF）数值均小于 2，自变量之间不存在多重共线性。相关检验结果如表 5-4 所列。

表 5-4 Pearson 相关性检验

变量	ZTP	HY	ZY	NBL	DAR	SQ	IH	IS
ZTP	1.000 0							
HY	−0.288 0	1.000 0						
ZY	0.507 0	−0.299 0	1.000 0					
NBL	0.121 0	−0.000 1	0.056 1	1.000 0				
DAR	−0.093 0	−0.066 3	−0.086 0	0.124 0	1.000 0			
SQ	0.191 0	−0.018 2	0.034 5	0.253 0	0.165 0	1.000 0		
IH	0.008 1	0.008 9	0.009 9	0.041 0	0.021 0	0.426 0	1.000 0	
IS	−0.013 3	0.001 6	−0.005 9	−0.013 9	−0.024 4	−0.202 0	−0.152 0	1.000 0
VIF	1.484 1	1.147 5	1.407 7	1.092 8	1.075 2	1.443 4	1.249 2	1.050 2

（二）投资者情绪、异质性对信用利差的影响

为了验证假设 1，首先将投资者情绪引入固定效应模型，模型 1 结果显示：调整后的 R^2 为 74.31%，F 检验在 1%水平下显著，这表明固定效应模型整体上成立，并能很好地解释信用利差。投资者情绪指标 *IS* 系数为−1.573 9，且在 1%水平上显著，说明投资者情绪会显著影响公司债券信用利差，并且情绪越高，信用利差越大。

为了检验假设 2，将异质性指标引入固定效应模型，模型 2 结果显示：调整后的 R^2 达到 77.61%，F 检验在 1%水平上显著，说明模型 2 整体上成立，同样能很好地拟合信用利差。*IH* 的系数为 0.035 2，并在 1%的水平上显著，说明投资者异质性会对信用利差产生影响，且一定程度上信用利差会随着异质性的增大

而增大。

同时引入 *IS*、*IH* 的模型 3 回归结果显示：调整后的 R^2 为 77.90%，F 检验 1%水平上显著，因此模型 3 整体上成立，并能很好地解释公司债券信用利差。*IS*、*IH* 的系数分别为−0.122 8 和 0.170 0，分别在 5%和 1%的水平上显著。回归结果变量系数符号和显著性与模型 1、模型 2 保持一致。

综上所述，实证结果与预期一致，假设 1、假设 2 成立。

同时，由模型结果可知，主体信用评级系数分别为−0.937 0、−0.802 5、−0.816 4，均在 1%水平上显著，与之前预期相一致。主体信用评级越高，预示着公司违约的可能性越小，债券的信用利差越小。三个模型结果显示行业分别在 5%、10%、10%水平上显著，且系数符号为负。结合本文对行业指标进行的设置表明，一般所在行业为房地产、建筑业的公司债信用利差较大，所在行业为制造业、运输等的公司债信用利差较小。本文认为是因为公司所有权性质所致，一般制造业、电力、邮政等行业多为国有企业，国有企业具有更强的信用保证，因此信用利差偏小。债券余额系数为分别为−0.166 6、−0.167 4、−0.167 7，且均在 1%水平上显著，符合债券余额越多，流动风险越小，信用利差越小的预期。

验证假设 1、假设 2 的模型回归结果如表 5－5 所列。

表 5－5　固定效应模型回归结果

变　量	模型 1	模型 2	模型 3
IS	−1.573 9*** (−6.469 5)	—	−0.122 8** (−2.470 0)
IH	—	0.035 2*** (4.237 9)	0.170 0*** (9.601 7)
ZIP	−0.937 0*** (−3.376 5)	−0.802 5*** (−4.809 1)	−0.814 6*** (−4.906 4)
HY	0.131 5** (2.168 8)	0.096 9* (1.769 6)	0.095 5* (1.753 7)
ZY	−0.166 6*** (−6.046 7)	−0.167 4*** (−7.816 7)	−0.167 7*** (−7.873 1)
SQ	1.142 4*** (6.644 3)	−1.005 9*** (−8.337 8)	−1.213 2*** (−8.285 4)
NBL	0.547 5** (2.230 0)	0.257 0 (1.280 1)	0.187 9 (0.932 0)

续　表

变　量	模型 1	模型 2	模型 3
DAR	0.005 6 (0.441 1)	0.006 8 (0.643 1)	0.006 1 (0.579 7)
adj.R^2	0.743 1	0.776 1	0.779 0
F	8.093 8	12.997 8	13.084 1

注：*、**、*** 分别为 10%、5%和 1%的显著水平。

（三）不同风险特征的公司债对投资者特征的敏感性

上述研究表明，投资者情绪和投资者异质性的确会对公司债券利差存在影响。且情绪越高涨，公司债信用利差越小；投资者异质性越大，信用利差越大。

Subhankar nayak 指出具有低信用评级、短久期、长到期日的制造业和公用事业公司债对投资者情绪具有更高的敏感度，徐浩平研究表明企业财务特征会影响投资者情绪对信用利差的作用程度。我们不禁思考，投资者情绪对不同风险特征公司债的影响是否与前述结论一致？投资者异质性是否同样因债券特征不同对信用利差的作用程度存在差异？为了进一步检验不同风险特征的债券受投资者情绪和异质性的影响程度，我们采取引入交互项的方法，进一步考察解释变量与控制变量的相互作用对被解释变量的影响。回归模型如下：

$$CS_{it} = \partial + \sum \beta_i \times X_{it} + \beta_{i+1} \times IS_t + \delta \times X_{it} \times IS_t + \varepsilon \qquad (5-9)$$

$$CS_{it} = \partial + \sum \beta_i \times X_{it} + \beta_{i+1} \times IH_t + \delta \times X_{it} \times IH_t + \varepsilon \qquad (5-10)$$

不同风险特征下，有关投资者情绪交互项、投资者异质性交互项的回归结果如表 5-6 所列。

表 5-6　债券特征与投资者情绪交互项回归结果

变　量	模型 3	模型 4	模型 5	模型 6
IS	−0.122 8** (−2.470 0)	−0.124 7** (−2.522 6)	−0.092 8 (−0.611 1)	−0.061 1 (−0.656 5)
IH	0.170 0*** (9.601 7)	0.169 7*** (9.635 5)	0.170 0*** (9.591 5)	0.170 3*** (9.612 2)
ZTP	−0.814 6*** (−4.906 4)	−0.786 6*** (−4.753 5)	−0.818 0*** (−4.898 8)	−0.828 5*** (−4.959 8)

续 表

变 量	模型 3	模型 4	模型 5	模型 6
HY	0.095 5* (1.753 7)	0.098 4* (1.817 1)	0.095 5* (1.752 3)	0.095 9* (1.759 6)
ZY	−0.167 7*** (−7.873 1)	−0.164 7*** (−7.767 1)	−0.168 0*** (−7.855 0)	−0.168 8*** (−7.905 4)
NBL	0.187 9 (0.932 0)	0.189 9 (0.946 9)	0.193 0 (0.949 3)	0.176 4 (0.872 4)
DAR	0.006 1 (0.579 7)	0.008 5 (0.808 1)	0.006 0 (0.563 5)	0.006 5 (0.614 4)
SQ	−1.213 2*** (−8.285 4)	−1.211 0*** (−8.317 5)	−1.213 0*** (−8.275 0)	−1.215 8*** (−8.297 6)
IS * DAR	—	−0.006 5** (−2.511 8)	—	—
IS * ZTP	—	—	−0.006 3 (−0.208 9)	—
IS * HY	—	—	—	−0.009 9 (−0.784 6)
Adj. R^2	0.779 0	0.781 967	0.779 017	0.779 29
F	13.084 1	13.178 85	12.953 85	12.974 39

由表 5 - 6 可得以下两点。

第一，投资者情绪和企业资产负债率的交互项系数为−0.006 5，符号为负，在 5%水平上显著。说明资产负债率的增大会增强投资者情绪降低信用利差的作用，即资产负债率较高的企业发行的公司债对投资者情绪具有更强的敏感性。其他条件不变，当投资者情绪较高，投资者普遍处于乐观状态时，企业融资行为往往被市场理解为该企业未来具有更强的发展潜力(Bayar 等)。投资者情绪高涨时，有更强的投资或者投机冲动。因此资产负债率较高的企业在市场情绪高涨时更受投资者青睐。当市场情绪普遍悲观时，投资者对未来风险的评估会高于实际风险，对资产价值产生低估。资产负债率越高，在投资者信心不足的情况下，其会要求更高的风险补偿，从而导致信用利差加大。

第二，由回归结果可知，信用评级与投资者情绪的交互项为负，信用评级越高，说明公司债券违约风险较小，在投资者情绪高涨时，投资者对其承担风险的

夏蕙芬
(1931)
王安福
(1933)
杨婉清
(1933)
李月莲
(1933)
殷美姑
(1933)
聂光明
(1933)
古
(19
郑绥英
(1933)
萨本莲
(1932)
唐慧英
(1931)
沈宝玉(1931)

贵芳
1933)
陆梦怀
(1933)
胡文莲
(1932)
俞志英
(1932)
马罗以
(1932)
姚世淑
(1932)
张令昭
(1932)
崔美宝
(1931)
胡文贞
(1930)
张淑芬
(1931)
萧嘉璐
(1931)
陈士凤(1933)
林德音(1932)
Miss Clarke
(柯雅德)
林德昭
(1932)
丁文蕴
(1930)
杨文清
(1931)
邝文雄
(1931)

图书在版编目(CIP)数据
中西女中(1892～1952)/ 陈瑾瑜 编著；中西女中校史编写组组编.
上海：同济大学出版社，2016.7
ISBN 978-7-5608-6390-0
Ⅰ.①中… Ⅱ.①陈… ②中… Ⅲ.①中西女中－校史－1892～1952
Ⅳ.①G639.285.1
中国版本图书馆CIP数据核字(2016)第126870号

中西女中(1892～1952)
著　　作：陈瑾瑜 编著
责任编辑：陈立群(clq8384@126.com)
视觉策划：育德文传
封面设计：陈益平
图文制作：乔　荣
责任校对：徐春莲

出版发行　同济大学出版社　www.tongjipress.com.cn
(地址：上海四平路1239号 邮编：200092 电话：021－65985622)
经　　销　全国各地新华书店
印　　刷　上海锦良印刷厂
成品规格　170mm×240mm　272P
字　　数　340 000
版　　次　2016年7月第1版　2016年7月第1次印刷
书　　号　ISBN 978－7－5608－6390－0
定　　价　58.00元

McTyeire School (1892～1952)

中 西 女 中

中西女中校史编写组组编
陈瑾瑜 编著

同济大学出版社

特别鸣谢

为编撰出版《中西女中校史系列》

上海市第三女子中学提供部分资助

下列校友提供捐助（依届别排序）：

(1935)(王琰卿)，(1937) 谈掌珠，(1939) 方秀蓉，(1941) 丁毓明，(1942) 陶锦璜、欧阳美生、江 漪，(1943) 郭雅嫦、卞篪年，(1944) 武凤岐，(1945) 黄英瑜、曾汝剑、江圣婉，(1946) 蔡詠芳、王乃先、邓稚凤、陈云德、徐景奂、徐美贞，(1947) 陈晋明、张 珑、邱锦来、刘泽墀、朱蕴文、黄曼筠、孙菊芳、曹珍家、(刘懿芬)、席与时、(苏曼嫦)、陆佩丽、汪一鷁、陈赛丽、张罗罗，(1948) 郑静渊、高明珠、薛 瑞、郭惠馨、孙蕙芳，(1949) 李佩娟、朱英芬、陈桂珩、武明贤、汪锡苓、宋宝璋，(1950) 朱丽中、孙以恭、曹云云、陈撷英、荣智育、李文献、王明蕃，(1951) 张婉琼、梁翰芬、奚慕时、陈宗慈、吴元明、李保馨，(1952) 缪道英、朱亚韫、江贺利、王培芳、孙龢君，(1953) 凌又融、林泳娴、林太琏、苏肇瑛、韦英兰、陈掬英，(1954) 陈佩瑜、(1955) 李文杰、袁经楣，(1956) 毛正行，(1963) 王舜如，(1986) 蒋世琳，(2000) 孙科涵，共 76 人。

名字加括号( )者表示捐助人已去世

目 录

序言一

《中西女中校史系列》出版了。这套书我期待已久。

中西女中由美国基督教监理会创办于 1892 年，是近代上海最著名的女子学校。

中西女中和圣玛利亚女校是市三女中的“双源”。前年《圣玛利亚女校》出版，许多人就问我，什么时候能有中西女中的书？圆校友之梦，圆市三之历史。在撰写者与编委会的努力下，今年就实现了大家尤其是中西老校友们的愿望，这是令人欣慰的。这两本书的出版，让我们今天的市三人，能亲临市三“双源”。我们掬起那清澈冰洁之水，顿时感觉到水脉涌动……

《中西女中校史系列》涌动着积极的人生情怀。

中西女中，虽是一所贵族学校，但绝不是弱不禁风的小姐学校，而是一所充满正能量的女子成才的摇篮。罗明凤《我在中西女中入党》、林云璐《中西女中开启了我医学的梦想》、许嘉琳《我对地理的兴趣缘于中西女中》、高俭明《中西精神让我微笑面对人生》……与其说是在读市三的历史，不如说在感悟人生之美，感受女性之美。这本书具有人生价值的力量感。

《中西女中校史系列》涌动着浓厚的教育情趣。

有情趣，是教育的境界，中西教育是活泼的，有生机的，有情调的。这是一种富有自然气息的教育，或者叫教化，随风潜入，润物无声，美好而有效。中西的教育理念直到今天，依然富有生命力和冲击力。黄量《我骄傲，毕业于中西》、曹宝贞《三十年代的中西女中》、陈晋明《薛正校长和我》、瞿明明《中西女中是我难忘的家》……丰富多彩的课程，平等快乐的师生关系，这些既是老人娓娓道来的历史，也是我们现在办女校的“教科书”。

《中西女中校史系列》涌动着深切的母校情结。

每年一次的校庆活动，校友们都会在大草坪上畅叙美好的回忆，颂扬母校生活的多姿多彩，她们感悟最深的是母校给了她们求真惜时、独立坚韧的品格，使她们获得幸福人生，不仅受用一世，而且感染下辈。殷贞柏的《祖孙三代中西人》、丁懋英的《丁家三个中西人》，是这种“传代”情结的最好写照。书中除了有大量回忆母校的文章，还专门有一栏“点点滴滴念师恩”，共26篇，一位位师长栩栩如生，跃然纸上，他们的师德、师艺、师表都铭记在认识他们和不认识他们的市三人心里。

我特别想谈谈薛正校长。这本书中，很多篇幅，很多人，都深深怀念这位老校长。这些深情的文字，不断激起我对薛校长更深的敬意。

所有关于薛校长的回忆，再一次在我面前呈现出一位教育前辈可敬可爱的形象：她历经磨难，办出了一所一流的女子名校，培养了大批女子人才，推动了中国女子教育和女校教育的发展；她忠诚，纯粹，对事业、对国家一心一意，无悔追求，“一片冰心在玉壶”。

1924年薛校长在校刊《凤藻》上登了一首诗，后两句是：“七弦弹动松风起，山月澄清透碧纱。”这可以说是薛正一生的写照。“七弦弹动松风起”，是薛正教育事业的追求，“山月澄清透碧纱”，则是薛正高尚人格的风范。薛校长是中西的精神、市三的象征，也是我的楷模。传承市三文化，我责无旁贷。

最近我们在讨论学校文化，大家将市三文化，归结为一个“雅”字。如何来定义和诠释这个“雅”，使女校教育带上“雅”的品质，看完这本书，让我们更深地体会到市三文化“雅”的韵味。

《中西女中校史系列》将和《圣玛利亚女校系列》、《女校女生》、《百年女中》等书一起，成为我们学生的校本教材，教师的必读书目——

知雅，认识市三的昨天；

尚雅，成就市三的今天；

至雅，走向市三的明天。

感谢中西校友，情系母校，铭记这所学校的培育和影响，完成了这本书。

感谢出版部门，情系教育，理解这段历史的意义和价值，出版了这本书。

“问渠那得清如许？为有源头活水来”。市三的明天更美好。

徐永初

2016年5月2日

序言二

《中西女中(1892~1952)》叙述了自19世纪中叶中西女校是如何创办，并在近一个世纪里为中国培养了一代又一代新女性的过程，她们中有中国第一位的女律师、女银行家，以及更多的女大学教授、女院士、女医师、女外事工作者、女科技人员……甚至还有新中国第一个女子篮球队长等。她们从各个方面反映了我国早期女子接受西方教育文化的情况，一代代学子们把自己的成长与成就都与中西的教育联系在一起。

中西女校最初是为传播基督教和西方文明而创办，以培植和增强有关西方国家在中国的影响力。但当时中国正遭内忧外患，广大民众不断觉醒。在此大环境下，中西女校的师长们无私献身于教育事业，学校采取了德智体三育并重的教育方针，高度重视教育质量，并把对个人素质的综合培养置于头等重要的位置。学校倡导妇女要自尊、自信、自立、自强，并以“Live, Love, Grow”(意为“积极面对人生，以爱心处世对人，不断健康成长”)为校训，办学效果良好。女校的创办，对中国自古以来的“三从四德”、“女子无才便是德”等封建理念予以强有力的驳斥，为中华民族妇女的思想解放做出了贡献。

教育的任务在教会做人，做对社会有益的文明人，会学习，思考，自律，乐群，审美，进取，生活和劳动，等等。这是一个多方面的综合工程，关系到个人成长甚至国家民族兴衰。回顾历史，借鉴教会学校的办学长处，吸取西方文明文化的有益部分，这对现在进一步振兴我国的教育事业，提高我国的软实力也有积极意义。

曹宝贞

2015年10月

① 曹宝贞，中西女中1939届毕业生，15岁在中西读书时参加中国共产党，曾为上海中共地下党从事学运和统战工作负责人之一。离休前在国务院从事经济管理协调和政策研究工作。

序言三

中西女中的历史，从其建校直至1952年，凝聚着几代教育前贤的辛劳，体现了莘莘学子求知、做人的渴望。对现今的教师、学子，仍然有着深刻的教育意义。

最能体现中西女中精神的是学校英文校训“Live, Love, Grow”和中文校训“积中发外”。英文校训直译是“生活、爱和成长”；中文校训的含义是，诚于中而形于外，都是对学生为人处世的指导。希望学生在学校中，生活、成长、充满爱心，进入社会后要做一个诚信的君子，而又有谦和的秉性。也就是内心如青松般刚正、挺拔；外形如杨柳般妩媚动人。

同样，其年级的级色也都是要求学子真诚、博爱、勇毅。事实也已明证，中西女中(包括1952年改名后的市三女中)，确实为中国培养出了许多精英、新颖女性。

本书所选文章的作者大都是中西女中颇具特色的学生，这个特色不是指旁的什么，而是指她们对母校，尤其对薛正老校长、教师、同学那不寻常的热爱与尊重。这在对“尊师爱校”“中华传统美德”的重视每况愈下的现实中，是难能可贵的，值得赞许和传颂。校史与回忆，读至深处令我特感温馨。作者对中西女中的执着与热爱，以及其在中西女中精神熏陶下所达到的境界，已在她们平实的娓娓道来的文稿中体现。相信各位读者阅后，应该有所感，有所得。

诚如中西女中校友所言，学校的校风、教风、学风是任何时候都不能忽略和取代的宝贵财富。校友们身上不时散发出“高雅的艺术素养、娴熟的语言文学运用能力、深厚的科学基础和牢固的专业技能”的气息，都证明了中西女中精神的魅力。

忆及1991年冬，薛正老校长根据一生实践，亲自制订了女子教育的目标和任务：“每位女性，要有坚强的意志，虚心求教的精神、目光远大、明辨是非，看到自己对家庭、社会的责任所在与影响所及、为祖国的繁荣、人民的幸福贡献聪明才智。”

当前市三女中的育人目标是培养以“独立、能干、关爱、优雅”为特征的“德才兼备、秀中慧外、开放型现代女子人才”。停止就是落后，相信中西女中的精神必将在市三女中发扬光大，走向“国内一流、国际知名、特色鲜明的现代女子中学”！

欲诣扶桑，非舟莫适。这是古今大师们所公认的必由之路，舍此别无他途。

《中西女中(1892~1952)》出版了，我们期待此书能为今天的教育界，不，应该是为整个社会提供一点警示，学校教育，不光是教知识，最重要的是教做人，做一个有品行的人，一个有道德的人，对社会有贡献的人。

孔子云：“后生可畏、焉知来者之不如今也？”余信也，是为序。

谭茀芸

于 2015.11.2

（谭茀芸，上海中西、圣玛利亚、市三女中同学会第一任会长，曾任上海市妇联第八届主席，全国妇联第五届副主席，现为上海包玉刚实验学校创办人之一、副理事长。）

第一章 校史

一、中西女塾创办的背景

1892 年 3 月 15 日，一所新学校在上海汉口路西藏路转角处诞生了，校名是“McTyeire School”，它还有一个十分准确诠释了这所学校办学宗旨的中文校名“中西女塾”。这所学校后来以它优异的办学质量和拥有在中国近现代史上有着重要影响的宋氏三姐妹校友而闻名海内外。

中西女塾是美国基督教南卫理公会在上海创办的一所新式女子学校，和其他一些最初收容贫苦家庭孩子的教会学校不同，从筹备开始，这所学校就将目标定位于中国上层阶层家庭的女子教育。这一办学宗旨的确定和美国传教士林乐知 (Andrew Young John William Allen) 有关。经过了十年的不懈努力，他的设想终于成了现实。

1836 年 1 月 3 日，林乐知在美国南方佐治亚州的艾伦庄园里出生，在他出生前两个月，他的父亲去世了，母亲在生下他几个星期后也去世了。他成了一名孤儿，在叔父家寄居长大。但是他的父亲留给他一个相当大的种植园和一群奴隶，使他很富裕。林乐知从小由婶娘抚养，他自己用种植园的收入来支付全部的教育费用。1851 年，林乐知在布朗伍德学校学习时开始接触宗教，1856 年年底，在埃默里大学学习时，他彻底皈依了基督教。

1858 年，也就是林乐知大学毕业那年，美国的宗教复兴运动席卷整个佐治亚州。而在东方的中国，1858 年前后也发生了一系列重大事件。1856 年 10 月爆发的第二次鸦片战争，又称英法联军之役，广州、天津相继被英法联军武力占领。1858 年，清政府被迫与俄、美、英、法各国代表分别签订《天津条约》。同年，沙皇俄国以武力迫使清政府签订《瑷珲条约》。1859 年 6 月，英、法、美以进京换约被拒为由，率舰队炮击大沽。10 月 18 日，英法联军占领北京，抢劫焚烧圆明园，逼迫清政府签订中英、中法《北京条约》。11 月，沙俄又胁迫清政府签订中俄《北京条约》。中国以巨额赔款和大片领土主权的沦丧而使列强武力相逼暂告平息。这一系列条约迫使清政府不得不向西方列强更大地打开国门。1858 年签订的《天津条约》又向西方列强开放了 11 个新的条约口岸，加上因第一次鸦片战争失败后签订的《南京条约》而开放的广州、厦门、福州、宁波、上海五个口岸，前后共开放有 16 个口岸。条约规定，允许外国传教士进入内地自由传教，允许外国人前往内地游历。《天津条约》进一步激发了英美法等国向中国扩张势力的欲望。

美国和英、法相比属于后起的资本主义国家，19 世纪中叶美国的国力已经不亚于英法诸国，国力的增强也促使它产生了向外扩张的野心。相比于武力征服所付出的代价，

美国更愿意用宗教渗透的方式来占领中国。19 世纪初开始的美国第二次宗教复兴运动对年轻的林乐知产生了影响，此外他还受到邻居，一个卫理公会信徒家庭的影响，他们的信仰给林乐知留下了深刻印象。他在离家很近的卫理公会教堂里听了很多巡回布道者的演说，这些传教士将中国描绘成一个贫穷、落后、黑暗、妇女缠足、有弃婴、纳妾等现象的蛮荒之地，因而需要向中国派遣教士团。1858 年 5 月安德鲁主教在演讲中说：“黑暗和腐朽的世界的需要正在邀请我们在更大的范围内开展积极的活动。在外国的土地上，大片未被占领的土地需要我们的同情……数以百万计贫苦百姓的哭泣声不断传入耳际，敲打着我们的心灵，我们希望给他们送去帮助。但是我们应该去哪里？用什么方式送去呢？我们在国外仅仅只有一个传教士团——在中国……我们热切向教会推荐派遣传教士团去中国，因为那里的需求正不断地增加，责任也越来越大，急需增加人手。”

林乐知

在这种宣传鼓动之下，林乐知下定了去中国当传教士的决心。他为自己的赴华传教筹募资金，但是一年后资助没有等来，于是林乐知变卖了他的大部分财产来支付赴华旅程的费用。1859 年 12 月，林乐知和他的妻子和刚出生的女儿一起出发前往中国，1860 年 7 月 13 日到达上海。在上海迎接他们的只有 3 名传教士，其中之一是 1854 年来自美国密西西比州的兰柏 (James. W.Lambuth)。兰柏和林乐知以后合作多年，为中西女塾宿舍楼的建造出力不少。

从林乐知个人来说，赴华传教是美国的宗教复兴精神对年轻人的影响，林乐知认为必须离开美国南方，因为那里没有机会和挑战。他不想过美国南方贵族式的悠闲生活。他认为通过传教可以在重要的方面发挥创造性的作用。

1860 年 7 月林乐知到达上海时，中国正处于混乱之中，清王朝当时已陷入与太平军、

捻军的战斗。而林乐知却从太平天国运动中看到了一次推进基督教在华传播的机会，他决定好好利用这一机会。1861 年 1 月，林乐知和兰柏赴南京，并得到了洪仁玕的亲自接见，林乐知还获赠一个银碗作为纪念。但林乐知拓展传教士工作的设想因美国内战爆发而遭受沉重打击。1861 年 4 月 12 日，萨姆特堡 (Fort Sumter) 战役打响，4 月 19 日，林肯总统下令封锁南方港口。这一举措导致在华的美国南方传教士在长达 5 年的时间里没有获得任何实质性资助，甚至与母会失去了联系。为了解决生计问题，1864 年林乐知去上海同文馆 (后改称上海广方言馆) 教授英语 3 个月。在林乐知看来，教育是实现传教目的一种工具：既可以在中国发展代理人，也能赢得更多信徒。实际上，林乐知的布道成绩极其微小。到了 1866 年，他总结出“教育”对成功地使中国人皈依基督教的重要性，这一理念成为他后来在中国实施所有计划的基石。

1867 年，林乐知又一次迫于生计到上海广方言馆教授英语。1867 年 1 月，清政府发布布告，同意北京同文馆增设天文学、数学等科学课程。这一消息给予林乐知极大鼓舞，他认为“这是中国将迎来好日子的信号，我希望他们有一天能借着从西方学来的语言和科学知识去迎接它”。在上海广方言馆教英语的同时，他热衷于进行物理实验和学习化学知识。在上海广方言馆，林乐知一直工作到 1881 年。在这期间，林乐知同时还担任《上海新报》(*Shanghai Daily News*) 的编辑，1868 年 9 月林乐知创办了《教会新报》，6 年后他将《教会新报》办成了一份十分流行的杂志——《万国公报》(*Globe Magazine*)，这份杂志，主要针对中国的知识分子阶层。同时林乐知还为清政府做翻译，1876 年林乐知被中国政府授予五品官衔。他是第一个被中国皇帝授予这一荣誉的新教传教士。1871 年 3 月，林乐知在江南制造局担任翻译。在担任翻译的十年里，林乐知一共完成了 26 种书的翻译。

林乐知一到中国就开始学习汉语，能用中文与当地人交谈。他被中国民间的荒凉所震撼。1861 年 1 月，他在给叔婶的信中写道，他在中国已经见识了很多，“但让人欢欣的很少，让人悲伤的太多”。“成百上千的人流离失所，连维持必需的生活都很艰难，一场可怕的饥荒正威胁着这个国家。”然而林乐知在和上海广方言馆的官员交换意见后注意到，“与中国懂礼貌、有教养的上层人士交往，可以得到很多有价值的经验和见识”。“许多提倡洋为中用的社会上层人士并不排斥基督教，对于有用的人文学科和科学，他们同样乐意接受。”于是他决定将工作的目标转向中国的上层。

林乐知终于迎来了机遇。1881 年 4 月 7 日，监理会主教赫兰德·墨梯 (Holland N.

McTyeire) 写信到上海，通知他担任传教士团负责人的新职。早在 1866 年，林乐知就相信教育是帮助和接近中国人的最佳方式。教育是打开中国大门的钥匙，他在随后的职业生涯中一直坚持这一观点。在他正式担任传教士团负责人之前，他就已经开始为上海筹划一个大的教育计划，即建立一个由三个层次学校组成的体系，包括小学、中学和学院。第三个层次是学院，由高级学校和学院组成，被称为中西书院 (Anglo- Chinese School)，专门招收上层家庭的男童。1881 年，林乐知为实现这个目标向中国人募捐。

墨梯

1881 年林乐知在上海首先开办了中西书院的第一分院，当时被称为林华书院。林乐知将该院学制定为三级 8 年制，开始先学习中英文的“拼写、阅读、写作和口语”，接下来是“语法、地理、历史和算术”，第四年增加代数，第五年增加几何和物理。语法课不再上了。第六年学生主要学习几何、音乐、三角代数、航海、外国历史和《圣经》。一般第六年就可以毕业。如还愿意继续深造，以后两年还可以学机械学、道德哲学、微积分、天文学、土木工程、心理学、地质学、国际法、政治经济学和进一步研究基督教。每一年都开设有中英文的翻译和写作课程。

1882 年，他又在上海开设了第二分院，主要是由传教士授课。随后，林乐知向美国募捐，几年后购买了 35 亩土地，将两个分院合并，成为中西书院。1884 年 2 月中西书院正式开办，林乐知担任院长，负责教授英文、自然科学和数学。直到 1895 年，当他看到中西书院步入正轨后，便辞去院长职务，再一次将主要精力用于文字工作。

1881 年 12 月 28 日，中西书院的学生人数就超过了 200 人。他们几乎无一例外来自上海或全国各地最好的家庭。1882 年 1 月 21 日中西书院接受的学生人数为 330 人，“大约有 100 名学生因为房间不足而被拒绝”。1882 年 6 月申请入学的人数有 800 ~ 1000 人。

出乎所有人的预料，中西书院引起了中国人那么大的兴趣。林乐知发现，那些向学

校提供赞助的中国的官员、知识分子和商人阶层特别认可学校“强调英语和中文相结合的方针”。他意识到之前中国国内对“留美幼童计划”的反对，部分原因是学生在留学前没有受到足够的中国传统和文化的熏陶，以至于留学后对于中国社会的认识脱节。他希望在中西书院建立一种制度，以弥补这一缺陷。于是他为中西书院设计的课程融合了宗教、科学、英语和中国的经典著作。

在20世纪初，中国的海关、邮政、铁路以及实业界人才，很大部分都出自中西书院。中西书院办学的成绩受到了许多杰出中国人的表扬。它的成功，使林乐知又产生了一个新的想法。

二、中西女塾的筹备

林乐知相信传教士的工作应该聚焦于中国人中的两大群体，妇女和知识分子。他通过个人的观察认识到中国的三从四德伦理道德将中国的妇女压在社会的最底层，因而她们最想改变自己的命运，也最容易相信外来宣教，向她们宣传基督教的教义最容易收到效果。通过接近她们就可以影响中国的整个社会，而接近妇女最好的渠道是通过女传教士，特别是通过女子学校可以影响年轻的女学生和她们的母亲。这样的想法使他开始在中国积极推进建立女传教士团，并将关注焦点集中于接触中国女性。他看到当时中国在对妇女的教育上还是一个空白点，特别是中国上层阶级在对妇女教育有很大需求，很多上层阶级是在家里对女孩进行启蒙教育。中西书院办学的成功，使他意识到应当办一所吸收上层阶级女儿的高级女子中学。因此他向美国教会提出建议。教会在研究了林乐知的建议后，认为很有远见，决定将这件事交给南方女布道会去筹办。

这所林乐知期待中的学校就是中西女塾。在筹办过程中他最感困难的是校长人选。林乐知深知，这位校长必须是教会中人，有着良好的家庭背景，且受过良好的教育，又有丰富的教学经验，而且还必须能当得起女界的领袖。女布道会的负责人认为这样的要求太高了，很难物色到。但林乐知认为这样的人是有的，不仅中国需要，美国也同样需要。林乐知所看中的人是劳拉·阿思科·海淑德 (Laura Askew Haygood)。

劳拉·海淑德生于1845年10月14日，也是佐治亚州人。她的父亲格林·B. 海淑德 (Green.B.Haygood) 是一名律师，母亲玛莎·安·阿思科 (Martha Ann Askew) 是佐治亚州一所高级中学的教师。她的父亲原本不是基督徒，因为祖父不信教，但是祖母和她的几个兄弟姐妹都是虔诚的基督徒，于是格林·B. 海淑德在他们的影响下于1836年受洗成为基

督徒，加入了卫理公会。玛莎·安·阿思科的父亲，也就是劳拉·海淑德的外祖父，是卫理公会的一名牧师，他曾在美国南部几所主要城市讲道，是教会中一个重要人物。他有着非常好的口才，也给予女儿非常好的教育，于是玛莎·安·阿思科也有着很好的语言天才和数学天才，她是一名很称职的教师。

海淑德

1837 年，在格林·B. 海淑德成为基督徒后一年，与玛莎·安·阿思科结婚。他们的新家最初安在佐治亚州的沃特金斯维尔 (Watkinsville) 镇上，直到 1852 年，他们把家搬到了亚特兰大。在沃特金斯维尔，海淑德家的六个孩子相继出生，但是第二第三个孩子不幸夭折，其余四个孩子都健康地成长。劳拉·海淑德是家中的第四个孩子。母亲给予了他们良好的教育，两个男孩毕业于佐治亚州牛津市的埃默里大学 (Emory College, Oxford, GA)，两个女孩毕业于佐治亚州梅肯市的威斯理安女子学院 (Wesleyan Female College, Macon, GA.)。

劳拉·海淑德和她的哥哥艾蒂科斯·格林·海淑德 (Atticus Green Haygood) 无疑是四个孩子中更突出的两个。艾蒂科斯比劳拉大 6 岁，从小因身体虚弱需要更多的户外活动。当他在田野和树林中活动时，劳拉·海淑德便常跟着，从花、鸟、树、天空和大自然中学到了不少知识。劳拉·海淑德的早期教育是在大自然中进行的，对自然的崇拜成了劳拉·海淑德人格中的一部分。她的哥哥艾蒂科斯·格林·海淑德是一名神职人员，无疑对劳拉·海淑德产生了深刻影响，并树立了榜样。

在这样的家庭里，劳拉·海淑德接受了很好的教育。6 岁之前在沃特金斯维尔的乡村小镇度过了自由自在的田园生活，在那里接受家庭的启蒙教育，在阿特兰大城市里接受了正规的中小学教育，16 岁进入威斯理安女子学院，用 2 年时间以优异成绩毕业。她精通英国文学，旁通法语、德语和希腊语。1865 年劳拉·海淑德开始从事教师工作。1877 年在劳拉·海淑德任教 12 年后，她被提拔为阿特兰大女子高级中学的校长。

同时劳拉·海淑德也是一个虔诚的基督教徒，从小她就在外祖母的膝前听她讲宗教英雄的故事，她的外祖父和哥哥都是神职人员，劳拉·海淑德在工作之余 也参加教会的义务工作。1878 年林乐知回国休假时就在劳拉·海淑德服务的三一礼拜堂中介绍中国情况。报

告结束，林乐知在和劳拉·海淑德的谈话中邀请她到中国去一起工作。海淑德说，她对林乐知在中国的传教工作很感兴趣，但是还没有愿望来分担他的工作。林乐知并不因此失望，回到中国以后还不断写信给她，向她报告中国的情况。1883 年 6 月 13 日，劳拉·海淑德的母亲去世了，她的父亲早已于 1862 年的平安夜去世，劳拉·海淑德在美国已经没有需要她牵挂的人，于是她决定接受林乐知的邀请，到中国去。

1884 年 11 月 17 日，劳拉·海淑德到达中国，这一年她 39 岁。在上海她找到了美国南方卫理公会妇女传道部的人。兰柏夫人 (Mrs.J.W.Lambuth) 已在那里工作了三十年。劳拉·海淑德被安排到克洛普顿师范学校 (Clopton School as a Normal and Training School for teachers) 做培训中国教师的工作。但是她刚到中国，在美国时只学了 90 天的中文，还不能用汉语交流，不能胜任工作，所以只得先和缪斯小姐 (Miss Muse) 临时交换工作。海淑德在中西书院 (Anglo-Chinese College) 上英语课，同时继续学习汉语。中西书院的中国孩子也是她学习汉语很好的谈话对象。而缪斯则到克洛普顿学校去授课。克洛普顿学校是三十年前兰柏夫人创办的一所学校，兰柏夫人开始只是为自己厨师的女儿上课，慢慢吸引了越来越多的中国女孩来听课。1875 年获得了美国南卫理公会妇女传道部麦加沃克夫人 (Mrs.D.H.McGavock) 捐助的一批珠宝，为学校建造了一幢新建筑，为纪念麦加沃克夫人的母亲，学校被命名为克洛普顿学校。在劳拉·海淑德到达中国后，她接收了由兰柏夫人和妇女传道部组织得很好的克洛普顿学校的 19 名学生，要将她们培养成教师。兰柏夫人年纪大了，海淑德接手负责这所学校的工作。1891 年最早的一批 4 名学生从克洛普顿学校学习合格，被证明能很好地胜任教师工作，劳拉·海淑德觉得这是克洛普顿学校一项骄人的成果。在克洛普顿学校的教师中，劳拉·海淑德最欣赏的教师是海伦·莲吉生 (Helen Richardson)，称赞她是最能够承受压力和承担责任的人。莲吉生后来也被证明确实是能够担当起接替海淑德工作的最佳人选。

在劳拉·海淑德到达上海之后，林乐知博士和她进行了几次认真的长谈，请她创办一所和中西书院类似的女子高级中学，吸收与中西书院子弟相同家庭背景的姐妹来读书，可以采用通才教育，学习西方的语言、文学、音乐以及科学知识，同时也学习中国的经典，当然更重要的是必须学习《圣经》。海淑德很好地领会了林乐知的意图，立即开始筹办学校的工作，她向美国妇女传道部麦加沃克夫人写信，一再强调办这所女子高级中学的重要性和必要性。她认为，上海的情况已经和前几年大不同了，以前中国家长不愿送子女进外国人办的学校，现在很多家长愿意出学费送子女来上学了。很多富有家庭的家长不

愿自己的子女进慈善性质的学校，因为这些学校的学生都是穷人家的子女，他们希望有一所教学设施好，高质量高水平的学校，可以让自己的女儿们得到最好的教育，以便为出国留学打下基础。对于中国上层家庭来说，女子教育尤为需要。但是由于缺少好的女子中学，中国有些富有家庭只能请家庭教师，或由自己的父兄充当教师在家里教女孩读书。劳拉·海淑德认为，教会应当组织筹款为这所正在筹办中的女子高级中学购买土地和校舍，并派遣更多符合要求的传教士到中国来担任教职。为了让这些新来的传教士能有一个很好适应工作的学习过程，还需要成立一个“传教士之家”，以便让刚到中国的传教士能有一个较好的生活和学习环境。

海淑德的办公室

劳拉·海淑德的意见得到美国妇女传道部麦加沃克夫人和美国基督教南方卫理公会墨梯主教 (Bishop McTyeire) 的重视，虽然那时南北战争刚结束，美国国内的经济还没有恢复，他们还是决定马上为这所要在上海开办的女子学校筹集资金。根据林乐知的调查，要办这样一所女子高级中学，购买土地和在这块土地上建造教学用房和教师之家，需要两万五千美元。海淑德建议采用募股方式，每股 10 美元，分成 2500 股来集资。每个教徒可以认购一股或几股。1885 年 6 月在美国田纳西州诺克斯维尔举行了南方卫理公会妇女委员会第七届年会，在这次会上通过了一个决议，完全认可劳拉·海淑德小姐关于在上海建立一个女子高级中学及教师培训机构的建议，教会决定通过社会竭尽全力募集办学需要的资金，以保证劳拉·海淑德小姐能顺利执行这个计划。第一批认购结果是 820 股，差不多是全部需募集资金的三分之一。

海淑德从麦加沃克夫人信中得知计划得到了董事会的认可，很高兴，她在上海印制了一封信，广为散发，为即将诞生的女子学校做宣传，同时她专门寄给亚特兰大三一教堂一封信，呼吁教徒能定期为学校做贡献。她还写信给教会，希望能有 25 名女士到上海来接受师范培训。她印了二三千封信，并将 100 份寄到美国，她印制和邮寄这些信件都是自费的，她说不能将董事会募集的钱随便滥用，这些都应该用她自己的收入来支付。她写了一封很长的信给美国南方妇女传道部，说明当时在上海南卫理公会已有“三一堂学校”和“克洛普顿学校”两所学校。克洛普顿学校有 18 名学生，这是一所培养中国女孩

成为教师和教师助手的学校。“三一堂学校”是几所日校的统称，在那里一共有175名学生。在上海的中国父母比其他任何城市都更愿意让他们的孩子到外国人办的学校上学，如果教会能派更多教师来监督和指导学校工作，学生人数可能会增加到上千人。海淑德在信中也不忘表达她希望通过增加学生数量，使学生影响她们的家庭，从而使更多中国家庭成为基督教家庭的愿望。她号召在美国的女教徒资助办学并希望有人能到中国来。海淑德向教徒们宣传购买资助中西女塾的股票将是一个很好的投资，将会有好的回报，她甚至希望她们动员主日学校的那些孩子们每人带10美分来，100个人就可以合伙购买一股。她希望在1886年4月1日之前将25000美元的办学所需款项筹齐。

在此同时，林乐知在上海寻找办校的合适的地点。突然有一天一名他委托的经纪人来告诉他有一块很合适的地皮，由于原主人的经济发生了危机，急需抛出，地价大大低于市场价。林乐知闻讯立即和那位经纪人坐上马车去现场。那地方确实是林乐知心目中所设想的办新学校的好地方，业主因过度地投资房地产，急于转让这块空地来赎他的抵押贷款。价格只有邻近地产价格的一半：10500两银，相当于14000美元，这真是千载难逢的机会。林乐知赶紧叫上海淑德和缪斯，三人一起再到现场考察。这样的地段，这样的价格，大家都很中意。林乐知赶紧去了经纪人的办公室，告知购买意向，晚上便签了合同。1885年10月19日，林乐知在信中向麦加沃克夫人汇报了购买土地的过程。这块土地有9亩，每亩地价1650美元，比周边2700美元至3300美元一亩差不多便宜了一半。海淑德对于这块土地也很满意，它有很多优点：三面环街，非常安静，可避免邻居干扰，办学校非常合适。土地费用在1886年8月全部付清。但校舍和教师之家的建造工作直到1889年8月才开始。这三年等待的时间，对海淑德是一个耐心和信心的考验。在这期间，她因不适应上海的气候曾经生病，身体变得虚弱，而且失眠，消化系统紊乱。在这段时间里，令海淑德高兴的是，已经有一些传教士教师启程到上海来。为了尽快恢复健康，1887年4月她和另一名传教士教师安娜一起到日本去休养了一个月。在日本她碰到了几名从美国总部派出到上海的传教士教师，这使她感到很高兴。5月回到上海，8月她和安娜又去烟台休养了一段时间。经过了两年多的气候适应，海淑德恢复了健康，她又开始全力以赴于教学工作中，培训新来的传教士教师，每天的日程都排得满满的，这使她的生活很充实，精神也振奋起来。1889年5月，妇女传道部召开董事会议。林乐知博士辞去在中国的妇女工作委员会主任的职务，主教威尔逊建议由海淑德代理上海地区的董事会主任，负责传达董事会宗旨及决议和计划的实施。这样，海淑德工作的担子就

更重了。每年夏天还有内地的很多传教士到上海“三一堂”的传教士之家来避暑休息，海淑德总是作为主人热情接待。虽然暑假就要开始，但接待建筑师和承包商，使得海淑德格外忙碌。

中西女塾的校舍建造工作于1889年8月正式开工。海淑德对新的女子中学的前景充满了憧憬。

三、中西女塾的诞生

海淑德期待了7年之久的中西女塾终于将在1892年3月17日开学。在这个早春来临之际，海淑德怀着兴奋愉快的心情在新学校的办公室里用打字机打印着漂亮的请柬。她回忆起十年前，在阿特兰大的“三一教堂”，林乐知博士第一次和她谈到办一所高水准华人女子中学的设想。七年前，在上海，林乐知又和她多次商谈办学事项，这是一个漫长而又艰巨的过程。经费、土地、建筑、培训教师，每一项都花费了巨大精力。如今梦想终于要实现了，海淑德心中充满了喜悦和感恩。可以肯定，在1892年3月15日之后，她的人生将迈入一个新阶段。

学校的英文校名为McTyeire School，是为了纪念美国南方卫理公会墨梯主教(Bishop McTyeire)。在林乐知建议开办这所女校时，他曾大力支持；当海淑德筹募创办经费时，他曾大力号召教徒们慷慨解囊；然而正当这所学校在建造过程中，墨梯主教却不幸去世。林乐知和海淑德觉得很是遗憾，故特地以其姓氏作为学校英文校名，以志纪念。学校中文校名“中西女塾”，延续了中西书院融合中国传统文化和西方科学文明的办学宗旨，培养亦中亦西的新女性。这个培养目标十分符合当时中国上层阶级的需求，他们迫切需要将自己的女儿培养成能讲英语，懂得西方礼仪，受到良好教育，能出入上流社会的大家闺秀。

海淑德小姐打印的漂亮请柬被送至当时上海最高统领道台府和美国驻沪总领事馆。被邀请的还有其他一些上海上层人士、报刊主编和中外记者。按照中国当时封建的习俗，男女宾客分别邀请，男宾在3月15日，女宾则在3月16日。

1892年3月15日为邀请男宾出席开学典礼日，仪式很隆重，接待的客厅按照中国民族风格布置得喜气洋洋。上海道台聂仲芳亲自出席，还有众多上海地方官员。当时的中西女塾是一个独立的学校机构，并未在中国政府办理过任何立案手续，上海道台聂仲芳出席开学典礼，表明了中国政府对于中西女塾的支持。美国驻沪副总领事代表美国方面

1892年位于西藏路汉口路上的中西女塾校舍

出席。遗憾的是作为开办中西女塾的创意人林乐知博士那天因事未能出席，而海淑德又是女士，按照中国男女授受不亲的旧习俗不能出席招待男宾的场面，于是她请《先知报》两位主编艾约瑟 (Rev. Dr. Edkins) 和爱默生 (Mr. W. S. Emens) 作为校方代表，出面接待中国地方官员。爱默生先生首先致简短的欢迎词，接着由艾约瑟博士介绍学校筹备经过和办学宗旨。欢迎仪式结束后就邀请客人们参观校舍。底层是教室，教室里的课桌椅都是在中国定制的，质量很好，和美国学校的一样，椅子坐垫是可翻转的。石质的黑板镶嵌在教室墙壁中部恰当位置，上数学课和其他课程所需的粉笔，教具等教学用品一应俱全。学生食堂也在一楼，已经配置了必要的餐桌和座椅。宿舍在二楼，旁边就是盥洗室，并带有浴室。按照中国习惯安置了床和寝室用具，但是又都摆放得十分洋气。客人们边参观边赞美，一切设备都很精致美观，大家很满意。参观完学生活动区，客人们被带领沿着一条走廊走到建筑物西翼，那里是教师住宿和生活的区域，有一个"教师之家"的餐厅，中国道台和客人们被招待在那里喝下午茶。中国官员们显然很喜欢这个地方，喝茶和谈话进行了近一个小时。

聂道台对海淑德校长很感兴趣，但因为海淑德校长没有出席，聂道台特意派代表问候她，同时想了解一些情况，如"校长有多大年纪？过去有过什么办学经验？"等等。海淑德回答说："近五十了，有三十年教学和办学经验了。"这时在海淑德校长身边的几名美国教师补充说："不要忘记说还有花白的头发呢，年轻人是办不了这样一所学校的！海淑德校长的办学经验是无人能比的。"因为她们知道中国社会尊老的传统，和对于"白发"、"经验"的尊重。听了使者的传达，聂道台还不满足，希望能见一见校长。于是趁着绅士们喝下午茶的时候，客厅的门被缓缓地推开了，海淑德校长雍容华贵地出现在客厅门

西藏路汉口路时的中西女塾体育课

西藏路汉口路时的中西女塾篮球队

口，她一头花白头发，手持长柄近视镜、穿着袭地长裙，态度谦逊，身板挺直，显出一种高贵气质。在场绅士们全都礼貌地起身，聂道台在翻译陪同下走上前去，讲了察看学校后的感想，简短又礼貌，也对学校热情的招待和美味的茶点表示感谢。海淑德小姐做了恰如其分的答谢。绅士们很满意，聂道台喝完茶告辞，客人们也都带着满足感散了。这个开学典礼在美国教会中一时传为美谈，也在日后的《士林西报》上报道了。

第二天是3月16日，是邀请女宾的日子。但是天公不作美，大雨滂沱，天气又冷。虽然如此，来的女宾还是不少。这天来了7名学生，多为基督教家庭的孩子。5个住宿生，2个走读生。女宾们先听了海淑德校长对工作的汇报和学校的计划，又参观了学校。7名小女孩被叫来和来宾见面，女孩们羞羞答答出来见了客人。下午4点，为客人们提供了茶点。这一天大家都很满意。海淑德校长和两名老师认为有7名学生就已经是一个良好开端，别的不收学费还倒贴学习费用的教会学校，学生尚且寥寥无几，而中西女塾学生是要付全额学费的，第一天能来7名学生，前途肯定乐观。果然，过了两个星期，又有2名新生来报名，一名是海军军官的女儿，另一名是富商的女儿。

中西女塾正式开学了，海淑德校长手下只有两名中国助理教师，整天忙得不可开交。往往早上她还来不及吃完早饭，听到时钟敲8下，马上赶到学生餐厅，主持女孩们的早餐，待女孩们早餐完毕，她才能回到房间继续自己的早餐。此外，海淑德还负责学校的英语教学。国文教学由一名吴先生 (F.Z. Wong) 主管。吴先生从海淑德到上海以后就一直担任其中文教师，为人忠诚，不仅教授海淑德中文，而且还在很多事情上给予她很多有益的忠告，因而深得其信任。中西女塾开办后吴先生便被海淑德留在学校教国文，成为

西藏路汉口路时的中西女塾小学部

中西女塾第一名中国教师。此外还有一名罗太太 (Mrs.Loehr)，她原是克洛普顿学校的音乐教师，到中西女塾负责音乐部工作。但是她突然生病。因此许多事情不得不由海淑德亲力亲为。她在克洛普顿学校物色到一名助手马秀贞临时接替罗太太的工作，此人原是罗太太的学生，克洛普顿学校的优秀学生。在此期间代替罗太太工作，帮助管理班级，教课，解了海淑德的燃眉之急。这个年轻人在学校工作了一年，罗太太恢复健康后，她去了宁波的一所学校。此外，海淑德还通过寄宿在教师之家的英国传教士物色到一名虔诚的基督徒郑太太，帮助管理学生和处理学校杂事。另一名寄宿在教师之家的英国传教士约翰斯顿小姐 (Miss Johnston)，也对中西女塾感兴趣，志愿每天上午抽空教女孩们英语，这让忙得不可开交的海淑德能在每天上午腾出一个半小时来处理一些事务。约翰斯顿小姐愿意陪伴海淑德直到有新教师到来才离开。海淑德原来负责的克洛普顿师范学校则交给莲吉生管理。1892 年 5 月 15 日，海淑德收到麦加沃克夫人的一封信，告诉她有 7 名传教士教师将在秋天到学校来工作，这使她非常高兴。

这年暑假，疲惫不堪的海淑德到日本去休假了 2 个月，这才让她恢复了健康。1892 年 10 月 18 日，7 名新教师到来，加上原来曾经共过事的休斯小姐 (Miss Hughes) 回国休假归来，中西女塾一下子增添了不少人手，热闹了许多。盖瑟夫人 (Mrs. Gaither) 和博马小姐 (Miss Bomar) 每人都承担 1 到 2 门英语课，雷诺兹小姐 (Miss Reynolds) 在她的音乐课上做出了一个勇敢的开拓，她已经有了五名音乐科学生，她办起了一个唱诗班和一个健美操班。新来的教师中还有麦克莱伦小姐 (Miss McClellan) 和莲吉生小姐 (Miss Richardson)，她后来承接了海淑德校长的担子，为中西女塾的发展做出了重要贡献。此外，教会还给中西女塾派来了麦克劳德牧师 (Dr. Macleod) 和凯主教 (Bishop Key)，以协助海淑德对学校的决策和管理。

海淑德校长终于从繁琐的日常事务中摆脱出来，开始真正履行校长职责，制定计划，安排好每个人的工作。到 1892 年年底，中西女塾已经有了 16 名学生，其中 10 名是住宿生，6 名是走读生。海淑德校长手下的教师都具有很高的工作热情，她们不仅在中西女塾工作，还承担了上海教区其他方面的工作。莲吉生管理的克洛普顿学校发展很顺利，麦克莱伦也在“三一堂”学校的日校兼课。一年后，1893 年 3 月 16 日，中西女塾已经有了 13 名住宿生和 5 名走读生。工作的顺利让海淑德相信，在新的一年中西女塾必将迎来一个新发展。

果然，由于中西女塾办学的声誉，源源不断地有中国家长愿意付费让自己的女儿进来读书。有的外省市学生到上海来，路上行程就要 20 天甚至一个月以上，竟然也慕名而来。两年之后，中西女塾的校舍容纳的学生数量已达极限，学校不得不采用提高收费标准和学音乐另外收费的办法来控制学生数量。此时由于学生的增加，中西女塾已经可以做到经济独立，于是海淑德校长开始酝酿建造新的教学楼以满足越来越多新生的到来。

此时海淑德的健康出现了问题，她必须要休假了。1894 年 4 月 27 日，海淑德回到了她阔别已经整整十年的家乡亚特兰大。此前她将学校的事情交付给莲吉生。她认为莲吉生有能力担当起管理中西女塾的工作。海淑德校长对学校的一系列计划只能留待莲吉生去实现了。

四、中西女塾的早期发展

1894 年 4 月莲吉生代理了中西女塾校长的工作。

海伦·莲吉生 (Helen Richardson)1890 年来到上海，先是在海淑德主持的“克洛普顿学校”工作，当海淑德忙于创办中西女塾时，她接替主持了“克洛普顿学校”的工作。中西女塾正式开办后，她于 1892 年 10 月被上海的妇女传道部派到中西女塾工作，此次

海淑德又选择她接替工作，可见海淑德对她的信任。

海淑德校长为中西女塾制定了办学宗旨：

①主要面向中国上层阶级的女儿，提供高等普通教育，中英并重。

②教授西洋音乐 (选修，另收费)。

③从思想上和道德上对中国女子施以西方教育和影响，使之成为懂得西方文化和礼仪的上层阶级淑女。

④最后也是最重要的是传授基督教的基本要道，通过这些学生去影响她们的家庭，扩大基督教在中国的影响。

海伦·莲吉生很好领会了海淑德的意思，她本身也是一名虔诚的基督徒，其家庭也是基督徒家庭。继她来到中国之后，妹妹玛丽·莲吉生 (Mary Richardson) 于 1898 年 8 月也来到中国，经过了 11 个月的语言学习和培训，有了很大进步。1899 年暑假，她到江西庐山牯岭休假时，于 7 月 24 日突发急病，回到上海后于 8 月 2 日去世。这对于海伦·连吉生是一次重大打击。但她很快从这一伤心事件中摆脱出来，专心致力于工作。

1896 年 3 月 18 日，海淑德结束休假回到上海，她被赋予更重要的职务，成为美国基督教南方卫理公会上海教区董事会的代理人，负责上海地区的妇女传道部的全部工作。她的“巡回点”包括五站：上海、南翔、嘉定、松江和苏州。她经常在这 5 个点巡回布道。因而，1896 年 11 月，她将中西女塾的工作彻底交给了莲吉生。虽然如此，她一直很关心和支持莲吉生的工作，在亚特兰大休假期间，她经常和莲吉生通信，交流有关中西女塾的工作情况，回到上海以后，如在上海中西女塾的教师之家住宿，便和莲吉生见面、交流。她们常在月光皎洁的夜晚，在中西女塾的教师之家，望着窗外明亮的月光，听着宁静校园里树叶的沙沙声亲切交谈，交流对中西女塾发展的设想。莲吉生很快适应了中西女塾校长的工作。

在莲吉生主持工作的 23 年中，中西女塾按照美国中学的教学要求严格治校。一年有两个学期，从 9 月起到第二年 1 月为第一学期，然后放三星期寒假，春节过后开学至 6 月中旬为第二学期。暑假放两个半月，比一般教会学校略长。此外清明前后放一短暂春假。

学生每天早上 6 点正起床，除早餐外，还要打扫寝室。8 点整上课。学校上午上四节课，下午两节课。在上午第二节课与第三节课之间有一段休息时间，午饭前还有约 20 分钟的午会时间，由学生组织各种活动。下午两节课后是学生体育活动的时间。晚饭后是夜自修时间。初中学生每晚 8 时结束晚自修，8 时半上床睡觉。高中学生晚一小时结束夜自修。

设置的课程有英文、国文、数学、科学、地理、历史、宗教、家政等。学校早期所用课本，除了国文课本外，其他都是美国国内的中学原版英文教材。在开办初的10年内，宗教课占了重要地位，每天一课，以后逐渐减弱，原因是来自非基督教家庭的学生越来越多，而中西女塾的经费，除了开办费和由差会派遣的美国教师的薪金外，其余费用均自给自足。为了办学经费，学校不拒绝非基督教家庭的学生入学，而这些学生普遍对宗教不感兴趣，有的还有抗拒心理，教师虽想尽办法希望将其上成受学生欢迎的课，但收效不大，因而只好削减宗教课，对一部分学生在课外宗教活动中做弥补。

莲吉生

学校开办之初，家政课只有刺绣课，没有烹饪课，因为认为刺绣是高雅的闺房小姐的手工艺，而厨房仅是下人的工作。既然中西女塾的学生都是高贵华人的女儿，她们不需要学会在厨房干活。但是后来莲吉生校长认为学校要培养懂得西方上流社会生活的淑女，因此她们应该掌握西方的饮食文化和生活方式。于是在1914年，莲吉生校长特意从美国请来了自己的嫂子莲吉生夫人(Mrs. Richardson)来教烹饪课。开始是选修课，只有25个学生报名参加，以后才发展成高中学生的必修课。

莲吉生任校长期间，对学生管理十分严格，甚至到了专断的程度。学校完全按照美国教会女子中学严格的管理制度，要求学生严格按照校规行动，不得有任何越轨行为。1914年秋，在一堂自修课上，有几个学生在自由讨论，正巧莲吉生校长经过，她立即批评学生，并要学生写下姓名，听候处理。学生不服，争辩说她们是在讨论功课，拒绝签名。其中有两名学生说她欺负中国人。莲吉生校长大怒，立即开除她们。当天下午有80名学生聚会讨论此事，并派代表要求校长收回成命。莲吉生校长坚持不肯，因此82个学生同时离校，以示对校长处理事情不公的抗议。当晚57个学生由家长送回学校，并保证学生以后遵守纪律，不再闹事，每人付5元报名费“重新入学”。莲吉生校长认为82个学生“闹事”是由一个青年教师煽动，便解除了那个教师的职务。

中西女塾有严格的考试制度，1900年学校有了第一批达到美国高中毕业程度的毕业生三名，她们是孙素馨、史凤宝、颜庆莲。以后每年都有经过考试达到毕业要求的学生毕业。

海淑德的墓碑

这一年对于中西女塾来说也发生了一件不幸的事，海淑德校长去世。海淑德从美国休假回来后，一直辛苦奔波于5个传教点之间，终于在1899年6月累得病倒了。中西女塾的学生们在她生病期间，写信慰问她，圣诞节前到病榻前为她表演节目。这一切都没能使她康复，1900年4月29日，她终于没能抵挡住病魔的进攻，离开了她热爱的中西女塾和克洛普顿学校的学生和同事。在她55岁的一生中有14年是在上海度过的，她长眠在上海的外国人公墓。

1900年前后，中西女塾在社会上的声望日高，校舍虽一再扩充，但不断有新生来报名，校舍已到了人满为患的程度。莲吉生校长天天面临的严峻问题就是如何解决日益增长的校舍需求。

迫切需要添置新校舍了。1898年莲吉生向妇女传道部申请为中西女塾建造新校舍。申请很快获得批准，新的教学楼造在原建筑东侧，和原建筑的画廊连接。为了纪念1895年12月23日去世的原美国基督教南卫理公会妇女传道部秘书，也是海淑德小姐最忠诚和最亲密的朋友麦加沃克夫人，该教学楼被命名为“麦加沃克纪念堂”(McGavock Memorial)。新教学楼1899年4月动工，年底建成。

新老教学楼同时使用，但学生增多，原有的餐厅也不够用，于是老建筑里最大的一间教室改为餐厅，调整了新老建筑的使用功能，莲吉生校长也让出了自己的办公室，以增加教室面积。1907年将原教师住宿的很大一部分改作教室。1912年又租用慕尔教堂的几间房用作教室。同时，学校发现原来将一些要求入学的已婚妇女和成年妇女拒之门外是不明智之举，于是考虑为这部分人另设一班，收取加倍学费。这一举措得到了很多上层家庭的欢迎，1912年原计划招收30人的这个特别班结果收了40人。

到了1913年校舍又显紧张，学校向教会总部买下了整块慕尔堂产业，除周末礼拜时间外，平时都作教学用。1915年春季，小学部迁入在九江路租下的三所半中半西式的房屋。同时开办中西幼稚园，第一年学生仅六七人，第二年学生数增加，第三年幼稚园人

数增至 29 人。教学用房的不足还是得不到解决，而中学部要在原地扩充已不可能。为学校未来发展计，莲吉生校长开始寻找合适的新校址。

1916 年莲吉生得到了一个可靠信息，沪西地区有一家因投机买卖亏本而要将别墅以 8 万元出卖。她去看了那块名为“经家花园”的地方，那里有一幢四层楼的豪华大洋房，还有一些小建筑和很大的草坪。另外还有一个美丽的荷花池，池中央有一个喷泉。周围很空旷，虽然房屋不多，但占地面积很大，很适合做一所学校。于是当机立断，在 1916 年 6 月 3 日付了首付 1 万元，余款向汇丰银行贷款，于月底付清，将该地买下了。事后她才向美国教会总部说明情况，申请贷款，得到了总部理解。在 1916 年 6 月 24 日的《士林西报》上记载了这一不寻常之举。

莲吉生校长将原汉口路西藏路的校舍卖给教会，以售房所得款的三分之二买下了忆

1917年被命名为莲吉生堂的教学楼

1917年中西女中的校园

定盘路11号占地53亩的经家花园(今江苏路155号),余款用于1920年在新校舍南面建造的一幢教师之家,供中西女塾的外籍教师住宿。

1917年,中学部迁至忆定盘路新校址,小学和幼稚园仍留原处。中西女塾从此奠定了发展基础。以后中西一小和幼稚园也搬到忆定盘路,校园面积扩大至89亩。经过几年发展和建设,中西女塾无论在教学质量上还是校园设施上都成为上海市乃至全国一流的学校。

为学校建设贡献非凡的莲吉生校长在完成这件大事后一病不起,于1917年7月19日与世长辞,她的墓地早在1900年就已预留在海淑德和她的妹妹玛丽·莲吉生两人中间。《士林西报》1917年7月21日报道了这一不幸消息。为了纪念莲吉生校长对学校的贡献,迁入新校址的中西女塾师生们将学校的主要教学楼命名为“莲吉生堂”(Richardson Hall)。

MRS. RICHARDSON,
Domestic Science.

MISS WHITE,
Chorus Work.

MR. F. Z. WONG,
Chinese.

MISS CLAIBORNE,
Science.

MISS WASSON,
Mathematics.

MISS TUTTLE,
History and Literature.

MISS RICHARDSON, PRINCIPAL.

MISS SMITH,
Music.

The High School Faculty.

1917年的莲吉生校长和中西女塾高中部全体教师

五、从中西女塾到中西女中

1917 年中西女塾搬到忆定盘路校址，但是莲吉生校长竟因积劳成疾去世，这对于学校是一个巨大损失。幸好在中西女塾还有一个能干的副校长马季英，她 1902 年来到学校，曾承担教师、护士长、财务主管、业务主管和副校长等职责。她是一个虔诚的基督徒，对于孩子们富有爱心，孩子们称她为“阿婆”，是中西女塾的总管家。

莲吉生校长去世后的十年内有四名美国女传教士教师相继担任校长，她们是瓦特 (Alice Waters, 1917 ~ 1918)；派尔 (Martha Pyle, 1919 ~ 1924)；库珀 (Lois Cooper, 1924 ~ 1925)；麦金诺 (Sallie Lou Machinnon, 1925 ~ 1929)。

1919 年五四运动以后，国内发出了“收回教育权”的呼声，要求教会学校向中国政府立案，但是在各国差会驻华当局的反对下，久久未能实现。中西女塾自创办始一直由美国人任校长，实行美国式教学，对于立案后必须由中国人任校长，受中国政府控制等要求，不愿接受。故一直拖到 1928 年才准备向中国政府立案。而且不仅中西女塾有此改变，所有的卫理公会学校都准备立案。这一态度的转变，其原因何在？原来 1927 年 12 月 1 日蒋介石和宋美龄结婚，宋美龄的父亲宋耀如是华人传教士，母亲倪桂珍家

1917年的莲吉生堂、家政教室、科学楼，体育课上篮球比赛

是中国最早的七个华人传教士家庭之一，宋家的人都是卫理公会教徒。蒋宋联姻，蒋介石由卫理公会牧师江长川施行洗礼，正式加入监理会。卫理公会负责人对此兴奋有加，他说："中国的'元首'既是我们教会的儿子，也是我们的女婿！"再说，宋氏三姐妹出国前都在中西女塾就读，宋美龄还是美国南方卫理公会威斯理安女子学院的校友。于是卫理公会认为自己与中国政府的关系已经四平八稳，卫理公会所有学校在中国政府立案的问题当然也就没有疑问了。

正当中西女塾准备向中国政府立案之际，原本准备立案后提名为中国校长的马季英突然于1928年2月4日去世，这让教会方面措手不及。马季英在中西女塾工作26年，事无巨细，亲力亲为，勤勤恳恳，爱校如家。她深受孩子们的喜爱，春天她带着孩子们到田野踏青，在乡间小路上散步，身上还带着治疗哮喘的医疗箱，她们在田野上采摘紫罗兰和蒲公英。在回家路上她看到一名残疾的乞丐妇女，便上前温和地对她说了些关怀的话，并将一些钱放在她手里。这个举动给孩子们留下了深刻印象，她的善良和乐于助人为学生树立了一个完美人格的榜样。1928年3月11日，中西女塾全体师生隆重祭奠这个将26年生命和学校融为一体的老教师。

由于马季英的离世，中西女塾的立案又被推迟。1929年，教会物色到卫理公会牧师的女儿杨锡珍来当中西女塾第一任中国校长。杨锡珍1913年毕业于苏州劳拉·海淑德(Laura Haygood)师范学校，获得奖学金到美国Mt. Holyoke学院留学，后来又取得哥伦比亚大学教育学院硕士学位。她于1929年夏就职中西校长，英语部主任殷罗德女士(Louise Robinson)任顾问。由于上述一番周折，中西女塾直到1930年才正式在国民政府立案，改校名为"中西女子中学校"。立案后的中西女中按照中国政府要求，初中除英文课本外，其他各科一律采用中文课本，高中的数理课程和世界史则仍用英文课本。

马季英副校长

搬到忆定盘路新校址后，学校有了进一步发展的空间。经家花园主建筑从外表看是三层楼，实际在三层楼上面还有一个箱子间，屋顶上还有一个花园。学生们搬进新校舍很高兴，从1917年开始创刊的《墨梯》年刊，在其创刊号上登载学生周明璃写的一篇"新校舍记"，详细描写了学校的建筑及内部分布功能，使我们未亲历其境者也能知晓100

莲吉生堂西侧

年前中西女塾的校园情景。

立案后中西女中第一任校长杨锡珍

在当年中西女塾女孩的眼中，新校园“其地清幽，其室精雅，而即园中之一亭一池亦莫不玲珑可爱焉”。

新校址主楼为中西女塾师生教学和生活场所。这幢中西风格结合的楼房共有四层建筑，在建筑顶部有一大阳台，被称为屋顶花园。楼梯是螺旋形的，扶手是一条盘转着向上的雕龙，楼房顶部是一平台，巍然高耸在这四围都是低矮建筑的旷野中。登上楼顶向四面举目张望，景观尽收眼底。向西是“白郭青堤，竹篱茅舍”，一片村景。南面有高大的楼房和绿树草坪，各色鲜花盛开，那里有较多洋人侨居。西南面隐约可见徐家汇李公祠交通部实习学校的屋顶（今华山路1626号上海市复旦中学内李鸿章祠堂）。东北一角，工厂林立，人烟稠密，传出汽笛声声。

从屋顶花园向下，是学生的箱储间，是一个如阁楼的矮层。往下一层是三楼，全部用作教师寝室和学生寝室。二楼有两间学生寝室，两间教室和一间藏书室。底楼分为前后

杨锡珍校长和中西教师(左起杨锡珍、程修龄、葛继恩、吴景昭、陆朱兰贞？, 1930)

1917年的科学楼

两部分，前面部分有左中右三间，中间最大，是自修室，左右两间分别为学生和教师膳室，后半部分有三间琴房和一间会客室。自修室的门窗用彩色玻璃装饰，自修室和膳室的外面有一走廊，走廊地面用彩色瓷砖铺就。走廊向外一面有齐腰高的通透围栏，大理石材质，围栏短柱是由小至大三节圆锥相连而成。自修室的门正对着向下的7级台阶，台阶两边有大理石扶手，呈向外弧形弯曲，使台阶宽度从上至下逐渐开阔。主楼门窗廊柱无不雕刻精致，匠心独运。无论外墙立面还是楼里的护墙板、房间门和楼梯扶手，均极尽东方雕刻、绘画艺术之美。

主楼东北角有两幢2层小楼，一幢呈六角形，另一幢是外立面呈凹字形的长方形小楼，称科学楼。六角形小楼是家政课教室，楼下是烹饪教室，楼上是缝纫教室。缝纫教室墙上挂满了刺绣作品，犹如陈列着一幅幅美丽图画的画展。科学楼楼下是物理、化学实验室，楼上是生物实验室。科学楼南面有一小苗圃，以冬青环绕，植有花卉，是植物学的实验园地。

主楼西面是一荷花池，“池水清漪，锦鳞游泳，夏日荷开水面，荷风吹衣，香气袭人”。池中心有喷泉，似一条盘旋向上的蛟龙，龙嘴里从早到晚喷出水柱似飞瀑。池之

龙墙后的池塘

四面有太湖石假山石，“状若侏儒而嶙峋壁立”。围绕着荷花池四面是披着紫色藤条的葡萄架，池壁向外一米有西式水泥围栏。

主楼南面是一大草坪，草坪边有一土山，上植名目繁多的花卉灌木。草地东南角有一座八角形红色亭子，配有桌凳，供人读书休闲。一条龙墙将整个校园分为南北两部分，墙上开有瓶形洞门，墙北是城市景观，称为城园。墙南是乡村景观，有一池塘，塘中有草木茂盛的小岛，称“情人岛”。堤岸和小岛以一小竹桥相连，寓有“曲径通幽”之意。塘中莲花、菱角比比皆是，鱼儿穿梭其间，在靠近小竹桥的池边有一座茅草顶亭子，是乡村风景的代表物。

围绕着学校四周，一边是红色砖墙，一边是一条竹篱笆墙。

这就是1917年时候的中西女塾的校园。

1920年学校用出售西藏路原校舍所得买下了忆定盘路新校舍后剩余的三分之一款，在龙墙南面造了一幢三层楼的“教师之家”，实现了海淑德校长的夙愿。外籍教师

从莲吉生堂搬出，住进了“教师之家”。莲吉生堂里原教师宿舍改作教室。

1918 年学校开始建造新楼，同时征求设计方案，最终著名建筑师邬达克代表的美商克利洋行的设计方案获得认可。这幢呈马蹄形的建筑，建造费用总共为 175 000 墨西哥鹰洋，主要由美国卫理公会总部的南方妇女布道会所提供，中西女中的学生也进行了义演募捐。建造这幢宽大的宿舍楼，工程浩大，总共化了四年时间，到 1922 年 11 月 21 日新楼竣工，举行新校舍落成礼。当年的预三学生，日后成为中西女中和市三女中生物教师的田莲素，在 1923 年的《墨梯》上写下了一篇“本校新屋落成会盛志”的短文，记载了宿舍楼的落成典礼：

“11 月 21 日，本校举行新屋落成典礼，是日也，天气晴朗和风拂袖。下午二时许，车马纷纷鱼贯而至，来宾均由本校之招待员接引上楼，参观寄宿舍及温书室等。各学生家属由各生自引参观，毕至饭堂，进茶点，迨四时，振铃开会，秩序井然。惜会堂太小，不能使来宾皆得座位，致吾等学生竟无立足之地，殊觉怅怅也。会中有中外各人及学生

建造于1920年的外籍教师宿舍

1922年建造的学生宿舍

代表演说，迄闭会时，全体学生由长及短，排成队伍从东首之门入，且行且歌，过来宾之前以示答谢及欢欣之意。”

宿舍楼以“兰柏 - 克洛普顿楼”(Lambuth-Clopton Hall) 命名。为什么要将这两个相互间毫不相干的人共同命名中西女塾这幢新建宿舍楼呢？这是因为兰柏主教是最早一批到上海的美国南方卫理公会传教士，和林乐知博士长期共事，为教会做了很多贡献。兰柏夫人也很早就在上海从事女童教育。兰柏夫人当年创办一所女童学校遇到困难时，美国南方卫理公会总部的秘书麦加沃克夫人卖掉了自己陪嫁的珠宝帮助建造了一幢新校舍，为了纪念她的母亲，这所学校被命名为“克洛普顿学校”(Clopton School for Girls)，从某种意义上说，“克洛普顿学校”就是中西女塾的前身。为了纪念这几个为教会和中西女塾做出贡献的人士，就将这两个代表性人物的姓氏作为新建宿舍楼的楼名，以志纪念。但是这个楼名却没有像“莲吉生堂”那样流传下来，一方面兰柏主教和克洛普顿夫人都不是和中西女塾有直接关系的人物，另一方面这幢新楼的用途就是做450名学生的宿舍。于是在习惯意义上这幢楼就被叫做宿舍楼(The Dormitory Hall)，后来由于这幢楼的小礼堂经常用做开舞会和举行各种聚会活动，有时就将小礼堂的名称Social Hall作为整幢楼的称呼了。

宿舍楼内大小房屋不下二百余间，布置适宜，排列整齐，凡电灯、自来水、盥洗室、床铺桌椅等物件，莫不从方便学生出发，一应俱全。于是新学期开学，莲吉生堂内的住宿学生均喜气洋洋搬进新屋。自修室、膳室和医务室也迁入新楼。初中部也设在新楼里。

莲吉生堂则全部作为高中部的教学楼，楼内旧卧室改为教室，旧自修室改为客厅，旧膳堂改做风雨操场。

1928年中西女中校友会发起，由全体中西女中校友，包括自学校创办之日起，至1929届的学生，捐款为母校建造一座健身房。这座健身房位于学校东南角，1929年落成，成为学生课余最爱去的地方之一。

1933年老莲吉生堂因年久失修，需要重建。于是仍请邬达克设计建造新的教学楼，将中西女塾在汉口路的空地租给扬子饭店所得15万元租金用于建造新楼。1935年新楼落成。

自搬到忆定盘路后，学校又陆续将附近空地买下，将校园面积扩大至89亩。1933年，中西女中第一附属小学和幼稚园都搬进忆定盘路校址，和中学部的南园之间用一竹篱笆相隔。学生人数，从幼稚园到高中，包括设在法租界的中西二小，共有约1200人。

至此，中西女中的校园面积、校内格局和建筑物一直保持至1952年。

六、抗战艰难岁月

1931年“九一八”事变爆发，举国震惊。东北三省被日本军队占领，抗日的呼声响彻中国大地。中西女中立即在校内开设了急救包扎、看护伤员培训，很多同学都自愿参加培训。1932年上海“一·二八”淞沪抗战，受过培训的中西女中高中很多学生参加了大陆商场上海妇女救护伤病医院救护伤员的工作。

薛正1932年从燕京大学教育系毕业后接受了中西女中杨锡珍校长的聘书，任中西女中教务主任。薛正进中西女中后最初两年兼任初二国文课和初三世界史课教师，借以熟悉全校情况。1933年正式出任中西女中教导主任。1936年由于杨锡珍校长的工作一直得不到校董会赏识，不得不辞职离校，自己开办了锡珍女校。1936年12月，薛正正式接受聘书，任中西女中代理校长。殷罗德继续担任美国方面的顾问。

当1936年12月薛正接手中西女中校长一职时，中国正面临抗战全面爆发前的局势。但由于那时美国并未对日宣战，日本人对美国教会学校并没有采取任何干涉行动，只是有时在校门口会发现一两个行迹可疑之人。学校只是强调关门教学，加强防范，以防不测。

薛正校长首先是一个爱国者，在她任职校长后，首先教育学生要爱自己的祖国，在“以教育为已任，为国家作贡献”一文中，她说：

“因此，我首先提倡中文教育，努力提高学生的中文水平。不仅要求学生知晓西方

文化，也要求学生懂得东方文化；不仅要学生唱外国歌曲，也要求学生唱中国歌曲；不仅教学生排练莎士比亚戏剧，也教学生演出中国传统古装戏。我自己也第一次在中西女中导演了中国现代剧《一片爱国心》。”

薛正校长在抗战时期

“1936 年我受聘中西女中校长后，在主持校政和负责全校教育工作之外，有意识地支持校内进步力量。当时学校里每天在课后饭前有一个短短的午会，一般由校行政与学生会分别负责，午会主要是表演一些地主压迫农民、老板剥削工人、劳动人民无法生活、妻离子散家破人亡的内容。有一天，美国顾问问我：‘你看学生会搞的表演是不是太沉闷了？不很好看吧！’我回答说：‘的确很沉闷，但都是事实，让学生看看，知道一下有好处。’美国顾问听了我的回答既惊讶，又反感。后来美方以这些戏使师生心情沉闷、影响饮食与消化为借口，迫使在午会上停演了。”

“为了在教育上得到更多的自主权，我聘请了五至七名中国教师组成一个校政委员会，每星期召开一次例会，讨论校政。虽然这样做不能完全摆脱美国顾问的影响，但使中西女中校内民族自豪感的气氛增强了。”

1937 年“八一三”淞沪抗战爆发，师生抗日热情高涨，中西高中一批学生到租界为国军包扎伤员，在 1938 级级史中这样记载：“去夏参加服务伤病医院及难民收容所者，颇不乏人，牺牲之精神，颇得各届之好评。后学校开学，犹于课余之暇，为难民缝纫棉衣，募集捐款，举凡绵力所能及者，毋不热心为之。”当年高二的 1939 级级史上也记载着：“数月后全面抗战起，很多同学到后方医院为助手，看护伤兵和难民，也有受过集训的同学到前线去服务。十月初，学校决定了开学的日期，除了随家属在外埠避难的同学，我们都在炮火声中回母校上课，环境不允许我们寄宿校中，然而这不能稍杀我们的精神，在这整个民族受灾害受痛苦的时候，我们还能求学，已是太幸福了，每日的往返能算什么？我们贪婪地读着书，课余尽力做点为难胞募捐的工作。”

1939 届曹宝贞回忆：“1937 年薛校长令我代表中西海涵堂去八仙桥男青年会开会。会上讨论要成立一个全市教会学校学生的联合组织。成立时推选七个学校的代表组成执委会。我作为中西的代表为执委之一，任服务部长。”

1939年上海联中学夏令营在中西女中举办

这个组织即“上海基督教学校学生联合会”，简称“上海联”，是中共上海地下党学委领导下从事抗日救国学运的一个全市性学生团体，它以宗教组织的形式在租界合法存在。1938 年夏天，“上海联”在中西女中举办了 3 天夏令营，参加的有来自 17 所学校的五六十名学生。夏令营用演讲报告、讨论会、文艺体育活动等形式对教会学校的积极分子进行爱国抗日和人生观的启蒙教育，以提倡身心健康，弘扬团队精神，互相关心他人等为宗旨团结同学。中西以后有 1939 届朱庆观参加了“上海联”在大剧院的演出。1939 届郑文娟和 1938 届朱爱英参加了“上海联”的夏令营。

1940 年薛正赴美国哥伦比亚大学教育系攻读硕士学位，一年后回国。在此期间，学校工作由殷罗德顾问和陆朱兰贞代理教务长负责。

1941 年 12 月 8 日珍珠港事件发生后，日本宪兵大清早就把守了中西女中的大门。虽然几天之后宪兵就撤走了，但此后中西女中即将被日寇侵占的迹象日益明显，校园内出现了日寇的测量队，图书馆受到检查，负有特别任务的日本军官或便衣随意出入于各个教室。全校师生员工们警觉地注视着事态的变化。薛正从中华基督教青年协会一日本干事处得知，日本陆军已看上中西校园，要将其改为军医院，并将师生全部赶走。

果然不久后的一天下午，薛正办公桌上的电话忽然响起，电话里传来一个男人的声音，虽讲的是英语，但带着浓重的日本口音。此人自称是上海青年会的干事，是中国人的朋友，特邀请薛正翌日清晨去他家共进早餐，有要事相告。第二天早晨薛正去见了这个日本人。原来所谓“要事”就是宣布日本军部将占用中西，作为伤兵疗养院，学校必须从速迁出。

这个消息对于薛正来说本来就是意料中的事，但正式听到这一宣布，仍有大难临头之感，使她感到头皮阵阵发麻，但她想：“我决不能做汉奸，但又不能采取过激行动，让学生们受难。我必须保证学校的生存。”

1942年底，上海所有同盟国的外国人都要进集中营的消息传开了，会督(即主教)黄安素(A.Ward)，当时是卫理公会华东区的最高领导，召开了一个紧急会议，邀请校董会成员和校友会会长、家长代表以及学校负责人出席，会上集中讨论了中西女中今后的问题，中外成员的意见颇不一致，讨论很久，不易解决。外国人认为最妥当的办法是关门大吉；中国人认为应考虑青年学生的出路，如果学校停办，学生们又该去何处？所以主张，除非日本人有什么无理要求，否则学校还是应该继续办下去。抱这种主张最坚决的是中国董事长、校友会会长和家长(都是中西早期毕业生)，薛正也竭力支持这一主张。最后黄安素说：“你们看情况罢，能办到什么时候就办到什么时候，可是你们要懂得，我们没有要求你们一定要办下去，更不希望你们为了学校牺牲自己，这一点大家应该很清楚。”

1943年2月，美、英籍教师都被迫进集中营，当运载她们进集中营的汽车开走的时候，全校学生都自发地沿着龙墙排着队含泪和她们告别。学校由中国人组成的校董会领导继续办下去。

但此后日寇的骚扰更加频繁，学校里常常出现身佩军刀的日本军官，好几次，有武装日军踏着骄傲沉重的步伐来校中观察，敌人的军车也常在校园里横冲直撞地肆意驶行，碧绿平整的草地上，深深印上了辙迹，中西女中校舍的命运几乎全握在日寇魔掌之中。

紧张的气氛反而激励全校师生同仇敌忾，团结一心。薛正看到在她每次与日本军官周旋的时候，学校的花匠总站在大草坪上校长室外面不远的地方注视着她，这给她增加了勇气，她感到自己不是孤立的。

当年5月初，日军让住在校内的中国人集中居住在教师之家。传达室内驻扎了日本兵，但师生还能自由出入。有一天南京汪伪政府来了一批人，他们在校门口向日本兵鞠躬，这就似乎给所有进出校门的中国人定了个规矩。但中西师生不以为是，认为在门口下

海格路425号临时校舍

车可以，但向日本兵行礼则不干。有许多学生进出校门时，都想方设法骑车冲过去，任日军卫兵在后边喊叫也不回头。

到1943年初夏，日军方决定强行占领全部校舍，连中西女中第一附小也包括在内。学校非迁出不可了。薛正通过中华基督教女青年协会的日本女干事内藤行向日本军方提出，一定要有去处才能搬。内藤行陪同薛正去日本陆军司令部交涉达六次之多，每次到会谈室必须经过有两排荷枪佩刀相对而立的日本士兵形成的夹道。最后，已经占领了一所英国女子中学的日本小学校长总算同意搬出，让中西女中迁入海格路425号（今华山路）英国女子中学，中西一小搬进地丰路（今乌鲁木齐北路）一所礼拜堂内。一群武装日军随即冲进中西校园，占领了中西女中的全部校舍作为日陆军第二病院。

在迁校过程中，令同学们最难忘的是抢救图书的过程。那是1943年暑假开始的一天，一清早同学们就相互告知，到图书馆去，尽量借书，能搬多少就搬多少，帮助学校抢救书籍。当持续了一个多月的搬迁工作进行到最后一天，师生们护送着装得满满一卡车的书籍准备出校门时，两个日本哨兵忽然拦住要检查，此时雷雨大作，眼看车上的书将被淋湿，薛正校长把身上的雨衣脱下来盖在书上，接着几十件雨衣从学生和教师们身上脱下来，把一卡车书盖得严严实实，两个日本兵咕噜了几声，挥挥手表示放行。薛正校长和师生们回头望了一眼美丽的校园，泪水和着雨水禁不住流淌满颊。

1943年至1945年是中西女中最困难的两年，物价无限制的上涨，一日数跳，一大堆

钞票买不到东西。学校收了学费后立即给老师和员工们发半年薪金，然后把余款购买纸张、物资以及黄金、美钞。到了期中，眼看教师们的薪金已所剩无几，于是学校卖掉几条金条和若干美钞再发六个月薪金。不到期终，教师们又闹钱荒，只好再卖掉一些黄金，再发六个月薪金。在薛正领导下，学校就是这样苦度岁月，尽可能使教师们安心完成教学工作。

在日占期间，日方强行指派日本教师到各校教日文。派到中西的日本教师名石川。但是由于学生抵制，或在堂上吵闹，或消极罢课、乃至逃课，日文课根本教不下去。此时，石川的妻儿在来中国途中因轮船倾覆而葬身鱼腹，所以他也无心教书。不到半年，日文课就不了了之。与此同时，日方还打算派来一个日籍体育女教师。薛正以原有体育教师还未上足课为由拒绝了。

1943 年冬，一个日本女子垒球队邀请中西的球队作友谊比赛。师生都说无友谊可谈，坚决回绝。但队员们提出，校内班际比赛时叫内藤行来看我们的实力，免得她们认为中西的球队不敢和她们比。

1944 年 3 月 1 日，是日本的女孩节。虹口一所日本女子小学邀请中西师生去参加她们的庆祝会。名为“邀请”，实为胁迫，在这种形势下，学校商定由部分教师带领部分高中学生去。1945 届的高摄渊这时正是高三，出席了这次活动。她回忆薛校长那天上台讲话，不卑不亢，凛然声称我校无法还请，因为中西已经没有了自己的校舍。那大义凛然，威武不屈的讲话给她留下了深刻印象。五十二年后，薛正校长铜像揭幕，她填了一首《忆江南》，以表达对薛校长的怀念和敬佩之情：

音容在，
懿德树模楷。
傲骨凛然睨顽敌，
丹心善诱育英才，
师表万世垂。

因抗战时期的校董会里都是中国人，这时的行政制度较前灵活许多，例如聘请教师重才不重衣，因此有些新教师穿的是很朴素的蓝布衫；过去学生人数不超出 500 大关，当时这一惯例也打破了；新生的入学保证人也不一定要求是在校学生的家长，只要是学校里老师认识的人即可做保证人，因而社会地位略低的家庭的孩子也可入学。

由于大家对日本帝国主义刻骨仇恨，而当时在反法西斯战线上，美国与中国的立场

一致，因此全校师生对美国老师十分怀念，从各方面打听她们在集中营里的情况，并想尽办法送罐头食品及其他食品给她们。对于汪伪政府，全校师生一致痛恨，骂他们是日本走狗。

海格路的校舍留给学生的印象是矛盾的，离开了忆定盘路美丽宽敞的校园，总算有了一个安身之地。1944 级李锦华写下了对该临时校舍的印象：

“海格路四百二十五号是个很容易记的数目，离开海格路口并不远，而且是所顶理想的洋房。房子虽然有些旧，但是那么的欧化，玻璃的长窗，直使人可以望到草地边石阶上怒放的鲜花，多角形的课室，使我的感觉，我的情绪都藏在这许多角的深处。前面是块顶大的草地，很杂乱不齐，但是这完全是天然美的表现，没有经过人工的修理，在二楼的阳台上望去，一片绿色，那么浓，那么广，是一片没有边的绿色的海洋……”

1944 级的陆宗蟾在付了学费后，全面参观了新校舍。“觉得这所房子真是奇怪，东一间小房间，西一个壁橱，最适合做住宅，做学校则有些那个……可是又有什么办法呢？外加一星期上六天课，都在下午，我真失望极了。开学了，海格路四百二十五号给我的

1946届在海格路临时校舍演出戏剧后

印象由恶劣转向良好，因为虽然地方是陌生的，可是同学、先生还是旧的，人和是胜于地理的。”

虽然校舍条件差了，初高中分上下午每天只上半天课，也不能住宿了，但是中西的精神依然充溢于校园的每一个角落。在1944届的级史中，李锦华同学记载了这一段生活：

“新校舍固然不及原来的宏丽伟大，但是中西的气氛依旧充塞在每一个角落内。活泼的女孩子在新的园地上重又发出欢乐的笑声，在新校园的一角孤立着一所破旧的花房，在我们自己动手打扫和装饰之下，变成一间幽雅可爱的小客室。这是我们的自修室，也是我们的休息处，我们在这里面不知消磨了多少快乐的时光，谁能否定快乐是自己创造的呢？”

“十二月二十三日圣诞夜的前一天，薛先生请我们一级在校内过夜，我们有一个兴奋的晚餐。长长的实验桌子被红色的蜡烛点缀成精致的餐桌，外面刮着凛冽的朔风，屋内却是火光熊熊，照着每一个安睡的脸容，平静地没有半丝忧虑。早上五时，我们按照中西历来的惯例，点了蜡烛，拿了歌谱，走入寒冷的空气中，在校舍的四周歌唱，使人们感觉到，无论和平或战争，天使每年都会来到。”

“但这个世界是个艰难的世界，近几年来生活费用空前高涨，清寒学生对奖学金的需求更急切了。所以本级同学发起演出大型话剧《清宫怨》，以募到的款项作为本校的奖学基金。经过了一个月的准备，靠了朋友们的帮助，师长们的督促和全级同学的合力工作，终于在兰心大戏院隆重演出。承蒙各界的爱护，我们没有听到十分苛刻的批评。”

1945级也演出了《春梦》，把售得的券资，捐给学校作奖学金，以解决清寒学生的学习费用。

1945年8月15日，终于盼来了日本无条件投降，抗日战争胜利了，中国胜利了！薛正校长到有关部门奔走了好几天，总算将中西的校舍要了回来。中西女中就要回到忆定盘路原校舍了。全校师生都愉快地准备投入复校工作。

七、抗战胜利后的中西女中

抗战胜利后，师生们满怀喜悦地踏进熟悉的校门，可是看到的情景却让她们的心凉了半截。映入眼帘的是满目疮痍的校园，棕榈树下挖起了防空洞；废旧木板堆得到处都是，大草坪上有五个大坑，里面积满了水；教室成了病房，厨房成了澡堂，另建的厨房里有十来只咸菜缸都长满了蛆，房屋内外，垃圾堆积如山，厕所蛆虫满地。通往情人岛的

抗战胜利后中西女中复校了

小竹桥断了。教室被改造成了病房和手术室，课桌椅不见了，留下的是一堆破旧的床。最吓人的是靠近开纳路(今武定西路)的树林里有三具尸骨，据说是被日军的狼狗咬死的中国人。

从上海市档案馆查到的1947年1月21日“呈报战时灾害校产、教师财产损失调查表”上的统计综述，“中西女中课桌椅仪器及运动器具大部分损失”。当时，中西还不算是损失最重的学校，有的学校是“校舍全部被毁，图书仪器标本模型等荡然无存”。中西之所以能保存下图书及必要的教学用具，全靠全校师生在搬迁时同心协力保护学校财产，才将损失降低到最小。

在上海档案馆还存有一份1945年11月13日由薛正校长签章的“上海市私立中等学校战时损害调查表”第036号，这是师生们刚刚回到原校址才2个月，经过对校舍内的情况勘察，填写的一份详细的校舍及教具损失情况表。在5968.38平方米的教室和宿舍、健身房等建筑内，门窗地板几乎全部损坏，所有盥洗室的内部设备全部损坏。经济损失按战前价值估价20万元。

学校设施，办公桌椅，课桌椅损失三分之二，宿舍的床和房间用品(则)全部损失。来不及搬走的理化生仪器标本荡然无存，28架钢琴损失6架，其余钢琴也几乎半毁。损失估价约3.5万元。

这张表里所登记的还不包括损坏轻微的。此外，建筑图纸全部被日军拿走。

虽然目前尚未发现财政支出记录，但要修复损毁如此严重的校园，所需款项肯定不在小数。除了专业工程队之外，薛正校长还动员全校教职员工组成小队，自己动手清理。高年级的学生，凡有自行车者，用自行车帮助把海格路临时校舍里的教学设备、实验用品、图书等物品搬回学校。在复课时校园和校舍基本恢复了原状，并全部进行了消毒。虽然整个学校看上去还像大病初愈的样子，但三个月后终于可以开课了。

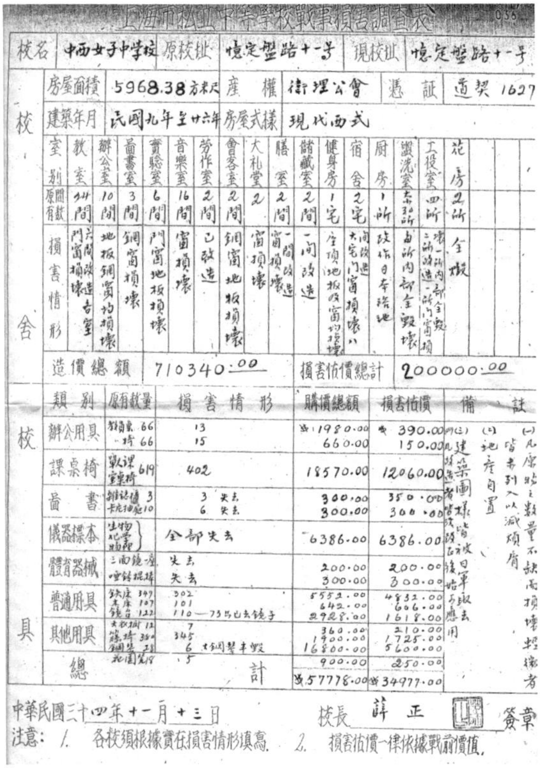

上海市私立中等学校战事损害调查表 056

校名	中西女子中学校	原校址	忆定盘路十一号	现校址	忆定盘路十一号
房屋面积	5968.38方英尺	产权	卫理公会	凭证	道契 1627
建筑年月	民国九年至廿六年	房屋式样	现代西式		

室别	原有间数	损害情形
教室	44间	六间改造古室 门窗损坏
办公室	10间	地板铜窗均损坏
图书室	3间	铜窗损坏
实验室	6间	门窗地板损坏
音乐室	16间	窗损坏
劳作室	2间	已改造
会客室	2间	铜窗地板损坏
大礼堂	2	窗损坏
膳室	2间	一间改造 窗损坏
储藏室	2间	一间改造
健身房	1宅	全顶地板及窗均损坏
宿舍	2宅	一间改造 大宅门窗损坏
厨房	1所	改作日本墓地
盥洗室	卅所	每所内部全毁坏
工役室	四所	二所改造 一所内部全毁 一所门窗损
花房	2所	全毁

造价总额 710340.00 损害估价总计 200000.00

类别	原有数量	损害情形	购价总额	损害估价	备注
办公用具	写字桌 66 椅 66	13 15	1980.00 660.00	390.00 150.00	(一)凡原物之数量不缺而损坏程度者皆未列入以减烦冗 (二)地产自置 (三)凡建筑图样均皆被日军取去应用
课桌椅	单人课室桌椅 619	402	18570.00	12060.00	
图书	杂志 3 卡片抽屉 10	3 失去 6 失去	300.00 300.00	350.00 300.00	
仪器标本	生物 化学 物理	全部失去	6386.00	6386.00	
体育器械	三面镜一座 哑铃棍棒	失去 失去	200.00 300.00	200.00 300.00	
普通用具	铁床 347 木床 107 镜台 122	302 101 110——73只已失镜子	5552.00 642.00 2928.00	4832.00 606.00 1618.00	
其他用具	大衣橱 12 藤椅 380 钢琴 28 花园凳 18	7 345 6 大钢琴半毁 5	360.00 1900.00 16800.00 900.00	210.00 1725.00 5600.00 250.00	
总计			57778.00	34977.00	

中华民国三十四年十一月十三日　校长 薛正 签章

注意：1. 各校须根据实在损害情形填写。 2. 损害估价一律依据战前价值。

1945.11.13 中西女中战时损害情况表

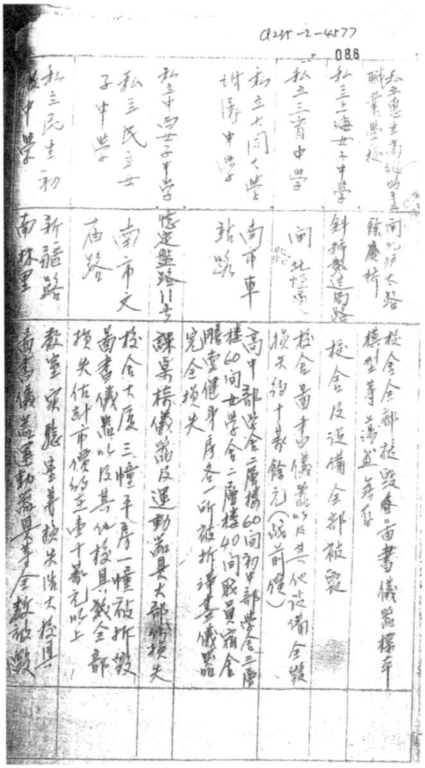

Q235-2-4577 088

私立惠生[illegible]职业学校	闸北沪太路余庆桥	校舍全部被毁，图书仪器标本模型等荡然无存
私立上海女子中学	斜桥制造局路	校舍及设备全部被毁
私立三育中学	闸北[illegible]	校舍图书仪器以及其他设备全毁 损失约十数余元（战前价）
私立大同大学附属中学	南市车站路	高中部学舍二层楼60间 初中部学舍三层楼60间 女学舍二层楼40间 职员宿舍礼堂健身房各一所被拆 图书仪器完全损失
私立中西女子中学	忆定盘路11号	课桌椅仪器及运动器具大部份损失
私立民立女子中学	南市文庙路	校舍大厦三幢平房一幢被拆毁 图书仪器以及其他校具几全部损失 估计市价约达千万元以上
私立民生初级中学	新疆路南林里	教室[illegible]普通校具损失很大 校具图书仪器运动器具等全数被毁

1947.1.21 呈报战时灾害校产 教师财产损失调查表

1947 级的周瑞珍在级史中记载了这一段历史：

“胜利的鞭炮在我们的国土响起，忆定盘路的校舍经过了校长一番奔走接洽，终于回到了我们的手中。我们带着兴奋和激动的心，重新踏进了母校的土地，我们看见那断了的小桥，被掘成泥潭的草坪，拆毁的校舍，胸中有说不出的悲痛。然而破坏了，必须建设，全校展开了大募捐，募捐的结果，我们一班的成绩荣居全校第一。当年圣诞节到临，我们在陈观裕先生的指导之下，公演圣剧，演出结果，博得多方的好评。并将全部收入，交给母校，作为增添新课桌的经费。”

1948 届蒋见微的“复校回忆”一文在描述复校情景后做出如下感慨：

“我们终于回到了我们的旧校舍来了，被敌兵的皮靴践踏污损过的园地顿时热闹起来，——而年轻的我们，既没有经验又不能懂得战后的恢复是较战时更要艰苦！

抗战胜利后修复的莲吉生堂

“这景象是悲哀的，只有忆定盘路上小文具店的伙计在说：‘中西开学了，买卖又该兴旺了。’”

新的学期开始了，此时正值重庆的接收大员大批来到上海，中西女中的招生遇到了前所未有的尴尬局面，薛正校长在“我所知道的中西女中”一文中回忆了那次招生：

“这次开学格外忙碌，因为重庆的达官显宦大批来到上海，都到中西为他们的女儿报名，且都希望不经考试，破格录取。中西为了保证质量，坚持通过考试择优录取。为此遭到了很多家长的指责，认为校方实在太不讲情面，甚至扬言要接管中西女中。幸而新上任的上海市市长吴国桢①的女儿，白崇禧的女儿都如愿录取了。白崇禧高兴极了，开学几天后竟叫小儿子和女儿捧了请帖，请我和一些老师到他家赴宴，同时还赠给我一张他本人新近拍摄的一尺大的军装照片。许多没有录取的学生家长要求学校介绍家庭教师补习，准备下次再考（意思是要保证考取）。这样纠缠了很长一段时间。”

① 吴国桢于1946年5月18日抵达上海，出任市长。其夫人黄卓群为中西1934届校友。

薛正校长为人清正，她说:“父亲用五画的‘正’字给我取名，要我今后‘为人清正’。这四个字成了我为人处世的座右铭。”“择优录取是中西女中一贯的招生原则，怎么能因为几个达官显宦的女儿就违背这些规定？再则，开了先例，就会有第二、第三、甚至更多次，难道这样做对学校教育有好处？在我的一再坚持下，招生工作终于得以正常进行。”

复校后的课程较在海格路时有了变化。以前因为临时校舍狭小而没有条件开设的课程，都恢复了。例如体育课，学生们又可以在健身房里打篮球、排球，在大草坪上比赛垒球。以前开课不足的体育老师们又可以一展她们的风采了。以前没有条件开设的理化生实验课，又在实验楼里重启。苏美德老师 (Miss Smith) 负责的琴科恢复了，停开的家政课在刚从集中营里出来的美国老师 Miss Stallings 带领下又开设起来，在实验楼楼上学习做菜、烤蛋糕。集中营里回来的美国老师又担当起了许多英语课程，而在日据时期与中西共度艰难岁月的一些老师则离开了，例如彭望荃老师回到了沪江大学，张祥保老师到北京大学西语系任教，杨嘉仁老师到音乐学院。终身奉献给中西的教师如王采娟、王霭娟，又在莲吉生堂她们原来的办公室里一如既往默默地从事教务、财务工作，图书馆主任江梅娟又不声不响出现在学生身旁，给她们介绍好看的图书小说。著名的“猫头鹰”老师吴景昭则又开始在宿舍楼里夜巡视。从集中营回来的音乐老师白露薇 (Miss Butler) 又使中西的音乐课重拾昔日的欢乐，中西的合唱团甚至走出校门，再现辉煌。1946 届是复校后的第一届毕业生，她们担当起编写 1942 ～ 1946 届《墨梯》年刊的工作，弥补了由于战乱而未能出版的年刊，留下了那缺失几届的毕业生照片和年级历史。她们还恢复了中西传统的大型毕业演出。并有幸再次举行了传统的中西毕业典礼：穿着级色旗袍，胸佩级花，手带级戒，上台从薛校长手中接过毕业文凭，最后在摆满花篮的莲吉生堂门前留下了引以为傲的全班毕业合影。

中西校园恢复了迁校之前的平静气氛，1948 级级史里记录了这种快乐气氛:“复校是我们最快乐的一天，走廊里人来人往，笑声盈耳，劫后的校舍现出了一种萧条的神气，幸而师长们惨淡经营，辛苦修葺，才复了旧观。这时我们的课外活动，突见增加，甚么事都兴致很高。我们策划着复活节的节目，出演‘第二耶稣’，张庆年以演技精湛，名闻全校。我们努力练排球、乒乓球、篮球等。但尽管在课外活动中常获冠军，却并不忽略了功课。苏曼婷和徐祖丰各得两次模范生奖，因而更激励了我们的上进心。”

话虽如此，变化还是有的。为了增加大家的社会知识和阅历，学生会社会部组织同学参观了盲童学校，看盲童们弹琴、朗诵、唱歌，并参观了他们摸索着制作的藤篮、藤

抗战胜利后修复的宿舍楼

椅、绒线衫等手工艺品，了解了他们生活的艰难和自强的精神；参观“可的牛奶棚”，还有人尝试着给好脾气的奶牛挤奶，当年的可的牛奶棚是一所奶制品厂，规模不大，名气不小，设在如今繁华的淮海路上海图书馆附近；参观徐家汇的天主教堂和附近的孤儿院、聋哑学校，看到了那些不幸孩子的生活状况；参观上海女监；游佘山，参观佘山天文台。同学们获得了书本上得不到的知识，看到了不同阶层人们的生活。这些参观使学生们的视野不再局限于先前生活读书的小圈子。

最大的新事物应该说是义务小学的成立。其起因是学校虽然开学了，但是校园还未完全修复，学校原有的篱笆围墙都已洞穿，马路上拾荒的孩子常钻进钻出。于是利用日军在空地上建的一排日式木屋办一所义务小学的想法由此而起。很快，一所由张小如老师担任校长，由学生们自己当老师的义务小学就开办起来，收了 60 名左右学生，正式开学了。

1949 届的汪玛莉是义务小学的小先生之一，她在 1948 年的《墨梯》上对于义务小学作了如下记载：

在偌大的校舍的一角，义务小学正在发展它的生命，蓬勃的气氛笼罩着它。

在同学们开学后一星期，义务小学就开学了，在同学们放学前一星期他们就结束了，他们上课的时间是每天上午八时三刻至十二时。他们的课程除主要课目如国语、算术、英语、常识外，又有唱歌，劳作，宗教，周会等课。他们每天放学后有值日生轮流整理课室，以养成他们勤劳的习惯。

义务小学共分四级：高级，中级，低级，特级。高级是普通学校五六年级的程度，中级是三四年级的程度；低级是二三年级的程度，特级则是一年级。

在去年的圣诞节时，义务小学有了一次盛大的庆祝会，极为成功，有葛继恩先生的讲故事，小先生们的圣诞节戏剧及学生们的表演，完毕后，学生们拿了同学们热心捐赠的礼物，带着欣喜的脸容回去了。

今年的儿童节，在小先生们的帮助下，举行一次儿童节庆祝会，有小先生们的演剧和边疆舞表演，而学生们的第一次英文剧表演也成功演出。

今年春天，义务小学的小先生们开了一次联欢会，讨论关于教授法的改良，对付顽皮学生的方法，怎样改进学生的行为，讨论后，余兴节目有游戏，唱歌，更有袁炜彤先生和郑慈慧先生的表演，大家尽兴而散。

过去的一年中，在张小如先生的领导下，研究指导股的讨论改良下和小先生们的热心教导下，义务小学有如一枝欣欣向荣的嫩牙，渐渐壮强繁盛，我们祈望，义务小学将有灿烂的前途！

义务小学的工作锻炼了小先生们的工作能力，也让家境优渥的中西学生看到了当时社会底层的现状。

复校一年后，抗战胜利后的中国社会发生了很大的变化，国共谈判破裂，内战全面爆发。

短暂平静的中西校园，随着1946年北平沈崇事件的发生开始变得不平静了。在一次由国文老师袁炜彤指导的演讲比赛上，1947届的胡槃伊就北大沈崇事件在全校演讲，激愤挥拳，控诉美军暴行，获得比赛第一名。另外，她以学生自治会主席的名义又在大礼堂召开控诉声讨大会。各班同学都纷纷签名抗议。那是中西女中打破一潭平静湖水的开始。1947年，在反饥饿、反内战、反迫害、争民主、争自由的学生运动中，中西有不少学生参加了有中共地下党在其中工作的上海基督教女青年会团契活动。她们举办讲座、义卖，到贫民区访贫问苦，还有同学跟了外校同学参加交大的游行和营火晚会。

1948 年，薛正校长赴美国哥伦比亚大学教育学院攻读博士学位，她拟定的博士论文题目是：“如何将中西女中办成一所初级大学”。在薛正校长赴美期间，学校成立了一个由费雪珍 (Blackford)、季凌云 (Killingsworth)、王承诗、吴景昭、江梅鹃、王蔼娟、毛丹林、黄友巘和教导主任陈观裕组成的校政会，讨论学校重要事项。并由季凌云、王承诗、陈观裕组成执行委员会，以薛正校长的名义执行校长职权。费雪珍为顾问。

中国社会将要迎来一个翻天覆地的变化，中西校园也将随着大局的发展而发生一个划时代的变化。

八、迎接上海解放

时间转眼就到了 1949 年。1949 年的 1 月 1 日注定是一个大变革的前夜，这一天蒋介石在南京发表《新年文告》，重提和谈论调；而在河北省平山县西柏坡，毛泽东亲自为新华社撰写了题为《将革命进行到底》的新年献词，把建设新中国正式提上了 1949 年的日程。

历史的车轮在迅速地朝前走，中西女中校园里也在悄悄发生着变化，教室里空座位一个个多了起来，一些同学陆续离开了学校，她们的家庭大多是有政界或商界背景，对时局的变化带有恐惧心理。但大部分同学还是每天照旧用功读书。

但是在这看似平静的中西校园里已经发生了不小的变化。1950 届的瞿明明在义务小学做小先生时，通过家访，看到义小的学生居住在用木板、草席搭起的低矮棚窝里，里面除了木板搭的床铺外什么都没有，和自己家完全是两个世界。她强烈感受到社会的不公和贫富差距；在国际礼拜堂参加学生礼拜堂活动时认识了几个具有同样想法的大学生，她们的引导使她产生了要为建立一个自由民主平等的新中国而奋斗的理想。1949 年 4 月她加入了中共地下党组织，成为上海解放前夕中西女中的第一名学生地下党员。1949 年 4 月的一天，地下党区委的一名领导人到毕卡第公寓 (现衡山宾馆)40 室，与住在这里的瞿明明接上了组织关系。

瞿明明成为中西女中学生中第一名中共地下党员，这名民国元老张静江的外孙女成了 1949 年中西校园里的一名反叛者。不久，她发展了高三学生罗明凤、汪绍兰入党。1949 年 4 月的一天，在安福路罗明凤家的花园洋房三楼，由上级领导人主持，举行了入党宣誓。她们三人成立了中西女中的学生党小组，瞿明明任党小组长。根据上级党组织指示，党小组在中西校园里开展工作，接受地下党静安区委委员王芷涯同志领导。

1949 年 4 月 1 日，南京学生欢送和谈代表去北平，游行时遭到军警镇压，发生了

1949年11月1日临时团支部成立，图为团组织标志

1949年7月罗明凤参加南下服务团

“四一”惨案。中西学生会在上海交大学生会的联络推动下，也在全校发动声援大会和募捐。罗明凤向大家作报告并宣读了告同胞书，会场里群情激奋，都表示要行动起来，派代表去南京。学校宣布提前放学，一部分学生散去了，但是还是有一百多名学生留了下来，大家纷纷捐钱、捐物，校方没有阻拦。南京没去成，钱物请交大的学生会转交。留在学校的同学在学生会组织下成立了读书小组，通过读书提高对时局的认识。校方意识到学生的爱国行动是无法阻挡的，在停课四五天后终于复课。

4 月底，按上级党的指示，建立起党的秘密外围组织——中西女中新民主主义青年社，第一批发展了 7 人，到上海解放前夕，先后吸收了近 20 个新青社员，通过学生自治会的组织和义务小学的小先生队伍，把全校六个年级中要求进步的同学，团结在党员和新青社员的周围。为了迅速组织一支护校力量，学生自治会召开全校大会。当训育主任前来阻止时，全校集合的铃声响起，400 多名师生集中到了大礼堂开会。学生自治会主席罗明凤号召响应上海各人民团体联合会的护厂护校要求，而此时教务长则宣布学校停课，随即训育处打电话通知学生家长来校接回女儿。很快，大部分住校生被接回家中。但是，仍有近百名学生留了下来，参加护校工作，组成救护包扎队、人民宣传队、保卫组和物品保管组等四个护校小组。这时南京已经解放，上海的解放也指日可待。虽然学校把大铁门锁上，但是义务小学张小如老师有后门钥匙，由她为留校学生把门。护校学生在校

1949年7月孙惠芬、孙雪侣、王妙琪参加北上文工团

内积极开展工作，还在大草坪上组织秧歌队并练唱革命歌曲。完全一反以前象牙塔式的平静气氛。

数学教师张小如、语文教师袁炜彤这时已参加了地下党的外围组织“中等教育研究会”，她们团结了十多名在校教师，组成了一支积极分子队伍，给予学生有力支持。

中西党小组还发动募捐应变费，师生们把零用钱节约下来，甚至不在校内包饭，而在外面吃阳春面，将包饭钱省下来换成银元捐出。张小如老师被同学的热情所感动，也把金戒指捐了出来。这一块块银元和金戒指凝聚着师生们对党的赤诚之心，上海一解放，她们就把几十块银元和金戒指全部交给了党组织。

这一段时间安福路上罗明凤的家和巨鹿路上张启莹的家成了中西同学安全的活动地点。张启莹全家已经去了台湾，但是在全家出走那天，她从家里逃出来，坚持留下来参加护校工作。晚上一部分同学住在张启莹家，做小红花，写迎接解放的标语，印传单。临近解放，新青社员们二三人组成一组，在深夜和清晨将《告上海人民书》,《中国人民解放军进军令》等传单投进附近居民的信箱里。有的人到邮局将传单寄给自己的熟人。大家

1949年中西女中学生参加国庆游行

完成任务后心还扑通扑通地跳，但觉得自己能为解放上海出一份力，感到光荣和愉快。

5 月 25 日早晨，市民们早上出门时，惊讶地发现解放军排成整齐的一排排正睡在人行道上。人们从直觉上感到这支军队不一般。

中西女中的大铁门早一天已经加上了一把大铁锁，但从义务小学的边门不断有学生面带笑容地走出来，她们手臂上戴上了蓝底黑字的人民宣传队的臂章，经过一个多月准备，正待命上街，欢迎人民解放军进城接管。

上海解放了！在党小组和新青社员带领下，中西学生的百分之七十发动起来了。1949 年 7 月，中西党小组和团区工委领导商量决定，在学校内公开成立一个学生社团，定名"火炬社"，替代秘密的新青社，原先的新青社员成了当然的"火炬社"社员，并吸收了更多积极分子入社。7 月动员青年学生参军参干，中西校园里掀起了南下西南服务团、北上文工团的报名热潮，1949 届罗明凤、王明蕃 (现名王刃) 批准去了大西南；1952 届瞿英英 (现名朱英)、李杨巽 (现名李斌)、周佩 (现名周丹)、曹雯雯 (现名邹雯) 参加了上海青年文工团，后该团与新安旅行团合并为上海歌剧院；1950 届孙侣雪、孙惠芬 (现名

1950年傅家祥、瞿明明、张小如

沈静)、1952届王妙琪(现名王冀)参加了北上文工团，分别到中国青年艺术剧院和中国儿童艺术剧院。

1949年12月9日，中西女中正式成立了全市教会学校的第一个中国新民主主义青年团总支委员会，共有团员97人，约占在校学生总数的四分之一，瞿明明被选为第一届团总支书记。那些学习好、品德好的同学，在政治老师的循循诱导和耐心帮助下，都先后加入了青年团。

1949年9月开学，学校在课程设置上发生了变化，开设了政治课，取消了宗教课，由张小如、袁炜彤老师担任政治老师，校内保留信教师生的宗教活动，学生可以自由参加。

在这段时间里，远在太平洋彼岸的美国，正在攻读博士学位的薛正校长也经历了人

原中共地下党静安区委委员王芷涯和中西女中三名学生地下党员罗明凤、瞿明明、汪绍兰(1999)

生中的巨大变化。她原本到美国准备拿到博士学位后回国。但 1948 年秋，她被查出患了乳腺癌，需要动手术，就当时的技术条件来说，这种手术有一定的危险性。入院前，她留下遗言："若手术不成功，希望把我的心脏取出来焚烧成灰，带回我的祖国去。"幸而手术很成功。在养病期间，朋友们带了好些书给她看，使她进一步了解了国内的形势。她的大哥来信告诉她解放军三大纪律八项注意，军纪严明，北平已和平解放。不久，上海的亲友也写信告诉她，上海解放了，解放军进驻上海，纪律严明。1949 年 10 月她在美国听到了新中国诞生的消息，心情很激动。此时她离完成博士论文只有几个月时间了，哥伦比亚大学的教授劝她说：你写完论文可以得到博士学位，现在放弃论文，马上回国，岂不是太可惜了。但爱国的热情在她胸中燃烧，她已经等不及了。她的导师无奈之下叮嘱她在五年之内再去美国完成博士论文。此时薛正回国心切，她从东部纽约到西部洛杉矶，设法买到了货船票回国。

1950 年 4 月薛正乘坐一条美国商船毅然返回祖国。轮船到达青岛时，按照规定升起了中国国旗后进港。这时，一个外国水手竖起大拇指对她说，现在中国了不起了。薛正

肃立在旗杆下，含着热泪第一次看到国旗升起在外国轮船上，她感到做一个中国人的骄傲，想到她将在新中国的国土上培养一批批新中国的巾帼英才，更加兴奋不已。她从青岛到北京，又从北京回到了上海。

一回到上海，薛正就到上海市教育局报到，要求参加教育工作。领导同志亲切地接见了她，并说：我们共产党仍然请你当校长。短短一句话，使她无比兴奋。那时，她已年近半百，新中国对她来说，是那么新鲜、美好。她感到再也没有比为祖国的教育事业服务更幸福更有意义的了。

九、最后的三年

1950 年春天，薛校长回到了学校，同学们在欢迎仪式上看到她身穿列宁装，两个小腿上扎了绑带，惊讶她似乎不像刚从美国回来的人，倒像从解放区来的老革命。她从青岛先到北京，参观了北师大女附中、北京市教育局等单位，看到了北平解放后的新气象。她的穿着表示了她要顺应潮流，投身新中国教育事业的决心。

1950年国庆中西1952届参加游行

1950年9月开学时中西女中便有了明显变化，首先是招收的新生数比以往扩大了一倍，并出现了免费学生。其次是初中一年级新生的教材全部采用政府颁布的新教材，英文课不再沿用以前的原版文学作品，而是采用国家统一颁布的英文课本。其他年级则仍然延续原来的英文教材。宗教课完全取消，代之以政治思想教育。成立了少年儿童队组织，新民主主义青年团组织迅速发展壮大。

1950年10月1日国庆一周年游行是件大事，全校师生都发动起来进行各种准备活

1951年参军参干同学与家长合影

动，一放学就能听到小鼓队的同学们在勤奋练习，激越的鼓点敲出了青春的节奏；秧歌队在大草坪上排练，舞动的红绸带飞出了一道道红色曲线；其他同学忙着制作横幅、标语、彩旗。草地上，操场上走着一队队彩排队伍。国庆前夜，参加游行的同学都住宿在学校里，第二天早上4点钟即起床，6点钟游行队伍就从学校出发。虽然那天风雨交加，却挡不住大家的满腔热情。当天的游行队伍中，1952届的同学扛着五星红旗走在最前面，紧跟着的是小鼓队，小鼓队后面是头扎白毛巾、腰缠红腰带的秧歌队，接着是举着标语彩旗的大队人马。游行队伍所到之处，马路两边观看的群众人山人海。负责摄影的老师，为这次游行留下了几张值得纪念的照片。

1950年6月25日朝鲜战争爆发，为了配合当时的形势教育，提高大家的认识，同学

在欢送参干同学大会上，王六如(1952年高二)发言

们自编自导自演活报剧，1951 届班级以郑依柳同学思想认识的转变过程为例子，由巫漪云同学编导，演出了《郑依柳的转变》一剧，表现了一个生活在资产阶级家庭的少女，从原本优越的家庭生活并深受美国电影的影响下走出来，认识到人生的价值是为建设和保卫新中国贡献自己的力量。1952 届学生演出的是《俞芷蒨的转变》，演出时整个大礼堂里鸦雀无声，真是连一根针掉在地上也听得见。同学们完全沉浸在剧情中，为剧中人，也是自己同学真实的思想变化而感动。活报剧触及了同学们当时的实际思想，教育意义特别大。演出获得成功。有着相似经历的同学们从剧中受到教育，校园里响起了“当祖国需要的时候，我们马上拿起枪，跨过鸭绿江……”的歌声。在团市委召开的上海市教会学校参加军事干校的动员大会上，1951 届郑依柳作了自己思想转变的发言，并当场报名参干。她的行动不仅震动了校内学生，而且影响了其他教会学校，参军参干运动波澜壮阔地掀起。这是继 1949 年 7 月以后的又一次参军热潮。

从 1949 年 7 月至 1951 年 7 月中西女中共有 42 名同学南下、北上、参加军事干校、公安工作、市政建设，奔赴祖国最需要的地方。

中西女中参军、参干同学一览表

出发时间	去向	批准同学姓名
1949 年 7 月 参军参干	西南服务团	1949 届罗明凤、1950 届王明蕃
	上海青年文工团	1952 届瞿英英、李杨巽、周佩、曹雯雯
	北上文工团	1950 届孙侣雪、孙惠芬、1952 届王妙琪
1950 年底	中国人民军政大学	1951 届项郁文
1950 年 12 月 9 日	上海市公安局	1951 届钱元佩、严瑛、1952 届俞芷蒨、张亦英，1953 届顾开明
1951 年 1 月 9 日 第一批军事干校	卫生干校	1951 届郑依柳、1952 届陆以津、陈添弥、
	空军干校	1952 届刘慧彰、1953 届汪正阳、1954 届黄兆芝
	防空干校	1952 届包蕴奇、1954 届沈佩英
	文工团	1954 届沈蓓、胡耀云、奚玉梅
1951 年 7 月 5 日 第二批军事干校	军事干校	1951 届沈济莘、1952 届陆岑湄、1953 届王六如、1955 届孙以蓝、盛新英
	华东军区护校	1954 届方绮纨、王品君、边肇贤、陆维娴、许嘉瑾
1951 年 7 月	市政建设	1951 届朱理平、盛茵、卢成栩、佘守錡、鲍培珍、1952 届杨怡生

1952年7月5日中西女中和圣玛利亚女中合并成立上海市第三女子中学

挂校牌

1950年，中西党小组的罗明凤和汪绍兰已经毕业离开学校参加工作，瞿明明编入校际联合支部。1950年上半年发展1950届陈怀琳、张启莹和1952届傅家祥3人入党。1950年7月瞿明明、陈怀琳、张启莹三人毕业离校，张小如老师在1950年5月底重新入党。这时在区委领导下，中西女中成立了教师学生联合党支部，有党员张小如、傅家祥和新调入的政治教师马福祥三人，由张小如老师担任支部书记。

中西女中的青年团组织在学校中发挥了越来越大的作用，并吸引越来越多的同学参加。一些团契骨干开始退出团契，申请加入青年团。同时，宗教与教育分开的趋势日益明显，青年团和团契之间的斗争也日趋白热化。宗教团契在校内开始丧失了它的地位。

中西的"团契"原来是校内最大的学生宗教组织"海涵堂"领导下的一个组织，分为初中和高中两部分，各有自己的领导者。团契骨干都品学兼优，因而在学生中号召力很大，团契活动都由年轻活跃、能和学生打成一片的美国老师来组织，开展的活动都从学生兴趣爱好出发，因而很能吸引学生。抗战胜利后，美国教会看到在中国的传教士都已经

1952年7月5日下午52届学生拍毕业照

到了中年或老年，便又派来200对年轻力壮的青年男女以充实力量。到中西女中负责学生团契工作的韩瑞士(Ruth Harris)便是其中之一。韩瑞士1947年来到中国时仅20来岁，到中西女中担任音乐教师，很活跃，同学们看她年轻活泼，普通话又说得好，对她很有好感。学生们要求她在大礼堂指挥唱歌，她穿上了人民装指挥唱《咱们工人有力量》，但当同学们要求她唱抗美援朝歌时，她坚决拒绝了。为了吸引学生来参加团契活动，韩瑞士增加了团契活动次数，使校内的宗教气氛顿时浓厚起来，教徒们好像感到大难临头，祈祷上帝拯救。外籍教师的宿舍在每星期二晚上开放，专为基督徒教师们举行祈祷会。韩瑞士还想按照教会指示，以校外的黑石公寓为中西学生团契的活动场所，遭到薛正校长的坚决反对。

1950年朝鲜战争打响后，中西校内亲美的契友和青年团之间的冲突更加尖锐。当时全校掀起了轰轰烈烈的和平签名运动，有的契友假说要签名，暗地里却在名单上把许多人的名字涂掉，并阻止进步学生捐款支援抗美援朝运动。

1950年7月，美国基督教卫理公会华特主教(Bishop Ward)建议在华全体传教士离开中国，因为从1951年起中国将完全收回教育主权，学校将不再聘用外籍教师。1950年底中西女中的外籍教师们陆续黯然离开学校回国。她们中的一些人确实是为了中西女中奉献

了自己的智慧和才能，为中国的女孩子们建设了一所高质量的女子中学贡献了青春，并受到了学生们的尊敬。她们远离故土来到中国，只是愿意做一名好教师，培养一批好学生，实现自己的价值。其中有许多老师对中西怀有深厚的感情，不仅与中西的海外校友们一直保持联系，而且在改革开放之后还曾来当年的中西校址，现在的市三女中，旧地重游。

1952 年春天，时任学生会主席司罗素和薛正校长、陈家志老师一起参加了华东地区接管处外资津贴学校会议，会上宣布贯彻执行 1950 年 12 月 29 日中央人民政府政务院颁布的《关于处理接受美国津贴的文化教育机构及宗教团体的方针的决定》，坚决收回中国人民的教育权。

1952 年 7 月 5 日，中西女中和圣玛利亚女中合并，成立上海市第三女子中学。上海市第三女子中学的校址在原中西女中所在地：江苏路 155 号，因而师生们并未觉得有太大不适应。经过了解放后三年的思想教育，中西的师生都爱党爱祖国，拥护政府的决定，接管工作十分顺利。那天上午在大礼堂举行两校合并和上海市第三女子中学成立大会。薛正校长代表中西女中发言，圣玛利亚教师代表俞慧耕发言，还有新民主义青年团市委陈一心和学生代表、少先队员代表等发言，最后教育局副局长杭苇宣布圣玛利亚女中和中西女中合并成立上海市第三女子中学，任命覃英为校长，薛正为副校长。原圣玛利亚校长郭秀梅由上海市教育局另行安排工作。全校欢欣鼓舞，师生代表列队护送校牌到校门口，在爆竹声中挂起了“上海市第三女子中学”的校牌。

下午是 1952 届的毕业典礼。中西女中的高三两个班和圣玛利亚女中的一个班按顺序被编为市三女中的一、二、三班，学生统一穿上了白衬衫和蓝西裤，在五四楼面朝大草地的台阶上按序排成七行，照了一张“上海市第三女中第一届毕业生”合影照。这一届学生在中西女中读完了高中，却没有拿到中西女中的毕业文凭，在上海市第三女子中学只有一天的时间，却成了市三女中的第一届毕业生。那一届的傅家祥、司罗素毕业后，服从组织决定，不考大学，留校做教师。1952 届其他同学全部考进大学，成为全国大学院系调整后的第一届大学生。

上海市第三女子中学成立后，中西和圣玛利亚的党员张小如、傅家祥、俞慧耕和高二学生娄丽娜，以及从教育局派来的党员校长覃英共 5 人，成立党支部，张小如为党支部书记。

中西女中的历史到此结束了，上海市第三女子中学传承了中西的传统，继续为建设一流女子中学，培养更多的女子人才在探索中前进。

十、校训、校歌、校徽

1. 校训

校训是学校育人目标的提炼，虽然只有短短几个字，却凝聚了学校办学的精神和宗旨。一所好的学校，必定有让它的学生永志不忘的校训。中西校训的确立是在立案以后，从 1930 年起中西女塾改名为中西女中，1931 年在《墨梯》年刊的封面上，第一次出现校训。

中西女中的英文校训是“Live, Love, Grow”，中文校训是“积中发外”。都是对学生为人处世的指导，令她们终身不忘。这中英两种文字的校训后来被设计成一个圆形图案，最早用于 1931 年《墨梯》年刊的封面上。用绿和金黄两色组成，那就是中西女中的校色。圆形图案的上半部有这样一句引自圣经的格言：“As a man thinketh in his heart，so is he.”这句话出自《圣经》“箴言”(Book of Proverbs) 第 23 章第 7 节。在中文的圣经中这句话是这样写的：“因为他心怎样思量，他为人就是怎样。”这正符合了中文校训“积中发外”的意思，“积中发外”可以理解为中国《大学·礼记》中所言“诚于中，形于外”的意思。“诚于中”指的是内心的思想活动，而“形于外”则是外在的行为表现。所以一个人所受到的良好教育必然积聚在其内心，并在其外在的举止行为中表露出来。和上述圣经的箴言，虽一中一西，却有共通之处。

到 1935 年新教学楼莲吉生堂 (Richardson Hall) 落成时，这个用黄绿两色组成的圆形校训图标就镶嵌在莲吉生堂中庭里的水磨石地面中央，让学生代代相传，永志不忘。

1931年《墨梯》年刊封面上的校训

中西1938《墨梯》上的校训图标

1946年《墨梯》上的中西校训

“Live, Love, Grow”的中文意思按字面直译是“生活、爱、成长”。但这三个简单的英文字却包含了深刻的哲学含义，是中西女中办校的精神支柱。所以中西学生在过了半个多世纪以后回忆自己的成长历程时，仍时刻不忘校训所给予她们的教导。

在1946年出版的《墨梯》年刊扉页上的校训圆形图案和1931年的有所不同，圆形上半部分以中文的“中西女子中学”六字代替了圣经格言，下半部分为英文校名“McTyeire School”，“积中发外”四字则分别置于圆形中心两侧。这个图案正式采用到1952年。

2. 级色、级花、级训

中西女塾的级色传统是从1924年开始的，每4年一个轮换。中西还有每隔4年结成姐妹班的传统，即高二是初一的姐姐班，高三是初二的姐姐班。其目的是让高班的大姐姐们帮助刚入学的小妹妹们。四种不同的级色紫、红、蓝、绿也就随着姊妹班的轮换而轮换使用。例如高三的级色是红色，那么初二妹妹班的级色也必然是红色，以此类推，按序轮换。

除了级色，每个年级还有级花和级训。那是由每个年级自己选择决定的，初起时，每个年级的级花和级训都不一样，但是到了后期也逐渐有一些如同级色轮换的规律，其中用得最多的级训是“信、望、爱”(Faith, Hope, Love)。当然也有变化，例如1929届用“信与爱”(Faith and Love)，1932届“信、爱、望”，1936届“信、望、爱”。最特殊的是1938届，她们不用级花，而代之以“松树”，在日寇侵略中国的年代象征坚强勇敢，级训则只有“干”一个字，以显示行动的决心。

以下是1924级至1952级的级色、级花和级训汇总表：

中西女中级色、级花和级训汇总表(1924 ~ 1952)[①]

年级	级色	级花	级训
1924	紫白	紫草兰	真善美
1925	红白	玫瑰	服务精神
1926	蓝白	百合花	三省吾身
1927	绿白	康乃馨	Carnation 和蔼光明 (Sweetness and Light)
1928	紫白	鸢尾花	Gris 诚实勤劳 (Truth and Diligence)
1929	红白	荷花	信与爱 (Faith, Hope, Love)

① 此处“级”指毕业年份。为尊重校友习惯，未改成“届”。

续表

年级	级色	级花	级训
1930	蔚蓝金黄	菊花	团结 (Unity)
1931	绿白	蔷薇	真诚 (True)
1932	紫白	紫藤	信、爱、望 (Faith, Hope, Love)
1933	红白	竹	Love and Bcloved
1934	蔚蓝金黄	腊梅	She flies with her own wings
1935	绿白	百合花	Live, Love, Grow
1936	紫白	紫藤	信、望、爱 (Faith, Hope, Love)
1937	红白	竹	勇毅 (Fortitude)
1938	蔚蓝金黄	松	干 (Deeds not Words)
1939	绿白	百合花	实事求是
1940	紫白	紫藤	信、望、爱 (Faith, Hope, Love)
1941	红白	竹	前进 (Forward)
1942	蔚蓝金黄	腊梅	诚毅
1943	绿白	百合花	博爱与服务 (Love and Serve)
1944	紫白	紫藤	信、望、爱 (Faith, Hope, Love)
1945	红白	竹	前进 (Forward)
1946	蔚蓝金黄	腊梅	夺取 (Conquer)
1947	绿白	百合花	宽宏大量 (Magnanimity)
1948	紫白	紫藤	信、望、爱 (Faith, Hope, Love)
1949	红白	竹	前进 (Forward)
1950	蔚蓝金黄	腊梅	坚定 (Perseverance)
1951	绿白	百合花	
1952	紫白	紫藤	

3.校 歌

中西女中的校歌是校友们聚会时必唱的，是中西精神的象征，也是中西大家庭团结的象征。

中西校歌最早出现在1933年的《墨梯》年刊上，这期年刊全文刊登了题为 *McTyeire* 的英文歌词和谱曲后的校歌 *McTyeire School Song*，并注明由克莱尔·查普曼小姐提供 (Arranged by Miss Claire Chapman)。歌词全文如下：

Near the mighty Yang-tse River
In the heart of old Shanghai
There's a school for China's daughters
Bringing Truth and Freedom nigh;

May she live and grow for ever,
Scatter knowledge far and near;
Till all China learns the lessons
That we learn at old McTyeire

Blessings on thee, old McTyeire!
How we love thee, dear McTyeire!
May thy daughters live and love,

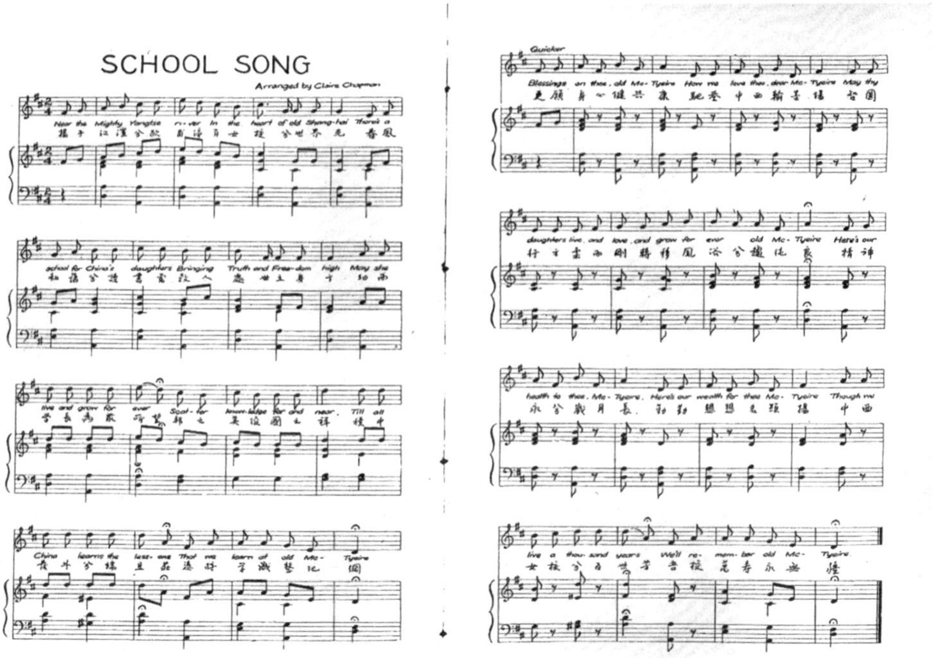

中西校歌

And grow forever, old McTyeire!

Here' s our health to thee, McTyeire,
Here' s our wealth for thee, McTyeire!
Though we live a thousand years,
We' ll remember old McTyeire!

1936 年《墨梯》上的校歌有中英两种文字的歌词，
中文歌词是：

扬子江滨兮歇甫傍，有女校兮世界光。
春风和蔼兮读书堂，教人处世立身方。
幼而学长为众所望，邦之英俊国之祥。
积中发外兮端且庄，凭将学识整纪纲。
更愿身心健与康，驰誉中西翰墨场。
智圆行方柔而刚，转移风俗兮趋纯良。
精神永兮岁月长，勤勤恳恳名显扬。
中西女校兮百世芳，吾校万寿永无疆！

中文歌词与英文歌词一样，也是 4 段，意思相近，歌词韵律、对仗都十分工整，故并非直译，而是再创作。可见词作者的中英文功底都十分深厚。可惜未留下姓名，不免遗憾。

同年，克莱尔·查普曼又写了《中西晚歌》(*McTyeire Evening Song*)。作于 1934 年的《中西进行曲》(*McTyeire Marching Song*) 的曲调是改编了美国 Wellesley 学校所用的乐曲，歌词则是音乐科主任邱真霭老师请 1928 届萧嘉珍填的，当时她虽仅是高中一年级的学生，但老师认为她有这个能力。

从这年开始，每年的《墨梯》年刊上都刊登这三首歌。校歌的诞生引发了各班创作级歌的热情，从 1935 年开始每届毕业班有自己的级歌。在级歌中最有特色的当数 1938 届由谈掌珠作词，程瑛麟曲的级歌："干！干！干！大家干，要本着坚强的意志，牺牲的决心，向前干，前面有着蔚蓝的天空，金黄的太阳……"

校歌和级歌的创作，让中西女中的学生对于音乐创作的兴趣更浓。

4.校徽、校旗和级戒

此外，还有各年级自己设计制作的级戒。戒指多为银质，设计中往往包含了级训和级色的因素，每一枚级戒都按照持有人的尺寸订制，里面都刻有她的姓名。例如1945届的级戒由45届邓爱珠设计，图案包含了她们班红色和竹子的因素。1947届朱蕴文收藏了一枚级戒，戒面呈长方形，上有绿色马蹄形图案，其上镌刻着1947届的英文级训"Magnanimity"(宽宏大量)。

中西女中在1949年6月之前，并没有校徽和校旗。上海解放后，中西学生第一次上街游行，这才自己制作了绿底黄字的校旗，上书"中西女子中学"。

1950年初一学生王珠珠设计的中西女中校徽

大约1949年底或1950年初，1954届王珠珠设计了中西女中校徽，当年她是初一年级的学生。这枚校徽的式样模仿当时基督教男女青年会的会徽，三角形，绿底黄边，上书"中西"两字。这枚校徽佩戴的时间不长，1952年中西和圣玛利亚两校合并，成立上海市第三女子中学后就不再使用。1950届瞿明明收藏了这枚校徽，并于2002年10月10日写了一份说明留给学校。以后马大望同学又提供了徽章设计者的名字，为中西校史留下了这一历史转折期的宝贵史料。

第二章 校园

一、校址变迁

中西女塾 1892 年 3 月开学时的校址在汉口路西藏路转角，经过 25 年的发展，1917 年由第二任校长莲吉生买下了忆定盘路经家花园，学校迁往新校址后获得了新发展。原校址上由著名建筑师邬达克设计了慕尔堂。慕尔堂现名沐恩堂，1979 年重新开放，是上海“文革”结束后第一所对公众开放的基督教教堂。

经家花园位于沪西越界筑路的忆定盘路 11 号，占地面积 53 亩，周围还有很多空地。此后中西女中又买下了周围的一些土地，将面积扩大至 89 亩，中西第一附属小学和幼稚园也搬进了忆定盘路校址。1943 年校园被日军占领用做陆军第二医院，中西被迫迁往海格路(今华山路)450 号临时校舍。这个临时校舍是原英国女子中学，现在是中福会上海儿童艺术剧院所在地。抗战胜利后，中西女中搬回原校址。1943 年忆定盘路改名为江苏路，1949 年后中西女中的地址改为江苏路 155 号。

二、校园全貌

中西女中江苏路 155 号的校园虽说是上海的市级保护建筑开放单位，但是除了一年一次的开放日，平时校外人员不得随便进入，似乎总是蒙着一层神秘面纱。

1935 届王琰卿在 1935 年的《墨梯》年刊上写了一篇“到中西走一走”的文章，较详细地描述了 80 年前中西女中的校园环境。

到了愚园路忆定盘路的十字路口，再往前走一点，一道绿绿的铁门已经在您面前半开半闭地立着，校门的上方，是一道半圆的铜牌，中间刻着英文的“McTyeire”，两端自右至左是“中西”“女塾”四个字，“中西”在右，“女塾”在左。到了此地总得下车步行。

前面有二支路，一向左，一向右，当然是右面比较熟些，一转弯，前面是“情人巷”，它的左面立着一排修得齐齐整整的圆矮树，右手边是一条黑瓦白墙的龙墙，平坦的煤黑路上，走着的是穿了绿校服的中西学生，钩着肩，谈笑着散步！她们的四周充满了鸟语花香，抬头就见到蔽着天日的碧枝绿叶；太阳有时也来参加这热闹，把它的光线送进树丛，在女孩们身上不住地耀着。

龙墙的半中，开了一个花瓶式的门，上面题上了“斋月”二字，更觉其雅致。进了这门，便是一个美丽的花棚，一朵朵的白玫瑰会伸到您面前，献给您看它们的皎洁，赐给您闻它们的芳馨。四周是有刺大红的玫瑰。走在这芬芳的空气中，那种感觉是难以形容的。看啊，前面还有一个平静的荷花池，中间还有一个小岛呢！断了的小桥，已不能载人到那

中西女中校门

中西女中旧址模型

寂静的小岛上去；您不要看不起这小岛，虽然是乱草蓬蓬，可是在烦闷的时间，也很能给您一些宁静的快感！水上只有几根无头的荷梗，东飘西荡的浮萍。四面的垂柳倒增加了不少雅致。一直望去，可以见到网球场、健身房和外国教师的西式住宅。跟着煤屑路再往前走去，便来到学生宿舍，是一栋很大的建筑，二层正中是一个阳台，是高中三年级的专用

休息室，别的年级，当然是要等到时候再享受了。一楼的门外，怎么等了那么多的学生？原来是等家书？！进了宿舍大门，就看见扶梯可到二层楼，可是很失望，前面贴了“宾客止步”。听说女客也同样不招待，所以只得留步回头。

宿舍前面的两片大草地可供学生们游玩，四周点缀了不少花花草草，大家也很喜欢到那儿去坐坐走走，今天人特别多，原来是准许会客的日子——礼拜六4点到6点。

再往前走就是化学实验室小楼，并且兼用做男教员的宿舍，学生们除了上课，很少去那里。

莲吉生堂是化了重金新建的一栋教学楼，礼堂是这幢楼中最神奇的地方：既可以用来做礼拜，又可以做影戏院，更可供别的聚会用，所以一举三得，真是工程师先生的别出心裁！新教学楼的二、三、四层都是课室，光线是十二分的充足，一楼大半是办公室，学生们常常挤在吴景昭先生的办公室外等着“吃大菜”。这是不足为奇的，到了中西，每一个都有希望，只要您犯上一次清规就可吃上大菜了。

大楼旁边是中西最美的一处景点，就是这石泉。四周是用雕刻着动物的白石围着的，上面还架了紫藤花，花落水上，真是一幅美景，这是中西的精华，再加上绣球花的白色，更令人陶醉。

到这儿，又回到了门房，在中西这样一圈走下来，这沪西黄金色的太阳已将下地平线了。

跟着这导游走了一圈，一幅中西女中的校园平面图应该就在您的眼前了。

三、邬达克的两件作品

邬达克是著名的建筑师，他将自己最辉煌的年华都贡献给了上海的城市建设。在中西女中的校园里，两幢主要的建筑——教学楼“莲吉生堂”（现五四楼）和最早称之为“兰柏 - 克洛普顿堂”（现五一楼）的宿舍楼都是邬达克的作品。

邬达克

1. 邬达克生平

1893 年 1 月 8 日邬达克出生在斯洛伐克一个建筑世家，他的父亲是一名营造大师，母亲是牧师的女儿。他

大草坪和邬达克设计的教学楼和宿舍楼

是一个拥有匈牙利和斯洛伐克两种血统的家庭的长子，出生在奥匈帝国时期，他的祖父用的姓氏是邬达克。那时奥匈帝国的官方语言是德语，邬达克即是他们姓氏的德语拼音。到了他父亲的时代，改用匈牙利语，于是他的名字被他的父亲登记为拉斯洛·胡杰茨。第一次世界大战爆发时，他刚以优异的成绩从大学毕业，满怀着建筑师的梦想，却不得已成了匈牙利的拉斯洛·胡杰茨中尉，但在一次战役中他被哥萨克骑兵俘虏，并在一次骑马事故中受了伤，使他的左腿比右腿短了一截。1918 年 5 月他从一辆遣返俘虏的火车上逃跑，在西伯利亚铁路公司找到一份工作。1918 年 9 月，不想再和战争扯上关系的邬达克，面对捷克军团的沿途拉兵，又一次逃跑，他沿着铁路到达了中国东北的哈尔滨，用他的假护照换取了一封可以引渡到中国或日本的信件，以便能及时治疗他的腿伤。他在哈尔滨的丹麦大使馆短暂停留后，出发向南，于 1918 年 10 月 26 日抵达上海。

当时的上海是除了摩洛哥的丹吉尔市以外，世界上唯一一个任何人不需要身份证明文件或护照便可以居留、开业的地方。这让具有一技之长的邬达克获得了新生。他先是在美国建筑师克利开设的克利洋行工作，1924 年底他自己开业。在 20 世纪 30 年代达到他的建筑师生涯的鼎盛时期。

邬达克 1918 年底来到上海，1947 年初去瑞士，在上海生活了 29 年，在这个国际大都市里，留下了几十件建筑作品，其中不少在很长一段时间里成了上海的地标，几十年

后都被列入了优秀保护建筑的名录。

2. 中西女中宿舍楼

1918年邬达克到达上海后，进了美国建筑师克利开业的克利洋行，巧的是，正在那时中西女中准备建造宿舍楼，征集设计方案，邬达克代表的美商克利洋行参加了新校区竞标。他提交的美国学院派哥特风格方案，完胜所有对手，其中甚至包括设计燕京大学的著名美国建筑师亨利·墨菲(Henry Murphy)。

这幢宿舍楼呈马蹄形，南北对称，建筑面积8214平方米，可容纳450名住宿生。底楼正中是被称为“Social Hall”的小礼堂。礼堂左右两边是走廊，分别通向宿舍区的楼梯。十根白色混凝土柱子牢牢支撑着走廊屋顶，柱和柱之间形成的门洞是柔和优美的弧线托起的尖顶。四楼的22个老虎天窗是尖顶红瓦。宿舍楼背面有两个城堡式塔式建筑，南面的一个有旋转楼梯，北面的一个作储藏室。这种城堡式建筑是中世纪后期欧洲教堂的固定形式。连接两个城堡式半圆形外墙的是一条长廊，9根白色柱子把二楼和三楼的长廊各分成十个半人高的大窗洞。背面正中有一条短短的走廊垂直于主楼，连接着与主楼平行的一幢二层楼的小建筑，使之与主楼构成工字形。小楼的宽度仅为主楼的三分之一，高度也只有主楼的一半，其功能是厨房和餐厅。

在宿舍楼南侧高高耸立着一座水塔。八角形的塔式建筑，是欧洲中世纪的一种特定型制，像一座要塞，厚重敦实的外观，由高塔、堡垒、城墙和狭长的小窗组成，这种形式在古代欧洲用于防守、瞭望和阻止敌人进攻。水塔也是中西女中的标志性建筑之一，应当是和宿舍楼同时建造的。

宿舍楼“兰柏 - 克洛普顿堂”在1922年11月21日举行新楼的落成仪式。在1922年3月26日的《上海星期日时报》(*Shanghai Sunday Times*)上有一篇报导：“中西女中划时代的新建筑……兰柏堂……林乐知博士梦想的实现，上海的出色成就[①]”，对于这栋楼的建筑设计特色作了如下描述：

在金色夕阳的映照下，这栋哥德式建筑以其无与伦比的美体现了林乐知博士梦想的实现和海淑德女士辛勤努力的成果。

设计这栋楼的建筑师是克利(R.A.Curry)和邬达克(L.E.Hudec)。前者对设计这类功能的建筑物富有经验，而后者则有着欧洲传统艺术的背景。建筑的风格选定采用世俗的哥德式。

① 此由张珑译成中文。

在上海建造一栋欧洲14世纪哥德式的楼，其功能完全不同于其传统的宗教性质，由一个20世纪的建筑师设计，建成后不但要被20世纪的眼光所审视，而且将被一个文化和生活习惯完全不同于西方世界的民族来使用，似乎是一件不可能的事。唯一的出路是采用变通的办法，而其中最大的挑战莫过于哥德式的墙体和较小的窗户，难以适应比欧洲炎热得多的上海的气候条件。

浏览邬达克先生的设计草图，可以看到他的设计细节，例如铸铁件的哥德式图案，小礼堂的透视图，弯曲的楼梯和拱形的门道，以及大 上的精美雕刻，从中可以体会他是以何等的热情和无拘束的想象力使木材和石材在一栋建筑物里达到了最佳结合。

在该楼一层被称为Social Hall的小礼堂，最能体现出哥德式的元素。这间巨大的房间具有完美的黄金比例，哥德式的宽大壁炉，厚重深色的哥德式屋盖和横梁，支撑构件上的雕刻，重实的栎木门和铁格，整个小礼堂是一个艺术和谐的体现。其实，整栋楼都体现了这种神韵。拉毛墙壁的颜色，体量、线条和细部的协调，房间的舒适度和亲切感，小房间的半私密性，北侧回廊式的阳台，西面窗户的开阔视野所呈现的落日景色，甚至坡顶的阁楼也体现了哥德式简洁而端庄的线条。

宿舍楼面积大，工期短，用料讲究，工程质量要求高。楼里现代化设施齐全，有淋浴室，每层都有喷泉式饮水器，全楼的供暖设施还必须和屋顶上的哥德式烟囱相配合。所以施工承包公司面临许多挑战，用工量最大达650人。

在整个蓝柏堂的建设过程中，中西女中坚持的原则就是她的精神支柱“生活、关爱、成长”(Live, Love, Grow)。在今后几年里，她还将建造几座同样风格的校舍以满足需求。

同一时期，邬达克与美国建筑设计师克利合作还设计了美国总会、四行储蓄会汉口路大楼和诺曼底公寓等一系列作品。这些作品均为复古样式，邬达克个人的某些风格，如喜爱用面砖饰面，也开始形成。

3. 中西女中教学楼

1924 年底邬达克已经自己开业，1932 年他完成了真光大楼，这座表现主义风格的办公用建筑造型十分简洁，又不失华丽和凝重。1933 年 6 月又落成了具有强烈时代感的大光明电影院，标志着邬达克的设计风格完成了彻底转变。1934 年 12 月，几乎是美国 30 年代摩天大楼直接翻版的高达 83.8 米的国际饭店落成。这座大楼不仅造型新颖，融汇了现代建筑和表现主义的语言，其结构、设备都代表了当时上海甚至远东地区的最高水平，

由此奠定了他在上海建筑史上不可动摇的地位。

1933 年，由于经家花园的老楼“莲吉生堂”年久失修，且学生人数增加，拥挤不堪，需要拆除重建，学校就请邬达克设计新教学楼。因此中西女中的教学楼莲吉生堂也正是邬达克这一鼎盛时期的作品。

新莲吉生堂始建于 1933 年，落成于 1935 年。外墙立面简洁明快，矩形的钢窗，有规则的矩形凹凸窗沿装饰着每一扇窗。正中的门框高达两层，门框带有哥特式的尖顶，有柔和优美的弧线托起，这一风格贯穿于莲吉生堂内外所有的门洞。正门有一大二小三扇向外开启的大门。在门和门框之间有一层楼高的三扇常见于欧洲中世纪教堂那样的哥特式彩色玻璃窗，窗框上部边沿各装饰着三个半圆形花纹。一楼为办公室和教室，二至三楼均为教室，每间教室有三扇窗户，占据了整整一面墙壁，使整个教室光线充足。四楼是一个大统间的假层，22 个向外突出的老虎天窗一律覆盖着红瓦三角顶。从侧面看，整个莲吉生堂的屋顶具有哥特式高耸尖拱形的效果。

莲吉生堂的建筑材料采用的是花岗石和钢筋混凝土，大楼里的地面全部用浅色水磨石，沿着墙边的踢脚板镶嵌着一粗二细三条黑色边线。走廊地面每隔四米左右饰有一个中有雪花图案的圆圈。从正门进入大楼，有高大宽敞的圆弧形前庭，前庭中央地面上镶嵌着一个外径 1.5 米，内径 1 米的黄色圆圈，中间刻着中西女中校训图案。正对大门的是大礼堂，与莲吉生堂的主楼呈 T 字形的平面布置。礼堂里的彩色玻璃窗装饰着和正门相同的图案，光线从这些窗户里射入，形成一束束炫光和幻影，使礼堂产生一种神秘、飘动迷离的感觉。宽大的舞台，红色的丝绒幕布，舞台两边的门框同样是由柔和优美的弧线托起的尖顶。礼堂里，包括二层看台，共有 1192 个舒软皮垫的座位。

莲吉生堂建筑面积 4607 平方米，为市级优秀保护建筑。也是中西女中主要的教学楼。底楼是办公室，二楼三楼是教室，三楼东面是最难忘的宽敞的图书馆，学生们知识的最大源泉。四楼的假层有多种用途，有隔成小间的练琴房，一大统间的晚自习室，也可用作学美术的活动室等。

四、城市风光和乡村风景

中西女中的校园有一道横贯东西的龙墙，将整个学校分为南北两部分。北部有上述两幢已被确认为上海市优秀历史保护建筑的教学楼和宿舍楼，和绿茵茵的大草坪，好似一个城市的花园。南边仅两幢小建筑，一个大池塘，小竹桥、茅草亭，就像是一个乡村风景区。

龙墙旁安静的小路

1. 城园

从校门口往左走，到了路的拐弯处，第一眼看到的便是一个长方形的荷花喷水池，这是“城园”里第一个景点。长方形喷水池是用玲珑的形似小动物的太湖石围成，水面漂浮着绿色的浮萍。夏天水池里的荷花开了，在荷叶衬托下，分外妩媚。池水中还不时有小鱼游动，掀起几片水波。池中央有一个喷泉，每天喷泉开放时能看到水柱从龙嘴里向上喷出。围绕着这个长方形荷花池的是一圈宽石板铺就的一米宽的路，路的外沿是一圈约一尺多高的混凝土浇筑的基座，上立有梭状柱子，架设横梁，筑起了一个通透、轻巧又漂亮的紫藤花架，上面爬满了紫藤，一串串紫色和白色花朵，像葡萄般挂在藤上，丰美、清香，和谐又洁净。夏日中午，炎阳当空，学生们喜欢到紫藤花下去避暑，坐在栏杆上，享受着小池、草地和阵阵花香。偶而微风吹来，花瓣落在水面上，慢慢飘浮过去；仰头能看见紫白色的云也在悠然地飘动。

1938 届的同学在级史中描述了这些美景留给她们的印象：

校园的北方，更有一处令人陶醉的紫藤花棚和喷泉，每当清明时节，紫藤花必盛放

斋月门

玫瑰路

教师之家和茅草亭

通往情人岛的小竹桥

了，串串紫色，娇艳欲滴，可恨几度风雨，落得残英满阶，若喷泉开放，那么粒粒飞珠洒湿了艳花嫩枝，阵阵浓香，渗入人们的心坎深处。

喷泉的近旁，更有一座小小的土墩，在上面直立着钟乳石，按着小石凳，各色的花草，满布着整个小墩，若当课余闲暇，偶上这土墩，静听枝头鸟语，顾赏奇花瑶草，真是五花八门，疑是人间天国。

当秋风摧残叶儿的时候，我们每在清晨，开窗远望，趁着园丁们还没有开始工作，我们可以看见大草场上或那条引向健身房去的窄小的道上，铺满了一堆堆的枯枝残叶，这景象是萧条的，可是现在回味起来比什么都美丽。

在荷花喷水池南面便是一片绿茵茵的大草坪，草坪东北和西南方分别由高楼和绿树包围。天鹅绒的大草坪是学生们中午和傍晚最爱呆的地方，或坐，或躺，捧着书读，晒着暖洋洋的太阳；或几个人坐成一圈，快活地聊天。大草坪也是体育运动的场所，清晨的大草坪，清新的空气，带着露水的天鹅绒草，是做操的场地。

夕阳下的大草坪也别有一番风景，1948届芮苑如在《中西在夕阳下》一文中是这样描写的：

如果有一天我到了天涯海角，我该记得中西的夕阳。是黄昏的时候，没有灯，没有月，只有归巢的乌鸦和那天边一抹红霞；像含羞的新娘，喝醉的舞伴。我独自一个人徘徊在宿舍前的草地上，仰望着蔚蓝的天，几缕薄薄的云，轻渺的移动：脚下是柔嫩的草，偶然踏着一朵小野花。稀疏的树影，使我想到童话中的森林。远远有堆人在玩，我从他们那儿传来的笑声确定了是在吵朋友；有歌声从二楼宿舍送下来，是高三马同学在试歌喉……我在草地上坐下，打开手中的《莎士比亚诗集》，我在诗文里找到暴风雨夜的可怕，把书阖上，我感谢上帝给我这美好的夜的前奏…… 我散步，我闲坐，谁在吟“夕阳无限好，只是近黄昏”？是吕先生的高足！我笑了，“夕阳无限好”，我相信明天的夕阳在中西一定会更美更红，一抹红霞，晕绕着中西，在墙内？在篱外？我想起家，我想起母亲脸上的红晕。我爱这夕阳，我愿意永远坐在这草地上，厮守着这抹红霞，让那吵朋友的笑语，稀疏的树影，浮荡的云霞，谁的诗吟，醉了我……

但是在春天，养草期间大草坪是绝对不能进去的，周围会用红绳围起来，并插上几个醒目的木牌“养草期间，请勿入内”。

“城园”中还有几个小景点，六角形的家政教室，H形的科学实验楼，东北角还有生物实验苗圃，走到草地的东南边，还能看到一个八角形的红色的亭子，亭子里有石桌石凳，喜欢清静的同学清晨会躲到这里来用功。在亭子的位置往东看，便能很清晰地看到隐藏在巨大的宿舍楼身后的欧洲古代城堡式的水塔，这也是中西女中独特的一道风景。往西看便见黑瓦覆盖着白墙的一道长长的龙墙，穿过花瓶状的“斋月”门，便进入“乡村风景区”了。

2. 乡景

龙墙南面之所以被称为“乡村风景区”，是因为相对于北面来说，这里没有高大的建筑，有的只是被称为“教师之家”的一幢三层小住宅楼和健身房。此外都是水域、草地、泥地、或煤屑道，好似乡村环境。

进入南面必得穿过开在龙墙上那个形似花瓶的“斋月”门，也必得穿过玫瑰道。从玫瑰路走出，便可看见健身房，这个1929年前全体校友捐款建造的健身房是学生们爱去的地方，1986年由1946届校友蔡詠芳捐款重新修缮。健身房的地板亮亮的，有弹性，可

健身房

以进行篮球和排球比赛，四周有挑高 2 米的观众席，可以容观众站在那里观看比赛。健身房里还有木梯和绳梯，供运动员做准备运动和锻炼灵敏性，还有供做健美操运动的体操垫。走出健身房，便是一个小型运动场，跑步、打排球、垒球、网球都在这里。这里是学校的东南角，和校外隔着一道红砖墙，西面和中西第一附小相邻，用一道竹篱笆相隔。常常在篱笆的空隙里，会有一些小眼睛在张望。

在玫瑰路西面便是一幢三层楼的“教师之家”(Faculty House)，是外籍教师住宿的地方。小楼底层是一间大客厅，有壁炉，有钢琴，是教师们平日生活休闲的地方，也是基督徒教师们做礼拜的地方；二楼和三楼是一些面积不大的房间。这幢小楼采用的是美国乡村家庭住宅的风格。

在“教师之家”西面有一个很大的池塘，池中心有一个小岛，称为“情人岛”，一架小竹桥通到岛上。1941 届江镜明在 1938 年的《墨梯》上有一篇短文《校园的一角》，是这样描写这个池中岛的：

可是在校园的一角多少含着些神秘的色彩，那就是全校著名的一个小岛，四面临水，

只一竹桥可通，它的面积是浑圆的，丛树环生着，中央有一把两人坐的椅子，几枝桃花，还有一棵不高不矮的玉兰树，那么清静幽雅，湖水在四周波动着，微风拂起了你额上的短发，这样会使你忘了这是人间，也许便是神秘之原因吧！很少人到那里去，因此也有人称它为“罗曼的克岛”。但我却另给了它一个名“孤岛”，因为它太孤独了，那里花草特别茂密，乌鸦在没人的时候更是极为放肆。因为它畸形，我就又恨又爱这孤岛。

池塘周围种着一圈柳树，杨柳低垂，随风飘荡，池水清澈，树叶摇曳，树下的小花偷偷伸出头向外张望，河水被阳光照得反射出闪烁的光彩，时常有不知名的小鸟掠水而过，远处高低不等的灌木和血一样红的玫瑰，衬托出一片极和谐美丽的景色。池塘里还有很多青蛙和蝌蚪，放了学，爱玩的同学，会拿了网兜来捉蝌蚪，也有三五成群地背起自制渔具，到池边垂钓。池塘里鱼儿穿梭，夏天还有莲花、菱角和荷叶。在近竹桥的岸边有一个茅草顶的小亭子，可称是乡村风景的代表物了。

在这好似乡村的景区里，学生们有时还会在这儿举行营火晚会。在篮球场前的一片荒地上，夕阳西下时，她们用木柴架起了一个篝火架，等太阳落山了，黑漆漆的天空亮起了弯弯的月亮和一闪一闪的星星，学生们团团围坐在那里，点燃篝火，顿时，整个木柴堆起火了，黯淡的四周一片光亮，大地像是活跃了，歌声，笑声，在夜幕中响起。这类称为“营火女孩”的活动，是在荷花池前举行的，面对教职员住宅和情人岛。学生们穿着自己动手做成的，像印第安人那样佩戴的腰带和装饰着珠子的美丽服饰，在点燃的营火前，快乐地唱着歌，跳着舞。这就是乡村景区里的活动。

五、校园四季

中西的校园，“园中景色，随时序而变迁，无不各及其妙，春宜漫游，夏堪纳凉，秋可读书，寒能赏雪”。

1941 届的盛美丽在告别校园之际，写下了一篇《别矣，美丽之校园》，用优美的古典语言尽显了中西校园的春夏秋冬四季景色：

美哉，母校之校园也，位于歇浦西滨，占地八十余亩，气象宏丽，布置清幽，在此尘嚣喧扰之沪渎，得兹恬静娴适之胜境。为吾莘莘学子作藏修息游之所，幸运何如耶。园中景色，随时序而变迁，无不各及其妙，春宜漫游，夏堪纳凉，秋可读书，寒能赏雪，其乐也融融，实难忘怀，爰分述其大概焉。

春日漫游

春风骀荡，芳草如茵，群花竞艳，正踏青拾翠之期，亦扑蝶听鹂之候。于恢广校园中，二三学友，联袂偕游，信步而行，疏林夹道，石径通幽，龙墙环缭。抵月洞口，见柳暗花明又一仙境，木香怒放，蔷薇门艳，趋入花丛，目迷五色，而微风袭襟，浓香醉人。置身花园锦簇，遍赏烂漫春光。越花丛只见清溪竹桥，雅逸宜人，水色澄清，堤边遍植垂杨，游丝十丈，摇曳生姿。小桥尽处，即“情人岛”，四周环以佳木，碧桃几株与绿草相掩映，树下错置坐椅，足资休憩。游览之下，几疑身入仙境，共叹造物伟大。但见桃树落红，花瓣翻飞空中，轻浮水面。睹绿肥红瘦，知春光易老，好景不长，悄立岛上，怅然若失，慨韶华之易逝，而知夏令之将至矣。

夏夜纳凉

冰镜高悬，凉夜如水，月华横天，树影覆地。斯时也，偕同学数，坐于凉亭之下，纳凉漫谈，亦一乐也。一日之课程已毕，而小憩亭中，凉风习习，溽暑顿消。同学相聚各言素志，亦庄亦谐，妙趣盎然。或对月曼歌，珠喉婉转，或仰望长空，欣赏自然。亭在河畔，后有广阔草地，佳木森然。前对清溪孤岛，小桥曲径，别有洞天。举目东顾，则见健身房巍然在望，其旁菜畦花圃，点缀风雅。又有花房一所，护藏各种名花。身坐凉亭，四周景物如画。风送荷香，清入胸怀，轻拂树叶，微摇竹影，足以解温消暑，一洗尘襟。处此清凉境地，几忘人世嚣哗。俄尔钟声忽起，悚然警觉，知身在校中，时已九时，乃相偕归寝。

秋日读书

仲秋之月，炎威已退，秋色斑斓，而校园之秋景，清丽动人。同窗砚友，同坐树荫，执 共吟，切磋揣摩，书声与虫吟相唱和亦一乐也。正当夕阳初下之时，园中桂子盛开，而金风阵阵，播撒清香，无限凉爽，又见篱边丛菊，含苞待放，此时此地，气爽景清，坐于假山之上，桐荫之下 然绝俗，其乐何极乎？仰视晚霞焕彩，天宇澄清；俯视池水，清澈可鉴；游鱼嬉戏于波心。假山玲珑，花木萧疏，前有喷水池，喷泉隐现，如观飞瀑。秋日虽好而不及时利用，岂不徒负此大好秋光秋景乎？诵欧阳子秋夜读书之文，能不憬然有怀？

水塔和休闲亭

严冬赏雪

曙色微茫，朝曦隐现，倦眠床第，拥衾未起，忽见同学数人疾飞而来，面有喜色，而促速起。问其所以，则秘而不宣，但微笑以对。懵然起立，忽促梳洗，趋至窗前，几疑身入白银世界。银海茫茫，银沙遍地，于是赏雪之心油然起矣。踏雪而行，如步白龙堆中，而沙沙作声。道旁雪压树枝，宛如玉树瑶枝。梅萼戴雪，不啻玉蕊琼萼。亭台楼阁，皆成琼楼玉宇。雪魄冰魂，点缀大地，宇宙皎洁，若不知有卑污恶浊之存在。方凝视奇境，忽觉奇寒侵入，触之乃雪团也，因同诵谢惠连雪赋，以助游兴。适钟声唤人，遂相偕入室。及至下午课毕，已雪溶草苏，仅留残痕，曾几何时，又将回春矣。

四时之相推兑，由春而夏，由秋而冬，校园之景，四时回异，递变无穷。但离校在即，行期伊迩，不知何时，再能复睹这美丽之校园乎？同窗学友，同息同游，一旦劳燕分飞，离情难遣。羡在校同学，能继续求学于此优美之环境。慨韶华之易逝，而未能及时利用光阴，既负此美景良辰，更负师长之春风乐育。别矣！美丽之校园，昔日之乐，永镌于

雪后荷花池

心，文通所谓黯然销魂者惟别而已矣。然乎？否乎？

中西的校园，四季尽美，在这美丽的校园里，在绿色和黄色的植物中，构出一幅幅动人的四季读书图。难怪即将毕业离校的同学会对母校的校园如此留恋。

第三章　教育与教学

一、学校管理与育人目标

中西女中作为一所美国教会办的学校，在学校管理上基本参照美国的模式。在薛正《我所知道的中西女中》一文中是这样叙述的："中西女塾在建校初期，管理机构十分简单，全部工作由校长一人负责，校长手下仅有会计、医生、护士及事务员各一人，总共五人。在向中华民国政府立案之后又增加了教务长和教务员、训育员、图书馆主任各一人。"立案以后，由中国人任校长，但是还设有一名美国顾问，校中有一个由校长出面聘请组成的校政委员会，由五至七名骨干教职员组成，每星期开会一次，讨论学校有关事项。

中西女中的校董会由 15 人组成，遇有重大事情，由校董会讨论做出决定。上世纪三十年代至四十年代中西女中的校董会成员虽然均为中国人，但均为教会中人或教会学校校长、院长及与教会学校有关的人员担任。

中西女中校董会成员一览表

姓名	国籍	所任职务	职业
曹徐华	中国	主席	音乐教师
谢颂三	中国	副主席	上海慕尔堂牧师
张文昌	中国	书记	杭州之江大学副主任
江贵云	中国	书记	上海卫理公会女子工作
曹孙素馨	中国	会计	上海卫理公会女子工作
吴高梓	中国	委员	上海卫理公会干事，中华全国基督教协会会长
吴贻芳	中国	委员	南京金陵女子文理学院院长
杨永清	中国	委员	东吴大学校长
高君哲	中国	委员	燕京大学女子部主任，东吴大学教授，人事处主任
翟培庆	中国	委员	吴兴福音书院院长
陈王善继	中国	委员	苏州博习书院院长
包文骏	中国	委员	上海景文堂宗教干事
毛 南	中国	委员	九口翘志小学等指导员
邵秀林	中国	委员	交通大学教授
凌慰都	中国	委员	吴兴三一堂宗教工作

尽管管理人员少，但是对于学生各方面的关心却无微不至，毕竟中西女中收取的学费不菲，接受的学生多出自富裕人家，甚至名门望族。家长希望学生在学校能尽量生活得好一点，学校也尽可能为学生创造良好的生活环境和学习条件。

中西女中的学生大都住宿，学校对学生的健康特别注意，学校医务室内有医生、护

学生自修教室(1917)

士各一人，还有一名保姆，负责生病学生生活上的照顾。学校设有病房，是一间空气流通的大房间，有 12 个床位。医生由有资质的在医院从医或私人开业的校友担任，每周来学校两个半天，平时医务室有护士。

学校对于学生伙食的营养十分重视，每周由护士为食堂搭配菜谱，营养全面均衡。到 40 年代中后期，由杨文倩老师任膳食主任。建校初期，早餐除馒头稀饭外，曾供应过肉松、黄油等。但学校发展逐渐步入正轨后，三餐饭菜均趋一般化，八人一桌，早餐除馒头稀饭外，有乳腐、花生米、咸菜之类小菜。虽允许学生自带花生酱、黄油、果酱等，但必须存放在餐厅内一个大柜子里，只可在早餐时食用。午晚两餐均为极普通的四菜一汤，两荤两素。此外学校允许学生从家里带食品来校，但禁止带入寝室，必须放在吃食间，有专人负责锁起来，只在每天上午 10 时半和下午 4 时开门，学生可以把自己的食品篮子拿到食堂吃一点饼干之类零食。

为方便师生生活，学校还在校内设有上海女子银行办事处，每周开放两天，师生均

德丽霞老师的历史课(1917)

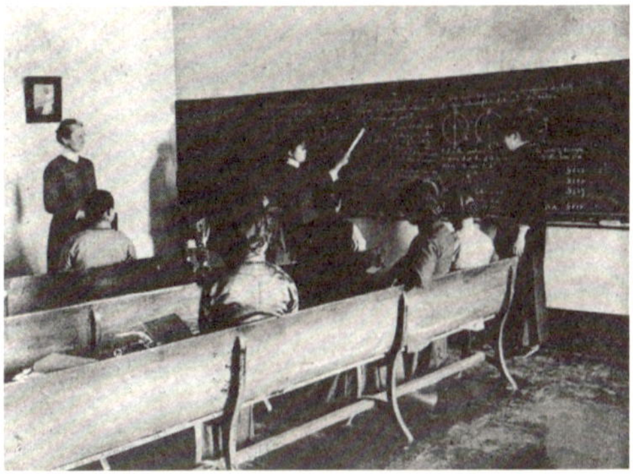

王紫英老师的数学课(1917)

可在银行存取款，免除了保管钱财的麻烦。在外国人任校长期间，学校完全奉行美国教会女子学校严格的管理，要求学生严格按照校规行动，不得有任何越轨行为，平时不可随意出校门，也不允许学生参加校外的任何社会活动。有犯规的行为就要去训育处受训，这种受训被学生戏称为“吃大菜”，“吃大菜”的名单每天公布在布告栏内。还有记过处分，记过次数多了就会被退学。

在中国校长任职期间，学生有参加社会上爱国活动的，例如1931年“九一八”事变后，校内进行了急救包扎等培训，1932年“一·二八”淞沪抗战，中西女中高中的不少同学都参与了救护伤员的工作。1932届俞志英和1933届杨婉青都参加了当年的救护工作。俞志英在1932年的《墨梯》年刊上，写了一篇《国难期中之经过》的文章，记叙了1932年“一·二八”事变时在南京路大陆商场妇女救护伤病医院的见闻。日寇的残暴，中国军人的舍身为国，给俞志英留下深刻印象。正是这种锻炼，使她们两人后来都投身于抗日和中国人民的解放事业。在1938年的《墨梯》年刊的《戊寅级级史》中，朱瑞青记载了1937年“八一三”淞沪抗战期间，中西女中的学生“参加了服务伤病医院及难民收容所的工作，并为难民缝纫棉衣，募集捐款”。

在这样严格管理下的中西女中学生，养成了良好的行为规范。学生见到老师都要问安，遇到外国老师则要用英语问安；校内绝没有人大声吵嚷，在走廊里讲话一定是让在一边；上下楼梯一律靠右行，谦让他人，从没有拥挤现象；在图书馆里如有必要，只可轻声说话，以免干扰别人，走路要踮起脚，做到不出声，离开时必须将坐椅轻轻放回原位。在大礼堂开会、听音乐、看演出时，没有人随便讲话，进出礼堂秩序井然；高中同学晚自修结束时间比初中生晚一个小时，为了不吵醒小妹妹，回宿舍时都轻手轻脚。虽

然学校有打扫卫生的工人，但是每间宿舍的整理和打扫都是学生清晨起床后自己做的。每日三餐听铃声进餐厅，吃饭要细嚼慢咽，用餐时尽量不出声，不允许浪费食物，鱼刺、骨头都放在自己的盘里，也不允许污染餐桌，餐厅里根本闻不到油腥味。对于学校里的花草树木，学生们也十分爱护，不随意采摘校园里的花朵，不随意践踏草地。

琴科(1917)

这种行为礼仪终身伴随着中西学子。所以有人说，中西的学生有一种特别的气质，让人一眼就能看出。这种气质就是高雅。

中西的每一名学生都牢记中西的校训“Live, Love, Grow”和“积中发外”，以及本级的级训，这是母校所教育的做人之本。级训一般是到高中时由本级同学自己选定。此外学校在每学期期末都会评选品学兼优生和全校品行最优的班级，以此激励学生提高自己道德品格方面的修养。

1943 级项秋若在级史中写道：“本级对于道德品格方面的修养向来不敢忽视，在初中三的时候，我们的品行是全校第一，自治会送了我们两只精致的壁钟，作为这次的纪念，这就是现在挂在自修室里的两只钟，每当我们听见了它们清晰的滴滴声时，好像一个长者在循循地劝告我们，我们总不敢稍有疏忽，深愿把那美好的品德继续保持下去；希望它们的声音能永远留在我们的耳边，敦促我们在学校中做好学生，到社会上去做好公民。”

二、学制和课程设置

中西女塾开办初期和早期，并未有规范的学制，除了普通班之外，还招收了已婚妇女的特别班。至 1900 年学制开始规范，并有了第一届毕业生，相当于美国高中毕业的程度。在 1924 年之前是预科四年，正科四年，在预科之下还有小学和幼稚园。在进预科之前，如未进小学，则有一个特级可以补习一年，第二年进预科。预科四年考试及格便能拿毕业文凭，相当于初中毕业，然后进入正科。正科四年考试及格便拿正科毕业文凭，相当于美国高中毕业。到 1924 年改为中国教育部所颁之三三新制，为小学六年，初中三年，高中三年，这一学制一直延续至 1952 年。

生物实验课(1917)

中西女中规定每学年有两个学期，从 9 月起至第二年 1 月底为一学期，然后放三星期寒假，之后开学至 6 月中旬为第二学期，暑假放两个半月，比一般非教会学校略长一些。另外，清明前后放一短暂春假。

每天的作息时间是这样的：上午四节课，在第二节课与第三节课之间有一段休息时间，午饭前还有约 20 分钟的午会时间，由学生组织各种活动。下午两节课，晚上自修课。

薛正校长告诉我们："中西女中的课程，无论初中还是高中，国文、英文、数学都是最重要的课目，此外设有宗教、历史、地理、物理、化学、生物、音乐、体育、美术等课。立案后通常是初中用中文课本教授史地，高中则改用英文课本教授世界史。另外，在初一、初二、初三各修生物、化学、物理，高中继续学习这三科，以此减轻学生在一个年级中的学习负担。一般说，每年主修课不超过六门，其他诸如音乐、体育、美术及后来开设的家政课虽为必修，但由于内容轻松，学生也不视为负担。"

由于中西是教会学校，建校初期宗教课必然占很重要的位置。后来随着非基督教家庭学生的增加，宗教色彩逐渐淡化。立案以后，按规定教会学校不得开设宗教课，于是改为选修课。在敌占时期，外籍教师都进了集中营。学校迁至海格路临时校舍，受条件限制，许多课程没有开设，其中包括宗教课。抗战胜利后，学校迁回原址，在高三年级文科班

开设宗教课，由费雪珍老师 (Miss Blackford) 任课。读一些《旧约圣经》和《新约圣经》中的选段，还有一本英文的圣经故事，由图书馆借阅，读毕归还图书馆。这门课要求很低，基本上就是听老师讲课，没有考试，不计分数。但至今还有校友对《圣经》的文学价值记忆深刻，因为《圣经》除了是基督教的经书外，在文学方面也堪称一部经典巨著。

从学生学籍档案中我们查到了上世纪四十年代中西女中初、高中开设的必修课程：

中西女中初中的课程：

国文、作文、习字、英文、数学、理科、心理学、历史、地理、公民、卫生、家政、选科、乐歌、体育、美术、操行。

中西女中高中的课程：

国文、英文、三角、几何、大代数、解析几何、生物、化学、物理、历史、地理、音乐、体育、制图、钢琴、公民。

1949 年下半年新学期开学，公民课取消，改为政治课。

此外，学琴科的学生，还另外设有 7 门课程：

声学、钢琴、琴科师范、梵哑铃 (“梵哑铃”，小提琴最早的译名)、音乐概论、乐典、琴史。

除了这些课程，还曾有过一些选科如天文学、伦理道德、逻辑学、美学应用、艺术课等。开设时间在各个时期都有所不同。

家政课内容包括手工制作、刺绣、绒线、缝纫、插花、室内布置和烹饪、西餐礼仪等。早期是高中选修课，后来发展为必修课。开设时间和课程内容各个时期不尽相同。例如学习如何招待宾客，如何开茶会、宴会以及学做名点名菜，学习室内布置时把家里的窗帘、灯罩、艺术品甚至沙发搬来装饰房间等，应该是发生在建校初期的情况。随着学校的发展，主课比重日益加重，家政课简化为一门次要课程。敌占时期家政课停办，胜利后恢复时又复开设，但那时高中年级课程设置分文理两班，理科班在数学和物理方面比重较大，故家政课仅限于文科班。上课地点在莲吉生堂一楼一间朝南的大教室，在那里学习插花、缝纫、选择颜色、摆放西餐餐具等。但每逢学做蛋糕、饼干或做菜肴时，则在老的科学实验楼，因为那里有煤气

中西学生化学实验

灶和烤箱。至于室内布置，则仅限于在高三休息室内，利用一套代代相传的藤制家具，由各班自己用窗帘、桌布、靠垫、图画等装饰。卧室则四人一间，一律白色床罩，整洁朴素，没有任何装饰品。

三、70分及格的考试制度

中西女中的教学程度相当于美国的初级大学，考试制度相当严格，70 分才算及格，这往往让一些学生望而却步，改上其他学校，所以肄业率也相当高，有不少学生因不能适应 70 分及格的要求而中途转学。初一时有 4 个班，到了高三就成了 2 个班或一个班。薛正校长在《我所知道的中西女中》中记载："在考试方面，施行每六星期考一次的制度，一学期 18 周，这样，学生每学期有三个考试成绩，期末总评一次，不及格者在校内公布名单，以示警告，学生都唯恐被列入警告名单，读书都十分用功。"

在立案前，学生英文不及格者不能毕业，但中文不及格则照样可以拿到毕业文凭。由此可见学校当时重英文轻中文的倾向。薛正任校长以后，加强了中文教育，她在《以教育为己任，为国家做贡献》一文中回忆："校方规定学生的英文不及格不能毕业，而中文不及格却照样可以领到毕业文凭。所有这些对任何一个有爱国心的中国教师来说都是一种极大的侮辱。我们应该有中国人自己的教育体制，我们要培养出爱国人才！强烈的责任感与爱国心使我无法坐视这些殖民主义教育继续毒害中国学生。因此，我首先提倡中文教育，努力提高学生的中文水平。不仅要求学生知晓西方文化，也要求学生懂得东方文化；不仅要学生唱外国歌曲，也要求学生唱中国歌曲；不仅教学生排练莎士比亚戏剧，也教学生演出中国传统古装戏。我自己也第一次在中西女中导演了中国现代剧：《一片爱国心》。"中西的国文教师中有的是前清的举人，古文根底很深，对学生要求也很严格。许多学生能写出很优美的古诗词和文言文文章。中西的学生不仅英文水平高，中国古典文学的水平也同样出色。

中西对数学的要求很高，高中的数学科目有三角、几何、大代数、解析几何共 4 门。王承诗老师给毕业班的数学考试是 40 道题，从鸡兔同笼的算术题到大代数，做对 28 道题才能及格。从高一年级起，分甲乙两个班，甲班为理科班，除数学课内容加深外，还设物理课。乙班是文科班，数学要求较低，不设物理课。原来在甲班的同学如果考试成绩不能达到要求，就会调到乙班，如在乙班再不及格，那就只能留级或者转学了。所以中西的学生都非常用功。常见学生清晨就起来在校园里复习功课。晚自修时在四楼的自

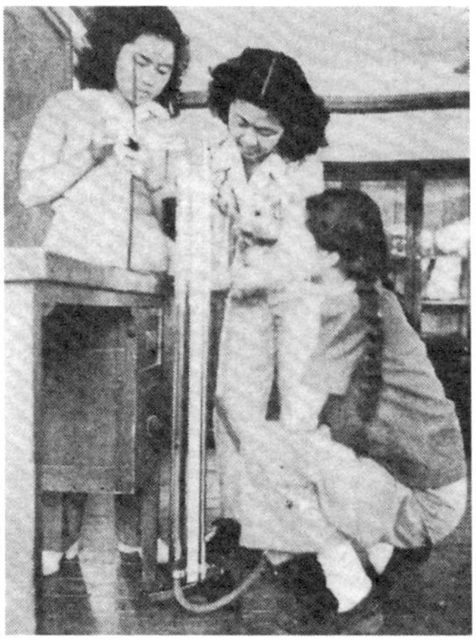

中西学生物理实验

家政缝纫

修室里人人都静静地温习着功课，直到自修结束的铃声响起，还有几个孜孜不倦的同学留在里面不出来。

这个70分及格的制度一直沿用至1950年春季。1950年后根据新中国教育发展的需要，招生人数增加了，考试标准也改为和其他学校一样的60分及格了。

四、三门艺术收费选修课

中西女中还有三门要另外收费的选修课：音乐、表情法和舞蹈。音乐课以钢琴为主，包括声乐和弦乐。这三门课所收学费和学校正规的学费相等，学成后都另发文凭，并举行毕业典礼。

钢琴学的学生最多，约占全校学生总人数的三分之一至二分之一，学习年限比较长，不少于12年，高年级琴生的练琴时间每天在两小时以上，此外还有乐史，乐理和创作等课，的确不胜负担，因此能同时领到正规学业文凭和琴科文凭的不多。每年也只有2-3名。此外音乐科还有学声乐和弦乐的。为了锻炼学生在公众面前演出的胆量，经常举办演奏会，有每两周一次在音乐科公开的小型演奏会，有一月一次向全校公开的中型演奏会，还有毕业生向全市公开的个人音乐会。演出的曲目都是古今西方音乐家的作品。

表情法课(Expression)是一门曾经有过的课程，但后来并没有专门开设。戏剧表演是中西教学的一大特色。平日上课时，老师们常以语调、语气、面部表情、肢体动作来启发

家政烹饪课

学生对文学作品的理解。也常采用朗诵诗歌或表演根据课文内容改编的戏剧片段等方法来加深理解。外籍老师们则更善于表演。所以不论是上国文课还是英文课，除了知识的传授，这种灵活的教学法更能令课堂气氛活跃、学生兴趣盎然。学生表演的技巧很大程度上是受老师潜移默化的影响。每个毕业班到毕业前夕，都会排演一场大型戏剧，有莎士比亚剧，也有中国古装剧等，学生们受到老师指导，经过一定的排练，个个都能成为出色的演员。

还有一门收费课程是舞蹈课，教的多为欧美民间舞。在中西校园，每年5月会在大草坪上举行全校舞蹈活动，同时也是对家长的开放日，那一天有很多家长来观摩，在大草坪上有学生舞蹈表演和集体舞。由于师资不稳定，舞蹈课时开时停，不久就停办了。但是每年五月这一全校活动的传统保留了下来，有的时候办的不是舞蹈活动，而是恳亲会，甚至是恳亲会加义卖会，义卖学生的手工作品。

五、英语教学特色

中西女中最大的教学特色是英语课，学生无论以后从事何种专业工作，都因英语水平高而获益匪浅，五十年代新中国外事工作岗位上也活跃着不少中西女中的毕业生。

中西女中学生熟练的英语交际能力和阅读应用能力，得益于有一个类似于以英语为母语的语言学习环境和教学方法。学生用的教材是原版英语文学经典名著，不论中外老师都用全英语讲课，用英语问答，学生用英语做笔记。教师并不要求死记硬背单词和语法规则，甚至没有专门的语法课，而是在学习大量文学作品的过程中，让学生学会了单词的用法和语法规则。学生学得有趣，不觉得苦，并自然掌握了英语的习惯用语。不仅如此，这些经典名著的养料哺育了中西学子，其中的人文精神，博爱、正义与善良的行为也成了中西女中学生精神和道德的楷模。

中西的高中学生除了英语课上用全英语教学外，在数、理、化、生物等理科课程上也有用英语授课的，早期的历史、地理等人文课程采用英文课本。课外的各种活动中还有和外籍教师用英语交谈的机会。这些综合因素养成了中西学生熟练运用英语的习惯。

办英文刊物也是提高学生英文应用能力的好方法。

在 1948 年的《墨梯》上有一篇《壁报》的文章，记载了壁报《晨曦》的办报过程。

“在一九四四级的话别会里，我们接受到了一件礼物，同时也是一种重大的责任——中英文版的《晨曦》。

中西1937年家政课布置客厅

“步入了初三，第一件要做的事，就是续办《晨曦》，但因当时是沦陷时期，不能公开出英文刊物，所以出了一期英文版后，就专办中文《晨曦》……

“一九四五年的秋天，和平讯息传来，《晨曦》积极准备，出版了和平专刊，同时英文版也复刊了……

“高中二时，费雪珍小姐 (Miss Blackford) 是我们的英文先生，在她热心协助教导下，英文《晨曦》开始登载全校性的新闻，编排和平常报纸无异，全校注目，我们就有了改英文《晨曦》为全校性报章的意思，终于在高三开始，我们将全部英文《晨曦》移交给高中二，在他们努力编排下，取名为 *McTyeirite* 的英文版《晨曦》产生了，成绩日趋完善，实在是我们额手庆幸的事，同时，中文版也按期出版，美丽的图画和轻松的文章，颇吸引了一些同学的注意。

“现在我们离校在即，我们希望 *McTyeirite* 和晨曦在全校扶持下，欣欣向荣。”

此外，还有 1941 级办过《劲节》三年，分英文、中文、艺术三类。1950 级办过 *Chatter Box* 英文级刊。

此外，每年的高三毕业班，都要负责编辑那一年的《墨梯》年刊，英文编辑部的同学要负责《墨梯》英文部分的编辑工作，这也是提高英文运用能力的好机会。

六、注重实践的文理科教学

中西女中的文理科教学都很注重学生实际应用能力的培养。文科的语文和历史的教学也都鼓励学生自己办刊物，1937 年便有初三学生在薛正校长指导下办了《三日新闻报》。1940 级的杨德馨在《我们的三日新闻栏》一文中说：“那时我们是在初三，刚好是薛正先

生教我们历史。办新闻栏的动机，得了薛先生的赞助便成立起来。我们决议由全班同学负责，每星期出版两次简明新闻壁报，请薛先生做我们的顾问，这样我们就开始了我们的工作。”办报目的是“使得在最少的时间内获得最多的知识，将自身与世界联络起来”。1940级和1944级都办过文艺半月刊《晨曦》，1941级和1945级都办过《劲节》级刊，1946级办过《朴摘》、《子虚集》，1950级办过《狂飙》。

在讲授文学历史课程时，教师往往把课文内容与现实的社会情况联系起来。例如1943届顾孟琴在回忆中西女中的语文教学时说：

中西女中语文课的传统要求学生不但要懂其义，还要背其文，孟韫佳老师每讲完一课，就布置背诵作业，隔一天“过堂”——当堂站起拉起很好听的调子背书，我把这个作业视作畏途。为了不使自己在课堂上卡壳，我常苦读到深夜，心中直怨恨这位孟先生。但是后来却感到这样要求的好处，至今我仍能一字无误地默念《前赤壁赋》，仍能顺顺当当地背诵《桃花源记》，写东西时能信手拈来，背出诗中某些好词佳句，便深深地感谢学校的语文老师，特别是孟韫佳老师的‘苛求’了。

孟老师特别看重讲那些颂扬正义的文章。讲到关键性的段落时常常激昂慷慨，感情十分激动，同学们无不为之动容。记得孟老师在解讲明末文学家，复社领袖张溥《五人墓碑记》时，她反复为我们朗读：“嗟夫！大阉之乱，缙绅而能不易其志者，四海之大，有几人与。而五人生于编伍之间，素不闻诗书之训，激昂大义，蹈死不顾，亦曷故哉！”课本上《多尔衮致史可法书》一文，在不了解历史背景的人读来确是一篇情深意厚，音节铿锵，不可多得的好文章。但，孟老师在讲解时，细致地讲了它的历史背景，要我们既能欣赏它的文字，又要知道它的虚伪性、欺骗性。她大大表扬了史可法的民族气节，狠狠痛斥了此文捉刀人洪承畴民族叛徒的可耻行径。这对当时身处已经沦为孤岛上海的青年学生生活不无起到了加强爱国爱民族讲气节之心的作用。

我念高三时语文老师王寿华常常鼓励同学联系实际，多阅读五四以来的新文学作品，她常出一些新颖点子启发我们的思想，活跃我们的学习生活。有一次她出了一个“妇女应该做什么的”作文题，文章中各抒己见，王老师建议我班在全校早会上举行“辩论会”，辩论的一方主张“妇女的天地是家庭”，另一方则认为“妇女应跨入社会”，两方在会上争辩得面红耳赤，这在中西女中还真是个创举。

此外，学校还组织学生到苏州附近的范坟山考察北宋政治家、文学家范仲淹的遗迹；到野外拣石头研究地质和矿石；组织音乐科学生去听音乐家的讲座；在文学和历史课上

去听和教材内容有关的讲座。

中西女中的文科教学有着一种独特的吸引学生的韵味。这和当下以应试为目的的教学方式完全不同。

中西女中的理科教学十分注重动手能力的培养。学校有理化生实验室，学生上科学课经常在实验室，不仅看教师做演示实验，自己也动手做实验。学校辟有生物学实验田，让学生种植花卉和植物。另外，学校还会结合所学知识带领学生参观工厂和植物园等，让学生获得感性知识。在 1917 年的《墨梯》创刊号上有一篇 1918 届马雪贞写的《中西女塾学生生活》(*Student Life in McTyeire*) 的文章，生动描写了这种活的学习形式：

在学习植物学时，我们参观花卉展，为了研究各种各样的植物，我们每周在上海不同的公园里进行观察。为了进行化学观察，我们参观了上海水厂和煤气厂。为了更好地理解物理课上学的电学、声学知识，我们参观了发电厂，电报局和到美国炮舰上去参观无线电联络办公室。

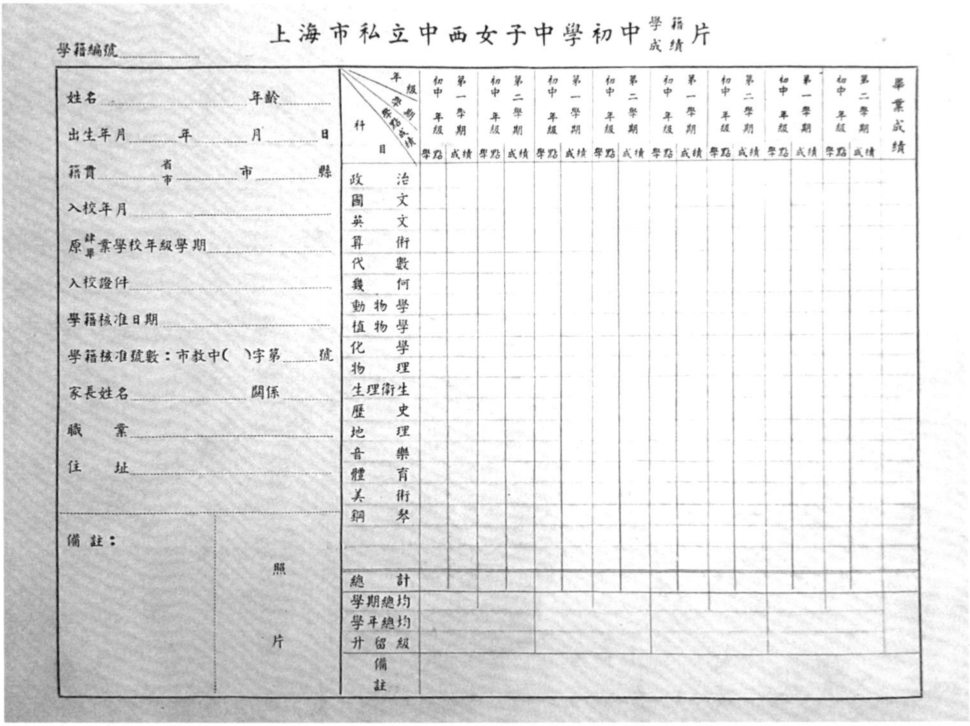
上海市私立中西女子中學初中學籍成绩片

學籍編號

姓名　　年齡
出生年月　　年　　月　　日
籍貫　　省市　　市　　縣
入校年月
原肄畢業學校年級學期
入校證件
學籍核准日期
學籍核准號數：市教中(　)字第　　號
家長姓名　　關係
職　業
住　址
備註：
照片

科目 \ 年級 學期 學點成績	初中 年級 第一學期 學點	成绩	初中 年級 第二學期 學點	成绩	初中 年級 第一學期 學點	成绩	初中 年級 第二學期 學點	成绩	初中 年級 第一學期 學點	成绩	初中 年級 第二學期 學點	成绩	初中 年級 第一學期 學點	成绩	初中 年級 第二學期 學點	成绩	畢業成绩
政治																	
國文																	
英文																	
算術																	
代數																	
幾何																	
動物學																	
植物學																	
化學																	
物理																	
生理衛生																	
歷史																	
地理																	
音樂																	
體育																	
美術																	
鋼琴																	
總計																	
學期總均																	
學年總均																	
升留級																	
備註																	

中西女中初中学生学籍卡

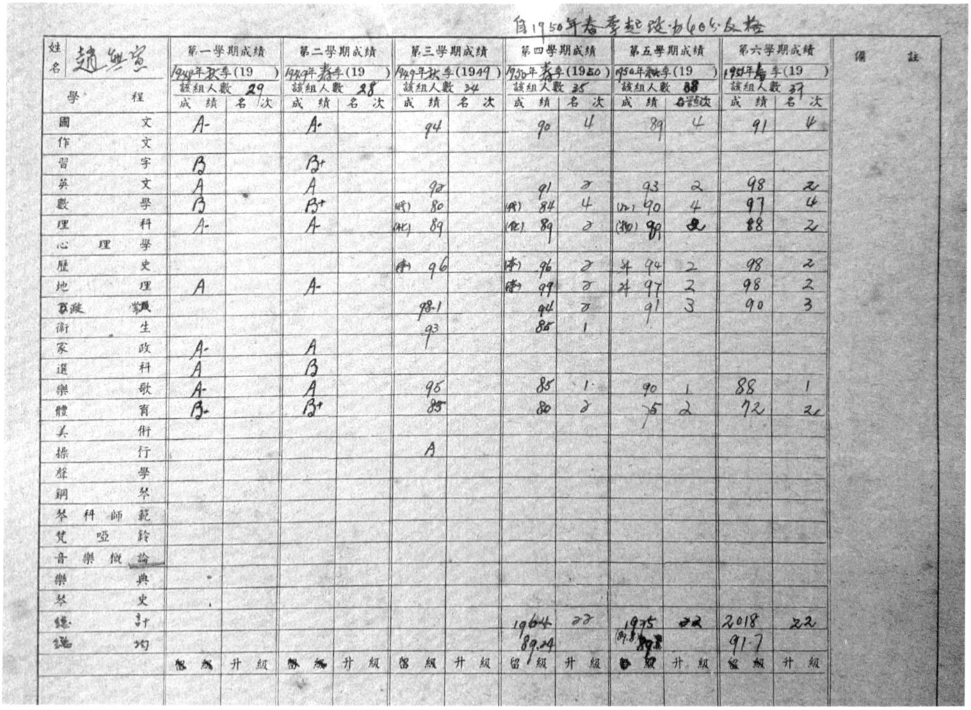

自1950年春季起改为百分反格

姓名 趙無[illegible]	第一學期成績		第二學期成績		第三學期成績		第四學期成績		第五學期成績		第六學期成績		備註
	1948年秋季(19)		1949年春季(19)		1949年秋季(1949)		1950年春季(1950)		1950年秋季(19)		1951年春季(19)		
	該組人數 29		該組人數 28		該組人數 34		該組人數 35		該組人數 38		該組人數 37		
學程	成績	名次	成績	名次	成績	名次	成績	名次	成績	名次	成績	名次	
國文	A-		A-		94		90	4	89	4	91	4	
作文													
習字	B		B+										
英文	A		A		92		91	2	93	2	98	2	
數學	B		B+		([illegible]) 80		([illegible]) 84	4	([illegible]) 90	4	97	4	
理科	A-		A		(化) 89		(化) 89	2	([illegible]) 9[illegible]	2	88	2	
心理學													
歷史					(本) 96		(本) 96	2	外 94	2	98	2	
地理	A		A-				(本) 99	2	外 97	2	98	2	
[illegible]					98.1		94	2	91	3	90	3	
衛生					93		85	1					
家政	A-		A										
選科	A		B										
樂歌	A-		A		95		85	1	90	1	88	1	
體育	B-		B+		85		80	2	75	2	72	2	
美術													
操行					A								
群學													
鋼琴													
琴科師範													
梵啞鈴													
音樂概論													
樂典													
琴史													
總計							1964	22	1975	22	2018	22	
總均							89.24		89.8		91.7		
	留級	升級	留級	升級	留級	升級	留級	升級	留級	升級	留級	升級	

中西女中学生学籍卡

中西女中还成立了“化学研究会”，对化学有兴趣的同学自由结合，课余进行化学方面的探索实验。1938届陈宝琪在《化学研究会概况》一文中告诉我们：“化学研究会”成立于1935年冬，陆招先生作指导，本会成立之意义：“仅求书本知识，究属有限：尤以物质科学，日新月异，变幻无穷，非课室诵读所能得。于是乃有化学研究会之组织，养成课外阅读之习惯，以补课内之不足，此其一也。”

“近世科学发达，世界各国莫不以科学能力扩充其国家势力，其进步之速，颇有一日千里之势。我国科学，夙见落后。近年来虽竭力提倡，然终不及先进之国。夫学校乃学术源泉，尤以中学为科学研究之基础。故本会特重于实验，参观及阅读。借此培养化学之基本知识，策轫科学救国之初步手续，此其二也。”

中科院院士，药物学家，1938届黄量也是这个化学研究会的成员。

中西女中的学生不仅文科人才多，理科人才也不少，就是得益于这种联系实际的教学理念。

第四章 课余

著名海派文学家程乃珊有一篇为《外滩画报》写的文章《母亲此生最开心的岁月是中西十年》，生动描写了她的母亲，1940 届潘佐君所体验的中西女中的学校生活。这也是所有中西女中学生们的共同感受。

中西女中施行全面发展的教育方针。学校对学生不仅在学业上要求严格，在道德品质上也要求严格。说假话是薛正校长最不能容忍的品德问题。学校每天安排下午课后体育运动，以锻炼强健的体魄；还有各种可自由参加的课外活动。中西女中的课余生活是丰富多彩的。

一、体育活动

中西女中的学生每天都有体育活动，下午课后学生必须有半个多小时的运动，走进健身房，各种运动器具，都在眼前。或爬木梯，或玩秋千，都有无限乐趣。健身房是学生们最喜欢的地方之一。

后操场是进行各种球类运动的地方。中西的学生有特制的不失女子体统的运动服。学校的篮球、排球、垒球都达到了很高水平。各种球类比赛经常在各班级和年级之间举行，也常有低年级战胜高年级获得全校冠军的。校级的高中球队，初中球队，参加全市中学生比赛，经常获得联赛冠军。1952 届萧嘉珣回忆《中西女中的体育》一文，对此有详细叙述。

学校每年举行一次体育表演。1947 年的《墨梯》上，初二邵绡红的一篇《本校的体育表演》中，有如下记述：

上世纪20年代中西垒球训练

上世纪20年代中西学生做操

本校每年有一次体育表演，表演的节目就是一年中学习的成绩。……表演开始了，第一个节目是高三的苏格兰舞，依着音乐，走着整齐的步伐，白衬衫、黑操裤、手臂和腿一前一后，一上一下操练，好似一队整齐精练的兵士。

紧接着是高一的舞蹈，空气由庄严变得轻快。……初一的舞蹈可真不错，她们围成了一圈，渐渐地变成两个、三个圈，最里面的一圈两手并举，中间的一圈身向后仰，两手向后，外圈的人倒卧在地上，一瞬之间，好像波浪涌起，又似百花齐放，博得一场热烈的掌声。

再次是我们初二了，技巧运动是新鲜而又特别的，蓬蓬的鼓声好像是身临野人队，可怕而又可怖，先是向前翻劲斗，再是矮人走路，滚人球，向后翻劲斗，和蟹行，最累人的是“象”，两人合作做，最难行走，正当列队在掌声中前行时，第一只象却滚了下来，于是我们象队也就散了。

初三表演叠罗汉，整齐的一排，两旁矮而当中高。拍一下掌，一分钟间就叠出一个罗汉塔来，花样新奇，看不胜看。表演完了，在热烈的气氛中全体演员鱼贯而出。

除此之外，中西每年还举行春季运动会。

1942届邢剑霞记叙了1942年春天的那次运动会。

四月二十九日天高气爽，下午举行运动会。……全体同学一律白操衣、黑短裤，二时铃声一响，大草地上竖起各级的级旗，顿时场中寂静无声，运动会开始了。

各级顺次表演各种不同的进行操；有不同的步伐，不同的花色，有的还有钢琴陪奏。评判先生就在这时仔细察看各级同学的姿势、精神和步伐。裁判结果，我级得到了团体的姿势锦标，体育队长在热烈的掌声中，上司令台领受奖品：一束鲜花！

中西体育课技巧运动

校际排球比赛(1928)

接着就是各级的表演，有跳高，叠罗汉，翻筋斗等，不同的惊人技术，都得到了不绝的鼓掌和赞美。直到四时余，才结束了这一年一度的运动会。

学校的体育明星往往受到大家的喜爱和崇拜。1952届的萧嘉珣是运动健将，在各项球类比赛中都十分活跃，是校篮球、排球、垒球主力队员，走在校园里，低年级的同学常常向她投去崇拜的目光。

每年5月舞蹈会向家长开放

学校里有体育会，是爱好体育的同学组织的社团，经常组织各种体育活动。

二、音乐戏剧舞蹈

中西女中的学生几乎每人都参加几项课外活动，其中最具特色的是歌咏团、每年夏季的戏剧汇演和五月里全校性的舞蹈会。

校歌咏团有高中歌咏团和初中歌咏团，都由音乐老师进行正规的声乐训练，早期的

小提琴科 (1927)

声乐老师有吴世明、籁尔夫人 (Mrs William Lyle)，1930 年至 1937 年有萧嘉惠、林美德 (Miss Olive) 老师指导，1938 年至 1948 年有白露薇 (Miss Butler) 老师指导。合唱团约 40 余人，每星期活动两三次，演唱歌曲除了宗教赞美诗外，还演唱著名歌剧选段，世界名曲，中国歌曲等。学校每年 5 月举办音乐会，由音乐科学生演出钢琴、小提琴节目，合唱团也参加演出。不仅深受全校师生欢迎，连在上海市都有一定影响。例如 1928 年 11 月在上海举行的舒伯特音乐节上，中西女中的小合唱获得一等奖。

1930 届张丽娟在 1930 年《墨梯》上写了一篇《本校唱歌会感言》的短文，记述当年学校举办的一场歌会场面。

本校新近组织一歌社，旋因用款不敷，定于4月27日晚八时，开一唱歌会， 值一元，意在募捐，而以唱歌作酬。是晚时未及八，来宾络绎而至，倏忽间，已济济一堂。座为之满。未几，琴奏，歌扬。一曲既终，掌声雷动，承来宾之要求而重唱者数曲。学生之歌兴大豪，愉快之状，形于颜色。诸歌中，尤以中国歌为最动听，有婉转清脆者，有激昂慷慨

者。凡歌中离合悲欢之意，悉寓于发声之疾徐高下、抑扬顿挫之中。吾校歌曲，不能不使人叹为观止也。十时半歌毕。

每年6月是高三毕业的季节，在这之前，高三年级就要筹备毕业戏剧演出，这是一项大型课余活动。

戏剧演出活动始于1926年，由1928级的一些同学组成了戏剧社团，由德丽霞老师(Miss Tuttle)任指导。学生们策划了一次综艺娱乐节目，包括歌曲，舞蹈，朗诵，还有一个短剧，名为《在苏珊的权杖下》。演出售票获得一百八十美元。第二次又演出《女王失去了她的尊严》短剧，售票获得八十美元。她们将这些钱捐给农村孩子和需要帮助的机构。1928届的郭婉莹等又排演过《训悍记》，并拍了剧照。

此后，每年的毕业班都演出一场大型多幕剧作为对母校的告别。有莎士比亚戏剧、中国古装剧、世界名著改编剧，也有从课本上的故事改编的剧。

中国古装剧多选爱国题材，1933届演出历史剧《岳飞》，1936届演出《苏武》，1944届演出《清宫怨》，1946届演出《孔雀胆》，1947届演出《棠棣之花》，1942届和1948届都演出《西施》。

莎士比亚的戏剧有1929届演出《第十二夜》，1930届演出《仲夏夜之梦》，1938届演出《威尼斯商人》。

此外还有1930届演出了《金屋子》，1936届演出《小妇人本事》，1937届演出《雪花公主》，1940届演出《傲慢与偏见》，1941届演出《韩沙与葛莱特之轶事》歌剧，1945届演出《人鼠之间》，1947届演出《弦外之音》，也都是世界名著，或是课本上的故事改编的。

薛正校长在《我所知道的中西女中》一文中告诉我们："每届高三学生总是在毕业前一年的九月便开始定剧本及角色人选，进行排练，定做服装。英文戏大多由外国老师导演，舞美设计、舞台监督等人员均由学生自己担任。最初几届演的几乎都是英文戏，如《威尼斯商人》、《傲慢与偏见》等，后来也演了一些中国名剧，有《孔雀胆》、《清宫怨》、《桃花扇》等，导演常由中国教师担任。剧中角色一律由女同学扮演，由于上过'表情课'，演技都很不错。公演时间一般定于六月中，全校师生都争先购买或推销戏票。最贵最好的票往往被学生家长一抢而空。卖票所得，一般用于出版《墨梯》年刊，或作为给优秀学生的奖学金。当时中西女校的戏剧表演，曾在社会上轰动一时，也可算是中国话剧表演艺术的最初尝试。"

中西学生历年演剧汇总表

演出年份	剧目	演出年份	剧目
1924 年	美女与野兽	1937 年	雪花公主
1925 年	在苏珊的权杖下	1938 年	杨小姐的秘密、威尼斯商人
1925 年	女王失去了尊严	1939 年	爱情真谛 (*The Romancers*)
1926 年	轻歌剧 *The Singing Highwayman*	1940 年	傲慢与偏见
1927 年	*Evangeline*	1941 年	韩沙与葛莱特之轶事
1928 年	莎士比亚“第十二夜”	1942 年	西施
1929 年	金屋子	1943 年	*He and She*
1930 年	莎士比亚“仲夏夜之梦”	1944 年	清宫怨
1931 年	*Quality Street*	1945 年	人鼠之间
1932 年	能屈能伸	1946 年	圣安东尼之锦缎、孔雀胆
1933 年	岳飞	1947 年	弦外之音、棠棣之花
1934 年	*the Spectator*	1948 年	西施
1936 年	苏武本事、小妇人本事		

中西女中的另一项盛大的课外活动是每年 5 月在大草坪上举行的全校性舞蹈会。薛正校长在《我所知道的中西女中》中回忆：“每年一次的舞蹈会安排在五月。这是一次全校性的活动，从初中到高中的学生都参加，全部由学生自编自演，中西不拘，服装由学生自备，有许多学生从箱底翻出祖辈的中式礼服，或自己买衣料，制做衣裙，有的就以纸代花，缀于裙边。五月天气晴暖，大草坪绿油油的一片，举行舞蹈会时各班学生先后

圣诞节演出

师生联合音乐会(1937.4.2)

1928届演出 第十二夜

1930届演出 仲夏夜之梦

1946届演出孔雀胆

1937年化妆舞会

从树林中依次出现，翩翩起舞，宛然一幅幅美丽图画，来客都很欣赏。”

除了5月的舞蹈会外，深秋季节的西方万圣节那天，学校还有一次全校性化妆晚会。1942届的唐金华有一篇文章对此作了记叙：“1936年的秋季，我初入中西住读时，在一个秋月明媚的晚上，全校举行化妆会。全体同学有拿红红绿绿的花纸做成衣服的，有拿黑布做成猫形套在身上的，也有将蟹壳或树叶做成裙子的。大家都化妆成奇奇怪怪的样子来捉弄或吓唬人。那时，我是初中一的小学生，不懂事，真不知怎样准备才好。到了一九四一年的秋季举行第二次化妆大会时，我级全体同学一起策划，决定分工合作，大家拿报纸做成一律的衣服，做一样的表演。结果，我们获得服装整齐，花费节约的赞誉和赏品。所以，凡事只需通力合作，必无不成之理。”

中西还有一种“提灯会”的庆祝活动，用于在一些节日或校庆日的晚上。1930届的庄素珍有一文介绍：“人各一灯，色不尽同，随行随歌，先环荷池而行，蜿蜒有数寻之长。既而环行全校，而集于正中之草场，集成圆形而高歌。摇灯光以争辉，时则月冥冥，将西行。露霏霏，而侵人，盖为时已九旬矣，乃尽兴带露归。”

每年圣诞节的时候，更有庆祝活动，那时耶稣诞生的圣剧、唱歌、舞蹈、等都在舞台上亮相。

三、图书馆

中西的图书馆可以说是学生最爱去的地方，吸引大家的当然是它丰富的藏书，还有安静的环境。

1949届蒋维正在1948年的《墨梯》上有一篇《图书馆》的文章，写出了中西女中图书馆的特征。

图书馆地方不大，里面只容得下十二张桌子及七十六把椅子，再加上了江先生的“柜台”便是阅读室的全部了，装潢谈不上富丽，除了墙上几张图，四周陈列着一个报架，四本大字典及一个参考书架，此外什么摆饰也没有。但是图书馆能有如此的吸引力，不用说，是其中有那么多的藏书和杂志，再加上那一份安静舒适的气氛了。

图书馆有着教室所没有的宁静，更有着全校同学所爱好的书籍。除了借书室的藏书规定日期出借外，架子上众多的中外杂志往往都被一借而空。

中西女中的图书馆有着三十年的历史。经历了几个发展阶段。

图书馆成立于1923年春季，那时在老莲吉生堂里只有一间房。屋内仅有几个书柜，

1933年前中西图书馆

一张桌子，几把椅子，一个报纸架。有一位教师带领一个“图书馆俱乐部”的成员，负责整理书架。1923 年 9 月图书馆搬进了老莲吉生堂漂亮的接待大厅，增加了几个书柜。徐佩珍老师志愿来管理，她的工作在学期末得到了赞赏，1924 年 2 月她成了一名正式的图书管理员。图书馆得到了经费，买了很多新书，增加了报纸和许多中国和美国的新杂志。在一位王先生资助下，图书馆添置了书桌、阅览桌、椅子和杂志架。

1924 年 9 月，徐佩珍老师经过暑假在圣约翰大学图书馆课程班的学习，以新的热情投入工作。10 月露丝·朗登 (Ruth Longden) 小姐第一次来到中西图书馆，作为专业馆员对馆内的问题进行研究和协助工作。徐佩珍老师向朗登小姐学习图书馆业务。那个学期朗登小姐还向高二年级的学生开设一星期 2 小时的图书馆课程。

1932 年 9 月，有着近 10 年图书馆工作经验的江梅鹃老师从圣玛利亚女校图书馆来到中西任图书馆主任。她专业的管理，严谨的工作作风让中西女中的图书馆更加受学生欢迎。1935 年新教学楼落成后，图书馆搬进三楼东面的大教室，三面采光，另有紧邻的 2 间藏书室，使得中西女中的图书馆成为当时上海中学中条件最好的一个。

1947 届周瑞珍在毕业前写下了对中西图书馆的留恋。

“这一年我发现了图书馆的真正价值，并学会了有效地利用空闲时间。离开了喧嚣的教室，我走进学校图书馆。啊！这是一个不同的世界！一切都是如此的安静。许多书在那里等待我们去读。我坐在敞开的窗户旁边，凉爽的微风抚摸我的头发，我沉浸在书中的故事里。我爱在那里度过整段时间去读书。……遗憾的是，现在我就要离开学校了，已经很少再有机会在我们的图书馆里读书了。我永远也不会忘记它给我的知识和快乐。”

1942 届的吴经也在回忆中对中西女中的图书馆充满了感情。她说：“我走上革命道路，当时中西女中图书馆给了我进步思想的启蒙教育。至今我常梦到中西女中的图书馆，可见我对它的憧憬和印象之深。”

1937 年在《墨梯》上曾刊登了“我最喜欢的书”的调查表，接受调查的是 1937 届的 39 位毕业生，喜欢巴金《家》的学生有 8 人，喜欢鲁迅作品的有 5 人，其他茅盾、老舍、丁玲、曹禺、郭沫若等中国作家和泰戈尔、小仲马、屠格涅夫、歌德、狄更斯、雨果、勃朗特、托尔斯泰等世界著名作家的作品也名列榜中，可见当时中西女中图书馆藏书质量之优，数量之丰富。也折射出中西学生读书成风之学习气氛。

1937 届学生“我最喜欢的书”调查表

姓名	英文书	作者	中文书	作者
卞嘉年	*A Tale of Two Cities*	Charles Dickens	家	巴金
钱景贤	*Magnificent Obsession*	Lloyd C, Douglas	小坡的生日	老舍
张燕信	*A Prayer for My Son*	Hugh Walpole	飞鸟集	泰戈尔
陈家志	*Under Moscow Skies*	Maurice Hindus	出了象牙之塔	厨川白村 鲁迅译
朱润珠	*East Lynne*	Wood	二马	老舍
朱世珍	*Les Miserables*	Victor Hugo	家	巴金
唐宝玉	*Fortitude*	Hugh Walpole	从一个人看一个新世界	巴比塞 徐懋庸译
唐慕琼	*Amaury*	Alexander Dumas	茶花女	小仲马
谭梅	*White Banners*	Lloyd C. Douglas	蚀	茅盾
方宝雁	*Fortitude*	Hugh Walpole	呐喊	鲁迅
邝文美	*Gone With The Wind*	Margaret Mitchell	苏鲁支语录	尼采 梵澄译
许怡曾	*Virgin Soil*	Ivan Turgenier	幸福的船	爱罗先珂
黄淑瑛	*Jane Eyre*	C. Bronte	孟实文钞	朱光潜
黄文瑛	*Fortitude*	Hugh Walpole	巴金短篇小说集	巴金
裘翠英	*Tess Of D'urberville*	Thomas Hardy	母与子	东亚病夫译

续表

姓名	英文书	作者	中文书	作者
高克正	*The Forty Days Of Musa Dagh*	Franz Werfel	爱情三部曲	巴金
关铃兰	*David Copperfield*	Charles Dickens	朝花夕拾	鲁迅
李蕴华	*Barrets Of Wimpole Street*	Rudolf Besier	虹	茅盾
刘慕容	*June Eyre*	C. Bronte	红楼梦	曹雪芹
陆时珍	*Three Musketeers*	Alexander Dumas	在黑暗中	丁玲
马秀生	*Resurrection*	Leo Tolstoy	家	巴金
穆恂如	*Barrets Of Wimpote Street*	Rudolf Besier	家	巴金
任佩儒	*Jane Eyre*	C. Bronte	家	巴金
潘耀瑜	*My Country And My People*	Lin Yutang	老张的哲学	老舍
沈葆安	*Amaury*	Alexander Dumas	呐喊	鲁迅
孙慧莲	*Anna Karenina*	Leo Tolstoy	茶花女	小仲马
舒丽安	*Vanessa*	Hugh Walpole	二马	老舍
周世瑾	*The Mill On The Floss*	George Eliot	烟	屠格涅夫
刁友真	*Good Earth*	Pearl Buck	家	巴金
蒋思徽	*The Count Of Monte Cristo*	Alexander Dumas	少年维特之烦恼	歌德 郭沫若译
王慧珍	*Anne Karenina*	Leo Tolstoy	母亲	丁玲
韦巽佳	*Garden Of Allah*	Hickens	二马	老舍
吴舜九	*Les Miserables*	Victor Hugo	二妈	老舍
何传胪	*David Copperfield*	Charles Dickens	家	巴金
杨国英	*David Copperfield*	Charles Dickens	雷雨	曹禺
杨继英	*Jane Eyre*	C. Bronte	象牙戒指	卢隐
杨建宇	*Prodigal Daughters*	Hocking	彷徨	鲁迅
柴筠修	*Anna Karenina*	Leo Tolstoy	雷雨	曹禺
徐肇循	*Peg 0' My Heart*	J. H. Manners	棘心	绿漪

四、住宿生活

中西女中的学生，初三以上都要住读，初一、二年级也有住宿的。中西女中的宿舍管理很严格，凡有犯了宿规的，名字会上布告栏，第二天要去训育处“吃大菜”。训育主任吴景昭每天晚上查房，由于她戴着深度近视眼镜，走路脚步又轻，学生们给她起了绰号“猫头鹰”，这个绰号代代相传，流传甚广，以至于有不明真相的家长误以为她姓毛而称呼她为“毛老师”的笑话。

中西作息制度是：早上6:00打起床铃，起床后穿上校服，校服是墨绿色的旗袍，

1937年学生宿舍

每个人都一样。洗漱、整理床铺、打扫房间。7:00进餐厅吃早饭，7:30打早餐结束铃。不论吃得快还是慢，都必须等打了铃后全体一起离开餐厅，然后准备上课。每天晚上有夜自修。9:00夜自修结束的铃声响过，回到宿舍，洗漱完毕后，9:30上床睡觉。这时值班的舍管老师或训育主任吴景昭先生就开始查房了。穿校服的规定自1937年后因物资供应紧张不再实行。

1936年的《墨梯》上有一篇当年的毕业生，后来的中西女中教务主任陈观裕写的《学校生活断片》的文章，生动描述了中西住宿学生的生活。

起身钟在黑暗的冬天早上铃铃作响，可是学校里的一切都仍在甜睡中，有些同学被铃声扰搅了清梦，便在床上翻覆几下，打几个哈欠，不到十分钟却又入了梦乡。待早餐钟响过，校舍中便大扰动，好睡的同学突然跳出被洞，披衣倒履的飞奔到洗面室中，没2分钟却已蓬着头，衣冠不整地坐在膳堂里用早餐。

四点一刻的放学铃一响，同学都用了最敏捷的手足，把书籍收集好了，三脚两步地往宿舍那边走去，拥挤在食物间的门外，藤篮一只只地提出来，打开满篮的面包、蛋糕、糖和饼，每人都是笑容可掬，兴奋地大嚼！

篮球和排球比赛的通告一贴出来，同学们第一件心事就是考虑自己有没有十个铜圆作入场券，若是不巧没有铜元在身，便不遗余力地去筹备得来，待晚上八时下夜课的钟一响，立即山崩地裂地大震动，赶着往健身房奔去，一路上喊声、笑声、说话声大作，把校园夜里的静寂一度的消灭了。

饭后一时一刻上课之前，图书室门外挤满了人，远远地看见管图书室的江先生手里拿着门匙，慢慢地拾级而上，门口的一堆人突然发生大扰动，后面的人尽量地往前拥，以致图书室的那扇门，被封得水泄不通！好容易江先生从人缝中钻进去，把门开了。同学们便像决堤的河水一般涌进去。原来那么许多人都在抢着先生指定的一本参考书！

当春日明媚，碧草似锦的时候，同学们都是三二成群的在草地上闲踱着，有些竟卧在青草地上，仰看青天与白云。有些穿花拆柳地欢谈着，年纪较幼而活泼的，即行快乐地嬉戏着，一切都是欣欣向荣，富有生气！哪怕明天的功课逼紧，同学却不禁春光的撩诱而偷

享暂时的清福。

六星期将要结束了，学校里的空气骤然紧张！同学们都是提心吊胆，等候考试成绩的公布。时候已到，布告板前面涌动着无数惊慌的面孔，焦急的眼睛都忙着找寻自己的名字，有些看了，便踊跃欢呼着向外奔走，这些因为是侥幸免灾了，有些看了，便面色惨白的，垂头丧气走了，甚至更有呜咽嘤泣，一路不绝，这些便是不幸的遭殃者。

星期六回家的例假到了，大家都是满面春风地赶着理包袱，整皮夹，大包小包地搬着走。校门前堆满了学生的家役，车辆，一出校门便各分道而散。回家是多快乐的事情啊！哪怕明天有多艰难的功课，现时暂且行乐一下！

天气渐渐暖和，浴室门前变得车马盈门，不像冬天那么冷落了。同学们看准了开放热水的时间，便预先卷着衣物奔至浴室，可是已经有许多比自己捷足先登的人了，无奈何只得等待第二次热水开放的时候再去。

发信的时候到了，宿舍门前等待着许多焦急的同学，远远看见蓝衣校役手里拿着一大包裹的信件走来，便不约而同地向校役下总攻击，转瞬间，校役手里的物件都被抢劫得干净。随即到处都可看见咪笑的眼睛，专心地专注在亲友来信的字里行间。

那时学校里还有火警练习，不管什么时间，哪怕是在晚上，听到火警的锣声，也要马上穿衣起床，迅速地跑到大草地上集合。1948年就有当时初中一的张雪薇写了一篇《练习火警》的短文：

一阵锣声，只听见楼梯上有脚步声和说话声，不用说，又要练习火警了！我正在卧室中写大揩，听见锣声，立刻丢下毛笔，奔向楼下的大草地，虽然知道不是真的，但内心却充满了惊慌。刚走出宿舍门就和对面来的同学碰了一个头，已经觉得很痛，跑过椅子旁边时，又给钉撕破了裤子，到了大草地，又被后面的同学推了一跤。我以为先生一定有许多话对我们说，但出乎我意料，先生只说了两三句话，就散了。回到卧室，看看脚上的白跑鞋已经变黑，裤子破了一个大洞，脚上擦破了皮，头上还隐隐地作痛。这是十月某一天下午四时半练火警时的一幕。

学生也要参与宿舍管理，每天都有学生轮流在晚上熄灯后协助老师查房，查房的值班名单公布在布告栏里。1942级朱承敏在《学校生活素描》中提到一次夜间查房的故事。

“怎样去查呢？”L比我们有经验，她说：“你们要仔细的查，不要太快太急躁，如果听见房里有人在说话需要敲门警告的话，也不要太响，响了会影响别的房间，也不要太轻，轻了里面会听不见”……闻得第三次熄灯铃敲过，我和W两人就轻轻地出去，把房门

带上，门外的一个灯，在万籁静寂中，把我们两个寂寞的影子，映在地上。……我开始在右边的一排房间外侧耳倾听，W在左边一排。在每个房间的门外，站立上几分钟，都静静地没听到一点声息。而我的走路的声音却似乎响得可怕！忽然W在我对面轻轻地唤我，‘哙，这是丁先生的房间，你听什么呀？’我仔细地看了一下，不觉自己发笑起来，这时见S与她的妹妹，自对面走来，原来她俩也是出来查房间的。我们相见，都笑了一笑。抬头望见窗上被远处的灯光照着的树影，尽在不息地动摇。

中西学生的住宿生活，其中的故事还真不少呢！

五、义务小学

中西对于学生的教育，是要求她们服务社会，因而学生在课余经常参加社会服务工作。到义务小学去给乡村的和附近的贫苦孩子上课，便是中西初三以上的一部分热心于社会工作学生的课余生活。

早在1928年的《墨梯》上，1930届的戴忆逵就写了一篇《社会工作》的文章，介绍了她们参加学校附近一所星期日学校教学工作的情况。这所学校是附近的一所乡村学校，仅有一名老师负责日常工作。中西的学生在星期日到学校去教那些孩子们英语、唱歌、朗诵和做一些游戏。每年圣诞节，学生们为这些孩子举行一个庆祝活动，准备一些圣诞礼物，特别奖励那些不缺席、表现好的孩子们，并帮助孩子们排练一些节目在会上表演。对于做这件工作的意义，戴忆逵写道：

当我看到这些孩子的时候，我意识到，他们长大后都是中国公民。虽然我们在校时还不能为国家做什么，但我们可以支持这所学校，给这些孩子一点普及教育，这可以使他们将来能成为一个好公民。

抗战胜利后，学校利用日本人留下的木板房在校内开办了义务小学，招收附近贫困家庭的孩子来校读书。也让学生在义务小学的工作中了解社会和锻炼能力。义务小学上课的时间是每天上午8:45到12:00，目标是要让这些孩子达到小学毕业程度，能进入中学或职业学校，给他们的未来发展创造一个较好条件。

1948届的徐祖丰是义务小学的小先生之一，写了《关于义务小学》一文，摘引如下：

去年秋季，我们学校创办了一所义务小学校，校长是张先生，顾问是黄先生、袁先生，教师则由我们同学担任，数间日本人遗留下来的木屋，权充了课室，于是一群野孩子，拾荒的，捡煤屑的，都成了义务小学的学生。

开始时，我们对此毫无经验，但经过惨淡经营，乃稍见成绩。学生由三十余增至六十余，课室亦由三间扩充为五间，并设了一个小小的礼堂，给学生们举行周会，学生分高，中，低、特四级，课程则有英文，国文，算术，常识，珠算，唱歌等，凡小学应有的课程，他们都有。

1947年义务小学全体教职员

……由校长和几位先生组织研究辅导会，负责解决管束学生、教育方针、学校行政以及经济上的种种问题。

教育事业本不容易，我们的义小创办未久，问题已接踵而来，通义小的路太低了，雨天常积水，课室中常没有粉笔和纸张，特级学生连课本也没有。最感棘手的要算是经费来源了。许多同学热心协助，四向捐募，海涵堂，学生自治会，体育部等也都竭力相助，但所得甚微，难以解决困难。……最后还是由同学公演戏剧《镀金》，售票得到十三万元，这笔款子，为数虽微，而来源不易，所以用途都经郑重考虑……

经数月努力，不无成绩。低斜的路已用砖石铺平，课本纸笔也都备办齐全，设备方面日臻完善，为了要更好了解学生的家庭背景，开始进行“学生家庭访问”工作。并由于遵守教育局的最新命令，义务小学校长改由中西校长薛正先生兼任。

1947 届熊翔所写《执教的一幕》叙述了一个感人的故事。下面引用的一段可以说明学生们办义小的体会和收获。

连下了两天大雨，到义务小学的路上，积满了水，这两天，又是我的考期，我怀着不高兴的情绪，踏进了他们的教室。

这天他们背书，有一个学生无精打采地坐在位子上，歪着头，用手撑着。轮到他背书的时候，他懒洋洋地站了起来，想了半天，只背出一段。我叫他坐下去再读，他的眼皮却垂了下来。

我气得发抖，我牺牲了预备功课的宝贵时间，踏着水，来教他们，而他们却这样不努力。我严厉地说：

你们来是做什么的？来读书？还是来打瞌睡的？功课不好好预备，应该不应该？

……

忽然，那孩子举手，要求重背，我冷冷地回答："今天我不要你背，回去读读，明天背给我听。"他失望地坐下去，暗暗地揩眼泪。

下课铃敲了，我愤然地离开了课室，踏着水，想着刚才的事。忽然，身后一阵水声，有人轻轻地喊我"熊先生！"又轻轻地拉着我的衣角。"熊先生，对不起，我昨天一下午，一晚上，在家里帮着姆妈接水，接屋顶上漏下来的水。小妹妹怕打雷，哭得不停，我又要倒水，又要领小妹妹，我一晚没睡，也没读书。先生，明朝我一定背出来，先生，我不要回去睡觉，我情愿读书。"我听了他的诉说，心中难过，不知该对他说什么，只好说："你回课室去吧！"我望着他连跑带跳的背影，不禁掉下泪来。

这样的经历对于生活在条件优渥的中产以上家庭的中西学生来说，思想上的震撼是巨大的。义务小学不仅让学生们当起了一回小先生，更重要的是让她们看到了底层民众的生活，在大社会的现实生活中当了一回小学生，学到了学校教育里所没能给予她们的知识。

1947 届周瑞珍在《义务小学鸟瞰》一文中的几句话，可以说明中西女中举办义务小学确实达到了提高学生为社会服务的责任感的初衷：

"对于那班将要毕业的学生，我们抱着极大的希望，我们希望能送他们进入市立中学或技术学校去继续学习，或者替他们介绍练习生等职业。总之，希望他们毕业以后都有工作，这样我们几年来的心血，才不至于白费。值得高兴的是，我们这些小螺旋钉，到底也尽了我们一分的力量。"

第五章 社团

中西女中的学生社团分为四类，学生会、文艺会、体育会、宗教社团。最大的组织是学生会，下设贩卖部、服务部、拾遗部、清洁部四个部门。负责组织全校学生的活动和管理学生活动的秩序。文艺会包括三个分会，中英文文学会、合唱团和游艺会。体育会负责组织学生的体育活动。另外还有宗教社团。

一、学生会

中西女中的学生会成立于1919年五四运动期间，在1923年的《墨梯》上，由当年学生会的文牍书记1925届钱长本记载："国家兴亡匹夫有责，我侪学子忝为国民之一，岂能束手旁观而不尽其责任哉。自五四运动后全国学校组织学生联合会，本校学生团遂加入焉，其宗旨与总会同，凡总会如何动作本分会莫不依从之。俾得有一致进行之观念也。本分会除高初两小学学生外，其余高初两中学学生均得为会员。故全体会员约有百余人。团体坚强、精神焕发，会员之爱国思想与日俱增，我国国民之富有自治自动之力于此可见矣。癸亥年四月钱长本志。"

中西学生自治会(1930)

中西爱国团(1926)

据薛正校长在《我所知道的中西女中》一文中回忆："五四运动一开始，中西女中学生会在上海女校中也是比较活跃的。罢课期间，一部分学生参加游行、捐款，一部分学生留校煮糖、画卡片、做手帕等出售，以资助学生运动。"

中西女中的学生会第二年改名为学生自治会，原因是外籍校长秉着教会学校一贯的不介入政治的立场，不主张学生参加社会上的政治活动。学生会由上海市学生联合会领导，改为自治会后就只管自己校内的事，和校外的活动没有关系了。这也是为了营造中西女中的世外桃源"象牙塔"的氛围。

中西学生自治会的宗旨，一如1919年《墨梯》上所述："学生自治团者，所以养成学生自治之能力。俾不待他人之督促得自己尽力于立身处世之道也。宗旨在尊重学生之人格，历练其干事之才能。"

中西女中学生会的组织概况，在1940年的《墨梯》上有一篇《本校自治会组织之大概》的文章，将中西女中学生会的组织结构、任务职责讲得很清楚。

本校学生自治会创办以来，已有二十余年之历史。其目的在发展同学自治能力，培养道德，并维持学校秩序，提倡公众服务精神。其组织有会长、副会长兼司库、书记及各组代表各一人，全体同学均为会员。高三同学，有被选为会长副会长之资格，高二同学有被

中西万国学生同盟会(1926)

选为书记之资格，高中部代表有被选为各部长兼书记及副部长兼司库之资格。高三同学轮流为课室长，各住宿同学轮流为弄堂长。各员均可自由发表意见，及具有选举、罢免、创制、复决四权。惟初一同学因初进本校，对于各方面无充分之认识，故上学期无选举权。

本会附设拾遗、贩卖、服务、清洁四部。

（一）拾遗部——以代替保管遗失物件为目的。各级同学以所拾得之物，投入拾遗箱内，或交于负责人员，每星期二次，同学可向拾遗部领取失物，六星期一结束时，拾遗最优良之一级，得金星一枚。如遗失物件原主，自弃领取权，则于每学期末举行大拍卖。

（二）贩卖部——以便利同学购买书籍文具之目的。该部所有书籍，略取手续费，而以最低廉价值出售。

（三）服务部——以服务社会及本校同学为目的。如为难民缝衣，及向同学收集每月分文捐等，每星期并为同学贩卖食品一次。

（四）清洁部——以保持课室宿舍及同学清洁为目的。每星期检查同学卧室及课室一次，每六星期完毕时凡优等清洁之卧室均有奖旗。上学期并由各级同学选举清洁小组候

中西文艺会(1926)

选人各一位，复由十位评判先生调查考察各候选人平日行为，共推举最优良者为本校清洁小姐。

以上各部均有顾问先生，负责指导各部所得款项均交入自治会分别支配，大多作为慈善捐款，模范生模范级及各类之奖品，与购买本会文具等项。

自治代表会每星期一次，大会则每六星期举行一次。如有严重紧急之报告，则由会长于星期五早会时当众提醒各同学。第一学期始由自治会之总顾问及正副会长临时秘密请品学优良之同学，审查会员之品行，其职权行于教职员管理之外。当初行暗探时，同学有目为不正当办法加以攻击及藐视者，后由负责人员，数度充分之解释。始渐谅解，从此自治精神尤益发扬，愿共勉之。

1942届的学生自治会会长吴经在1941年的《墨梯》上记载了中西学生自治会工作的几个小镜头。

让我来用特快镜头，把自治会一部分事情，收集在这一本纪念册子上，印出来以后，同学们可以重温这欢愉的团体生活，没有经历过的也能由此窥见自治会工作的一斑。

尤其是星期四，最后的放学铃似乎比较平日更令人不耐烦，叫人等得心焦了！因为这天是服务部的消费合作社代同学订买点心、冷饮的日子。到了夏天，饼儿，糕儿，都比

中西英文文学社(1926)

平时容易坏，于是半星期的口禁，在这一天可以松缓一下了。还有冰淇淋，白雪公主，棒冰……够了，馋涎要流下来了，可也别太高兴，也有为了功课的延迟，而冰淇淋溶成为牛奶等煞风景的事情发生呢！

贩卖部的书籍和文具，又便宜又好，并且省了我们许多脚力和车费。同学们都知道，贩卖部的两位部长是最忙的，因为她们除了繁杂的讨厌的结账以外，还有许多近乎正式的商业的事情，像比较各批发处的货价，订货，进货时的点算出卖……这正是在训练办事能力和接触并参加到更大的社会的学习场所了。

一学期一次，自治会办公室大热闹一场，同学们挤挤攘攘，争先恐后，蜂拥在一堆一堆贱卖的东西周围，这些东西都是同学们在随时随地所遗失，而又经另一部分同学拾得的，如果同学不在规定的经常时间里来领回，到学期终了的时候，公开大贱卖一次，同学们都大称合算呢！

中西女中的同学，都是很清洁整齐的。有谁不相信，可以亲自到她们的房间里去观察，地板上没有纸屑，除了书架有棱角的一叠叠的书外，床上、桌上，你找不到一本书，床单又白又平整，连抽屉都是开得一样齐，藤椅子也放得端端正正，清洁部的规矩极严，

中西国学研究会(1931)

每星期要查房间。然而每次六星期后开自治大会的时候，到台前来领整洁和清洁奖旗的房长为数总是不少。看啊，满脸微笑的房长们，再也掩蔽不住她们内心的高兴，和保持这一面小小的旗帜的决心呢！

1939届王瑞菁在《墨梯》的《自治会记略》一文中，除了上述的日常工作之外，还补充了服务部所做的社会工作，为乡村贫民儿童开展义务教育，协助慈善事业，裁制难民衣服，销售贫民手工以帮助社会底层贫民等。同学们互助合作，群策群力，在抗战开始以后以绵薄之力，尽自己所能帮助流离失所的难民。这也是中西女中一贯的以仁爱之心教育学生的结果。

二、文艺会

中西女中的文艺会成立于1923年11月16日，是一个包含内容比较广泛的学生文科课外兴趣活动的群体，它包括中英文的文学研究会，音乐类的群体和游艺活动的群体，学生根据自己的兴趣爱好参加活动，每个团体人数不多，所有这些团体都归属文艺会。

中西社会服务团(1931)

文艺会有会章，1924 年的《墨梯》上登载有文艺会会章：

(一) 定名 文艺会

(二) 宗旨 以互相砥砺学问艺术为宗旨

(三) 组织 本会共分三部 文学、音乐、游艺

(四) 会员 自初中一至高中三，六级同学均须为本会会员

(五) 职员 本会会长一人，副会长一人，各部部长一人，文牍书记一人，记录书记一人，会计一人，纠察员每级一人。

(六) 会费 当年经费小洋四角，每学期小洋两角，特别捐无定额，本会有特别支出时得募特别捐。

(七) 会期 每月开会一次，如有不到会及犯会场规则者，罚洋五角。

会长职责

(甲) 总理本会会务

(乙) 计划本会进行事宜

（丙）开会时为主席

（丁）如有特别事故，会长可召集特别会或职员联席会，惟特别会必须依会员总数三分之二以上出席方能有效，职员会亦须职员总数三分之二以上出席方能有效。

中西民乐会(1940)

副会长职责

（甲）协助会长办理会务

（乙）开会时会长因事缺席由副会长代理文牍书记职责

（丙）缮发布告或通知

记录书记职责

（甲）记录开会经过及重要议案

（乙）报告前次开会经过

（丙）管理会员名册及开会时检点到会人数

会计职责

（甲）收取及保管本会会员之会费

（乙）报告本会经济状况

（丙）调理本会每半年之预算表交职员联席会公决

（丁）会计对于所得管之金钱簿据等负有完全责任

纠察员职责

（甲）开会时维持会场秩序

（乙）禁查会员到会携书报阅看者

（丙）会员到会时须得持肃静，否则纠察员必干涉之并报告其姓名于会长

部长职责

（甲）总理本部部务

（乙）计划本部进行事项

（丙）开会时担任分配表演事项，各部细则则由各部长自行定之

选举职员简则

化学研究会(1937)

(甲) 凡本会会员皆得有选举权及被选举权

(乙) 选举手续用记名投票法

(丙) 凡各项职员以得票名数为当选

(丁) 遇有票数相同时即以抽签法定之

附则

各项职员服务规则及会员应守规则另行定之

体育会(1947)

中西女青年会(1927)

1. 文学会

在中西文艺会成立之前，最早成立的文学社是1892年建校初由当时的音乐教师雷诺兹(Miss Reynolds)创办的怀特曼文学社(Wightman Literary Society)。雷诺兹将音乐和表演与英语文学作品结合起来，帮助学生成立一个图书馆，学生自己管理图书，交流阅读心得，用形象的表演来演绎图书内容。她将文学社取名为怀特曼，是为了纪念一名美国南方卫理公会的传教士。1917年的《墨梯》上1920届方连安将“怀特曼文学社”的历史

海涵堂理事部(1937)

和活动内容记录了下来。1916 年 10 月 9 日又成立了初中怀特曼文学社，将文学社宗旨定为“提高英文水平”。1919 年“怀特曼文学社”改名为“广学会”，广学会的宗旨，一图英语之进步；二谋临事之无惧。1925 年广学会用英语演出了“美女与野兽”。广学会帮助学生在快乐和游戏中学习英语文学作品。

中文文学研究会是 1919 年成立的，设立宗旨是弘扬五千年中华悠久文化。1919 年《墨梯》上是这样阐述的:“中文文学研究会何为而设哉，盖国于地球必有其一国之文学。立国愈古者，其文学必愈美。若既为本国之士，而不知宝其本国之文学，是之谓忘本。我国自欧化东渐，学校之中大 偏重西文，而轻视中文，即有号称中西并重者，亦徒有其名，而无其实。于是文学凡有退化之势，忧时之士以为我国文学之沦亡学者之耻也。本校同人亦有恫于此爰创设斯会，内容分演讲、辩论、编辑、音乐、诗歌等类。于功课之暇，共同研究……”

在 1922 年成立了中文诗学研究会。分为甲乙两组，每月活动两次，甲组第二周和第四周的星期六，4:30 至 5:30，以《诗经》《古诗源》为读本，王先生讲课；乙组第一周和

第三周的星期六同上时间，以《唐诗》为读本，张先生讲课。“诗可以兴可以观，可以群，可以怨”，“可以陶冶心灵，发人至性，调和七情”。爱诗的同学陶醉于诗的美妙韵律中切磋琢磨。

高初中广学会、中文国学研究会和中文诗学研究会组成了文艺会中的文学会。

2. 音乐会

中西女中有琴科学生，学钢琴的最多，其次还有小提琴，真正从琴科毕业的学生很少，大部分学生以陶冶情操为目的，成为学校音乐会的成员。

中西女中有很好的声乐老师，中国第一位专业声乐教育家、第一位合唱女指挥家、第一位女作曲家周淑安即是中西女中的音乐教师。她在上世纪二三十年代曾两度到中西女中任教。此外还有萧嘉惠、林美德 (Myra Bancroft Olive)、白露薇 (Miss Butler) 等优秀声乐教师。有高中合唱团和初中合唱团，每个合唱团都有四十名左右的学生，她们都是音乐会的成员。

除了西洋乐器和合唱团，1925 年还成立了国乐部，1925 届叶德全的《中西女塾国乐部缘起》一文有：“吾国古乐，经数千年之创制，渐次衍传，其声之精越，其音之奥妙，超乎西乐，盖金石丝竹匏土革木之八音。非知音者不能了解也。……去年秋，本校中文文艺会鉴于音乐之足以感天地之和，通神明之德，为人籁起于人心而其情感之作用亦最深，于是设国乐。一部聘请名师教授，将乐器之沿革指法，极力研究。成立以来，入会者已有多人……”

这三个部分组成了中西女中的音乐会。

3. 游艺会

游艺会即组织学校内文娱活动和演出的社团，成立于 1924 年 1 月 9 日，后来的年级也有将游艺会称为文艺会的。平时的活动有滑稽、辩论、演讲、故事、诵读、古文、诗词以及国乐、表演，等等。

1947 年的文艺会组长为周瑞珍，副组长兼书记为苏曼嫦。她们制定的文艺会宗旨为：谋同学交换知识，以提高学习研究之兴趣；训练同学公开讲话能力。工作范围为：(一) 计划及排定一学期文艺会节目单。包括征求各组同学节目；节日或纪念日，由本组指定材料，商请某级担任。(二) 协助各组同学准备工作。

1932年中文文艺会会长殷美姑在总结一年工作时说："中文文艺为全校同学研究国学智识，增进文艺兴趣而组织之集会，每月有常会一次，由各级分别主持。或表演戏剧，或演说辩论。俾于课余互相切磋借以联接友谊，发展研究兴趣也。

"一年来中学部之表演戏剧除高中一所演之历史剧《岳飞》外，余皆各同学所自编之剧本，如高中三所编《阶级》，以社会不良之风俗为背景，高中二同学于读谢氏'遗夫王肃书'后采据史实，并缘书中情谊编为短剧名曰《佳偶怨》。初中三同学则采引国产影片《人道》之警世寓意演绎之为话剧。

"戏剧而外，尚有吟诗及演说，各节各同学演说有初中二及初中一之主讲，所取题材多囿于文艺间，亦涉及时事问题，并曾请杜重远先生演讲东北问题及战事情形，语多警辟，使人兴奋，尤足激发爱国热血也。"

三、体育会

中西女中重视学生体育锻炼，体育会成立时间较早，在1917年的《墨梯》创刊号上即有一篇有关体育会的文章，它的成立当在十九世纪末。

1917年的《墨梯》上刊载了4幅体育会的照片，分别为篮球队、网球队、排球队合影和校内篮球比赛的照片。那时学校每天安排学生每周有9小时半到10小时的户外运动时间，还成立了三个学生篮球队，以"云雀"、"画眉"和"鹰"命名。1917年4月6日，篮球比赛在这三个球队之间进行，第一场"云雀"以4比2赢了"画眉"，接着胜者和"鹰"队进行比赛，怎料"鹰"队不堪一击，"云雀"以11比0完胜"鹰"队。类似这样的校内比赛每隔几个月就会举行一次。

网球运动也是中西学生喜欢的运动，有网球俱乐部，大多数学生参加了网球俱乐部，有4个网球场可以同时进行双打。

起源于法国、流行于英美的槌球运动1917年也已经引进了中西校园，有两个草坪球场，球场为长方形，长32米，宽25.6米。场内铁环门，高30.5厘米，宽9.5厘米。球场中的标杆，高45.7厘米。这种运动比较温和，是用一个棒槌击打球，将球打进设在球场上的6个铁环门里便能得分，或者击中标杆也能得分。

抗战胜利后，垒球成了中西女中的特色体育项目，大多数同学懂得规则极为复杂的垒球运动，还组织全校各年级间的垒球比赛。中西垒球队在上海市垒球联赛中获得冠军。

如果是下雨天，排球成为主要的运动，因为它可以在室内进行。此外还有一个步行小组，但是成员很少，因为大多数学生都喜欢更加积极的锻炼。

1929 年的体育会组织了好几场篮球比赛，首先组织校内的初中队与高中队比赛，虽然那天下大雨，但体育馆内还是有很多观众，最后高中队赢了比赛。以后又组织了中西校队和上海的大学队比赛，第一场打成平局，第二场靠了漂亮的传球和前锋拿球投篮，获得了胜利。第三次组织了和两江女子体育专科学校的篮球赛，中西校队一开始领先，最后遗憾地以 6 分之差输给了两江队。

1938 届胡明华在《体育会记略》中记述："虽然我不敢说体育会在全校的学生组织中占着最重要的地位，可是事实很明显地告诉我们，同学们最感兴趣的，是运动，最开心的，也就是运动会。"

四、宗教社团

据 1919 年的《墨梯》记载，早期的中西女塾有几个宗教性质的学生小团体，

有"崇通部"、"女布道会"、"服务团"、"圣日学校"、"祈祷会"等。1924 年后又有"女青年会"。

中西女中最大的宗教团体是"海涵堂"。"海涵堂"成立于 1929 年。"海涵堂"成立后，校内早期的各个宗教团体逐渐消失，仅留下"女青年会"。

1947 年的《墨梯》中有关于"海涵堂"的介绍：

海涵堂的命名为纪念发起创办本校的海淑德女士 (Laura Haygood)，它有着悠久的历史，而且它的组织和性质，亦是与众不同的。本堂现分灵修、经济、服务、和宣传四部，各部由教师任顾问，高级同学为部长，各级代表为部员，本校全体师生为本堂当然会员。

每星期一的夕阳会，星期三的崇拜，星期五的大礼拜皆由灵修部悉心筹划，成绩非常完满。

筹募王紫英女士 (Julie Wasson) 奖学金，担负义务小学经常费，捐助章练塘乡村学校等等的浩大开支是经济部重大的责任。

服务部一本苦干精神，尽力服务，既在义务小学担任了主日学校，又为工友们主领礼拜。一年来向各机关接洽参观事宜，筹商交通车辆，煞费苦心。

每星期布告板宗教栏内的形形色色，以及美丽的圣画，和艺术化的通告，都是宣传部的工作。此外又举行各种联欢会，常使会员们异常兴奋。

在薛正《我所知道的中西女中》中也有类似描述：

中西女中最大的学生宗教组织是“海涵堂”。所有学生都是“海涵堂”的成员。宗教活动由一名美籍教师领导的由部分受过洗礼的学生组成的“灵修部”负责。但是星期礼拜仪式，由于当时学校是每周五天上课，因而将礼拜天做的礼拜放到星期六早上进行，做完后学生便回家度周末。除例行的礼拜外，灵修部还主领每周四自由参加的祈祷。抗战之前宿舍内有一个祈祷室。根据一年当中不同的宗教节日组织特别的礼拜活动，例如复活节，圣诞节烛光礼拜等等。

宗教活动之外，“海涵堂”也组织一些慈善活动。曾在上海郊区办了一所义务农村小学，教师都由学生担任，一直持续了许多年，颇有成效。另外，她们还利用特别礼拜的机会进行募捐，捐款被送到孤儿院、盲童学校等处，因而也受到社会欢迎。“海涵堂”曾计划在校内建一所正式礼拜堂，但一直没有付诸实现。

在“海涵堂”之外，另有一个宗教组织是青年“团契”，这是由信教学生组成的团体，实际上是“海涵堂”领导下的一个组织，分高中和初中两部分，各有自己的领导者。上海解放后，“团契”成员有分化，一部分人要求加入“青年团”，美国教师增加“团契”活动的次数和花样，企图拉住“团契”成员，但效果不大，负责“团契”工作的韩瑞士 (Ruth Harris) 想将中西女中学生“团契”活动的地点搬到校外黑石公寓，遭到薛正校长坚决反对。1950 年朝鲜战争爆发后，“团契”和“新青社”的矛盾愈发尖锐，随着 1950 年教会和教育分离和美国教师回国，“团契”也就停止活动了。

第六章 年刊

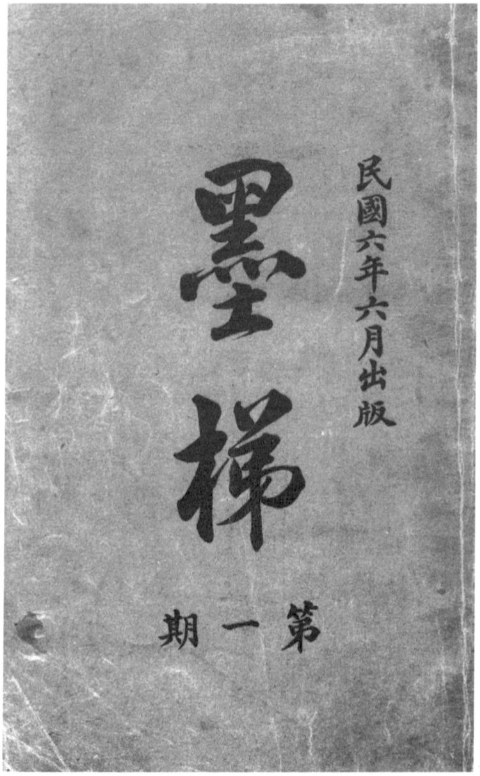

墨梯创刊号封面(1917)

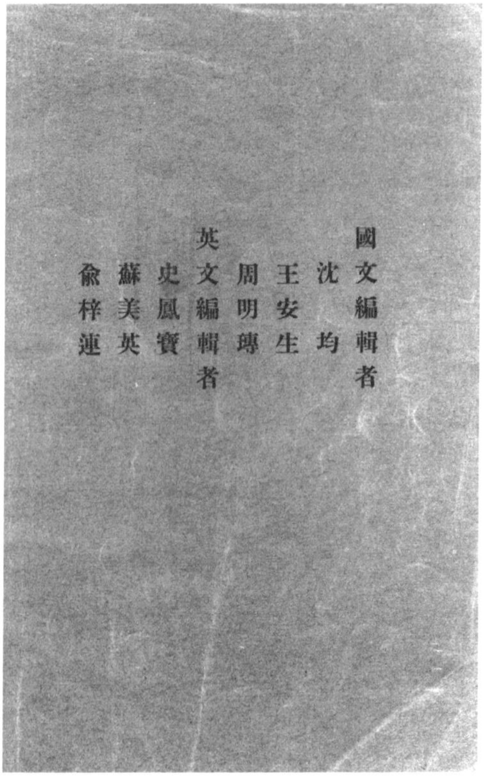

墨梯编辑名单(1917)

中西的年刊《墨梯》创刊于1917年，取刊名为“墨梯”有这样几层意思：一是为了纪念曾大力支持创办中西女中的美国南方卫理公会主教墨梯(Bishop McTyeire)；二是取其中文意义，“墨”为“笔墨”，“梯”为木梯，寓意学业进步。1926年的年刊中文编辑丁兰芬(1927届)在序言中说：“夫《墨梯》以义译之，则墨者文字之代名词也。如笔墨翰墨，是故文词之妙者曰墨妙，书法之佳者曰墨宝，其例是也。又考说文梯，木阶也，大智度论曰，如人上屋，非梯不升，今以墨梯联为一名词，其意殆谓校中各同学之学业，曰求进步，月异而岁不同……”原来这《墨梯》的刊名起得也是中西结合且含为人之道。1947年薛正校长为《墨梯》题词：“日新月异，含中咀西，继往开来，增墨积梯。”

1917年的《墨梯》中有1914届校友沈均的“缘起”，可说明创办《墨梯》的初始动机：“以一校之设，必有运动会，以励尚武之精神。学艺会，以促学术之进步。……然而学会者，仅一时之表演而已，其于同学之成绩若何，全校之进步若何，犹未能一一表示

中西墨梯编辑部成员(1928)

也。于是乎乃有学报之刊焉。……吾校自创始以迄今兹，已将三十载，而学报之设，尚付阙如。今春同学会同人有创办中西女塾学报之议。”

1927 年的《墨梯》序上将办刊目的写得更为直白：“表现吾校一年中生活之过程。而为毕业生在校去校之纪念。”

中西年刊《墨梯》1917 年创刊，至 1948 年结束。共出版 27 期，其中 1920 ~ 1922 年三年中出版 2 期，1942 ~ 1945 年由于抗战期间条件限制停刊，到 1946 年抗战胜利恢复出版，五届学生合并出版第 25 期。其余各年均为每年一期，至 1948 年出版的第 27 期为最后一期。

上海市第三女子中学收藏最早的《墨梯》是 1917 年的第 1 期，这本创刊号，现在已经很难见到了。在上海档案馆，收藏最早的是 1919 年的第 3 期。而 1918 年的第 2 期，1920 ~ 1922 年的第 4 第 5 期，目前尚未看到。从 1923 年起的第 6 期及以后的各期《墨梯》，均以缩微胶卷形式存于上海档案馆。

每年的《墨梯》都由学生组成编辑部，由教师做指导。每届高三毕业生是当年编辑部的主力，也吸收下面各届代表参加工作。整个工作班子分为五个小组：中文编辑部、英文编辑部、摄影部、美术部、广告部，分别各司其职。

1928年《墨梯》主编郭婉莹
Daisy Kwok

《墨梯》记载和反映了一年中学校生活的各个方面，也是应届毕业生离校的告别纪念。《墨梯》收录的有论述，诗词，小说，译述等各种体裁文章，记载学校生活和校友情况等多方面内容。早期的《墨梯》以英文为主，中文内容较少，且都为文言。1930 年立案以后，中文文章逐渐增加，从 1937 年开始中文编辑多采用白话文稿件。四十年代《墨梯》的中文量逐渐大于英文，记叙学生生活也更生动。

在 27 本《墨梯》中史料价值较高的是 1917 年和 1936 年的两本。1917 年的创刊号虽然编写时间较为仓促，但却为我们留下了当年所有教师的照片和任职情况，早期学校生活和教学活动照片，以及 1900 年至 1916 年的毕业生名单，是极为难得的第一手资料。以后在 1936 年和 1947 年的《墨梯》上又延续了这份毕业生名单。1936 年正逢新的教学楼落成，举办庆祝活动，因而这一年的《墨梯》内容比较丰富，并对学校历史进行回顾，有创办人和几任校长的照片。1917 年之前就在校执教英文及历史的德丽霞老师 (Lelia Judson Tuttle) 写下了《中西女中简史》(*A Brief History of McTyeire School*)，这篇具有史料价值的文章，成为后人研究中西校史的依据。

当年在校工作的教职员和毕业生照片是《墨梯》为我们留下宝贵的人事档案。中西的校歌、晚歌、进行曲，也是每期《墨梯》必登的保留节目。每届毕业生都用中英文写下了级史，将自己一级六年中的活动娓娓道来，加上大量生活照，校景照，《墨梯》留下的不仅是一些中学生的作品，更是真实丰富的史料。

历年《墨梯》中文章的内容，大致可分为以下几类题材：

① 关注社会问题。如妇女问题、底层百姓生活贫困问题、连年战乱给百姓带来的痛苦等问题。例如：

1917 届周德芳《女子教育与国家有何关系论》；

1919 届张采春《女子教育与要求参政权之关系》；

1927 届姚世淑《论女子怎样才能得到经济独立》；

1928 届奚蕙缌缠《何者是女子解放后当行的路径》；

中西《墨梯》编辑部成员(1930)

从这几篇文章的题目就可以知道中西学生不仅关注当时中国妇女地位低下的问题，并讨论如何解决这些问题。

1935 届沈漱琼的《课后》，则以小说形式写了一个追求虚荣的女青年，在离开学校离家出走后的不幸生活，从而指出女性当自强自立自重，方能立足于社会。

1934 届陈乐的《劳力的苦衷》，以小说形式写了一个黄包车夫因生活所迫而最后以盗窃杀人入狱的悲剧结束。

1934 届任勤澂的报告文学《包身制》，揭露日本棉纱厂包身工制度的残酷。

1939 届夏崇和的《工厂》，记叙了纱厂中童工被压迫和剥削的情景。

1939 届江瑶珍的独幕剧《忍耐》，写了一个反抗恶势力的故事。

1940 届潘佐君的散文《炉边》则写了对一个小保姆阿采的同情。

1933 届纪艺珍创作的题为《战》的三幕剧，揭露连年军阀混战带给人民的痛苦。

中西学生虽大多出自衣食无忧的富裕家庭，但她们对中国社会底层民众的生活状况

都赋予极大同情和关注。

②关注时局问题。1931 年“九·一八”事变后，中西学生在日寇入侵、国家危亡之际的愤怒和爱国激情在《墨梯》中都有反映。

1932 届梁淑德的《表十九路军》；

1932 届俞志英 《国难期中之经过》；

1932 届张韵斐的《伤兵的雄歌》。

这几篇都是中西学生参加救护《一·二八》淞沪抗战伤员后的感言。

1933 届郑沪生《讨倭寇檄文》；

1934 届王还《读义勇军致国联电感言》；

1935 届王琰卿《民众唯一的实力》；

1936 届林淑芳《通告全国同胞毋忘国耻启》；

1937 届王瑞菁《如何纪念九一八》，

这些读来都似抗日的号召书。

1934 届孙爱珍的《歌颂蔡廷锴将军》；

1934 届周文贞《哀东北将领唐聚五》两首诗歌，

1935 届周宝珠的《“一·二八”三周年祭烈士文》，都是对于抗日将士的怀念和歌颂。

1935 届周宝珠在《“九一八”二周年纪念》一文中悲愤地说：“我东北义军以田横五百之众奋起黑山，以血肉之躯与敌利器相搏。餐风浴血履挫敌锋，卒以弹尽援绝不守而退。于是东北二万方里遂为沈阳之续。”

此外 1934 届周文贞写了剧本《日本二辰丸私运军火》，

1934 届张韻芝写了剧本《日本强迫吾承认二十一条》。

中西学生的一腔热血溢于言表。

1934 届郑培德《日本经济政治之趋向》，1934 届周文贞《日本何以侵略中国》；1934 届吴舜文《日本地理上之环境如何影响其政治外交》；1936 届陈汝霖《华北事件之概想》；1936 届顾隽良和 1938 届彭爱莲的《雪耻谈》；1938 届陈宝琪《华北问题感言》；1938 届黄量《国难中的国庆》等论说文，都是关于日本侵略中国问题的讨论。

③关注教育问题、青年问题，对于人生观问题的讨论等。

1935 届荣毅珍《我之人生观》；

1935 届邝文美《述志》；

1937届许怡曾《我的人生观》等,均论述了青年的理想和现实的矛盾，探求人生的意义；

1936年潘佐君的《勤学》，当时她仅初二年级,但对于学习的意义，勤学的方法等已经有了相当成熟的见地。

1937届陈家志的《我之读书经验》告诉我们:“读书可以当作是一件人生必须的事情,但不能当作是唯一的事情。”

1943届李韻姗《品与学》，论述了学问与品德的辩证关系。

④关于学校生活的记叙描述。这是比较大的一部分，是现在了解当年中西学校生活最直接的文字记载，如：

1917年的《墨梯》中有1920届张蔼真用英文写了《范坟山两天考察》，又有1919届张敏锡用中文写了《游苏州范坟记》，记述去苏州游览北宋政治家、文学家范仲淹的遗址——范坟山，并进行地质考察，搜集矿石标本等活动。

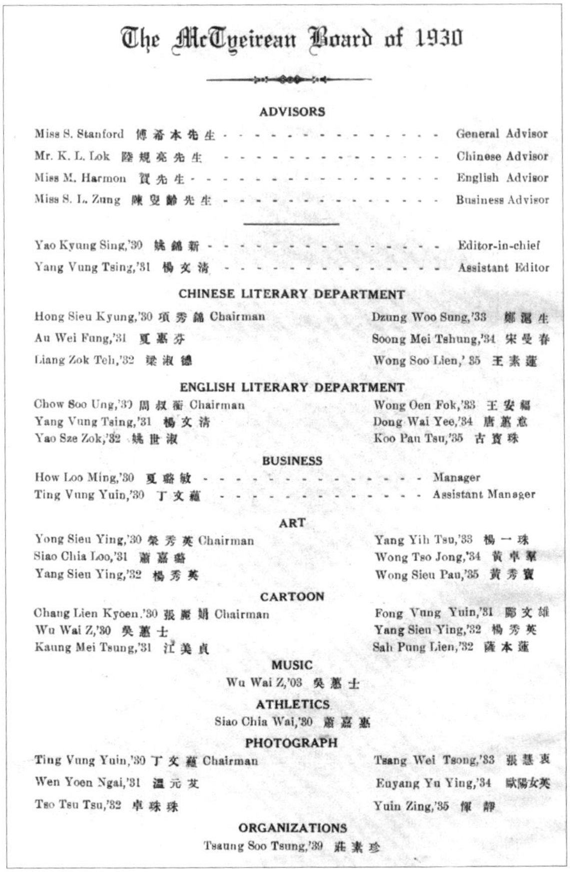
The McTyeirean Board of 1930

ADVISORS

Miss S. Stanford 傅希本先生 - - - - General Advisor
Mr. K. L. Lok 陸規亮先生 - - - - Chinese Advisor
Miss M. Harmon 賀先生 - - - - English Advisor
Miss S. L. Zung 陳叟齡先生 - - - - Business Advisor

Yao Kyung Sing,'30 姚錦新 - - - - Editor-in-chief
Yang Vung Tsing,'31 楊文清 - - - - Assistant Editor

CHINESE LITERARY DEPARTMENT

Hong Sieu Kyung,'30 項秀錦 Chairman
Au Wei Fung,'31 夏蕙芬
Liang Zok Teh,'32 梁淑德
Dzung Woo Sung,'33 鄭滬生
Soong Mei Tshung,'34 宋曼春
Wong Soo Lien,'35 王素蓮

ENGLISH LITERARY DEPARTMENT

Chow Soo Ung,'30 周叔蘅 Chairman
Yang Vung Tsing,'31 楊文清
Yao Sze Zok,'32 姚世淑
Wong Oen Fok,'33 王安福
Dong Wai Yee,'34 唐蕙意
Koo Pau Tsu,'35 古寶珠

BUSINESS

How Loo Ming,'30 夏璐敏 - - - - Manager
Ting Vung Yuin,'30 丁文蘊 - - - - Assistant Manager

ART

Yong Sieu Ying,'30 榮秀英 Chairman
Siao Chia Loo,'31 蕭嘉璐
Yang Sieu Ying,'32 楊秀英
Yang Yih Tsu,'33 楊一珠
Wong Tso Jong,'34 黃卓羣
Wong Sieu Pau,'35 黃秀寶

CARTOON

Chang Lien Kyoen,'30 張麗娟 Chairman
Wu Wai Z,'30 吳蕙士
Kaung Mei Tsung,'31 江美貞
Fong Vung Yuin,'31 鄺文雄
Yang Sieu Ying,'32 楊秀英
Sah Pung Lien,'32 薩本蓮

MUSIC

Wu Wai Z,'03 吳蕙士

ATHLETICS

Siao Chia Wai,'30 蕭嘉惠

PHOTOGRAPH

Ting Vung Yuin,'30 丁文蘊 Chairman
Wen Yoen Ngai,'31 溫元艾
Tso Tsu Tsu,'32 卓珠珠
Tsang Wei Tsong,'33 張慧衷
Euyang Yu Ying,'34 歐陽女英
Yuin Zing,'35 惲靜

ORGANIZATIONS

Tsaung Soo Tsung,'39 莊素珍

中西《墨梯》编辑部名单 姚锦新主编(1930)

1922届周明瑀“新校舍记”文中记述已经拆除的老莲吉生堂的内部结构及各部分的分布功能。

1919年的《墨梯》中，有1920届谢铭锦的《学生事业》，记叙了当时校内的全部学生社团，社团宗旨，主要活动，全体职员名单，留下了上世纪早期中西女塾学生活动的宝贵资料。

1936年有陈观裕《学校生活断片》，将早上起身到下午放学，一星期结束放假回家等学校生活写得栩栩如生。

中西《墨梯》编辑部成员许怡曾为中文部主任(1937)

中西《墨梯》设计的内页(1937)

中西墨梯封面(1939)

1941年盛美丽《校历》，记录学校一学年的重大活动，如开学、演出、音乐会、节日活动，毕业典礼等。

1942～1946年的合刊里，1947届谢蕴才《学校生活断片——抢救书籍》，记录了在被日本侵略者强迫迁出学校时抢救图书的情况。

1944届陆宗蟾的"海格路四百二十五号"记录了在海格路临时校舍时的校舍环境，特殊年代每天只上半天课的情况。

1947年的《墨梯》，从高三到初一的学生都有有关学校生活的回忆。有1947届周瑞珍写的《级史》，回忆了六年中学生活的种种酸甜苦辣。1948届蒋见微《复校回忆》，记录了抗战胜利后搬回原校址时见到学校被破坏的情形。1949届宋宝璋《插花的艺术——家政课的心得》是写在学校病房的几天生活体验。1950届盛咏雯《毕业问题》，将一个初中即将毕业的学生面临毕业考前喜忧交集的心理写得十分生动。1951届邵绡红的《本校的体育表演》，将一次周会上各年级的体育表演描写得栩栩如生。有1952届陆美子的《我踏进了中学》，表达了一个初一新生对中学生活的憧憬。这是一本比较完整记录学校多方面生活的年刊。

中西《墨梯》编辑人员(1940)

从以上所列几类文章的内容可以清楚地看到，中西学生爱国、爱校、爱生活。她们对于国家前途命运的忧思、对诸如妇女地位等社会问题的思考都可见诸文中；对人生意义、学习目的和方法等，也都已有了自己独立的见解。也许当时年幼，思考问题尚处于稚嫩的萌芽状态，但也绝非一些有意无意误解所说的中西学生是一群“两耳不闻窗外事”、生活于象牙塔中思想空虚、没有处世能力的闺阁女子。六年的中西教育已经为她们日后步入社会奠定了基础。

从体裁看，《墨梯》中有诗词、散文、论述文，甚至有尝试写戏剧、小说或译作等丰富多样的文章。从文字看，既有中文，也有英文。诗词内容为写景，咏花，寄友人等，韵律铿锵，对仗工整，足见当年中西学生古诗文的水平。1917 届王安生的《雨中秋色》：“细雨蒙蒙草木荣，湿衣润物听声声。课余不管秋花好，同学何人问雨晴。”1922 届赵敏淑的《校中早起》：“旭日当窗照，晨烟散未收。兴怀方起舞，奋志敢优游。步读神偏暇，闻琴思转幽。春光最佳处，芳草碧于油。”均以校园生活为题材，有浓厚的生活气息。1923 年的《墨梯》上登载了历年同学创作的古诗词有 72 首之多，1927 年有 53 首，1934 年也有 52 首，1937 年之前的其他各年每年平均有二十多首，足见中西学生对古诗词的喜爱和古文功底的深厚。1937 年后《墨梯》上不再出现律诗，而以白话诗代之。1924 年出现了现代白话的散文诗。如 1924 届谢祖仪的《别同级诸友》，彭望荃的《再见罢，可爱的校园》，都属于白话散文诗一类。在《墨梯》上还可以看到学生对于文学创作的尝试。如小说和译著的最早出现是在 1923 年，戏剧创作最早出现于 1927 年，散文和游记也比较多，如 1930 届姚锦新的《愚园道上》，1936 届杨琰熙的《庐山随笔》，1937 届穆晌如《莫干山游记》。1941 届季媚川的《路》，1941 届荣墨珍的《故乡漫谈》等。

《墨梯》上有大量英文写作，除了每届都有用英文写的《级史》(*Class History*) 外，还有记载学校生活的文章，如 1917 年的《怀特曼文学社》(*Wightman Literary Society*) 1925 年有《中西女塾图书馆简史》(*A Brief History of the Library*)。1928 年有《戏剧俱乐部》(*The Dramatic Club*)。1929 年有关于上海举办第一次《舒伯特音乐会》(*The Schubert Festival*) 的报道。1936 年的《我在中西女塾的第一天》(*My First Day in McTyeire*) 等。1939 年《我的日记》(*From My Diary*)，用英文记载了一名中西学生一周七天的生活。1940 年《一次数学考试》(*A Mathematics Test*) 刻画了一次数学考试前学生紧张焦虑的心情。此外还有很多用英文描写校园景色，学校活动，学校建筑内部用途等的文章，都具有一定水平。

《墨梯》在编排上，早期将中英文分别编辑，封面向左打开是英文部分，封底向右

打开是竖排的中文部分。到 1929 年后中英文混合编排，但还保留中文部刊登学生作文。每期都辅以大量照片和学生的漫画插图等。这些都反映了当年中西学生较好的中英文水平和活泼多彩开放的思想。

《墨梯》封面一律采用中西女中的校色和级色：绿色、金色、紫色、红色。历年设计虽略有不同，但大都是绿色的硬面，上有金色的校名和校徽。出版《墨梯》的经费有两个来源：一是高三年级大型毕业演出的票房收入；二是广告收入。广告都是由学生自己征得，所入比重较大。经济核算和财务等事项都由学生负责。《墨梯》的出版是每个毕业班经过六年学习向母校所做的一次全面汇报，更是学校教育对学生能力培养效果的一次展示，是所有中西校友引以为骄傲的成果。

第七章 教师

海淑德校长(1892～1894)

莲吉生校长(1894～1917)

派尔校长(1919～1924)

中西女中创办初期，教师大多为美国教会派来的传教士，只有一名中国男教师 Mr. F. Z. Wong，海淑德女士到中国后他就是海淑德的中文翻译兼教师，中西女中开办后，海淑德将他留在学校教国文。从上世纪二十年代起陆续有一些优秀毕业生留校任教任职。中国教师人数逐渐超过外籍教师。1941 年 12 月太平洋战争爆发后，中西的外籍教师都进了日军集中营，学校完全由中国教师管理和任教。1946 年抗战胜利后，一部分美国教师陆续回到学校。1950 年底，全部外籍教师回国，1951 年起中西女中便没有外籍教师了。

中西女中历史上共有 8 位校长，创办学校的第一任校长海淑德女士 (Laura Haygood，1892 ~ 1894)；为学校发展奠定良好基础的莲吉生校长 (Helen Richardson，1894 ~ 1917)；瓦特校长 (Alice Waters，1917-1918)；派尔校长 (Martha Pyle，1919 ~ 1924)；库珀校长 (Lois Cooper，1924-1925)；麦金诺校长 (Sallie Lou Machinnon，1925 ~ 1929)，1930 年后中西女塾在中国政府立案，由杨锡珍任第一任中国校长 (1930 ~ 1936)；薛正于 1936 年底接任第二任中国校长 (1936 ~ 1952)。1928 年之前有一位中国副校长马季英，她从莲吉生校长任上就协助工作；陆朱兰贞 1927 年到校任职教务主任到 1932 年，1933 年薛正任教务主任，1942 年陈观裕任教务主任。

早期的中西女塾，学生人数较少，管理工作也较简单，校长直接管理，有两名中国助手，协助管理学生的住宿、学习、生活。另有几名外籍教师上英文、宗教和科学等课程，一名中国教师上中文课。到 1917 年时中学部有 7 位专职教师，分别担任数学、科学、历史与文学、中文、音乐、合唱、家政课程。迁到忆定盘路校址后，学生人数增加迅速，

库珀校长(1924～1925)

麦金诺校长(1925～1929)

杨锡珍校长(1930～1936)

课程设置也更加完善。1927 年全校教职员人数 38 人，其中行政人员 8 人，教师 30 人。8 名行政人员为校长、副校长、中、英文书记各 1 人、校务管理、校医、护士、图书馆员各 1 人。30 名教师中有 13 名外籍教师，17 名中国教师，其中有些是中西女中毕业生，如 1920 届毕业的程修龄，1921 届毕业的吴景昭，1925 届毕业的丁秀珍等。课程也更加丰富，除了上述课程外，还有地理、公民、体育、宗教、法语、教育学、心理学等课程。之前中国教师任教课程仅有中文、唱歌、钢琴，1926 年程修龄为第一位任教数学的中国教师。至 1930 年以后，中国教师任教学科范围逐渐扩大，1930 年有 1924 届毕业生阙培珍任教数学和地理，1926 届毕业生裘毓葑任教数学。1900 届毕业的史凤宝则担任附小校长和中学部教育与公民课。1931 年起，中文教学逐渐加强，任教中文的教师人数增加，与任教英文的教师人数基本相等，有六七人，不仅有男先生也有女教师，中国教师也开始任教公民、地理、体育、心理学、教育学、科学等学科。至 1942 年，中西女中全部课程均由中国教师任教。1946 年抗战胜利后，外籍教师任教的学科仅有英文和音乐两门，人数也只有六七人。

中西女中的教学以英文和音乐最为突出，早期英文主任是殷罗德，上世纪四十年代陈观裕担任英文主任，她在没有外籍教师的情况下，将中西的英文教学保持在原有的高水平上，这使得抗战胜利后返回学校的美国老师十分惊讶。陈观裕是中西女中 1936 届毕业生，1940 年从圣约翰大学英文系毕业，回校任教，是第一位在中西女中任教英文的中国教师。她 1946 年获得美国哥伦比亚大学教育学院的奖学金赴美留学，1948 年回到中西，

薛正校长(1936～1952)

教务主任陈观裕(1942～1952)

训育主任吴景昭(1923～1952)

并在薛正校长赴美期间代理校长负责学校日常工作。

在上世纪四十年代任教英语的还有1924届毕业生彭望荃，她1925年赴美国贝伦女子大学留学，毕业后又在哥伦比亚大学、密执安大学新闻系专修。1930年回国，到沪江大学，暨南大学任教。抗战期间1942年至1944年任沪江大学英文系主任，同时在中西女中任教英文。她是著名的英语教育专家。抗战结束后离开中西，解放后任教北京外交学院，她的学生中有很多新中国的外交人才。抗战期间，中西曾聘请圣约翰大学经济系毕业的张祥保来校任教4年，1946年她应胡适邀请，去北京大学任教。那段时间的英文老师还有吴瑜瑾，是中西1936届的毕业生，陈观裕的同班同学，也毕业于圣约翰大学英文系。

四十年代后期至1952年的英文教师有朱琴珊和蒋心英。朱琴珊1926年中西毕业，留学美国，抗战期间任华西大学英文教授，1949年到中西任教。蒋心英也是1949年到中西女中。她们两位都一直工作到上世纪六十年代在市三女中退休。

在外籍教师中，有1917年前就在中西，1941年太平洋战争爆发回国的英文兼历史教师德丽霞(Lelia Judson Tuttle)，她为中西女中留下了许多宝贵历史资料。1929年到中西的美国教师葛继恩(Jean F.Craig)和1934年到中西的费雪珍(Miss Mary Blackford)，都是深受学生喜爱的英文老师，她们一直工作到1950年底离开中国。

中西女中的音乐教学也有悠久的传统，并保持了很高水准。早在学校开办初期就设有钢琴课，唱歌课，并有专业钢琴和声乐老师教授。1917年之前有音乐教师Miss Smith(苏

音乐老师周淑安

钢琴教师邱真蔼

历史文学教师Tuttle(德丽霞)

美德），她是钢琴教师，另有一名声乐教师 Miss White，是合唱队指导。中西女中的钢琴教师是所有学科中教师人数最多的，三十年代一直保持在 7 名，另外还有 2 名声乐老师和一名小提琴老师。中国现代第一位女声乐教育家、指挥家、作曲家周淑安也曾在 1926 年和 1938 年两度在中西女中任教。上世纪二三十年代任音乐主任的邱贞蔼老师培养出了许多高水准琴科学生，1930 届姚锦新就是她第一位取得伦敦三一学院奖学金的学生，并于同年获得东半球最高的分数，这是邱贞蔼老师的骄傲。姚锦新后来是中央音乐学院教授，新中国音乐作品分析事业的开拓者之一。邱贞蔼老师的学生中还有萧嘉珍、萧嘉惠、萧嘉璐三姐妹，她们都毕业于中西女中琴科，都在中西女中担任钢琴老师或声乐老师。另外一对姐妹钢琴老师是夏璐德、夏璐梅，也是邱贞蔼老师的学生。声乐老师还有 1929 年到中西的林美德 (Myra Bancroft Olive)。1938 年到中西的白露薇 (R.M. Butler)，1947 年后任音乐主任，是很好的声乐老师和合唱指挥。1947 年到中西的年轻的韩瑞士 (Ruth Harris)，指挥学生合唱队，很受学生欢迎。

中西女中最早的数学老师是王紫英 (Julie. M. Wasson)，1917 年前就在中西任教，1935 年后改教英文。1934 年到中西的数学老师王承诗，是一个学生对她又怕又敬的老师，被学生称为“王老虎”。另有一个 1936 年来校的数学教师陈德贞，则被学生称作“陈狮子”。他们都对学生要求十分严格，中西考试及格的分数是 70 分，因而数学考试也曾被学生视为畏途。1936 年中西毕业后留校任教的黄凤贞和 1936 年到中西任教的毛丹林、丁良英，是三个教初中数学的老师，上世纪四十年代中后期和五十年代初进校的数学教师有张小

唱歌老师Olive(林美德)

如、张铠、王薇贞、章星等，她们也深受学生尊敬，除丁良英在抗战胜利前离开学校外，其余老师都一直工作到上世纪六七十年代。

中西的体育运动十分丰富，各种球类运动队在全市比赛中经常获得冠军，体育教师也十分出色，并获得学生尊重和爱戴。1918届毕业的谢文秋，去美国威斯理安女子文理学院留学后获体育教师执照，回到中西任体育主任。她的学生1933届朱月珊十分崇拜她，毕业后留学归来，1938年也到中西当了体育教师。另一个1943年毕业于中西的薛德音，是朱月珊的学生，也在1946年到中西教体育。这是三代师生体育教师。另一个体育主任蓝乾碧老师是1934年到中西任教的，后来在台湾的校友会里很活跃。1949年到中西任教的体育主任是刘祖信老师，她将学生学习体育的兴趣和积极性调动了起来，中西的篮球、排球、垒球运动水平都名列当时上海市前列，为上海市和国家输送了一批优秀体育人才。刘祖信老师还是上海市艺术体操的编导者和总指挥，在新中国国庆游行的队伍中，出现了一支活泼可爱的女学生团体操队伍，不断变幻着队形和舞蹈动作，这些都渗透了刘祖信老师不为人知的心血和辛劳。

中西女中的中文老师水平也很高，早年的国文老先生古文根底都很深，中西的学生古诗文都写得朗朗上口。1923年程修龄到中西任教，第一门课程就是国文，她是中西第一位教国文的女教师，后改教数学。从1931年起，中文教师人数增加，有3名男教师，4名女教师。其中王方华侪和吴景贤都从1931年一直教到抗战结束前。1933年薛正校长进校第一年就教过国文和历史。1937年有孟韫佳，还有董瑞瑾老师，她将教课和阅读结合起来，帮助图书馆采购了许多好书。最受学生佩服和尊敬的是1940年进校的曾黄友黻老师和1942年进校的吕呐老师。她们家学渊源，学问高深。吕呐老师后来主要教历史课。抗战期间进校的还有宋梦芹、袁炜彤、郑慈慧老师。抗战胜利后又增加了但家璠、黄聪、陈家芝三名国文老师，全部是女教师。1950年进校的王永蕙、傅晓清也是语文教学骨干。除郑慈慧外，其余都一直工作到两校合并后的市三女中，其中宋梦芹和傅晓清一直到上

中西全体教师(1941)

世纪八十年代才离开学校。

中西女中的各学科都有令学生难以忘怀的好老师，地理课的谢芳蓉老师，讲课生动，联系实际，能让学生热血沸腾，毕业时好几名学生因受谢芳蓉老师讲课的影响，选择以地质、水利等专业为终身事业。物理课的徐尚均老师，因材施教，细致耐心，能让害怕物理的学生爱上物理课。化学课的陆招、彭大泳老师，地理课的田莲素老师，生物课的徐华芝老师，都是让学生不能忘怀的好老师。

在学校行政管理岗位上，训育主任吴景昭，图书馆主任江梅鹃、会计王蔼娟、教务员王采娟，她们的敬业爱岗都给学生留下终身难忘的印象。

中西女中教学质量之高，与这样一个优秀教师团队密不可分。她们渊博的学识、高

尚的品德和无与伦比的敬业精神保证了学生全方位地得到最好的培养。在《点点滴滴念师恩》的专栏里和其他一些回忆文章中，学生们都怀着敬仰和怀念的心情为我们讲述这些可敬的教师们的故事，表达她们对老师的感恩。本书附录中有曾在中西女中任职的中外教师名单，但限于早期资料的欠缺和抗战期间条件的限制，1942 ~ 1945 年中西年刊停刊 4 年，故在此期间有关教师的记载难免有所遗漏或错误，敬请读者指正。

第八章 毕业生

FIRST GRADUATING CLASS OF McTYEIRE SCHOOL.

1900年三名毕业生孙素馨、史凤宝、颜庆莲

宋氏三姐妹

1900 年，中西女塾有了第一届毕业生，她们是孙素馨、颜庆莲、史凤宝，她们后来都不约而同地从事女子教育工作。孙素馨毕业后活跃在上海女青年会，后任上海培成女中教师。颜庆莲是中国最早的传教士颜永京的女儿，后赴美国弗吉尼亚州女子学院(Virginia Female Institute) 留学，主修音乐，副修文学，是最早在美国取得音乐文凭的华人。回国后热心女学运动。史凤宝毕业后在中西女塾附属小学和中西女塾任教，曾任中西一小校长多年。

在中西女中 60 年的历史上，总共有毕业生 1200 余人。从 1923 年至 1948 年，每年的《墨梯》年刊上均登载毕业生照片和信息，成为中西女中毕业生名单最准确的依据。1917、1936 和 1947 年《墨梯》年刊上有三份校友通讯录，成为获得 1900 年至 1922 年学生名单的依据。1949 年至 1952 年的毕业生名单来源于这几届校友后来的毕业周年纪念册和她们的回忆。

由于中西的教学要求高，虽然肄业学生不少，但能达到毕业要求的学生极少，尤其是早期，每届都只有几个人。此外还有一些未读完全部课程即赴国外留学的学生，这部分学生凡有在《墨梯》上发表过文章，或参加过一些社团活动而留下姓名的，均收入肄

业生名单，其余早期学生的信息便很难获得了。目前留下姓名的肄业学生有450人。

1952年中西和圣玛利亚两校合并时，尚有高二至初一的5届在校学生，她们的人数约600人，这批学生后来在上海市第三女子中学毕业。

在1947年的校友通讯录上还留下了1940年之前51名琴科毕业生名单，及6名游艺科毕业生名单。中西学琴科的学生不少，分高级班和初级班，每班均有二十来人，然每年琴科毕业生则只有三四人。琴科毕业，即已达到可以担任钢琴教师的资格，有些便留在中西女中任教钢琴，如邱贞蔼、萧嘉珍、萧嘉璐，夏璐德、夏璐梅便是。也有继续在音乐专业方面深造的，如萧嘉惠、姚锦新。

薛葩和她的两个女儿黄倩仪、黄倩鸿创办黄氏女学

中西女中存世的时间虽不很长，却留下了不少在中国近现代史上有影响的人物，最知名者莫过于宋霭龄、宋庆龄、宋美龄三姐妹。她们在19世纪末、20世纪初入学中西女塾，以后到美国威斯理安女子学院留学。大姐宋霭龄1904年离校，宋庆龄和宋美龄均于1907年离校。

1896届薛葩和1902届陈鸿璧都是中西女塾早期的学生，都为中国早期的女子教育做出过贡献。薛葩为中国最早的传教士黄光彩的儿子黄佐庭的夫人。黄佐庭于1919年在美国遇害身亡后，薛葩化悲痛为力量，创办“黄氏女学”(Wong’s Academy for Girls)，著名作家张爱玲即在“黄氏女学”小学就读。陈鸿璧从中西女塾毕业后，1907年即在上海女子中学和育贤女学校任教。辛亥革命时期，任《神州日报》主编，后任《大汉日报》编辑，是近代中国有成就的女性翻译家。1912年创办“旅沪广东幼稚园”，后改为“私立广东中小学附设幼儿园”。她热心教育事业，1923年又创办一所平民学校。1932年“一·二八”

近代中国女性翻译家陈鸿璧

淞沪抗战，校舍被日军炸毁，她租借民房14处，坚持教学。1937年“八一三”淞沪抗战，校舍再度被炸，她带领师生在租界借房上课，直至上海解放。新中国成立后她继续担任广东中小学校长，1953年辞职。

早期的毕业生中有中国第一位女银行家1910届的严顺贞；中国著名妇产科医生1910届丁樊英，留美归来后到天津北洋女医院（后改名为天津女子医院），1922年任院长兼护校校长直至1950年赴美。中国第一位女律师、第一个驻联合国女大使1920届程修龄，她还对中国京剧艺术十分有研究，在攻读硕士、博士学位期间，写出了向西方介绍中国戏剧的书《中国戏剧之奥妙》和剧本*Two Too Many*。她们自强不息，勇于开拓，冲破了那个年代束缚妇女的枷锁，开创了自己的事业。

中西严谨的教学，造就了一批从事科学的人才，例如1938届的黄量，中国科学院资深院士药物学家，她在治疗高血压、抗癌药、治疗白血病等方面获得多项国家发明奖和国家科技进步奖。还有1950届的周芬芬，为祖国的核工业贡献了一生并参与了中国第一颗原子弹工程；1952届的李再婷，为中国脱掉贫油帽子探索催化裂解技术，开创新的技术路径；1953届的顾小芸，从事海洋地质研究的科学家；1956届的王兰娟，主持我国自主研制的大口径天体测量望远镜设计。

中西的学生毕业后考医科的特别多，也造就了许多优秀的医生和医学研究专家。1942届薛培是妇产科专家。1943届涂莲英从事病理医学研究，她先后分析了9000多例恶性淋巴瘤病理。为收集各种病例，三年中到过18个省市，踏遍大半个中国。过度的劳累，使她被癌症打倒，然而她建立的中国淋巴瘤分类分型标准，为防治癌症做出了巨大的贡献。1948届宋时是天津第一中心医院妇产科医生，几十年来她治愈大量疑难病症，为患者送上希望和生命，获国务院授予“为发展我国卫生事业突出贡献”荣誉表彰并享受政府特殊津贴。1951届王吾如是哈尔滨医科大学教授、博士生导师，也是从事肿瘤病理学及癌转移机制研究的专家。1951届林云璐是上海第一医学院病理生理教研室教授，她分离出国际上第一株甲型流感病毒特异T-杀伤的细胞克隆，对防治流行性感冒具有重要意义，被国际学术界命名为“林氏”细胞。1952届陈添弥是中国军事医学院文职将军，在“肠

毒素性大肠杆菌致病基因分子遗传学研究”上做出了重要贡献，荣立二等功、三等功各一次。1953 届唐曙和马圣清都是皮肤科医生，博士生导师，享受国务院政府津贴的专家。

1932届俞志英

中西的毕业生尤以英语水平高而闻名。凡是在与英语有关的领域里，几乎都可找到中西毕业生。例如 1932 届俞志英曾为党和国家最高领导人担任翻译工作并开展对外联络工作；1942 届的蒋琳琳（魏琳）参加过国共谈判翻译，新华社第一个英语播音员；1946 届陈依弥在朝鲜战争停战谈判中担任英语译员并先后两次参加日内瓦会议；1947 届刘禄曾在朝鲜战争中负责对敌广播和对敌喊话。在对外联络、翻译、编辑出版工作方面，有一批起到骨干作用的中西人，例如 1934 届的郑德芳，为英文《中国日报》副总编；1942 届的郁隽民，为英文《中国日报》文教部主任；1945 届的邓爱珠，为英文《中国日报》特稿部副主任；1944 届的刘懿芳，为宋庆龄于 1952 年创刊、中国福利会出版的英文月刊《中国建设》的英文主编；1947 届的朱颐云，为《中国妇女》英文月刊总编；1948 届的芮苑如，为新华社对外部主任；1948 届的徐祖丰，为中国对外翻译出版公司译审；1948 届的张庆年，为中国国际广播电台英语广播部主任，将新华社英文稿改编成广播稿并负责对外用英语广播。真可谓人才济济，不胜枚举了。

中西女中的琴科和音乐氛围培养出了一批杰出的音乐人才。例如 1930 届姚锦新，是将中国民间音乐介绍给世界的第一人；1939 届的蒋英在 1943 年瑞士“鲁辰”万国音乐年会上夺得女高音第一名的女声乐教育家；1953 届牛恩德被誉为“有着辉煌精湛的技巧，多样的音色变化和富有灵感的感情”的钢琴演奏家；1954 届顾圣婴被誉为“钢琴诗人”。

在文学艺术方面，1937 届许怡曾，笔名许磊然，是一位多产的俄语翻译家，作品有《鲍列斯》《黑母鸡》《真正的人》《日日夜夜》《教育诗》《毁灭》和《最后一个乌兑格人》等。她还翻译了《村姑小姐》《上尉的女儿》《贵族之家》《罗亭》等俄国古典文学作品。1926 届张荔英、1954 届卓以玉都是海外知名的书画家。

1957 届黄蜀芹，小学就读中西二小，受中西精神熏陶七年，是著名导演。她执导的电影主要有：《青春万岁》《童年的朋友》《人·鬼·情》《画魂》《我也有爸爸》《嘿，弗兰

瞿明明、曹宝贞、吴合(1992)

克》，还有三部极有影响的电视连续剧：《围城》（十集）、《上海沧桑》（五十集）和《孽债》（二十集）。她导演的影片、电视剧曾荣获“飞天”、“童牛”、“金鸡”、“金鹰”等奖中的最佳影片、最佳导演、最佳表演等大奖；《围城》被评为五十年来五十部中国优秀电视剧精品之一；《人·鬼·情》被评为五十年中国五十部优秀电影之一。

中西女中全面发展的培养目标，为学生们打好了迎接挑战的基础，使她们有能力担起时代的重任。1946 届邓稚凤从政二十多年，被选为美国俄勒冈州的参议员，俄勒冈州中国人在总人口中仅占 0.5%，邓稚凤是第一个入选美国州参议院的美籍华人。她 3 次当选为俄勒冈州众议院议员，每届任期 2 年；5 次当选为俄勒冈州的参议院议员，每届任期 4 年。1993 年又被选当了 2 年临时参议院主席。还有，1955 届朱丽兰 1998 年至 2001 年出任科技部部长；1956 届范巴陵担任嘉兴市副市长十五年从而大大提高嘉兴市的教育、卫生、科技、文化水平，她受到嘉兴人民的爱戴，在她退休十几年后，嘉兴老百姓还依然经常说起她的名字。

在海外校友中，1934 届的吴舜文为台湾著名企业家，被誉为“第一个给台湾装上自

中西琴科毕业生程瑛麟的汇报演出(1940)

己轮子的女强人”；1941 届陈秉贞为香港的女企业家；1918 届谢文秋、1926 届丁秀珍、1938 届谈掌珠在厨艺方面有突出成就。

中西还有一批热心于社会活动和慈善事业的校友：著名爱国实业家，社会活动家，如 1935 届的荣漱仁和 1938 届郭秀珍，在妇女界、侨界和政协起着积极的作用；1947 届陈晋明，开展大型捐资活动在贫困地区组织助学工程；1941 届丁毓明，成立基金会资助读医科的亚洲女学生；1953 届林太琏，在陕西省彬县建立了 20 所希望小学。

在中西校友中也不乏秉承中西精神，终身从事教育事业的好老师，例如 1924 届的彭望荃是著名的英语教育专家；1936 届的陈观裕是中西女中第一位教英文的中国教师；1951 届的巫漪云在复旦大学任教英文，并从事文学作品的翻译；1952 届许嘉琳是北京师范大学地理系教授；1952 届萧嘉珣终身从事体育教育事业；1956 届陈陈由交通大学、清华大学聘为博士生导师；1952 届傅家祥、司罗素高中毕业后留校任教，把一生奉献给中国的基础教育事业。

中西女中的学生虽多半出身于境况较优越的家庭，但学校宽松的民主博爱氛围使她

1945届毕业生在海格路临时校舍

们思想开阔，关心底层民众的生活状况和国家的前途和命运。有许多学生在上世纪三四十年代，在国家面临日寇侵略、民族危亡的艰难时期，投身抗日洪流和建立新中国的行列，其中有 1932 届俞志英、梁淑德、1933 届杨婉清等，在 1932 年“一·二八”淞沪抗战时参加救护伤员的工作。俞志英南京金陵女大毕业后，1939 年加入中国共产党，从事地下抗日工作。梁淑德 1936 年沪江大学毕业后长期在香港宋庆龄担任主席的中国工业合作社国际委员会任总干事。杨婉清 1938 年起在上海中共地下党领导的工华难童收容所、上海神州夜校、中华职业夜校、难童中学任教，主办刊物《女儿经》宣传抗日思想。1946 年入党，开办了上海联合药房，任经理，冒着生命危险为苏北新四军筹集医药用品和医疗器材。1934 届张韶芝，在清华大学入党，后参加新四军。1934 届郑培德(郑德芳)1937 年赴延安，1942 年到重庆《新华日报》和八路军办事处工作。1935 届吴贵宜(现名吴青)，在燕京大学入党，赴延安后又到抗日前方。1939 届曹宝贞 15 岁时在中西女中加入中国共产党，是中共上海地下党从事学运和统战工作负责人之一。1942 届蒋琳琳(魏琳)1946 年 4 月去解放区，参加国共谈判翻译工作，是解放区新华总社 1947 年 9 月 11 日第一次对外英语广播的播音员。1942 届吴经(吴合)1945 年在上海医学院入党，曾到新四军浙东游击

1946届毕业生回到光复后的中西女中校园

队后方医院任院长。1943 届顾孟琴、朱燕南、朱世珏、吴纶等在中学时组建“小七君子读书会”，以后又都走上了革命的道路，或从事地下抗日工作，或参加新四军。1947 届胡槃伊在燕京大学入党后去解放区。1950 届瞿明明、1949 届罗明凤（罗炯）、汪绍兰三人 1949 年 4 月在中西入党，组织领导了中西女中迎接上海解放的工作。

纵观中西女中 60 年的历史，不仅桃李芬芳，而且巾帼满园。有在国家民族危亡的动荡岁月里，置自身安危于不顾，投身爱国救亡运动和人民解放事业的女中豪杰；有在尖端科研领域里取得杰出成就的专家；有在医学领域做出巨大贡献的大夫；有无私奉献于教育事业的老师，有在音乐艺术文学等人文学科领域里闪闪发光的精英，也有在扶贫善举中做出令人难忘贡献的社会活动家。可以说在政界、外交界、商界、学界、传媒界都可以找到中西女中毕业生的身影。她们不论在社会上，还是在家庭里，都能发挥爱心，活出光彩，努力地创造生命的价值。在我们编撰的两册《校友回忆文集》里，校友们的

1947届毕业生

薛校长与中西校友合影(1984)

成就和精神可以部分得到反映。但遗憾的是因为年代久远，有更多的校友虽然做出了骄人成绩，却没有来得及在校史里留下自己的足迹。我们从校友回忆文章里可以看到中西人的特色，也同时反映了中西教育的成功。校友们为母校中西女中感到无比骄傲！

在本书附录中有我们能找到有可靠记录的历届毕业生和肄业生的名单。

第九章 校友会

1917年参加校友会活动的11名上海校友

中西女中校友会成立于1917年。在1917年的《墨梯》上，1900届校友史凤宝以上海中西女塾校友会的名义写给全体校友一封信，报告了校友会的第一次活动和校友会对校友们的期待。

1917年6月的最后一个星期三下午，11名早期毕业的校友来到了母校，莲吉生校长邀请校友和教师参加宴会，也是为了庆祝终于迁进了新校址，奠定了学校发展的基础。这一次校友聚会给校友们留下了深刻印象，虽然没有正式的宴会演讲，但是大家交谈得很愉快，教师和校友互相敬酒祝贺。宴会结束前，每人手持一朵玫瑰，唱校歌。史凤宝希望有更多的校友参加校友会。

在给校友的信中，史凤宝首先感谢想到发起“中西校友会”的校友。“中西校友会”使得中西校友和学校有更紧密的联系；学校也希望听到校友对学校发展的想法和建议。无论是毕业的，还是肄业的，对于母校的爱和忠诚是最大的回报。希望大家帮助母校，无论有什么想法和感兴趣的项目都可以写给《墨梯》“校友会”栏目编辑。

从这以后，校友会的活动经常在《墨梯》年刊上报道。

1922年9月23日下午7:30，在中西女中新落成的宿舍楼底层的“Social Hall”（小礼

1929年上海中西女塾北京同学会

堂）举行了中西女中校友会的聚会，欢迎新会员加入。

1927 年校友会有三次活动，10 月校友会到银行家俱乐部聚餐；11 月在中西校内有一个室内聚会；12 月在夏家为中西校友的孩子们举行了圣诞活动。

1930 年十月秋高气爽的一个下午，60 余名校友在中西女中教师之家前的草坪上举行了一次聚会。许多中西的儿孙辈们了出席了这次聚会。学生管弦乐队在邱贞蔼老师指挥下演出了愉快的节目。

1931 年新年假期期间，校友会招待在上海的校友。丁懋英博士从美国到欧洲，花了一年时间，在国外做访问学者，她已经完成了一本预防儿童疾病的书。

1935 年 4 月 25 日为王紫英老师庆祝六十诞辰，逢此良机校友们聚会谈心，尽欢而散。

1935 年 11 月 4 日新的莲吉生堂落成，中西女中举行建校 40 周年庆典，校友们都来到母校同庆同乐。程修龄代表校友讲话并赠送了礼品。这一年中西女中的毕业生已经达到了 378 名。庆典活动从下午 2:30 开始，当夜幕降临时，校友和在校学生们在校园里举行提灯游行。1938 届陈宝琪写了“述本校四十周年纪念会”，记载了这一次游行：“数十

1930年中西校友会活动

载毕业的校友，和在校的同学，都聚集在草地上，依次排列成伟大的队伍，龙钟的老妪，幼弱的稚儿，壮健的青年，窈窕的少女，远隔着数十年时代不同的人物，在此却成为一校的同学了。第一届的三名毕业生举着火炬，后面跟着历届校友，手执各色级旗，提着灯笼，她们中有女儿和侄女也在中西校友的队伍中。一届届的排成方队，她们一起唱着校歌，缓缓地沿着校园走动，由许多灯笼发出的光芒将她们的道路照明，直到最后一圈形成，1900 级和 1949 级的幼稚园小朋友牵手。这些中西校友在医学，牙科，护理，药学，营养学，女青年会，农村教育，图书馆学，体育，新闻，音乐，法律和银行等十三个领域中为社会服务。这真是一次盛大集会。”

1938 届将本届同学的校友会称为戊寅级力仁同学会。1938 届谈掌珠说：“力仁同学会是我们在母校最后一次，也是永久的组织。它诞生在本年三月里(1938 年 3 月)，有了它的产生，使我们更加亲热地表示了相互间的友爱和团结一致的精神。它在我们未离校之前，已显示了初步的成功，因为它能使我们每个心灵永久地紧系着，没有丝毫悲愁的离情，它真是我们精神的寄托所。……它在我们未来的环境中，将燃烧起灿烂的火花，滋长出伟大的果子。她真是我们他日为人群服务的总动员。”

力仁同学会毕业前夕，在校园里的两幢大楼中间种上了一棵雪松。1938 届郭秀珍为植松留影写了一首小诗：

在布谷声中，我们把这颗小小的松种在“努力”的土壤里。

让那蓊郁的枝叶来激发我们的潜力。

让那耐寒的精神来奋励我们的气节。

1935年上海中西同学会聚会

它四周布满了生气勃勃的园丁，培植它尽力结那“干”的果子与全人类享受。

1941 年 6 月 18 日下午 3:00 在金门饭店，校友会备了丰盛的茶点，欢迎 1941 级新的校友。担任主席的 1919 届徐华致辞后，苏女士起立演讲初创时期的中西，接着有薛先生演讲一年来赴美的情形。最后便欢迎新会长，周彭望荃女士。到 1941 年中西女中共有毕业生 614 人。其中超过 100 位毕业生出国深造，200 多人进入中国的大学。

以后由于抗战的形势更加严峻，学校被日军占领，校友会的活动未见记载。

校友会成立后，在 1917 年的《墨梯》上登载了 1900 年到 1916 年的“Graduates”（毕业生）名单共 30 人。以后的《墨梯》上经常开辟有“Alumnae”（校友）这一个栏目，报道校友最近的消息。

1927 年的年刊上对十年前的毕业生名单进行了更新，这份“Alumnae Directory”分为三栏，姓名，地址和最新情况，校友有在金陵女大、燕京大学深造的，有当了中小学教师、校长的，有出国留学的，有已经有了孩子的，等等。校友通讯录让校友之间的联系更紧密了。

1928 年的《墨梯》上补充了 1900 年至 1926 年的 39 名校友信息，并增加了 1927 届的 17 名毕业生信息。1929 年和 1930 年的年刊也对校友通讯录进行了更新。但是这些校友通讯录都是英文的，校友姓名都是老式拼音。

1936 年的校友会在《墨梯》上登载了第一份中文的“校友通讯录”。1947 年的校友

1981年上海同学会筹备组合影

会又将这份“校友通讯录”补充至 1947 届毕业生。

中西校友会定期进行办公室工作人员选举，1927 年至 1935 年都进行了换届选举。

1927-1928 年校友会办公室人员 (Alumnae Officers)：

主席：1921 届吴景昭　　副主席：1918 届谢文秋

记录书记：1924 届阙佩贞　　秘书：1925 届朱增龄

司库：1922 届陶月琴　　校友代表：1921 届邱贞蔼

1928 ～ 1929 年校友会办公室人员：

主席：1914 届沈均　　副主席：1927 届周粹英

记录文书：1926 届郁秀芳　　秘书：1920 届程修龄

司库：1922 届陶月琴

1929 ～ 1930 年校友会办公室人员：

主席：1921 届邱贞蔼　　副主席：1921 届方恩锡

记录文书：1928 届田莲素　　秘书：1924 届阙佩贞

司库：1922 届夏璐德

1935 年的《墨梯》上 1933 届张慧衷写了一则选举公告：

今逢年刊付梓之机会，关于同学会消息特书数语，为诸君通之，并代表本会致十二

1990年北京中西同学会为薛校长祝寿

分热忱欢迎本届毕业同学参加，共促本会日臻向荣，无任盼祷。

民国二十三年夏，六月二十八日本会假座银行俱乐部设宴欢迎1934级新会员，同时举行会务讨论修改章程，由全体选举职员，并照新章加选文牍员、会计员、交际委员长、职业介绍委员长各一人共计十人名单如下：

正会长：1920届王张蔼真　　　　副会长：1924届阚培贞

文牍：1926届胡陈妙仙、1933届张慧衷

会计：1930届蔡戴忆逵、1928届王吴美英

记录：1933届张丽芬　　　　墨梯代表：1931届萧嘉璐

交际委员长：1921届吴景昭　　　　职业介绍委员长：1927届周粹英

1939 ~ 1940年校友会主席：1919届徐华

1941年校友会主席1924届彭望荃。

1952年后，中西女中的校友分散在世界各地，祖国四面八方，但是她们热爱母校的心永远不变。在海外成立了美国西部同学会，美国东部同学会，香港同学会，台湾同学会，澳洲同学会。1977年对外开放后，海外校友即回国看望母校，帮助母校，支援祖国希望工程。在国内从上世纪八十年代开始，先后成立了北京中西同学会，武汉中西同学

武汉中西同学会

会，上海中西、圣玛利亚、市三女中同学会。校友们与母校又恢复了联系。

上海中西、圣玛利亚、市三女中同学会由薛正校长提议，得到众多校友响应，于1984年成立。校友会成立后每年都组织校友在11月的第一个星期天回校。这让校友们有了回家团聚的感觉。后来又为毕业30、40、50、60周年的各届校友组织特别的庆祝活动，团结了越来越多的校友。1996年薛正校长逝世一周年，上海同学会为薛正校长塑了铜像，在11月的校友会活动时举行铜像揭幕仪式。

上海中西、圣玛利亚、市三女中同学会名誉会长薛正，第一任会长谭茀芸。第二任会长荣漱仁，第三任会长任文燕。

北京中西同学会会长曹宝贞。上世纪90年代后，薛正校长居住在北京，每年参加北京同学会的活动。1992年9月北京中西校友会和从海外来的中西校友一起祝贺薛校长90诞辰。

在海外的中西校友也写了各地校友会的历史与活动情况，让我们了解了她们对母校的深厚感情。

中西女中美西同学会历史

1947届　陈晋明

1972年，在我来美国读大学一年级的25年之后，我才发现在美国西部有一个中西校友会。是1931届的张漱芬通过与她有接触的广东银行追踪到我的。漱芬是一位非常热心活跃的人，她说服我参加一个在她家里举行的校友会。参加者大概有20人左右，而我是其中最年轻的一个。她们投我以既有兴趣又好奇的目光。过了几年我才明白：她们是在物色一个比较年轻的校友来接替负责美西校友会的工作。

经过与几个关键会员(大部分是1930届的)的接触，我了解到以下一些情况：

在美国东部、台湾、香港，也有中西校友会，但都是非正式的聚会。

参加那些校友会的人多半是因为家庭出身或结婚联姻的关系而联系起来的。

仅在旧金山一地，就有足够的中西校友可以成立一个校友会。

校友聚会不可选在星期天举行，因为她们大部分都要去做礼拜。

张漱芬有一天来到我的办公室。她告诉我她即将搬到美国东部去，以便离她的成年子女们近一点。所以希望我能负责组织中西校友会，让中西的友爱精神继续下去。此后，就有杨慰珍(1942届)、陈宗慈(1951届)、苏肇瑛(1953届)和我负责美西校友会。

从1976年起直到今天，我们每年都举行校友会。下面是几次令人难忘的庆祝聚会：

1977年，那是我离开中国30年之后的第一次回国。与薛正校长短暂的相聚增强了我与母校重建联系的决心。那年11月在旧金山的校友会上，校友们以极大的热情支持我的想法。

1979年，薛正校长在1951年后第一次再访美国，在美国西海岸引发了无与伦比的欢乐。作为对校友们热情的回报，她做了一个有关女童教育的精彩演讲。她举行记者招待会，接受美国之音电视台的采访。后来她又去了美国东海岸和香港，重新建立起与昔日老校友和同事们的联系。

1986年的那次聚会，有1946届的俄勒冈州参议员邓稚凤作主要发言。那是一次唱歌

1972年美西校友会。前排右二为张溦芬

1986年聚会是一次唱老歌的盛会

庆祝1938届毕业50周年的“金色女孩”纪念会

2015年10月3日举行的美西校友会

美国西部中西同学会

1934届吴舜文捐赠的电子琴房

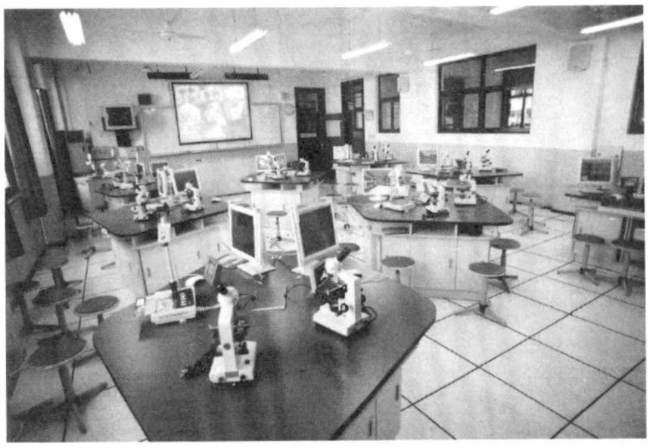

1931届张令昭捐赠的网络生物实验室

2000年美国九O学社陈晋明访问中国西部地区，选择资助陕西省高洛和安康1000名女童完成小学学业

的盛会。校友们和来宾们连续不断地唱了许多往日在中西校园里我们最热爱的老歌：*Marching Song*、*Drink to Me Only with Thine Eyes*、*In the Gloaming*、*Sweet Genevieve*、*Home Sweet Home*，等等。那是 1986 年 9 月 20 日在旧金山中国城的假日饭店举行的。

1988 年，是庆祝 1938 届毕业 50 周年的"金色女孩"纪念会，也是一次难忘的聚会。22 位分布于世界各地的 1938 届校友中，有 16 人从美国、加拿大、台湾、香港等地赶来参加这次聚会，她们是：韩佩云，毛孝瑛，江雅贞，曾宝玉，谈掌珠，葛印，谭中兰，梅翠莲，黄卓云，李珍华，苏曼如，王瑞娟，聂光明（1933 届），许道安。

1992 年，在我们举行每年一次的校友会后，许多人开始前往中国。和美国东海岸的校友一起，我们在上海参加了中西女中建校 100 周年活动。到上海前，我们先在北京停留，和薛校长一同预祝建校纪念。那时候她已经退休，住在北京。我们送给她一件新织

1996年11月校友集资塑造的薛正铜像揭幕

的毛衣作为庆祝礼物。

2010 年，市三女中的徐永初校长率领一个小型代表团来美访问多所中学，在我们的校友会上作了主旨发言。她非常客气地邀请我们在 2012 年 11 月份到上海参加建校 120 周年庆祝活动。

2011 年 7 月 16 日，有大约 30 位中西和市三的校友来参加校友会，欢迎来自上海市三的有 70 多名队员的铜管乐队来旧金山湾区访问。她们的演出为大家留下了深刻印象。我们举行了热诚的欢迎宴会，并有机会认识了每一个有很高天赋的队员。

除了上述那些亮点的聚会之外，我们的校友会，或者作为一个集体，或者作为个人，主持过几项活动：

欢迎上海市三女中的校长们的来访，即陈炳福、张正之、何亚男、徐永初等几位校长。

欢迎我们的老师们葛继恩 (Jean Craig)、陈观裕 (1936 届)、吴瑜瑾 (1936 届)、黄凤贞 (1936 届) 的来访。

我们的校友会是一个大团结的会。圣玛利亚校友、上海市三女中校友都是我们“大家庭”的一分子。我们同样以中西的精神向她们伸出我们爱心和友谊的手。

(2014 年 12 月 3 日)

记美东校友会

1946届陈云德

我曾经在纽约定居五十多年，那里就像是我的家乡一般。美国东海岸的中西同学联谊会成立较早，曾登记为非营利组织。那时期至少每年聚会一次。1988 年 9 月，是由我和唐筠、杨蕙兰 (1944 届)、金癸秋四人一同负责组织的一次校友聚会。按照惯例，每次集会都是收费的，也可以说是要买票的。一方面是为了筹集校友会的活动经费，另一方面更是为了筹集款项以备资助市三女中。那年刚好是中西建校 95 周年，我们决定趁此举行一次大规模中西同学会，庆祝一下。有跳舞、演讲、摸彩等许多活动。我们把那次的入场票价定得比以往高，以便为母校多筹点款，发扬中西校训“积中发外”的精神。

美国东部中西同学会

1992年10月18日中西百年校庆时美国西部陈晋明、北京曹宝贞、美国东部蔡至文三人同学合影

王培丽、王培芳捐助电脑房揭牌

那次来了好几位年长有名望的校友，有专车接送她们。贵宾中有王安夫人邱文霭，她是中西 1936 届校友。王安实验室是给上海市三女中捐赠第一批电脑设备的。贝聿铭家族中，来了贝祖贻夫人，贝聿铭的两个姊妹也都是中西校友。电影明星常青树李丽华也来了。参加盛会的男女宾客来了二百多人。《联合日报》的主编为我们的这次盛会做了专题报道！

还有一年的同学会是在纽约城中心万寿宫举行的聚餐会，席开十桌。记忆中，其中一桌是赵锡悟夫妇和他们的亲友们买单的！赵锡悟夫妇是前美国劳工部长赵小兰的双亲。那次还有校友专程从外地前来参加，也是非常热闹的一次集会。

时隔多年，这次我的纽约之旅，收获也不小。它激起了我许许多多宝贵的回忆。我在纽约的朋友可说全是中西同学，与她们聚会就像开中西校友会一般。我在这里写下点滴回忆，以此衷心祝愿中西各地的同学们永远保持我们的中西传统，保持我们珍贵的友情！

写于美国明尼苏达州明尼阿波利斯

2015.8.8

中西旅港同学会

1951届黄韵戈

我是1974年来到香港的，1975年才联络到同学会。在此之前的旅港同学会情况就恕我不能详述了。

1975年叶元春(1934届)学姊是校友会的主要召集人，后称会长。她大概1974年或更早就已经在负责校友会。我1975年刚去见她时，看到邓雅云在那里，她去香港较早，大概早就已经在帮叶元春组织校友会了。

我初去同学会时也参与帮帮忙，大约到80年代左右，叶元春交棒给陈秉贞，她做了些时候会长，就要我帮她做副手。不久后，就常由陈秉贞和我交替做正副会长。直至陈

香港中西同学会

1986年1946届蔡詠芳资助修缮健身房

秉贞移居加拿大。我当时也想转交别的同学担任会长，找到了莫琪华。但她说要常回美国，故又拖住我和她同时担任会长。但过不了多久，莫琪华 (1951 届) 又定居美国。一时很难找到人任会长，只得由我负责。我负责那段时间，开会时做祈祷、唱校歌、饭前唱谢饭歌。会上简单报告有关情况，有些 20 年代的校友，因年老体弱，不便赴会，我们就去问候她们，将近况告知大家。凡同学中有婚丧喜庆，也都报道一下，并把分散在各地的校友们的消息也尽量通报。会上，校友们往往把自己的情况和所知道的消息与大家分享。

每次开会前，都有好几名同学来帮忙印制和寄发邀请信，也有特别需要用电话联络的。还需要计算来参加的人数，以便准备订餐。开会当天，校友们有的布置会场，有的摆设来宾签名台，有的担任招待。如马志群 (1949)、陈佩瑜 (1954) 等，每年都来很认真地帮忙。至于人数方面，最多时曾开筵七席，每一大圆桌坐十人或十二人。但到了后期，很多校友陆续移居美国、加拿大等地。人数减少，大概只剩两三桌了。到了 1996 年、1997 年，几乎只有十几二十人左右来参加了。

1976 年暑假，我去美国探望几位老师：Miss Louis Killingsworth(季凌云)，她和妹妹住在一起。Miss Jean Craig(葛继恩)，在美国佛吉尼亚 (Virginia)。Miss Mary Blackford(费雪珍) 那时还在美国德克萨斯州 (Texas) 的圣安东尼奥 (San Antonio)，大约过了半年她就过世了。Miss Harris(韩瑞士) 在纽约。大概在 1976 年或 1977 年初，Miss Craig 来香港，由我接待。那次我们专门为欢迎她开了一次校友会，大家都很感欢欣亲切。

1994 年到 1995 年，1954 届的同学郭慧琛愿意帮忙组织校友会。我们一起负责到 1996 年左右，然后就全部交给郭慧琛负责。我于 1997 年初移民美国。

中西女中在 1952 年和圣玛利亚女中合并，改为市三女中。此后的校友会就改成了市三女中校友会，之后的情况我就不太了解了。(目前香港中西校友会由 1954 届孙树荃负责，市三女中校友会由 1961 届顾生美负责)

2014 年 12 月于美国加州

悉尼中西同学会聚会(2012)

台湾中西同学会欢迎薛玲

上海中西女子中学简史

葛继恩(Jean F. Craig)

你说什么？办个女子学校？这不可能！当然是真的！《士林西报》(*North China Daily News*) 3 月 17 日不就详细报道了开幕仪式吗？

这所奇怪的学校有两个名字："McTyeire" 和 "中西"。那个英文名字对《士林西报》的读者们没有多大意义。但是她的中文名字却真真切切地反映了这所学校的性质：她将给女孩子们提供最好的教育，让她们能获得中西方文化的精髓。

这种设想未免有点怪诞。但是，这里面一定有点道理吧？按《士林西报》的报道，3 月 15 日下午，上海的聂仲芳道台居然出席了开幕式，连美国的副总领事也去了，还有中外各方的许多头面人物呢！学校的校长海淑德 (Laura Haygood) 是位女士，所以没有出席，她的贺词以及对该校办校方针和目标的介绍是请一位男士《信使报》(*Messenger*) 编辑、牧师艾德金博士代为传达的。

会上所传达的信息给了与会者极为深刻的印象。最后，经过聂道台的一再邀请，加上男士们都在喝下午茶，校长海淑德女士终于现身。聂道台对所有来宾表示感谢，海淑德校长也礼貌地予以回敬，并轻轻地退出了会场。

第二天下午，3 月 16 日，为中外女士们举行了一次同样的开学典礼。虽说同样，但还有惊喜。因为在场的都是女士，所以第一批招收的 7 名女孩子，腼腆地被介绍给了来宾们，其中 5 名是住校生，2 名是走读生。3 月的那个下午无疑给在场的女士们一次从未有过的经历，一件做梦也未曾想到过的事情。所以她们很快把这 "新闻" 广为传播开了。

连空气里都充满了惊讶和兴奋！一所为中国女孩子设立的学校真的开学了，而且那所学校还将提供一种前所未有的教育，一种开明的教育，一种将中国和西方文化的精髓融合在一起的教育。她们将教孩子们两种语言——中文和英文；还要教西方音乐；还要关注学生们的智育和德育的成长。这是一所基督教学校，绝对不会对学生使用暴力。女孩子们

通过课堂教育和在校园里的生活可以逐渐懂得基督教的教义，并可由她们自己做出对宗教的选择。如果孩子的家长不能认同上述办学方针，那么学校就不吸收他们的孩子入学。以上这些话语都是在场的宾客们亲耳聆听到的。《士林西报》的报道也肯定了这一点。

“孩子的家长们如不能认同中西的办学方针，那么学校就不能吸收他们的孩子入学。”①

为了尊重墨梯主教 (Bishop McTyeire)，这所学校以他的姓氏 McTyeire 作为该校的英文校名。墨梯主教的支持和他的威望帮助了资金的募集，从而使学校得以购买土地并建起了第一座校舍。这个英文校名最初并没有多大意义，但是后来，她培养出来的校友们在国内外的大学里显露了出众的才华，在她们生活的社会环境里做出了骄人的贡献，“McTyeire”这个名字才开始不仅在西方，而且在全中国传播开来。

中西是独一无二的，她的诞生就不同一般。她有两个生日：1892 年 3 月 15 日和 16 日。那是因为她的创建者们既要尊重中国的传统礼仪，又要邀请女宾参加。

不仅如此，在经济方面，创建者们也违反了常规，走出了不按常理出牌的一步！她们一反其他教会学校以免收学费来吸引女孩子上学的先例，中西宣布她是要收取学费的，而且很快就做到了学校财务独立。

中西是一个大胆的新尝试。当时哪怕在美国，教育也并没有很普及。然而当基督教卫理公会中国布道区的林乐知博士 (Dr. Young J. Allen) 与卫理公会南方布道团的女士们讨论他设想建立一所学校，让中国的女子也能和她们的兄弟们一样受到教育时，那几名女士马上认同了他的观点。1884 年来到上海的海淑德女士 (Laura Haygood)，一个受过良好教育、有经验的教师，就是这个教会送给中国最好的礼物。当然，要实现林乐知博士的梦想，她还需要克服在她面前的种种困难。

20 世纪 80 年代到上海访问的人，走在南京路上便会看见人民公园。那就是当年英国人的跑马场。就在这个公园南面的西藏路上耸立着一座教堂：在 1979 年 9 月 2 日重新开放的沐恩堂。那就是当年的慕尔堂 (Moore Memorial Church)，就是中西女中最早的校址。有记载为证：

“1890 年在汉口路西藏路转角处买下了 9 亩地，并建起了一栋楼，总价值 25000 元。”②

校舍有了，教师也有了，但是学生呢？1937 届毕业的舒丽安是中西女中 1900 年最早三位毕业生之一的女儿，她在 1936 年出版的年刊《墨梯》中记述了最早的学生是如何

① 见《金色的50周年庆典记事》(Golden Jubilee Celebration)。
② 见中西年刊1936年《墨梯》第20页。

招来的：

“那个年代，人们都认为让女孩子受教育是浪费，因为她们不需要读书就可以成为好母亲。所以当学校把一切都准备好，可以开学的时候，居然没有人来报名。虽然这不足为怪，但是教员们看到这种情况都十分沮丧。如何才能招来学生呢？她们委实束手无策，最后来找我的外祖父，请求帮助。外祖父很乐意助一臂之力，因为他深深懂得让中国的女孩子受教育是何等的重要。他应允将自己的女儿送到中西读书，同时动员他的朋友们也这样做。就这样，学校开学了，七名怯生生的女孩子出现在校园里。”[①]

有学生来了！开始时三三两两，后来越来越多，再往后就多得必须经过入学考试才能录取了。父母们发现那些办学的人是可以信任的，把女儿送去上学，孩子们不仅开心，而且是安全的。校长海淑德女士不是保证过男人不可以进入校门吗？她不是甚至把主教都赶出去了吗？

对于这位主教的“遭遇”，看门人留下了深刻的印象：他让主教进入校门，但是校长却不允许。主教正在路上走着，被校长看见了，竟然硬把他转了一个向。“但我是主教，从美国来的。”这位吃惊的男士声辩道。“对！但首先你是个男人。我应允过……”言犹未尽，主教发现自己已经被赶到了大街上。

与中西女中的缔造者海淑德女士并肩扛起建校大任的是莲吉生女士 (Helen Lee Richardson)，她也是一位强有力并具有献身精神的老师。她于 1890 年来到上海，后来成为中西女中第一任校长。1894 年，当海淑德女士的健康状况日见衰退时，她把自己的重任托付给了这位年轻女士。这两位挚友相互支撑，直到 1900 年海淑德离世。

挚友的离去并没有让莲吉生女士陷于孤立无援的境地。马季英女士给了她极大帮助。在中西执教历史课多年的德丽霞女士 (Lelis Judson Tuttle) 曾在 1936 年的《墨梯》年刊中有这样一段话：

“在那段艰难的岁月里，中西女中不仅没有降低她的水平，而是赢得了越来越好的声誉和越来越多的入学人数。这都得归功于两位杰出的女性：莲吉生女士和马季英女士。”[②]

感谢德丽霞女士的史笔记录下了这个事实：“中西从来不是一所外国人为中国人开办的学校，而是一项中美双方合作的事业……中国人和美国人本着互敬互爱的精神在一起工作的硕果。”这一点我自己也有深刻的体会。

荣耀归于莲吉生女士，为中西做出 23 年奉献的校长！在她的管理下，学校一天天成长壮大。1899 年添建了一栋校舍，1907 年租下了慕尔堂里的几间房用作教室。到了 1913

年，学校向教会总部买下了整块慕尔堂产业，除周末礼拜时间外，平时作教学用。1915年，小学部迁入在九江路租下的三所半中半西式的房屋。但即使如此，教学用房还是不够。中学部要想在原来的校址上再扩充已经是不可能的了。

凡与中西女中有关的人无不对莲吉生女士解决学校窘境的方法深怀感激，也无不为她的大胆果断所折服。她在没有征得教会总部同意的情况下，买下了在忆定盘路(江苏路)上的经家花园。对这件事情的经过有以下记载：

"1916年莲吉生女士用80000两银子买下在忆定盘路上的53亩地。她将那里的一栋大楼房以及一些结实的砖构附属建筑改造成教学用房，并将中学部迁到那里。她是将原来校舍的2/3卖给了教会总部，并将所获得的款项购买了这片漂亮的地产的。"③

这样果断的办事能力让所有支持经济独立者们欢欣鼓舞。而反对者们也真该谨慎反思了。1916年，中西女中和以往一样，因良好的经营和经济独立而成了办学楷模。学校在这样一个美丽环境里，遵循校训 Live, Love, Grow 的精神健康地发展起来。这就是莲吉生女士给这所她热爱的学校留下的最后一份礼物。1917年，死亡向她召唤。但是这位服务了23年的校长所作出的贡献是永远不会泯灭的。

搬迁到忆定盘路校址标志着中西女中发展史上的第三个阶段：1917 ~ 1929年。相继在四位美籍校长爱丽丝·瓦特(Alice Waters，1917-1918)，马莎·派尔(Martha Pyle，1919 ~ 1924)，露易丝·库珀(Lois Cooper，1924-1925)和莎莉·麦金诺(Sallie Lou MacK innon，1925 ~ 1929)的领导下，这片新的产业得到了更进一步的发展。三栋建筑相继拔地而起。直到1980年代这几栋楼还在使用。

"1920年用学校自己的资金建起了一栋教师宿舍楼，它不仅为部分教师提供了住宿的条件，还提供了部分教学用房。"

"1922年建起了兰柏堂(Lambuth-Clopton Hall)。除用作教室外，有一部分作为行政用房。这个情况维持了许多年。建造费用总共为175000元，是由美国卫理公会教会总部的南方妇女布道团所提供，此楼以兰柏主教(Bishop Lambuth)和考普顿夫人(Mrs. Clopton)的名字命名，考普顿夫人的女儿为了资助创办一所女童学校(Clopton School for Girls)，卖掉了自己的陪嫁首饰。某种意义上，那所女童学校就是中西女中的前身。

这栋楼为450名学生提供住宿用房。初中部也迁入了该楼。"

---

① 见中西年刊1936年《墨梯》137页。
②、③ 见中西年刊1936年《墨梯》第20页。

“1929 年建起了体育馆。资金是自学校创办之日起直到 1929 年的全体学生捐助的”。[1]

中西女中历史第三阶段的特色就是发展和壮大。这不仅表现在新增的建筑物，更体现在学校生活的方方面面。虽然我有一位笔友是中西的学生，常常给我发来她编辑的校刊，虽然我有两个好朋友是来美国读书的中西校友，而且我也读过许多有关中西的书，但是我在 1929 年 9 月 2 日来到中国，在北平学了几个月中文后到中西执教时，我所见到的一切还是大大出乎我的意料。

中西早已不是那所在汉口路西藏路转角为了证明给中国女孩子受教育的可行性而苦苦挣扎的学校了。她已经是一所有声望的中学，她的学生们在校训 *Live, Love, Grow*（生活、爱和成长）的指引下，在智育、德育和社会活动等方面已经成为对社会有积极贡献的成员了。

可以列举的例子多而又多：有在国内外大学里成绩出色的校友们，有在本校和别的学校执教的中西校友们，有在上海家庭、教会、医学、商业甚至法律等领域表现出众的中西女儿们。1920 年毕业于苏州东吴大学法律系的程修龄是中国第一位女律师。还有一名校友，我不知道她的姓名，在上海南京路上开办了一家女子银行，从我 1929 年来到中国直至我 1951 年离开，那家银行一直经营良好。

我常常看到中西的女儿们做出一些出人意料的事情。她们因在校园里所受到的信仰、希望和爱心的熏陶而做出的许多出众之举往往让我惊讶不已。一个非常突出的例子是一名校友改变了位于去杭州途中一个小村子的故事。不难找到那个小村庄，因为它是远近闻名的，通向村庄的小径两旁开满了鲜花。农民们在一起愉快地劳作着。那里有一所学校，有一个村民聚会、讨论村务、学习新技术的活动中心。这个小小的村子运转良好，农民的经济收入也得以改善。我和村民们一样，常常可以在田边地头看见一位富有信仰、爱心和奉献精神的女人。就是她主导了改变这座村子的面貌。

有一个慕尔堂早期的成员王太太。她的女儿在中西毕业后结婚，夫家姓牛。在她的丈夫退休后，牛氏举家回祖籍定居。在他们的父母 100 岁冥寿来临之际，牛家宣布不收受礼品，凡是收到的礼品都将用于村民的福利。这个位于从上海去杭州途中的小村子的改造由此而起。一个在中西女中受过教育、生活中充满机会的女子，居然携同她的丈夫回到了他们的祖籍，与当地人生活在一起，并和他们融为一体。

---

① 见中西年刊1936年《墨梯》第20页。

我来到中西时，正是学校进入发展史上的第四阶段。这所学校过去的成就给了我很大触动，她们的业绩，尤其是在 1917 ~ 1929 年期间，深深影响了我。我发现自己来到的是一所在学术上具有坚实基础、在校园里有着超乎寻常优美环境、在经济上居然还是一所自强独立的学校。

中西不仅是一所学校，更是一个大家庭！在这个大家庭里，教职员、学生、服务人员都有着各自的价值，都受到尊重。我们就像家庭成员似的在一起生活着，相互关怀着。近年来，经常有校友对我说："我们的老师们就像我们的大姊姊、好朋友。"

到了 1929 年，在我们这个大家庭里起主导作用的，是中国人而并非美国人。这是一件好事！教员中，中国人大大超过美国人。这也是一件大好事！以前，除了国文课，其他课程如数学、科学等都是用英语教的。但是那种日子已经一去不复返了。到了 1929 年这个阶段，除了英文课、宗教课和一些高年级课程以外，全都用中文上课了。

1917 ~ 1929 年这个阶段经历了许多变化，但是这个大家庭的生活并未中断。王紫英女士 (Miss Wasson) 多年来一直是教数学的老师。从那时开始数学课改由中国老师用中文教授。她很高兴看到这个变化，自己则开始指导园丁们的工作，教主日学校，像慈母般关怀心理上孤独和有失落感的人们。她的角色虽然转变了，但其影响犹存。她成了新旧时期转换中的一条纽带。

这个大家庭中和谐亲密关系的另一个例子是苏美德女士 (Miss Muriel Smith)。1914 年她从英国来上海探望其叔叔。莲吉生校长 (Miss Richardson) 聘请她来校教钢琴。最初她还以为这是一所为西方女孩子开设的学校。她渐渐爱上了中西，搬到新的校园里住下，从此再也不想回去了。她把琴科办得非常出色，学生毕业后很多去国外深造，这也是中西享誉中外的原因之一。有一个她的学生邱真霭回到母校执教时，苏美德女士作为琴科主任热烈欢迎她。这又是一个联系新旧时期的人物。

为什么中西会成为一个大家庭，为什么她的成员有如此强烈的归属感？我想原因之一是她的教师中有许多是中西毕业生，学生中有许多是校友的女儿，甚至孙女儿。而美国教师往往都是"老教师"，与校友们有着亲密无间的关系。一句话，我们都是由爱的纽带联系在一起的，毕业并不等于把这条纽带切断。校友始终是大家庭的成员。

困难当然有，但是解决问题的方法往往是创造性的。搬迁到忆定盘路新校址带来了新的情况。原有的那座起名为莲吉生堂的大住宅楼，既作教学用，又作宿舍用，甚至里面还包括图书馆。住校生挤得像沙丁鱼一般，教师们只能见缝插针，哪里有地方就住哪

里。这些不便尚能勉强克服，此外还有更大的难题需要面对。

中西女中刚建校时，得到慕尔堂的支持。教堂建于 1887 年，与学校处于同一地段。随着时间的推移，女孩子们允许外出，于是教堂就成了她们教会的家。但是随着学校的搬迁，慕尔堂离她们遥不可及，而在忆定盘路新址附近又没有一所教堂。这是一个必须解决的难题。

于是，海涵堂 (Haygood Memorial Church) 应运而生！她不是一个教堂，而是一个全新概念：牧师由主教指派，教堂隶属于教会的理事会 (AnnualConference)，但她完全是由学生和她们的指导老师共同运作的。在我 1929 年到中西时，海涵堂已发展成为一个大的包容性社团，把全校团结成一个大家庭，其影响遍及学校生活的方方面面。

海涵堂给我的印象深刻，其影响不仅仅是对受过洗礼的基督徒们，而是遍及全体学生。海涵堂的各部部长必须是卫理公会教徒，因为她们代表理事会工作。但是各部部员完全是向全体师生开放的，不一定受过洗礼。这样，海涵堂成了一个大“实验室”，在这个社团里，老师和学生共同探讨“信仰”的真谛，认识祈祷、学习和服务的含义。当然，我们有主日课，在课程中也安排有圣经课，而且这些课的质量都很高。但是我认为，对宗教教义最好的传授和学习是通过海涵堂各个部门的工作取得的。

充满智慧的海涵堂的组织者们希望中西的女儿们能从各种活动中学习到如何服务，如何发现人们的需要并尽量帮助他们。通过这样的实践，使海涵堂真正成为上帝的教会。这一点，她们做到了。

海涵堂下设四个部，其中以服务部最强。例如：为学校的工人们开课，以及为校外穷苦孩子们举办义务小学都由服务部负责。来上义务小学的学生就是住在校园附近沿着一条臭水浜那个地段的孩子们。服务部为义务小学租下两间房，并支付教师工资。她们还组织中西的学生每天下午下课后去教孩子们英文和圣经。被挑选去义务小学任教的学生无不有强烈的责任感。每年圣诞节，义务小学的孩子们能在中西参加演出一个节目，使她们感到无比骄傲。

在中西，我们不说“去教堂”，而是说“去做礼拜”。在什么时间或什么日子做礼拜则并不十分重要。学校周六中午放学，所以做礼拜一般在星期六上午或星期天下午学生返校以后。做礼拜和参加其他方面的教会活动一样，使我们有真正的归属感和参与感。礼拜活动之所以有意义是因为学生们亲身参与策划了这些活动。这就是灵修部的工作。她们对礼拜活动做出评价，提出建议，策划礼拜活动和夕阳晚会。每逢复活节和圣诞节，都

有许多特殊活动。这是全体教职员工、学生和校友们所期待的。音乐能赋予礼拜更深层次的含义，从而又给全体学生提供了一个参与机会。每个班级每周有 2 小时音乐课，不仅歌喉好的学生有机会被选入初中或高中合唱团，全体学生都有机会学习崇高的宗教音乐。在中西，做礼拜很容易，因为教会即学校，学校即教会。组建海涵堂在 1917 ~ 1929 年期间是一项极具创造性的尝试，它的价值是深远的。

另一项具有深远意义的活动是编辑出版年刊《墨梯》。第一期《墨梯》出版于 1917 年。和海涵堂性质一样，《墨梯》也属于全体学生。它的出版加深了中西大家庭的感情。她为学生创造机会从事一项真正意义上的"事业"。这项活动让学生把每一年的情况用准确、艺术的方法记录下来，激励她们中文和英文的写作热情，也鼓励照相爱好者发挥她们的才能。最重要的：《墨梯》是从中西女儿们的视角把学校每一年的历史记载下来。

1936 年的年刊《墨梯》具有特殊意义。因为 1935 年 11 月，莲吉生堂被正式命名。有关这次隆重庆典的记述以及中西女中的创建者们、曾经在中西任职过的牧师和教师们的照片、学校搬迁到忆定盘路之前和之后的照片，等等，都可以在这一期年刊中找到。

我不太清楚是谁负责出版第一期《墨梯》，我猜想可能是英文老师李淑德女士 (Emma Service Lester)。她 1906 年来中国，1929 年回去。我知道她是有名的中西高三年级毕业班演出 (senior play) 的导演。我在中西的那些年里，毕业班演出的票房收入加上广告收入就是用来支付年刊的出版费用。

概括起来，从 1917 年到 1929 年这个阶段，虽然政局变化莫测，波涛汹涌，中西女中却在她的围墙之内一步步发展壮大。正如 1936 年《墨梯》的编辑代表全班同学所表达的愿望那样："to live with faith, love with hope, grow with love"（"有信仰方能生活，有爱心方有希望，让爱心永伴成长。"）[①]

国民党政府掌权之后，要求所有教会学校注册，并由中国人担任校长。在这一点上，中西女中是有准备的。因为有马季英女士！她是怎么样的一位女士呢？可以从以下一段记录中窥见一斑：

"三十年前，当中西女中还在初创时期，一位年轻的女士来到这所学校，她就是马季英。她与学校同步成长，先后担任舍监、老师、财务保管员、事务长，直至副校长。在她所担任的每一个职位上，她都显示了自己出众的才能、远见和忠诚，从而使每一个职位都具有了新含义。如果没有她，中西女中就不可能有现在这样的面貌。这样的评价

① 见中西年刊1936年《墨梯》第47页。

一点也不过分。

对于新老同事们，以及一代又一代的学生们，她是她们信赖和敬爱的朋友和导师。有一个学生用这样的言语赞美她：‘她的一生就像一股基督精神的清泉，从她所投入的崇高和充满爱心的事业中潺潺地流向人们的心田。在她身上我们看到了成为一个完美女人的可能性。’”[①]

马季英女士受到大家的爱戴。1928 年 2 月 4 日她的死讯给全校带来悲痛。同时也带来了另觅校长接班人的迫切需要。

就是因为这样，继承麦金诺女士担任校长的中国人，不是马季英，而是一位具有很好资历的年轻女士杨锡珍。她毕业于苏州 Laura Haygood 师范学校和美国 Mt. Holyoke 学院，后来又取得哥伦比亚大学的硕士学位。她于 1929 年夏天就职中西校长。英语部主任殷罗德女士 (Louise Robinson) 任副校长。

过了七年，杨锡珍辞去校长职务，到别处开办了一所学校。在这段期间，在我们美丽校园之外所发生的种种艰难困顿和危急存亡的局面是我们所无能为力的。1932 年日本人轰炸上海，许多学生失去了家园。但即使在这种困境下，中西还是满怀希望地生存了下来，并竭尽全力建设着未来。

1933 年，在原址上那栋老的住宅楼即老莲吉生堂被拆除。新的莲吉生堂焕然升起。那年当我休假回来时，但见她光芒四射地傲立于校园中。使用一年后，到了 1935 年，在举行卫理公会中国布道区理事会成立 50 周年庆典 (Golden Jubilee Celebration of our Annual Conference) 的时候才正式将她命名为莲吉生堂。参加庆典的人们都来到中西，学生和家长们也都来参加。我们向来宾介绍了中西的建校历史，学生和校友们上演了一个简短而内容丰富的活报剧。然后，由三名最早的毕业生带领着校友和学生们在莲吉生堂前面的广场上手拉着手……“老太太”们牵着幼儿园小宝宝们 (1949 届) 的手……形成了一个大圆圈。

新的莲吉生堂解决了我们全部的用房问题。那里有教室、图书馆、行政办公室、教员办公室、一间漂亮的接待室、一个 1200 个座位的大礼堂。我们终于有了一个三层楼高的真正的戏台，还有服装间、道具间！我们是多么充分地利用了这些设备啊！

我们为莲吉生堂而骄傲，更让我们骄傲的是我们用老的校址上所剩下的一点产业抵押贷款来建起了这座新楼。在上海这座城市，乃至全国、全世界都处于动荡不安、苦难深重、前途未卜之中，中西居然还能保持她自力更生、经济独立的精神。此时，中西女中已

① 见中西年刊1928年《墨梯》第111页。

经从汉口路西藏路口那一栋楼发展成了忆定盘路校园里的四栋楼。第一附小在忆定盘路的校园里，第二附小在法租界租用了一栋楼。校友从 3 名发展到 378 名，学生从最初的 7 个人发展到包括幼儿园、小学、初中和高中在内的共 1200 人。中学的规模有意控制在较小范围内，约 500 名左右。

中西女中缔造者们的梦想无疑得到了实现。这不仅表现在校园里建筑物的增加、入学人数的扩大、学术上的杰出水平，更重要的是体现在她的毕业生们所取得的成绩。这一点在建校初期就已有所显露。例如 1900 届毕业的一个学生，她不仅是一名家庭主妇，而且还是汉口基督教团体的负责人。另一个毕业生早年守寡，是我们理事会妇女工作部的司库。另外，早年一个牧师的女儿，是松江苏珊·威尔逊 (Susan b. Wilson) 学校的校长。1935 年 11 月 4 日在建校纪念日庆典时，我们制作了许多旗子，标明了我们的校友在 13 个不同领域里从事工作，包括：内科学、牙科学、护理学、药学、营养学、基督教青年会、教育 (包括农村教育)、图书馆学、体育、新闻、音乐、法律、银行业。莲吉生堂命名大会以中西合唱团唱的哈利路亚赞美曲结束是再合适不过了。

杨锡珍女士担任校长的那几年，学校面临着种种困难，主要是由于日本人的入侵。而她的继承者薛正则面临更为严重的局面。1937 年 8 月中旬到 11 月中旬，上海处于日本人包围和掠夺之下。然后发生了南京大屠杀！当日本军队占领了整个地区后，中西与一些逃难来的教会学校共享了我们的设施，而我们自己的工作则照常进行。

珍珠港事件后，情况继续恶化。美国老师都被关进了集中营，我们的校园被日本兵占据用作医院，学校被迫迁到一所很小的英国女童学校上课。但是尽管形势险恶，我们高质量的教学没有中断，标准没有降低。中西没有失去她的传统。美国老师们在战后 1946-1947 期间陆续回到中西时，我们发现学生们的英语水平和我们离开前一样优秀。我们的校园也恢复了她昔日的靓丽。1946 年出版的《墨梯》详细记录了 1942 ～ 1946 年的校史，在日军占领下的情状以及重返校园的细节都有详细生动的描述。从这些历史性的记录中，我们可以看到中西是坚强的，她的校训 Live, Love, Grow(生活、爱、和成长) 以及 Faith, Hope and Love(信仰、希望和爱心) 是中西精神的核心。

逆境中，薛正挑起了校长的重担。她毕业于我们的姊妹学校基督教圣公会圣玛利亚女中，在苏州东吴大学读了一年后，转学燕京大学并取得了学位。杨锡珍辞职后，这个年轻女士来中西担任代理校长。我认为她之所以能取得成功，是因为她得到了坚强而有奉献精神的全体教员和学生的支持，她们都以学校的传统为荣，并有决心在困境中维护

这个宝贵的传统，并使之得以继承下去。

当然这一切并不是偶然发生的。我们还得感谢中西女中创始者们的精心设计：把中国女子培养成领导者，让美国和中国的老师们肩并肩工作，把学校的领导权尽快转到中国人的手里。

创始者设计初衷的价值在薛正任职期间充分显现出来。在1940年前，英语课一向由美国老师教授，但是从那一年开始聘请了一个我们的校友，1936届的陈观裕来教英语课。她刚从圣约翰大学毕业，取得了英文和教育双学位。看见中西自己培养的学生取得如此优秀的成绩，我们都骄傲得心花怒放！当时我们还没有预见到她将面临怎样巨大的考验。当美国老师被关进集中营，学校被迫搬迁，作为英文部主任的陈观裕成了校长的左膀右臂。她和其他校友们勇敢地面对挑战，把原有的英语课程继续下去。一切都没有改变!

大战结束后，陈观裕得到一个奖学金，到美国读书，取得了硕士学位。她回到中西任教务长后，就轮到薛正到美国深造了。

于是，到了中西女中发展史上的第五个阶段。那是1949年的晚春时节。

就是在薛正在哥伦比亚大学进修，陈观裕当代理校长的时候，共产党接掌了政权，来到了上海。那时我正在学校。学校一切活动照常，直到学期结束。秋季开学时，课程中不再有宗教课，但是海涵堂和主日学校还依然照旧。对于这些改变，我们早有准备。学生的家长们和朋友们把她们的教会成员身份转到了海涵堂，海涵堂的执行委员会不再有学生参加，而是改由成年人组成，而且委员会里也不再有美国人。但学生们则仍视海涵堂为她们的教会。

许多年来，中西附小都在星期天早上有宗教课，星期五下午做礼拜。在取消了宗教课后，附小周日早上的活动照常进行了一段时间，直到后来因所有小学老师周日上午必须进行政治学习而终止。但即便如此，老传统还没有完全改变。有12名初中一和初中二年级学生自愿来教小学的主日课。她们把自己分成三个组，分别负责1-2年级，3-4年级和5-6年级。3个组轮流一周上一次课。时间是在早上6点钟。她们往往到我房间里来备课。成年人不一定能比这几个小小年纪却富有奉献精神的女孩子做得更好！（海涵堂和主日学校的活动在校园里维持了好几年，最后与另外一个教堂合并。时间我就不知道了。)

1950年9月，政府颁布了一套从幼儿园到高中的统一教材，并要求全体教师学习新的课程安排，还有针对不同课程的培训班。如果我没有记错的话，全市中学地理课老师每周四到我们学校来参加培训。

此时，薛正从美国回来，陈观裕任教务长。学校最显著的改变是扩大招生。虽然招收学生仍需通过入学考试，但是不再执行我们以前对英语水平的要求了。初中一年级学生开始使用政府颁发的统一英语新教材，但其他班级仍按原有课程进行，还继续读莎士比亚、狄更斯、丁尼逊等的作品。

1950 年 7 月，华特主教 (Bishop Ward) 建议我们教会的全体传教士离开。薛正校长则请求英语老师们留下，我们也就留下了。一是因为学校需要英语老师；再说，我们也乐意留下。但是到了 11 月下旬，我们得知过了中国的阴历新年，我们就不能再继续教书了。于是我们就开始申请护照。我们做出这个决定是因为我们不愿意让我们的中国同事和朋友们陷于窘境。1951 年初我们回到了美国。我们留下的是一所我们相信能继续为中国的女儿们提供高质量教育的学校。

就这样，中西女中进入了她发展史上的第六个阶段。

我想大概是 1953 年，中西女中的名字不复存在，改成了上海市立第三女中。她失去了她的名字，但是她的名声犹存，她的校长尚在。现在，1982 年，市三女中是上海市的重点中学，薛正还继续是她的名誉校长。许多老教师，尤其是本校毕业的校友，继续在那里执教直到退休。陈观裕在 1951 年秋季去了香港，担任真光中学 (True Light School) 教务长，负责在职培训。由她负责监督建起了一所基督教卫理公会的北光小学 (North Light Primary School)。那所小学得到政府承认之后，她就到了美国。现在她是康涅狄格教师学院 (Connecticut Teachers' College) 的教授。

至于市三中学，变化接踵而来。学校实行了男女同校制①，入学人数攀升到了 3 000 多。原有的宿舍变成了教室，在原来的教师宿舍和体育馆之间建起了一栋供初中部用的楼。而教师宿舍则成了托儿所。楼前的荷花池填平了，美丽的园林变成了硬地面的操场。

市三中学继续为学生提供高质量的教学，直至 1966 ~ 1976 年的“文化大革命”，她和其他机构一样，一场浩劫降临，连校长也不能幸免。

但是，学校还是幸存了下来。带领学校度过日占时期惊涛骇浪、苦难深重日子的校长薛正也存活了下来，而且已经准备收拾起破碎的旧摊子，重新开始。1982 年，她成了又一个联系新时代和我们怀念的那个旧时代的纽带。

说来也奇怪，我对市三非常有好感。我发现她不仅管理得很好，而且给学生们提供高质量的教育。1981 年 6 月 6 日，我在市三的校园里呆了整整一天。

① 招收男生的市三中学从1969年至1980年，1981年后恢复女中建制。

校园里确实处处可见“文革”的累累伤痕，但是那栋已经没有了名字的莲吉生堂却已修复，恢复了她昔日的端庄靓丽；大部分校园都还如我离开时一般美丽。她们告诉我暑假里将进行宿舍楼的修缮，1981 年 9 月开学时，可以供 200 名女孩子住宿。到那时，市三又将恢复为女校，宿舍楼也将恢复原有功能。招生人数将逐步减少。

市三的副校长，一位男士，陪我走遍了整个校园。我看到的一切让我欣喜。我很高兴看见为学生们建了一个游泳池，而且还有即将竣工的存衣处和淋浴室。副校长把我作为关心给中国女孩子提供高质量教育的老教师来接待，我也以同样的心情尊敬他是一名教育者。

薛正校长邀请我会见 17 名准备在 1981 年 9 月报考外语学院的学生，使我有机会窥见市三英语教学的水平。赞！非常好！我和学生们聊了两个小时，他们不仅能听懂，而且还能提问。这些学生和“我自己的孩子们”之间的最大区别是他们中间有两名男生！但是我看到了同样的学习热情、同样运用英语的乐趣、同样对自己的成绩感到骄傲的自信。他们接受我这个他们第一次与之对话的美国人，就如同 1929 年我作为一个可以信赖的人被接受一样。他们对市三中学的爱，以及为市三中学而骄傲的那种心态，使我这个旧时中西女中的老教师有回家的感觉。

1981 年当我站在校园里，我想起了我们学校 90 岁的生日：1982 年 3 月 15 ~ 16 日。我感激中西女中创建者们高瞻远瞩的构想，感谢她们敢于证明让中国的女子受教育包含着多么深远的意义。

我并没有为了校园里的种种改变而伤心落泪。在莲吉生堂入口处，中西女中的名字确实已经消失；她的校训“Live, Love, Grow”也已经从莲吉生堂的大堂地板上那个金绿两色的圆圈中抹去。但那是个很严重的问题吗？我发现自己并不十分在意已经失去的，因为我正忙着观察和体验今天校园中所正在发生的。我真正在意的是看见今天的学生们如何“生活”(Live)，她们的脸上如何散发出“爱”(Love) 和“成长”(Grow) 精神的光辉。

中西失去了她的名字，但是她的活力长存！她的精神活在她的女儿们身上，她们都是坚强有信念、勇于以我们的校训为精神支柱的女人。现在世界各地都有中西的校友。和以往一样，她们都是出色的。有些校友虽然年事已高，但还担当着领导的重任。今天，经过了 30 年分离，我和她们又有机会重聚首，这是何等的欣喜！在我下榻的饭店里，在市三女中举行的招待会上，我和许多校友们自由交谈。我钦佩她们的坚强和勇敢。她们在“文革”中都遭受过伤害，但是我从和她们的交谈中，从她们眼睛里看到的和体会到

1947年薛正与中西教师葛继恩(中)、李翰娟(左)

是爱多于怨恨。她们虽曾被掠夺，却得到收获：她们收获了关爱别人胜于自己所带来的喜悦，也收获了建设一个新中国所带来的欢乐！中西女中的创建者们如果能见到这样的情景，她们一定会因她们曾经付出的努力所结出的硕果而赞美！

我也曾有幸遇到在香港和台湾的中西校友，并和她们分享我“回家”的乐趣。和她们留在“家乡”的姊妹们一样，她们也是对生活做出了积极贡献，也是值得母校骄傲的女儿。分布在美国和其他国家的中西校友们也都是这样。

我相信中西女中的创建者们的梦想同样也在上海市三女中的女孩们身上实现了。她们正在接受着适合今天 80 年代所需要的教育。我和那位副校长以及 17 名学生的谈话，加上一次和一位市三毕业生的偶遇，让我有了这个想法。我支持今天的市三女中。

所谓一次偶遇，发生在我回到中西校园之前。从南京到上海途中，我们的旅游团里有一位非常熟练的翻译。可惜她声音太小，又不用麦克风，所以我想帮助她。我向她解释我曾在上海教过多年英文，希望她不要介意我对她提点意见。她非常礼貌地回应我，并感谢我对她提的意见。她问：“您在哪里教英文？”我回答道：“在江苏路上的一所学校”。她一听，脸上露出了阳光一般灿烂的笑容！她说：“那是我的学校！市三女中

是我的学校！”从那一刻起，她成了“我的学生”，而我也成了“她的老师”。几天之后，我参观了“她的学校”，那所我和她都热爱的学校。在我离开的时候，我深感“她的学校”也就是“我的学校”。

90年前，7个女孩子怯生生地出发，踏上了一条冒险之路——冒险成为“受过教育的女性”之路。82年前，3个女生第一次领到了文凭，带着信仰、希望和爱心走进了世界。从那时开始，年复一年，不论顺境、逆境，都有受过良好培养的毕业生从当初名为“中西”，现在名为“市三”的那个美丽校园里踌躇满志地走出来，决心不负母校、不负祖国，昂扬地走向世界。90个年头，创始者们实现了她们的梦想。

带着对中西女中所给予我的一切的感激之心，在她90周年庆典之时，写下这篇《中西女子中学简史1929～1951》。

葛继恩(Jean F. Craig)
于美国弗吉尼亚州Richmond
1982年1月27日

(葛继恩的这篇《中西女子中学简史》藏于美国康涅狄克州New Haven市耶鲁大学图书馆。2015年由张珑翻译成中文)

附录

国难中的国庆

1938届　黄 量

忆想廿五年前的10月10日，在我国境内，正充满着欢悦的呼声，庆祝着革命的成功。中华民国的创立，哪个不想到这新创的民国有无限的前程，它将把这腐化的中国回到强盛的时期，将解除一切的压迫和外患。谁知经过了廿五年，未除旧有的奇耻，而增了新立的异辱；未去已有的牵制，而加上了无形的桎梏。一年年的国庆，哪一次不是在混乱患难之中度过的呢？

今年的国庆，是在更危患之中，和日人的交涉，于近日正处于最严重最紧张的时期，战争好像已是免不了的事，炮火声似乎立即要爆发，民心已是极端的恐慌。当这风声鹤唳，草木皆兵的时期，有什么心去装潢点缀，粉饰升平表示庆祝？

这廿五年度患难中的国庆，我虔诚地庄严地如火如荼地去纪念它，然而我们不能狂呼欢笑，可是也不必痛哭流涕，只需有坚毅和奋斗的精神。把我们整个的身心，献于国家，把我们已启的民智，已张的民气，及已充涌的民族思想，飞扬腾达，来扫尽旧日的荒颓衰弱，铲除与国庆相对的国难，来造成第二重更庄严更伟大更灿烂的国庆，使已褪色的双色旗重发光辉吧！

（原载1937年《墨梯》）

勤学

1940届　潘佐君

在这文明思想发达的二十世纪，社会上的青年，哪一位不希望入学校，哪一位不希望得高尚的教育，哪一位不想得一张博士文凭。但从现在的情形来看，不知几许的大学生毕业出来能觅得出路的？只有到处呻吟着的“失业”声，虽然失业是关于社会不景气和市面不兴的缘故，但是对于这些学生们求学时代的本身，也有些关系吧！

有许多奢华的大学生，他们只将“求学”来做高尚的娱乐和配偶的用具。在学校里，除了教师们所强迫的功课以外，也不去求课外的自得，把余暇都用在娱乐上，糊得了一张文凭以后，便算完事。待跨入社会的门栏，人情世故，毫无知悉，东考不取，西试不合，便坠入失业的漩涡中。

既然失业的痛苦，是归咎在求学时代，但我们用什么利器去抵抗呢？青年们，唯一的利器便是“勤学”，我们要用勤学去解决失业。

怎样才叫勤学呢？整天地拿着书读吗？不！那只是形式上的。我们青年人不要求形式，因为形式是虚伪的，我们要求实际。“实际”才能使事业有进步。现在就把我个人的勤学方法介绍几种吧！

(一) 求课外的自得。课本中所能给予我们的，只是范围以内的，是有限制的，而且是死的。我们要求范围以外的，无限制的，而且是活跃的，那么一定要求课外的参考。

(二) 在日常生活中对于各种事物都要研究它们的“为什么”，因为“为什么”三个字，有无限的价值，我们看历代传下来的名人，那一位不是从“为什么”中得来的成功？像大科学家佛兰克林，他看见天空中的电光闪闪，听见雷声轰轰，便研究它的“为什么”，结果成为大名鼎鼎的电学的先导。所以“为什么”是我们学生说话中不可缺少的字句。

(三) 看报。报上的各种知识是没有根底的，我们养成每日看报的习惯，一定可增加大量的知识。

（四）多看书籍。尽你的力量能看多少书便看多少，因为无论小说或其他一切普通的书籍，多读总是有益的。不是帮助你中文，便是增多常识。所以书能多看是有益无害的。

以上四点，是我个人对于“勤学”的方法，不知各位青年们以为如何？

（原载 1936 年《墨梯》，作者时为初二）

镜

1942届　吴 经

秦先生给我在纪念册上写着：“各人自己脸上的污点，只要有一面小小镜儿，就能照见：可是拿什么东西能去照见，社会的黑幕与人情的欺诈？”这小小的一段，正好做我的序言。

镜对于人，有很大的用处。脸上的污点，襟上的皱褶，只要借镜子的反映，自己就能知道，马上可以拭拂干净；这是表面上，形式上的污点，是容易解决的。还有那内心的，不明显地表现的，也不是美观方面的关系，而是在学识上，或是操行，品德上，做事的行径上所有的污点，那就难了。即使能虚心检讨，也很难得结果，因为人心是太深险了！对你除了吹毛求疵，你只能听到：“谁来管你闲事，等一会倒来说我奚落你。”“来告诉你我告诉你，使你做得更好？别想！”所以，人贵有自鉴力，做超俗拔粹的伟大人物，最重要是靠自己的这面精神上的镜子，时时自己检点着。

照脸的镜是玻璃和别的物质造成的，照自己的心的镜是什么呢？照自己的心的镜是自己的良心加上学问造成的。人做了错事，良心最后总会告诉他，使他忏悔。这亦是所谓感情方面的，可是有人根本不知那是错误的；或者自己知道了错，而老羞成怒，反更有意地将错就错地硬辩。这就要由学问来解决了：学问多，便知道哪是错，哪是对；学问好，知道为人之道哪是应该，哪是不应该。这是所谓理智方面的。

我们不可一日脱离精神的镜子而生活，由它指点我们应走和不应走的，使我们走上最完美的大道。

(原载 1939 年《墨梯》)

再见罢，可爱的校园!

1924届　彭望荃

(一)

再见罢，可爱的校园！你是我寂寞中的伴侣，自然的教师，森森的绿树，滴滴的清泉，嘤鸣的小鸟，灿烂的香花，环绕着我的四面。五年来，我体宁心恬，仿佛置身在一伊甸。可爱的校园呀！怎教我不依依留恋！

(二)

再见罢，流荡的泉水！你可记得那日黄昏人静，石级的阶上，我孤零零的坐着，沉思默想？你清脆的歌声，好像在微吟低唱；人生同流水一样，只是勇猛地向前奔放，又何曾顾及礁石在水底，荆棘在岸旁！现在我要向前去了，流荡的泉水呀，我禁不止黯然而神伤！

(三)

再见罢，小小的玫瑰树！我灌溉你，培植你，我见你生长，你曾将你的清香涤我烦肠，你的笑容破我愁绪。小小的玫瑰树呀，我们从此要天各一方！你的孤芳谁赏！

(四)

再见罢，孤凄的荷池！我心灵的舟，在你波光中浮沉；我心灵的舟，就要抛在那大海里的波澜，我饱受了你的温存，怎经得起这风涛的习惯；孤凄的荷池呀，真叫我别离难！

(五)

再见罢，寂寞的祈祷室！在你的足前，我曾放着人间的忧患，在你的肩上，我曾卸却生命的重担，寂寞的祈祷室呀，你是我灵魂的慰安，别呀，别呀，我怎能不伤感！

呀，去了，去了，毕竟地去了！往事，又何堪重想！再来时，愿你们一切无恙！

(原载 1924 年《墨梯》)

校园杂咏

1934届　周文贞

(一)龙墙幽径

柳暗花明别有天，碧池荡漾月笼烟。蜿蜒墙头舒麟角，疑是潜龙出九渊。

(二)沿湖柳

一碧葱茏眼欲迷，千条袅娜小桥西。多情最是湖边柳，惹得游人信笔题。

(三)小泉

竹林深处水涓涓，天半红霞印碧泉。一阵好风吹入耳，珠帘轻漾透鸣弦。

(四)钢琴室

一抹斜阳傍画台，铮 雅韵度 来。杜鹃红得浑无赖，可是唐宫羯鼓催。

(原载 1934 年《墨梯》)

歌颂蔡廷楷将军

1934届　孙爱珍

国危时亟，累卵养痈，如何撤兵，饲处以躬。麻索挚手，钢弹洞胸，腾笑世界，东亚颓翁。奋然而起，将军蔡公，词飞通牒，挫彼逆锋。严阵待敌，三军乐从，为不义屈，宁伍沙虫。倭夷愤怒，倾巢来攻，飞机重炮，毒漫陆空。我军神武，孤立如峰，精骑五千，三扫敌踪。敌乃增援，狡计尤工，迂回包举，困我千重。饥疲军士，生气尤充，白刃相交，血光映红。援绝弹尽，乃退江东，以寡击众，败亦英雄。将军伟矣，振聩启聋，养兵百万，愧此孤忠。

（原载1934年《墨梯》）

愚园道上

1930届　姚锦新

沪西地方，在十几年前，原有一所公园，园的左面是一个香火地，四周围的房屋很少，这冷落僻静的地方原很合适做一个公园，可是园的主人为了游人稀少的缘故，就把公园拆了，改为居屋，但是那公园前面的一条街却因此袭了它的名称，叫愚园路。这名称至今也不曾改变的。

这十几年的光阴一过，愚园道上已不似从前的那样冷静，四周的屋子，它加了许多，

总之，这愚园路已从极冷落的小道变成一条车马盈街的要途了，从前的荒草茅舍，都是现在的高大洋房，若是有十几年归来的人，真要不辨东西。我们走在现在的愚园道上，只看见安乐的人们坐在富丽的车子里面，快活的小学生挟着书包面包回家。同一班满意的工人、车夫们欣然唱着山歌。

我们只知道愚园道上的高大的洋房，宽而平的水门汀路和往来不绝华丽的汽车、马车和电车，但是我们总也没想到，从前的愚园道上青翠的草木、鲜洁的空气，牧童的短笛，小儿的山歌，在那夕阳初下的时候，唉，那一幅天然的美景，我们何时在愚园道上领略过。

这时候只有那旧园旁的一所庙宇依旧敲着晚钟，我走过这路上时，只有这庙宇是我所爱看见的，因为它那纯粹中国式的房子，清凉的景象，胜过一切西式的马路洋房。

（原载 1928 年《墨梯》）

随感录

1937届　许怡曾

记得在英伦的一次为残疾儿童募捐的大会中，有人抽着萧伯纳所写的一张卡片，这位幽默大师在卡片上毫无顾忌地写着：“今日之世界，尚未能为残疾儿童谋幸福。不若乘彼等酣睡之际，投入火中，使早入天国，免受痛苦。”这不是幽默，而是极沉痛的话，是血泪语。但是俄罗斯的盲诗人爱罗先珂却说过下面的话：“不论在这现在的世界或将来的世界，再没有胜过像爱那一种的力了。不论怎样病弱或盲哑不具的人，都能依了这一种的力成为有力的人……”在以上的两段话中，无疑地我们不难寻出极端的不和谐。

真的，在现在的世界上，我们疑惑是否还有幸福，还有爱？

在圣诞节前的祈祷会时，我们请了盲童学校的学生来主领祈祷会。多少充满了生命力的孩子在那里唱着，读着圣经。最后，一个瞎子上去弹琴，同学们热烈地鼓掌着。弹完一曲再请来一曲，我觉得这不是荣耀，而是一种羞辱。为什么卖弄自己的苦痛来博得人家的同情？

在早会的时候，北平聋哑学校的校长带了两个学生来表演（为的要募集基金）。当一个面目清秀的孩子发出“头发”二字的声音时，孩子笑了，人们也像看见奇迹般地笑了。没有同情，没有爱，只是因为看到一件新奇的东西而快乐。顿时，我越觉异常地寂寞，我怀疑在这广大的沙漠中，是否还有怀着人心的人。虽然，世上不少所谓的慈善家，如果我想剖开他们的心来，还不是和旁人一样的黑。虽然，萧伯纳说，把他们送到天国去，但是天国在哪里还是一个谜。纵然有了天国，上帝能不能爱他们，赐他们幸福，又是一个问题。如果死和自杀是唯一得到幸福避免痛苦的方法，我想那该是一个最卑贱，最自私的方法。如果还有一个想要进取的人，他应该还活下去。纵然受苦，甚至一切的打击和牺牲，也所不顾。

常常我也感觉到像聋哑般的悲哀，我需要幸福，我需要他人的指导。可是人们从没有指示给我所需要的路，别人的爱也没有温暖过我的心。在《幸福的船》里爱罗先珂说：“幸福的船是狭小的，它只能容得下少数的人。”为全人类的幸福的船几时才来呢？我相信它一定会来的。但上帝决不会派它来，而要我们自己去造它。

（原载 1937 年《墨梯》）

路

1941届　季媚川

我已是迷途了，我不能再找到我的归途，我只有向前走，雾渐渐地散了，在我的前面呈现着两条平坦的大道。

“我将要向哪一条路走呢？”

忽然一个声音说：“向我这条走吧！”我抬起头来一看，原来是一个穿着白色长衣的女孩子。

忽然在另一条路上，出现了一个穿黑色长衣的女孩子，她也说：“向我这条路上走吧！”

我踌躇着，不知向哪条走好。

那穿白长衣的女孩子说：“我是工作之神，无论谁，走进了我的路，就要工作，工作不但可以娱乐自己，并且可以造福社会……”

“不，不要听她的话，工作无论是怎样的快乐，然而，终及不上逍遥的快乐，我是逍遥之神，走进了我的路，无论你要什么东西，都可以得到，并且每天不要拿起工具去工作，只要逍遥地游玩就够了。”那黑衣女孩子抢着说。

我的心被她——逍遥之神打动了，不由自主地跟着她走了，四周都是高大的房子，什么公园啊，电影院啊，跳舞场啊，商店啊，样样都有。她把我引进了一座美丽的大厦。

“喂，这是你的房子，你无论要什么东西，只要向我说一声，我就可以给你。”

我真快活极了。

“不要这样吧！你快些走出这条路，它将要使你变成一个柔弱而不能自食其力的寄生虫，你快些走吧！”我的良心责备着。

“唉，我不应当走入这条路，它使我成为一个柔弱的人，无能力的人，社会的寄生虫。我不能这样，我要跳出这里，走上那工作之神的道路。我将要工作，为社会造福。”我自言自语着。

我急忙跑出了这条路，跟着穿白长衣的女孩，走上了工作之路，沿途看见他们——工作的人，脸上堆满了笑容，好像在说："工作是世上最快乐的事。"的确，工作是世上最快乐的事。

（原载 1937 年《墨梯》，作者时为初二）

校历

1941届　盛美丽

回到了学校

一个多月的暑假忽忽地过去了，现在已是九月了，忆定盘路上，汽车来往不绝，这就是我校开学的第一天。同学们有忙着搬行李的，有招呼同学的，熙熙攘攘，充满着活泼快乐的空气，重又回到母校的怀抱里。可是本学期也增添了不少新同学，对于中西学校生活是没有认识和享受到，但她们不会永远感觉生疏，因为不久，新的同学也是大家庭的一员了。下午一时后，贩卖部门前是涌着许多的同学定购所需要的书籍，在二时正铃声响了，所有的同学们都聚集到大礼堂去，共同祈祷和唱着赞美诗举行严肃而又充满了生气的开学典礼。同时，主席也报告了一年一度的查身体，依着铃声，一级一级有次序地到宿舍四楼，由医师们个别检查，手续完毕后，星期一就是我们正式上课的日子，各组织都计划进行的步骤和大纲，以后就每日八时开始了我们的学校生活。

"西施"的演出

十月——有一九四二级高二的同学表演了古装剧"西施"。她们在暑假前就开始准备了，因为她们的热心和努力，所以获得了优越的成功。与去年一九四一级表演的"南归""重逢"先后媲美。

化装会

十月三十一日——今天同学们特别兴奋，夜课也不上，原来在鬼神节时，我们要举行一个化装大会。为了物价腾贵，不值得付太大的代价，我们的材料都采用报纸，可是成绩不亚于绫罗织锦所制成。健身房内有着各色不同的人们，许多的美人穿着古装或新式的礼服，有看护、医生、乞丐、富翁等形形式式，光怪离奇，也不是一时所能殚(dan)记的。当班际表演竞赛时，高二的同学跳夏威夷舞而获得了团体锦标，个人奖是李莹和季媚川两位同学。李莹扮的是西班牙牛郎，长长的身材，英俊非凡，她的服装非常美术化，媚川扮的是小丑，全是用花花绿绿的报纸制成。当晚拍照留影后，全体师生，都尽兴而散。

圣经周

这是今年新的创行。在圣经周内有中华圣经公会圣经展览，译成二百余种文字的《圣经》，还有关于《圣经》的测验，又有瞎子当众书写约翰福音三章十六节，哥林多书十三章十三节，现陈列在图书馆。末了有感谢节，同学们共捐款三百余元购买《圣经》送往西南。

圣诞节

圣诞礼拜——圣诞节在我们学校里是很重要的节日。星期六的礼拜举行特别的仪式，高三同学担任了唱诗班，婉转优美的歌声和庄严清穆的音乐，感动了每一个人，受到全体师生的赞美和祝贺。

圣诞游艺——高三同学担任了圣诞大会的节目，高二的同学担任了一年一度的圣诞游戏，高一同学担任了与校工们一同庆祝圣诞游艺会。同学们的热心都获得成功，大家都庆祝着快乐的圣诞节。

圣诞夜——圣诞的前夜，高三的同学都穿白的长衣，持着灯笼在夜半的时候，环绕全校，高唱圣诞的赞美诗，中西校园内充满着圣诞的快乐！

父母节

这是第一年举行父母节，以前只是母亲节，但是为了父母是应当同样尊重和感谢的，所以就改母亲节为父母节了。这天有许多的家长一同参加我们的崇拜，有家长的代表向我们致辞，他们的语气充满了慈爱和鼓励。同学和家长都在十字架前点了蜡烛，象征上

帝纯洁慈爱之光，永远照着我们。

第一届中央会议

这是教会方面很大的变更，同时也是一件值得记载和欣慰的事，就是卫理公会由三教会合并而产生了。各地的代表们都聚在上海开会，由我们学校和东吴大学招待，开会前我校有奏演“十字架的挑战”招待大会代表。

复活节

星期日复活节的晚上，由高一同学表演了关于耶稣复活的故事，纪念复活节。

运动会

五月十四日——星期三的下午是放学了，很幸运的，前几天阴雨绵绵，到了这天却天朗气清，全体同学都穿操衣在各级的级旗下很整齐地排列在大草地上，接着各级开始了进行操各级不同的步伐，有音乐陪奏。有师长们裁判的结果，高二是得到了团体锦标。在热烈的掌声中，高二的队长接受了一束鲜花。接着就是掷标、跳远、溜冰、自由车、竞走等各项运动比赛。因为节目的繁多，不能将当日的结果揭晓。在开运动会中，虽有同学不幸受着微伤，可是成绩却还满意。在运动会中还有卖冷饮品点缀着，下午六时余，运动会就结束了。

歌剧“韩沙与葛莱特的轶事”

这是一年一度高三同学为筹备年刊的经费而表演，可是表演歌剧却还是第一次的尝试，虽然，只有一个月的筹备，但导演先生们的热心指导和高三全体同学的努力合作却使这次演出得到了成功。

音乐会

小学音乐会——五月二十九日下午有小学的同学们表演舞踏钢琴合奏和歌唱。这种优异的成绩和来宾的赞美显示了我们的小妹妹们有着多方面的发展。

中学音乐会——六月六日下午是中学举行的音乐会。嘉宾满座博得掌声如雷。节目有七人钢琴合奏，高中歌咏团等不可多得。在满意和兴奋的情绪下音乐会结束了。

毕业礼拜

六月十六日星期六早晨是毕业礼拜，与以前不同的是唱诗班是毕业同学，一九四一级，这是末一次听到以善歌著名全校的高三同学在大礼堂内唱着庄严的赞美诗。演讲者是极受欢迎的陈文渊会督，毕业礼拜在庄严兴奋中完毕。

欢送会

这是全校同学为欢送离校的毕业同学们和师长们所开的大会，表演和歌唱是非常动人的，可是充分感觉到离别的情绪。

级日

这是末一次，毕业同学和全体师长同学们聚在一起了。大礼堂内的紫绒幕上，挂满了一面面历届毕业班的级旗，这象征着已有许多的校友们，踏上社会服务和奋斗了。毕业的同学唱着进行曲时，各级依次进入，接着就开始了节目。很忽促的时间内筹备的节目很使人满意，可是总使人感觉到这是分别的时候了。许多的同学和师长，含着眼泪散会。

毕业典礼

六月十八日上午十时，是我校举行第三十五届毕业典礼。家长和来宾在十时前已坐满了。在音乐声中初三、小学六年级的毕业生进入了大礼堂，接着高中毕业生穿着红色衣服，缀着白色花朵，这是一九四一级的级色，在全体毕业生入席后，就开始毕业典礼的秩序，高唱着赞美诗，今天是黄安素会督的演讲，接着就是授凭，在黄会督祝福及全体同唱校歌后，毕业生执着文凭，带着笑容和快乐的步伐走出了大礼堂，这是学成的毕业典礼，也是毕业生开始进入新阶段的时期。

茶会

在金门饭店，校友会备了丰盛的茶点，欢迎一九四一级新的校友。主席曹晨涛夫人致辞后，苏女士也起立演讲在初创时期的中西，接着有薛先生演讲一年来赴美的情形。最后便欢迎新会长，周彭望荃女士，短短的一年是结束了，而暑假又开始，明年的学校生活将更有生气，更有值得记载的材料。这是我们期待着和希望着的。

（原载 1941 年《墨梯》）

高三宴师长

1948届　朱传娴

六月十六日，高三请全体师长在交谊厅吃茶点。桌上铺了雪白的桌布，放了两束插得别出心裁的鲜花，桌子正中放着四只大蛋糕——积中发外——旁边堆满了各式的中西点心，都是由高三乙组同学在家政课做的，主人们在交谊厅里东奔西走，排椅子，照料点心，预备游戏，恭候着贵客们光临。

四点半钟一到，贵客们准时出席，第一位来的，是缪依信先生，随后，其余的先生们也来了，笑容可掬的主人们迎上去，找到了自己应招待的先生，请他们坐下，笑着，谈着，室中充满了融洽的空气，除了年龄有些相差，简直就看不出这是学生宴请先生。

人齐了，大家都围着圈子坐下，主人苏曼婷致辞后，就开始吃茶点，站在各种点心后面的同学都笑咪咪的，尽向贵宾盘子里放点心，杯盘交错，赞美声，笑声，充满了交谊厅。

游戏开始了，第一个游戏，就是竞选大会皇后，每人都拿到一张两寸见方的彩色小纸，一根针头别针，让他们折成各种不同的小玩意缀在身上，以折叠的技巧为评判的原则；十分钟后，人各有其饰物，于是评判了。正副级长就四出巡察，经过了查检注意，皇后产生了，宴会主人拿了金色的冠冕，走到葛继恩小姐前，替她加冕，这时满场彩声，彩声甫毕，又要求皇后走一圈，给大家欣赏她的手艺，皇后从容不迫地站起来，绕了圈子走，赞美声不绝于耳。

第二个游戏是用筷子拑黄豆，这时，西籍师长成了注意的对象。

最紧张的游戏是赛马，六位同学充当了六匹马，背上贴了号码，请各位师长认清了自己要买的马，然后同学们四出请先生购买香槟票，先生们不懂其中玄虚，都挑了运动健将们，谁知六匹马，不过是木马，同学们以六张纸牌代替每一匹马，请各位师长抽，抽到一号，就请一号马走一步，全场紧张之至，结果四号马赢了，中奖的贵宾们每人拿

到了一匹马——画在纸上的。

末了一个节目是“猜鸡蛋”，有一个鸡蛋预先弄了个小洞，塞进去许多小东西，共计三十件，请大家猜里面是什么东西。结果最出人意外的，就是蛋中竟有小扇子一把，全场失惊。

六点钟铃响了，结束了这一个半小时的欢会，在夕阳西照下，师长们逐渐离开了交谊室。

（原载1948年《墨梯》）

我踏进了中学

1952届　陆美子

光阴荏苒，现在我已是中学生了。本来我在中西第一小学读书，一小和中学距离很近，所以时常能够看到中学生的行动，给我留下了不可磨灭的印象。

六年级时，每天吃午饭，一定要经过现在中学的膳堂，我们走过时，常常听得一阵铃响，大家起立唱谢饭歌，歌声悠扬动听。我们有时呆立着看她们，心里不胜羡慕，恨不得一跃而为中学生呢。

现在我进了中学，一日三餐，都在这膳堂中，每日早餐前各自默祷，寂静无声，等到铃声一响，丁丁的筷碗声开始了，说笑声也起来了。有的同学吃起来很文雅，有的却狼吞虎咽，直吃到杯盘狼藉。午饭和晚饭前，大家听得铃声，便立起唱谢饭歌，和从前我们所见的情形一样。谢饭歌，当然我们都跟着别的同学学会了，但是现在我们唱谢饭歌有时唱得很快，大概是听得太多的缘故吧！我觉得歌声已没有从前那样的温柔了。

从未住读过的我，进了中学就开始住读，因此凡事都有些生疏。样样事情要自己照料，早上和晚上要自己铺床叠被，换下的衣服要自己安置，明天要用的东西要预先准备，这些都是在家里不曾经历过的。我开始踏进了一个美满的大家庭，挨着程序，守着规则，

过着有纪律的生活。

学校里有土风舞，是由高三同学负责的，每星期三晚上举行，还有国语训练班，使我们有练习国语的机会，倒也很有意思。

晚上睡眠铃响后，大家的兴致就浓厚起来，总是睡不着，想家，脑中一幕一幕呈现着家中的情形，因此便喜欢讲话，但是训育主任吴先生时常来查夜，不准讲话，但愈是不准，话也愈多，似乎挨到明天非常难过，等到吴先生的脚步声去远以往，便又是我们的世界了。

从前一直憧憬着中学生活，现在不是已踏进中学了吗?

（原载1947年《墨梯》，作者时为初一）

包身制

1934届 任勤黻

谁都知道中国农村的经济，已溃崩到不可救药的地步，……无数的罪恶也就在这种环境之下产生。

……而暴日所养成的汉奸，他们乘这农村破产，农人亟谋生路的当儿，假借敌人的势力，利用巧妙的手段，欺骗诚实的农民，戕害天真的乡女，创出所谓包身制的陷阱。

包身制是最近发现于日纱厂的一种反人道制度，由一个日人的走狗，称为包身主，到乡间招募乡下女孩子到工厂做工。招的方法十分狡猾，他到乡村去宣传上海工厂做工的利益，加上许多夸张之词，经济恐慌到极点的乡民当然都羡慕着上海，渴望自己的女儿能到上海去工作，求求拜拜地来向包身主讨好，他就佯说只能荐一两个人，因为额子有限，这样更叫人争先恐后地求他。他答应后，就拿出合同纸，要女子的家长打手印，双方讲明由包身主领女孩子到上海做两三年，三年中一切的衣食住都由他供给，此外每年有十元工钱，三年共有卅元，这卅元工钱是预付的，三年后仍可续订合同。这样硬气

的手续使别人很信托他，合同上虽声明着三年之中如有不测，包身主不担保，然而那些乡民那里知道，况且看见有卅元金钱预付，早想不到合同上的条件了。而且包身主还说三年练习做工，以后可赚更多钱哩，如此好机会谁不想得呢？

一个包身主招到五六十个女孩子，他就带到上海，租两间又矮又小的二房，搭起阁楼，五六十人都睡在阁楼上，包身主的一家住在下面。一切的事情都是预先筹划好的，包身主和厂方也有预约的。每个女孩子有单夹棉三套衣服，要穿三年，被头没有的，都和衣而睡。屋中虫虱满处，臭不能入。每天这些孩子到工厂做 12 小时工，晚上出外拾菜头，一天吃两餐，吃的粗糠式饭和拾得的菜头。每一次的工钱都得算清楚交给包身主，有时还要挨打骂，真有不可名状的苦况。在这残酷情形之下，不到三年而死的女子，不知有多少。包身主是专靠这生意过日子，有的包身主自己也在工厂做工，这样包身主所得更多了！

这种恶制度，是秘密行事的，尤其是发生于日本纱厂，更难调查得到。只可恨一班抹杀良心的汉奸，日势力下的走狗，不知道设法废除，反而甘心杀害自己的国民。如果没有女青年会热心为劳工服务，发现这伤国害民的制度，恐怕乡间女子要被害到一个不剩呢！最可恶的，是那奸刁的方法，利用农民的不识字，签订合同，虽然出了意外，也无从可以控告。包身主和厂方的关系是毫无凭据的，工厂簿子上有女工自己的姓名，在法律上，实在找不到控告的微隙。青年会虽竭力设法，也找不到实际的路途，希望人民和政府能合力从事，虽然被害的是乡村女子，在国家中也占着很重要的地位啊！

（原载 1934 年《墨梯》，有删节）

战

1933届　纪艺珍

课余之暇，批阅报章，念民国以来，战争连年，人民之苦痛，犹水之益深，火之益烈。受灾之区，固感受已深。未受灾者，尚醉生梦死，不思城门失火，池鱼焉能独存。因以有感，编一戏剧，希以游戏之事，发人猛醒云。

第一幕

人物：村中老少人若干，兵士若干，马队若干。

布景：台上布一街道，很热闹。有一家人家的墙上，贴着一张很新的布告，上面大书，保境安民字样。

开幕

台上有许多男男女女跑来跑去，有许多的铺盖箱子，像逃难的样子。街上很混乱，又有许多人围着布告看。中有一人笑道，好了，不要紧，不要紧，他们是保境安民。语未毕，忽轰的一声，全台烟雾弥漫。台上人愈纷乱，继以许多兵士、马队冲出，枪声、求救声、房屋倒声一时齐作。在此声中闭幕。

第二幕

人物：甲 大块头，八字须，衣服鲜丽。

　　　乙 尖头尖脑，衣服同上。

布景：一间华丽的内室，陈列烟榻，烟具全套。

开幕

　　　甲 卧在烟榻上，正在吞云吐雾。

　　　乙 在台中踱来踱去，忽立定若有所思。

台内电话大作。

乙 急奔入，旋出，向甲曰，大帅，恭喜恭喜。

甲 哈哈哈哈。

乙 哈哈哈哈。　　闭幕。

第三幕

布景：夜景。月色惨淡无光，四周无声，满场瓦砾，差不多没有一处完整地方。一块半断墙上，尚有灰黄色半张布告，仅存“保、境、安”三字。旁边有死人和死人骨头及破坏的军械，间杂以两三声鬼啸。全场灯熄。

开幕，片刻闭幕。完。

（原载 1927 年《墨梯》，作者时为初一）

与友人书

1945届　王菁

亲爱的辉姐：

上次来信，说你们都到乡间去了。想你在乡间一定很好吧！最苦闷的，只有你那万里之外的妹妹，大都市的生活，只给予烦闷，整日在烟雾密布中，吸着那不自由的空气，心胸中无形的被拘束，日日过着醉生梦死的生活。唉！我何等羡慕你们的生活啊！在大自然的怀抱里，多么快乐！我相信你的生活，是向前迈进的，虽然日日在惊慌之中，但经验一定增加不少。大都市的生活，使人衰败，使人退步，它的一切，只能供给一般有钱有势的人。希望你常常把乡间的一切情形写一点给我。啊，我何时能过和你一样简朴

的生活呢?

辉！来信说你因乡间没有学校，因而失学。我听了这话，何等替你可惜啊！但，我希望你在家把旧书温习温习，也可得益。古人说："温故知新。"这话很有意思。就是不知新，温习旧书，也不会对你有害。"学问如逆水行舟，不进则退。"你看，大发明家佛兰克林，与放牛的王冕，他们小时候何曾进过什么良好的学校？不完全是他们自己努力出来的吗？我们现在正是读书时代，如果自己不努力，岂不可惜！人生只有一个黄金时代，希望你尽量利用它。自"七七"事变，有一般小朋友，他们不但没有书读，而且连一个家庭也丧失了。他们的父母不知生死了，他们过着流浪的生活，他们这一生，已没有家庭的幸福可享，又没有父母的慈爱与保护，更没有家庭教育可受，多么可怜！唉，你只要到难童所里去参观，便完全明了了。怎能不使人伤心，流泪呢？但伤心，流泪就能挽回他们所失去的一切么？不，我们只有设法救济他们。对于自己，应加倍努力用功读书，抓住我们可宝贵的光阴，才不辜负我们的幸福呢。

辉！你说你现在正在生病，请你好好的保重才是，因为有了健全的体格，才有伟大的事业。你在病中仍写信给我，可见我们的友谊是何等深切啊！亲爱的朋友，我们是亲爱的姐妹，永久的姐妹，我们不怕一切障碍，一切隔膜，我们永久保持我们的友谊。好了，不再写了。

敬祝

康健!

你的妹妹 馨 启 1939.11.23

(原载 1940 年《墨梯》, 作者时为初一)

睡 狮

1936届　殷珊姑

我走进浓郁的森林，那里树木参天，鸟兽无声，我行行重行行，翻山越岭，到了绝境，看见对面的悬崖危岩上，雄赳赳的伏着一只狮子，它把双爪向前一张，头一起伏，向天长啸一声，响拔山岳，威振四海，我的耳朵嗡然鸣了。我所立的地方使我四面抖动站立不稳了，当我神魂稍定，它昂然响亮地对我说：“……哈哈，我是万兽之王，凤向我屈膝，龙向我下跪，天地保护我，鬼神谄媚我，这世界是我的世界，唯我独尊，万世无疆。”我见它这种神采昂然的样子，确是万兽之王，可是它太自满自大了。

第二次我走过此林，发现这庄严沉默的森林，已恢复了它原有的声音。鸟类在树上奏音乐，兽类在地上开宴会，更有小小的虫类凑热闹，万种的声音混在一起，比雪还响。原来我们雄昂的狮王，在一棵万人合抱的大树下酣然睡着了，偶然的大声响把它惊动了，它只把眼皮微开，又合起来，懒洋洋地说：“可爱的睡神，甜蜜的梦，我是万王之王。”于是鼾声大作，它又回到睡乡去了，吵闹的响声更加厉害了，可是它睡得也更熟，轻易是不能使它眼皮稍微一动的。我看了那个样子，很代为着急。我大声说：“狮王，醒醒吧，在你做梦的当儿，世界已整个变了。”鸟兽的欢呼叫啸，遮了我的话。

第三次走过，大树下狮王依旧鼾然，可是我仔细走近，看见大蛇绕了它的颈项，狐狸在咬它的尾巴，兔子把刺钉入它的爪中，无数的蚂蚁，嚅嚅的在它的身上咬它的美丽的颈毛，更有那成群的蚊子，围绕在它身边吸它的血，我听见它睡梦中含糊的说：“甜蜜的梦境，头上好痒，谁替我抓一下，我是万物之王。”我说：“可怜的睡王。”

第四次我又遇见这狮王，是在一个动物园的铁笼中，它蜷伏着畏缩着，遍体的伤痕，光秃的背上只剩了几根褪色的毛，只因为它难看，被人用草绳捆着，更因它衰弱，被人鞭挞着，戏弄着，可怜啊！

可是我在它的微小的眼光中，瞥见了它心头燃烧着的火，我又为之庆幸，它的身体

虽处在极不堪之境，可是它的灵魂，它的精神是完全清醒了，觉悟了，我们的睡狮醒了，我知道它现在是暂屈一下，忍耐一下，直到它的精力复原，发毛长好，伤痕平复，时机来到的当儿，它就将咬断束缚着的绳子，冲倒一切的障碍，跃出禁锢的铁笼，昂据山岳，长啸振天，又复为真正的清醒的万兽之王了。

（原载 1934 年《墨梯》）

The Value to Students of Reading Newspapers

Tsao Zok Tsung '20

1920届　曹淑贞

No matter how small or how big a thing is to be accomplished, there is hardship in the beginning. In learning to read magazines and newspapers one has the same trouble. Many students neglect this opportunity and advantage, saying that they are busy with their daily work of getting an edu-cation, and have no time to even glance through the papers. When I began reading, I was not con-scious of any interest or benefit, but as I continually forced myself to do it I finally became both interested and benefited.

We students in Shanghai are most fortunate in having papers published in different languages, for not only are they convenient for the foreigners, but we also can read of other nation's affairs. After we read about what is going on in China and in other countries in our own papers, we can turn to the discussion in the foreign papers, for it is always profitable to get more than one point of view. Another advantage to be had is that of a modern vocabulary and idiomatic speech, for the words and idioms of the newspapers are those most used at the present time in conversation.

By comparing our country and ourselves with the different conditions and people of other countries, we will add to our own patriotism. Among the fighting nations, as I have read about them, there are not many who are unwilling to fight for their country. Even the women at home, neglecting their personal affairs, are doing the men's work. Are we women unable to do the same work that men do? Of course not, we could equally help our country in its time of need. We only need to see what is being done in other lands in order to be stirred to equally great things.

The newspaper is of great value to students, because it shows them that not all of knowledge is in books, but that as important things are being said and done now as were ever done. Let us think of just a few things we would know nothing of, if we did not read the papers. In our own country there is the effort at opium prohibition, the economic and political situation and our relations with the outside world. Beyond our borders is the European War, and all of the changes it is causing, as the Revolution in Russia, the new position of woman and of the laboring classes, and the bringing of the United States and the South American Republics into the war. All of these big subjects are worthy to be known. A person might obtain full knowledge of all the histories of all the countries and yet if he was ignorant of the present conditions, it would not be fair to call him educated. Some schools in America take the Literary Digest as one of their text books, for they know that reading newspapers and magazines is equally as important as ordinary lessons.

A Local Color Study of Shanghai

Yao Kyung Sing, '30.
1930届姚锦新

When the powers signed the Nanking treaty with China eighty-seven yearn ago, Shanghai was snatched from the grip of her old guardian to be adopted by several fester parents. So Shanghai was shaped into the mold you and 1 see today, and I do not hesitate to say that it is a city of mixtures, a Eurasia.

Walking on Nanking Road, 1 am always impressed with the business of the people. The air looks as if it will become solid, with visible particles of dust. The street cars are solid in that they are full of people. The buildings are all shops, and every shop is solid. But of all busy people the policeman is the busiest. His eyes look to the automobiles driving from the left, the street cars from the right, his ears listen to the gasping calls of rickshaw coolies, and his hands wave "go" or "stop" to the moving tides about him. Even in the evening, when shops are closed, throngs of people still stand in front; of the electric-lighted windows where are displayed Siberian furs, German dolls, gaily colored cotton clothes and gorgeous silks, American-made, diamonds from Amsterdam and dazzling pins and earrings of the newest style marked "Straight from Paris." Japanese goods, although there is a good deal of them behind the counter, are never seen advertised.

The Whampoo wharf is another crowded place. Flags of the red ball, the union jack, the blue star, float in the gentle summer breeze and brave the rough north wind. Every morning before sunrise the place is astir. Ponderous wooden boxes are carried up the ships on the bent backs of yellow faced coolies dressed in solid deep blue. winter and summer alike. The blue veins on their legs and feet project like the river systems on a relief map. "'Hey-ho—Heigh-ho " is their broken

but endless song. Their wet, broad feet lay themselves down on the wet slippery road slowly and cautiously, because of the heavy loads. There is always a white-skinned man who points here and there with a stick, which these gasping coolies never fail to follow in haste. Side by side with them are the passengers, waving farewells to their families or friends. When the hour comes, the ships leave and sail out from the yellow waters of the Whampoo.

Coming to the Soochow Creek, a small inland river and the only river in Shanghai besides the Whampoo, one sees a different scene. Junks laden with bags of rice, legumes, potatoes, and fresh cabbages struggle to get a place to the small wharf, and in doing so rub against each other. The rice and vegetables are quickly carried into the already emptied stores. A few hours later heaps of zinc pails, tin cans, plates, and other house-hold utensils fill the cabins and they are ready for the homeward journey. So Shanghai is dependent on her neighbors for vital maintenance.

Most of the buildings in this city are half foreign and half Chinese in style. The old Chinese houses, with their beautifully carved but not very firm wooden pillars and doors, cannot stand the shake of the ponderous buses and automobiles passing by. Their one-storied large halls, their spacious gardens, the house themselves are a symbol of the past, and so are fast disappearing. New houses of cement and gravel, each competing to outreach its neighbors, are lining up on the two sides of each street. Every time I see their high pointed tops, I am reminded of the pipe organ, only from the pipe organ we get the most exquisite, harmonious music, and from those houses there comes the most outrageous mixture of human and metallic voices. Meadows and lawns are fast disappearing, with the result that green is substituted by dusty yellow—the color of cement. The sky of Shanghai is narrower and steeper than that of any other Chinese city, and the horizon is never seen except over the backbones of houses.

The industrial invasion brought factories into Shanghai. I have been through a number of them, and I will never forget them. The disgusting odor of half burned coal, the sickening smell of gasoline and kerosene, have a tendency to cause the voiding of my already digested food. The black greasy arms of the machine seem to have a will to swallow me up in its never ending

roll. They seem always to be crawling nearer and nearer. Their regular thunder like clashes that drown my voice, the oppressing heat from the huge underground oven. and the filthy air and the darkness of the rooms (because light is checked by the great machines) make me question the fact that hell is more sunless and hot, and the rich man who appealed to Lazarus more pitiful than the dusky faced laborers who stoop over their works from morning till the air is black.

Women in business are not uncommon. Every morning when we can barely see through the grey, misty morning air, the country maidens are chattering on their way to the factories. On every arm is a crude bamboo basket in which two or three simple puddings are put. These are their lunch. Their dresses of light homespun cloth prove to have just been taken out from under an iron; soft black sandals bind their well shaped feet. One long braid, carefully combed so that every hair is parallel to every other, hangs over each back like a black silken rope. Their work is comparatively light but their wages are low.

It is already an acknowledged fact that the sun never sets on British soil. Now I say that darkness and silence never brood over Shanghai. Man-made lights almost excel the sun in briliancy, and when half the city is asleep, crowds of people are living their fast night life. In the lighted palace-like halls, youths and girls are holding on although exhausted. A group of richly clad business girls never fail to come out in such places, They are the professional dancers, the heart of Shanghai's evils.

"What is showing at the Grand today?" 1 overheard an enthusiastic Chinese youngster in a street car.

"The Coquette," smilingly answered another.

"Good. Are you going?”

"Sure, and you?"

"Of course, we’ll go together.”

So the motion picture is the chief amusement in the town. Film romances have struck the favorite spots in the hearts of Shanghai youths, and English is the language you can be sure to

address any one of the higher classes.

> COME AG A IN TO SH ANGHAI
> FLETA
> WILL GIVE PROGRAM
> On Saturday, November 9, at the Townhall

Such a notice stirs the musical world in Shanghai, The hall never fails to be full; the audience pricks up its ears with breathless attention. Western music in Shanghai is beginning to secure a standing.

When Christmas comes, everybody —even those who do not know Christ—knows it. The shop windows are changed for new arts. Red, blue, white, and brown— wrapped candies, cakes, and toys dazzle the eyes of the trembling beggar boys, whose mouths water, although their eyes shine with a more than brilliant luster. Starry Christmas trees stand with the pomp and jewelry of an ancient Persian king.

But despite the growing foreignization (or rather westernization) there is still a remnant of the ancient Chinese life. Turn to the Chinese part of the city. Do not some buildings still stand with all their dignity and honor? Go to any Chinese home at the Chinese new year. What is Christmas compared to that? From the grandma to the seven-year-old child, everybody is preparing some sort of delicacy. Rice puddings, rice cakes, tea-eggs—are heaped like little hills. Except for the newest families, where can you find anyone who does not use for weddings the entire parade of men and boys dressed in the brightest red, antique Chinese gowns and playing the same old wedding tunes on the Chinese instruments, stringed and metallic? Yes, despite the numerous shops, the street cars and automobiles cannot fight their way out during the first half month of every fourth moon of the year because of the annual fair around the Bubling Well Temple. There the hand-made bamboo baskets, the carved Buddha-beads from Hang-chow, the rarely seen cash of Chien-Lung's reign, are almost captured by onlookers. And the girls, despite their preference

for heeled shoes rather than the comfortable embroidered satin shoes, their fondness of waving hair, do they not still prefer Chinese food and are they not beginning to realize, now much more than a few years ago, the value and beauty of Chinese things?

China is in a transitional age, and Shanghai has had the greatest opportunity in being adopted by the modern world. But on the one hand is the environmental influence, the modernization which its western foster parents have given it, on the other hand is the deep-rooted heredity, with its traditions dating back for centuries. Now which will win?

In Mother's Days and Mine

Shu Li Oen (Senior Two)

1937届　舒丽安

MY mother was a student in McTyeire and now I am a student in the same school. In the same school, yet not quite the same, for great have been the changes since mother's day, forty years ago.

Mother came to McTyeire the first day it opened and graduated with the first class in the year 1900. In that period people's ideas toward education for girls were quite different from our ideas today. Girls then were shut in their chambers as if they were completely cut off from this world. They had the chance to learn sewing, cooking, and house keeping, but none of them had the privilege of having education such as men had. All people of that age believed that giving education to girls was wasteful, for they did not need to study to become good mothers. When McTyeire School opened, no wonder nobody came to study. The faculty was badly disappointed

by this unexpected situation. They had no idea how to get students to come and study. Finally, they came to my grandfather and asked for help. My grandfather was very willing to help them, for he understood the importance of education for girls in China. He promised to send his daughter to McTyeire immediately, and he requested his friends to register their daughters, too. In this way the school started, and seven timid girls appeared on this campus.

That was forty years ago. Those students were very quiet, indeed too quiet. They never yelled nor even spoke out loud at all. The friendships between these early students were close and deep. They called each other "sister" instead of using given names. They studied together and played together and the older girls were like mothers to the younger ones. On the mornings when they were going home, they were busy asking their friends to fix their lovely, long hair. They were happy at school—those old-fashioned girls.

They paid their school fees month by month. For the great sum of one dollar and fifty cents a month, a day pupil could not only take the regular course, but she could have piano lessons and eat tiffin at school each day. If she added fifty cents a month she could stay in the school and enjoy all kinds of advantages. It cost less than a hundred dollars for a student to study six years..

Most of those early students in McTyeire left school before they finished all the courses, for they had been engaged during their childhood, and had to marry early. This made the number of graduates each year very small. In my mother's class there were only three graduates. Most of the graduates married, and only a small number continued their studies.

Forty years have passed since my mother's days in McTyeire, and here am I, her daughter. How different my day is from hers! Now no one wants to prevent his daughters from getting an education. Every girl has to study, for education will be a helpful friend during her life. An education is no longer considered wasteful. McTyeire does not have to ask students to come and study, she must turn them away when they come, for the school is filled to capacity. If a girl wants to enter McTyeire, she must watch carefully for the day of registration. Then she may be able

to get on the list of new pupils. Furthermore, she must pass difficult entrance examinations and strict physical examinations before she is allowed to enter school. In spite of these difficulties students have increased to 1200. There is no longer one McTyeire, but two primary schools with kindergartens and one high school.

"Where are those timid girls of yesterday?" Our teachers now do not encourage us to speak loudly, but complain about our yelling and running up and down the steps. Some teachers declare that they cannot work while we are free, but must wait and perform their work after the night bell has rung. Only then is there any quiet! In some places the ceilings are cracked and some of the plaster has fallen down. This is due to our running. Now we have rules against all these "bad manners," which our schoolmates forty years ago never dreamed of.

In every other week-end we, too, appear in the outside world. Like my mother, my schoolmates work busily on their hair, but they have short curly hair instead of the long straight locks of forty years ago. We get up early on that joyful home-going day to fix our hair, but most of the work had to be done the night before.

We no more pay our school fees month by month, but term by term. A day pupil who has tiffin at school and studies piano lessons pays a hundred and fifteen dollars a term. A junior high boarding student with piano lessons pays a hundred and fifty one dollars and fifty cents. A senior high boarding student with piano lessons has to pay a hundred and fifty four dollars. Try and figure out the difference in school fees forty years ago and now.

To-day girls remain in school much longer than they did in mother's day. The number of graduates grows larger and larger each year. Last year we had more than thirty graduates. Most of them continue to study in universities or colleges, some go to work, and some marry. One thing we have in common and that is they are, we are, daughters of MeTyeire.

What McTyeire Means to Me

I

It was a day early in September when I first stepped through the gate of this school which had formerly been the entrance of so many others. For the first few years I was "Alice in Wonderland." Trees, flowers, ponds, birds, bridge and hills were the things I had never imagined a school to have. My mind had been on tables, desks, and blackboards instead. To live and learn in this schools, I thought was a most fortunate experience.

As years passed by I realized that there was one thing more beautiful than the loveliness of the campus. It was friendship. It was the thread that ran through the whole warp and woof of the school life pattern. I soon realized that friends were treating me better than I had treated them. When I was angry they calmed me; when I was discouraged, they encouraged me; when I was in sorrow, they comforted me. To live in this school and learn how to be friends is a priceless opportunity.

To me McTyeire connotes cooperative living. We are sisters and teachers are parents to us. We love and help one another. Teachers give us good instruction. Our spirits and thoughts which have built this happy family life will last forever. Within our family our Lord is our shepherd. How could we be ungrateful as we leave McTyeire ?

II

To many people on the outside, McTyeire merely means a well-known school with a lovely

campus and grand buildings where China's daughters get a thorough knowledge of all the subjects required of an educated girl nowadays. But I, personally, who for eight years have been a student at McTyeire, naturally have a better understanding of what the school stands for. When I first came to McTyeire the thing that attracted my attention was our beautiful campus. It is like a dream that never fades. No matter what season it is or what kind of weather we have, our campus refuses to be anything but beautiful. We love it and spend much of our time there. There we secretly shed our tears and have our good laughs. There we make our wishes under the first star we see; there we build our castles in a ribbon of moonlight. Our campus means much more to us than just lovely flowers and graceful trees, for sweet memories lie hidden within it which outsiders never share.

To me McTyeire is more like a home than a school—a home surrounding us with love and kindness. Helpful hands are ever guiding us along the right way of living, loving, and growing. We learn not only the usual subjects of a school curriculum, but spiritual needs and moral cautions as well. We are taught how to fight to win, but also how to lose courageously. We learn how to stand by truth and face the troubles of our lives instead of running away from them. We learn to love one another with a sisterly love and to serve for the benefit of others, recognizing that life is to give not to take. We learn to follow the sacred life pattern of Jesus, our Saviour, that we may be able to live gloriously, growing not only physically and mentally, but spiritually as well. McTyeire is not made of dead walls and buildings, but of warm, loving hearts of people eager to work for one another. Is it strange to you that we should want to fulfill the dreams of our Alma Mater ?

III

Yes, I know that you had heard about McTyeire long before you came here. You had heard about her beautiful campus and her big buildings, hadn't you ? Was it her fame that attracted you or the way in which she brought up her students ?

As you enter the lobby of Richardson Hall you see outlined on the floor the school seal in

the center of which is the school motto. What do the words. Live, Love, and Grow mean to you ? Are they merely three words or do you ever try to live honestly and cooperatively, to love your friends sincerely so that you will grow into the kind of woman that the world needs today ?

Often during class I notice that you do not always concentrate your attention on what the teachers are saying to you. Do you ever realize how hard they labor to lead us into knowledge ? Even after classes they are ever ready to give us their utmost help. Is that nothing to you ? Does it make you want to do your best ?

Sometimes you feel hopeless and you are discouraged when you fail in some subjects, and you say to yourself, "Oh, what's the use of trying again ? I have done my best and still everything seems to go against me." Well, don't you know that that is the worst attitude possible with which to face failures and defeats; that it will only make you sink lower and lower into despondency and laziness ? To keep on doing our best will help us to conquer our obstacles and to overcome our handicaps. Moreover the goal of education is Christian living. The fact that you have failed in mathematics or science doesn't mean that you will necessarily fail to reach your goal in life. It's your attitude toward your failures that counts. Is your main goal to be a scientist or to be a full-grown person ? Do you remember what Jesus once said ? "In the world you have trouble, but courage! I have conquered the world." Does that encourage you, or is it nothing to you ? You have heard, haven't you, in the religion classes, in the chapel, and during prayer meeting and discussion groups about the teachings of Christ, and you have read, haven't you in the library the books on Christian living ? Well, do you believe that Christ is not only a famous historical character, a great religious leader, but also a living Saviour; that He is a friend who is always ready to stretch out His hand to help us ? You have heard a great deal about Him, haven't you, and you know that every inch of Him is a man, but have you ever thought of making the greatest decision in life--to tell the world that you are willing to follow Him as an example ? When you hear the voices of His followers preaching, when you read a beautiful poem or see a lovely picture or even when you listen to people as they sing the great hymns of the church, do you ever have a strange feeling within your heart seeming to lift you up? Are all these things nothing to you ? Often times I see

you enjoying the lovely services we have on Saturday mornings or the impressive pageants which we have at Christmas and Easter, but do you forget the real message as soon as you leave the auditorium, or do they mean something to you ? When you hear Him knocking at your heart's door calling you to take up your cross and follow Him, are you brave enough to answer as did Isaiah of old saying, "Lord, here am I, send me" or is it nothing to you ?

Many times have I seen you chatting and playing on the campus and I know that in some ways you like McTyeire very much ; but when you think of all the privileges you now have, do you also think of your obligations and your responsibilities ? McTyeire isn't just a school with buildings, teachers, and students—it is far more than that. It is a place where you can learn not only the arts and sciences, but, above all, it is a place where everything is done to help you grow into the richest personality possible; a place where you are introduced to a friend who came into the world that life might be lived abundantly, a friend who loves and cares for you. .When you read in the newspapers of the conditions of most of the people of the world today, do you ever stop and look at the place where you are and feel thankful, or do you just take everything for granted ? You have heard Him say that it is not you who choose Him, but He who has chosen you that you might go and be fruitful and that your fruit might remain. Well is that a challenge to you, or is it nothing to you ?

McTyeire has given you a lot, and she is expecting much of you. In the future she will keep on giving to you all that is within her power to give, and she, in turn, has the very great hope that you will become useful women. Does her hope in you make you want to be your very best, or is it nothing to you ?

IV

McTyeire to me is not merely a school with dignified buildings and a beautiful garden where I have been educated since I was four years old. It is not only a place where I have learned to make friends and to live happily with a group of people cooperating with each other. It is also my second home with teachers to guide and encourage me in seeking for truth and righteousness, and with sisterly schoolmates to help me.

I love the majestic auditorium, the library with its well-selected books, the beautiful wisteria which in springtime covers the trellis around the fountain, the carpet-like lawn, the old Dragon Wall, the lovely flowers blooming in spring, the fallen golden leaves in autumn. Oh, I love every little thing that bears the name of McTyeire. In the beautiful garden we walk hand in hand under the trees and among the starry flowers. Early in the morning how good it is to walk on the dewy carpet and breathe the scented air. The most beloved place in the garden is our romantic island in the midst of a pond surrounded by graceful willow trees, and covered here and there with red and white lilies. When I sit in the middle of this island I am isolated from earthly things; I have perfect contact with Mother Nature. I can bury all my sorrows, grievances, and worries with the sunken pebbles. How I love this place of comfort!

The fellowship which I have enjoyed at McTyeire will always stay with me. I shall always remember the joy I had in seeing the Wednesday chapel programs given by the students. I shall never forget the fun we had planning parties and meetings together. The teachers, who always seem so dignified in class, join naturally and freely in our parties and school activities. Under their strong wings we grow. As I am now about to leave McTyeire my highest hope is that the Spirit of McTyeire may live forever. The joy and happiness I have found in school will ever remain my secret treasure of the past and sweet remembrance will always bring them back to me.

The Calendar of the Year was prepared with the collaboration of the following:

Liu Yee Ling, 1943 (刘懿苓)	Dunn Woo Lih, 1941 (邓瑚烈)
Kao Kuh Shang, 1943 (高克善)	Zau Lu Lu, 1941 (曹露露)
Anna Tu, 1943 (涂莲英)	Tsiang Song You, 1941 (蒋双酉)
Cheng Soo Pao 1942 (程苏宝)	Ting Yoeh Ming, 1941 (丁毓明)
Er Yang Met Sung, 1942 (欧阳美生)	Sheng Mei Lee, 1941 (盛美丽)
Kiang Yee, 1942 (江漪)	Wong Bei Yu, 1941 (王佩玉)
Chang Siang Yuen, 1941 (章湘芸)	Chang Tuh Hua, 1941 (章德华)

All in One Day

Wang Wei Tsung
1937届　王慧珍

As soon as the clock struck six, I was awakened by the noisy sound of a number of galloping footsteps outside the door. I did not understand how they could get up so early. Since I had nothing to do, and did not want to leave my comfortable bed, I turned over, and kept on dreaming.

"Wake up! Wake up!" someone shouted. I stared at my roommate and saw she was already dressed. I turned to my watch. Five minutes to seven! 0, my gracious goodness! I jumped up and dressed myself. While I made my bed, the bell for breakfast rang. I rushed out to the bath room. Before I was ready, everybody had gone downstairs. Without setting my hair, I took a comb in my hand and dashed down the stairs to the dining room. Everybody gazed at me. I know I was blushing, but the most important question was: "Late, how late?"

"Ting!" the bell for prayer rang. I knew I was not so very late, and heaved a great sigh of relief! Then I found my table-mates were laughing at me. I looked at myself and found I had put on my sweater wrong side out.

Time was certainly my enemy that day. The day before when I was taking my Chemistry examination, old lady time had run so fast that I could not finish my work. This morning, when I did not have any written lesson, she ambled along step by step in the most lazy fashion. I was so

hungry during the third period that I almost prayed the bell would ring. It seemed as if it

would never ring.

"Ting-ling-ling!" 0, there was the bell. I Jumped up, but the teacher stared at me and said, "Was that the second bell?" Of course I could do nothing but sit down again. Those three minutes became three hours to me.

As soon as the second bell rang, I pushed away my classmates and ran as quickly as possible to the little store-room, I took my food basket and rushed into the dining room. Recess time in the dining room-- the most looked for period during the day. Some of us stand; some of us sit, some of us laugh; some of us talk, but all of us try our best to eat as much as we can. Unfortunately, when I had eaten only three pieces of cakes, two oranges, four or five pieces of candy, and had just taken up an apple, Miss Woo came and said, "Time up, girls."

Alas! I put down the apple, closed the basket, and went to the classroom. All during the next period I saw that delicious apple, that almost untouched apple, being swept away by the servants. If I should be the administrator of a school some day, I would let the students eat and drink as they please, even in class!

During assembly, Miss Yang informed us that all of our first six-week's tests were over. Those who failed in one subject would receive a warning letter from the dean; those who failed in more than one course must report to the dean after class that afternoon. My heart suddenly grew heavy.

I just knew I had failed in Mathematics. The Monday before we had had a test. I had prepared my lesson quizzes well, but the questions were rather hard. When I came to the last problem, which was a Trigonometrical one, I tried to draw a diagram, but I did not know how to begin, so I drew

a baby's face with figures. I thought the teacher might regard me as a very wise student for drawing such a cute picture. To my great surprise, instead of praising me, she blamed me for being so naughty and gave me a great big "F." No wonder, I had failed in Mathematics. Perhaps

I had failed in Chemistry, too. Surely I would have to visit the dean!

After lunch, I met my Mathematics teacher on the campus. Suddenly an idea came to me. "May be you have not failed. Ask her about it." I ran to her and asked, "Miss Cheng, will you please tell me if I have failed in Mathematics?"

"I don't remember," she replied, "you ought to know by your own records. "Then she looked at me with such an ironical smile that I was certain I had failed.

I was miserable, wretched! I hardly remembered any of my lessons. When the teacher asked me who Catherine was, I said "Woman king" instead of "queen." When the teacher asked me who Wamba was, I said "looking pig man" instead of "swineherd." I was just out of my mind!

I spent three periods absent-mindedly. Just as the last bell rang, I galloped down the stairs and looked at the bulletin board. 0 dear me, the name "Wei-tsung" was surely on the board! I did not dare look at it again. I hastened back to my bedroom and sobbed, A minute later, my roommate came in. She was very much surprised to see me weeping. She tried to comfort me, and asked me the cause of my sorrow. I told her that I had been ordered to see the dean at five o'clock.

"What, you? I didn't see your name."

"Well, I saw it myself."

"Maybe you were mistaken."

"I wish I could be mistaken, but I really saw the words "Wei-tsung!" She did not believe me, so we went to look at the notice again.

"Look!" cried my roommate. "That is not your name; that surname is different from yours!" 0, how happy I was! I could not help laughing, though my eyes were still wet!

At half past four I ran to the post box, but I did not find any warning letter for me. As I turned joyfully toward the stairs, someone called me, "Wei-tsung, Wei-tsung, a letter for you!"

"What, a letter?" I looked back and saw a yellow envelope in my classmate's hand. 0, a yellow envelope! I moved as if in a dream. Certainly, I had failed in Mathematics or Chemistry.

To my great surprise, it was a letter from my father announcing that he was coming to see me on Saturday and would take me home to spend the week-end. Oh, joy, joy! Even a yellow envelope might bring good news!

1900～1952年中西女中毕业生肄业生名单①

1900级前

方秀珠、马秀贞、薛葩、殷贞柏、朱月华、曹芳云

1900级

孙素馨、史凤宝、颜庆莲

1902级

陈碧珍（陈鸿璧）

1903级

吴卓生、苏罗生、黄馥梅

1904级

陈昭悦

1904年离校

宋蔼龄

1905级

陆秀珍、史凤珠

1907级

潘桂馨、蔡纪珍

1907年离校

宋庆龄、宋美龄

1908级

唐美贞、韦增佩、程婉珍

1909级

毛凤娟、黄素娥

1910级

唐玉瑞、严顺贞、丁樊英

1912级

胡志超（琴科毕业）

1913年离校

牛惠珍

1914级

郭志超、马秀娥、潘珍宝、沈均、张端珍、张丽珍、朱润之、胡崇德、曹惠英、王瑞娴、吴玉芳、谢小韫

琴科毕业：吴维乔

① 以上学生名单，从1900年之前至1922年，根据1936年和1947年《墨梯》上的两份校友名单，1923年至1948年的毕业生名单根据《墨梯》毕业生照片，肄业生名单根据《墨梯》上的校友登记和《墨梯》上留下的文章作者、各社团活动成员中未在毕业生名单中的。1949年至1952年初一，毕业生及在校学生名单根据各届毕业纪念册上名单及校友通讯录。其他有事实根据的名单也补充在内。由于早期资料和曾在校就读但未毕业的学生资料欠缺，有遗漏之处，敬请指正。为了遵重校友习惯，这里的“××级”系指学生毕业年份。

1915级

琴科毕业：曹玉珍

1916级

方连珍、潘玉梅

琴科毕业：徐金宝、陈丽娟

1917级

苏梅英、王安生、刘怀骯、周德芳、王宜麟、王诵芬、施美珍、颜淑清、刘迎清、钮孅华、张庆娥

琴科毕业：夏璐传、曹淑珍

肄业：刘迎翠

1918级

邝翠娥、李清廉、黄桂葆、马雪珍、杨佩金、谢文秋、蔡锈云

1919级

施惠龄、张敏锡、徐华

肄业：谭淑、朱懿宣、戴韻声、程叟龄、

1920级

张蔼真、徐有踪、朱宝筠、谢铭锦、程修龄、谢铭玖

肄业：方连安、荣卓仁、徐存踪、余庆竹、瞿绮英、曹淑珍

1921级

张美丽、邱贞蔼、夏玛利、余陶萱、郭银莲、沈淑卿、曹淑媛、周湄云、周湘云、朱惜珍、王信恩、黄瑞莲、吴景昭、姚慈贞、徐芸生、颜婉清、俞素青、徐有容、钱萃格、俞梓连、谢景熙、谭振华

琴科毕业：颜雪丽、郭美丽、方恩锡

肄业：黄倩英、黄静容、王文秀

1922级

陶月琴、夏璐德、夏淑贞、郭眉黎、卢志寰、王理生、黄韻苕、吴淑娴、沈雪珍、钱丰格、赵敏淑、黄韻松、张镜欧、黄倩仪、孙锦纤、张采春、颜菊丽、章凤仙

琴科毕业：裘毓庆、倪景珍

肄业：周明璊、

1923级

陈纪彝、陈凤琼、窦妙根、马素珍、戚瑞馨、施荷珍、张仁琇、朱春景、汪丽芳、王昌明、何彙珍、徐佩珍、徐有德、黄倩鸿、王文生

肄业：李少平、蒋如英、张月婵、余岩竹

1924级

彭望荃、阙佩贞、盛培锡、夏璐米、李悦蔼、李志实、陆静贞、钮珉华、施惠贞、王颂芳、何慧如、谢祖仪、黄秀珍、叶德彬、胡竹君

肄业：

陈纪臻、张安怡、甘淑妩、王闰如、胡汉纳

1925级

李壮涛、潘慧元、丁秀珍、汤纕惠、蔡文媛、朱增龄、黄闺宇、王家婉、黄月华、叶德全、黄慧娴、俞素畦、钱长本

李士兰、古国凤、姚福美、徐秀娟、朱亦男、韩佩贞、马月美、刘锡宝、王毓蔼、王毓霖、吴紫君、董娟娟、鲍凤美、庞心鉄、郭安慈、包可芬、陈以庄、马月梅

肄业：

李韫玉、吴仲斑、姚慈蔼、巢德全、李珍英

1926级

蔡漱霞、陈妙仙、程孟兰、程义芳、程育和、费令宜、李爱德、裘毓葑、吕雅宜、荣敏仁、吴凤英、吴梅俪、夏璐懿、郁秀芳、张荔英、张勤息、周凤琴、朱琴珊

琴科毕业：倪景瑛、裘毓葑、蔡文媛

肄业：

包恩珠、蔡绣霞、程国治、何美丽、刘慧芬、强静香、夏璐雅、萧嘉佩、张宜宜、郑宝英、朱颐芳、朱珍珊、方连蓉、黄倩君、李佩芬

1927级

夏璐韻、陈淑贞、夏静音、汪介曾、周淑萍、夏岱寿、丁兰芬、邱素心、朱心珊、金寰粹、苏士广、潘振坤、陆尔昭、孙宗汶、周粹英、左大璋

肄业：

朱懿宜、姚蕴德、江道史、王立亭、江介英、林曼芸、胡敬美、骆伟影、林景芳、姚淑钦

1928级

陈仲娟、谭瑞、田莲素、高荣、关丽贞、郭婉莹、邝文伟、刘熙芬、罗湘英、孟韫佳、倪慕文、许文英、萧嘉瑛、萧嘉珍、沈新蝉、沈紫葵、张钿玉、朱增寿、王采娟、吴美英、奚蕙纕、俞秀文、俞桢

琴科毕业：吴霭青、邝文伟、萧嘉珍

肄业：

曹文、曹秀群、陈继贞、陈纫惠、狄绮君、丁国亮、董龙珠、范景清、费世沄、郭定慈、黄慕文、李爱宜、李曹卿、刘寒松、刘菁祥、刘均权、卢素善、马思锦、秦赛金、荣卓亚、邵士珍、沈荣珍、孙令辉、孙宗元、唐云仙、王霞青、王珍英、谢志娲、徐允娴、徐芝卿、杨璿熙、杨懿熙、张品英、张蒨英、周淑娴、周叔昭、周志坚、朱颐芬

1929级

王大乐、沈平云、沈显英、吴元淑、罗湘玲、吴季斑、李秋英、夏瑶珍、张令仪、张明琦、黄梅贞、陈皓明、陈慧明、杨培贞、鲍息卿、鲍凤珍、缪宗玿、严楙、顾琼英

琴科毕业：严楙、沈显英

肄业：

柏心柔、贝翠林、陈竹筠、诚恩慈、丁延道、甘爱珍、甘瑷玲、郭筠、何纯慧、江采珍、刘孟天、罗仪凤、马淑英、沈晶、沈显琛、沈垚、盛佩玉、施锦德、唐淑德、陶文璇、王翠英、王琴英、王京龄、吴秉坤、许兆殿、姚珍弟、杨敏芝、尹德惠、尹德麟、余贞善、张华霞、章秀娥、赵同璧、郑桂泉、郑桂生、周秀芳、周彩英、朱淑英、朱顺英、朱增年、朱宗喜、卓丽琴、宗惠珍

1930级

周叔蘅、唐隽蒨、韩佩安、项秀锦、夏璐敏、李蓉卿、潘子华、包宝棣、萧嘉蕙、戴忆逵、丁文蕴、张燕文、张丽娟、张令范、

庄素珍、章德卫、宗俶芳、朱增福、朱伟君、万粟珍、王蔼娟、何秀卿、何秀俊、胡文贞、吴蕙士、姚锦新、殷采庆、荣秀英、徐莲珠、徐韻梅

肄业：

陈秀德、傅珍庆、顾问贤、黄寿如、江道樊、蒋瑞兰、李凤眉、李人杰、刘斌瑜、陆宗莲、聂光坤、钱次嫦、沈宝玉、沈郇英、宋曼春、孙凤蕙、谈吟梅、唐淑仪、屠秀英、汪郇美、王宝敏、王颂兰、王耀祯、王伊蔚、王雨香、夏璐瑛、徐兰珠、徐莲卿、杨宝珍、吟梅、余绍芬、张华顺、张金媛、张瑞葆、朱鞮芬

1931级

夏蕙芬、鲍丽雅、邱冰玉、唐慧英、邝文雄、萧嘉璐、瞿鸿珮、江美贞、江慧贞、李月梅、林竹修、刘宝芬、陆招、张漱芬、周守钰、章德和、温元艾、胡毓华、杨文清、崔美宝、沈宝玉

肄业：

陈获宣、成言嘉、戴克范、丁宛容、蒋荷珍、林循修、陆爱华、陆培宝、吕雅宜、毛孝琇、潘慰椿、浦崇美、沈秀芳、王琴英、徐丽才

1932级

卞熙孙、胡文莲、黄美娴、江兆平、李玲棣、李素华、梁淑德、林宝莲、林德昭、林德音、陆佩宜、马罗以、孟亚雄、萨本莲、沈显珩、孙佩华、孙宗时、王荷微、严文庄、姚世淑、俞志英、张令昭、张蓉真、张秀兰、张韵斐、周映霞、朱人驪、卓珠珠

肄业：

戴学渊、范粟珍、孔林樱、兰文莲、林曼空、刘芝祥、荣卓蔼、沈显瑝、宋仪珍、宋毓庆、王和征、殷静姑、应葭寿、郑芳仪、周稚芙

1933级

张丽芬、陈士凤、郑宝沪、陈瑢、郑绥英、周锳、朱月珊、郑妙庸、殷美姑、江秀贞、古宝珍、郭荆仪、纪艺珍、李月莲、李善琦、刘孟玉、陆梦怀、毛孝琛、聂光明、纽慧君潘家声、沈培凤、沈恩钦、孙毓玲、董海伦、张慧衷、朱仪珍、曾丽卿、黄乐群、王安福、吴贵方、仵义生、杨意秋、杨秀英、杨婉清、徐爱宝、夏璐纬、蔡慕莲

肄业：

刘孟钗、林碧英、刁友琴、李宗如、郑沪生、杨一珠、邹沪生、钟慧君

1934级

郑培德、刘寿曾、张凤美、陈乐、郑慕恩、周绿霞、周文贞、屠稚芬、许文恭、葛璐安、桂胜英、李汉强、李佩芷、马秀媛、严敬姜、任勤巀、萨本樱、萨本蓉、沈熙玉、孙佩铭、沈彩金、吴联珠、吴舜文、王还、俞秀静、赵曼君、徐美秀、张韻芝

肄业：

黄卓群、刘莲珠、刘诒娍、欧阳女英、宋曼春、孙爱珍、唐蕙意、杨传英、姚蕴德、叶

元春、于芷萍、张湘云、周冠凤

1935级

吴贵宜、秦韻梅、黄凤秋、王安秀、王琰卿、古宝珠、朱庆环、沈幽芬、沈燕、沈稚耘、沈漱琼、李红梅、李俶震、周宝珠、胡文洁、陈少平、陈静彦、倪吉贞、高艾其、高克方、徐新宝、徐凤云、徐增惠、张培仙、张涵芬、孙士英、孙蓉珍、浦雪英、陶振复、陶锦云、黄惠宝、华王睿 光、傅曼丽、杨文玉、刘彩贞、刘臻瑞、邝文英

琴科毕业：胡文洁、邝彩贞、邝文英

肄业：

陈德卫、陈庆云、邓显蕙、丁淑兰、胡霖、胡文昭、黄秀宝、林樱、刘莲莲、刘兆珊、聂光琛、潘恬士、任勤萧、荣漱江、荣漱仁、谭明德、汤梅英、唐民贞、王丽青、王瑞卿、王素莲、王贞民、严仁美、严淑贞、恽静、张心漪、张月娥、郑溸樱

1936级

殷珊姑、陈汝霖、陈观裕、李敏雪、方意成、刁友爱、王华贞、朱爱华、李月兰、邱文蔼、李瑞琼、吴瑜瑾、吴瑜瑛、郎继德、胡育明、夏璐蓉、胡锦文、姚世润、孙佩芬、梁伯庄、徐华芝、唐琳、唐慕贤、曹敬英、高舜华、郭婉华、张长安、汤庆惠、黄淑媛、黄颖娴、黄凤贞、杨琰熙、杨帼英、荣丽英、葛韻琴、邓蔼烈、潘纪椿、郑德惠、钱莲莲、聂光瑶、聂光锡

肄业：

邹秀金、孔翠娥、吴晏拿、顾隽良、沈文灿、梁慧怡、刘莲芬、钱君环、夏兰征、林淑芳、黄汝楫、吴寿松、顾正学、亚琳、黄秀娴、奚汝珑、马家志、汪凤群、庄慕贤

1937级

卞嘉年、王慧珍、杨国英、张燕信、陈家志、钱景贤、朱世珍、朱润珠、谭梅、唐慕琼、唐宝玉、方宝雁、邝文美、何传胪、许怡曾、黄淑瑛、黄文瑛、裘翠英、高克正、关铃兰、李蕴华、刘慕蓉、陆时珍、马秀生、穆恂如、任佩儒、潘耀瑜、舒丽安、沈葆安、孙慧莲、周世瑾、蒋思徽、刁友真、韦巽佳、吴舜九、杨建宇、杨继英、柴筠修、徐肇循

肄业：

钱华春、刘庄业、马菊媛、王慧玲、张湘荪、蒋昭、荣卓如、戴佩珍、蔡宝王皆、邱国英、梁绮英、顾沅芷、赵举之、高坤富、郭乃范、黄美玉、朱敏成、李自成

1938级

章德瀛、马渐鸿、朱瑞青、陈杏青、陈宝琪、吴娇、陈文蘅、程瑛麟、金蕴聪、庄恭昭、谈掌珠、邓志勤、韩佩云、何传榜、胡明华、黄量、许道安、江雅贞、葛印、康馨梅、郭秀珍、李爱华、李帼才、李梅、林维贞、陆月美、马家珠、马知鹄、毛孝瑛、孙佩如、蒋思贞、朱爱英、魏翠霞、王瑞娟、姚绿云、邵曼楞

肄业：

苏曼如、黄卓云、梅翠莲、李珍华、李宝华、戴彩珍、程韡、郑德和、蒋雍、陈玳珠、关德勤、谭秀珍、沈佩娟、张玉梅、彭爱莲、姚碧云、黄嘉瑜、黄华仪、聂光琼、李清润、杜顺贞、庄慕昭、毛孝瑞、孙佩娟、吴秀琴、费春舫、曾宝玉、谭中兰

1939级

钱婺、江遥娟、王瑞菁、钱善葆、吴剑芬、方秀蓉、毛还英、朱庆观、吴秀茵、李亭玉、林孟珍、邱钟秀、胡普霖、孙佩丽、马鸣凤、黄杏贞、陶锦芳、许源辉、张蕴瑾、冯瑞蘩、钱妩、刘福曾、潘调云、程懿德、杨文锦、荣毅珍、郑文娟、蔡洁丽、罗侣琴、罗章文、谈蕙芬、屠显德、张丕英、曹璧如、曹宝贞

肄业：

蔡国贞、曾宝煜、曾莲芬、陈观智、陈若昭、陈尚娴、陈志雄、丁善珍、范淑生、黄嶺乔、蒋英、李华爱、罗庆玉、邱钟芳、舒丽雅、孙佩艳、田曰灵、汪禅琴、吴秀瑾、夏崇和、徐黛茜、薛琳、俞攸钧、张泽玹、赵雪莲、周佩珍、周佩珠、周淑恩、周紫霞、朱岫兰

1940级

李佩贞、林英兰、冯莲云、张惠芳、解茂仪、陈兰芝、章淑捷、章淑仪、陈妙容、程葆华、祁佩珍、裘翰香、周孝若、周淑贤、庄慕兰、方湘云、奚敏、奚慧、席与昭、席与明、席与容、黄妙珍、黄文球、金辛宝、金诗箴、关葆贞、桂韻春、龚正慧、李启龄、李著瑞、李翠瑛、梁慧瑛、骆蕊芳、潘佐君、沈冰如、薛瑛、辛淑贤、周家修、钟吉鱼、王裕培、王启琨、黄美娟、韦佩庆、吴瑜卿、吴兰茵、杨德馨、杨宝圆、熊明惠、叶蕙芬、容文贞、徐娴

湖郡女子中学借读生：沈怀瑛、张爱彰、金念德、吴麟初

肄业：

蔡文英、胡锦如、荣辑芙、荣立赉、沈庆龄、王佩贞、袁行宜、张少兰、郑爱青、张少芳、张一华、郑宝炜、陈剑英、费淑娟、卞荔年、黄嘉珍、汪芝祥、刘熔、汪启琨、郑淑娴

1941级

黄畹云、丁毓明、丁筱芳、邓瑚烈、叶慧娟、蔡国贤、章湘芸、章德华、陈泽敏、陈懿贞、程翊德、陈恩琪、陈秉贞、周公琪、朱素非、许日敦 、郭桂林、关喜楣、季媚川、季美斯、李家瑜、李锦云、李莹、凌兼巧、林肖英、陆蕴英、郎继芳、鲁明、盛美丽、辛淑芬、孙佩真、蒋双酉、王佩玉、王似麟、曾莲芳、吴振英、黄楚乔、王润龙、杨叔英、杨芝英、胡文秋、杨意佩、叶淞英、袁宝锵、曹露露、徐学菱

肄业：

江镜明、奚贤安、潘耀华、郑德尊、俞筱梅、姚文娟、卫宝贞、鲍文娟、朱蕴瑾、刘俪恩、向秋石、高彭秋、荣墨珍、罗美陶、

陆月英、邓国仙、孙穗英

1942**级**

薛培、江漪、杨美珍、唐嫣、欧阳美生、吴经、叶忆慈、郁隽民、何傅麟、杨佩珍、郭观慈、雷定芳、王汝眉、田安民、陈丽焜、蒋琳琳、蔡国慧、吴锦娟、程苏宝、蒋思安、杨慰珍、唐金华、吴凤清、余霞莲、邢剑霞、徐学鸿、姚梅棣、瞿鸿瑞、祁佩芬、张少芳、杨文宝、史久华、朱承敏、何秀瑛

肄业：

戴誉芳、陶锦璜、张瑞应、盛詠棣、王瑞岑、潘婉珍、戚咏棣、王瑞琴、邝宇芳、丁德英、程瑞华、许婉庄、汪婉珍、黄楚瑜、汪丽珠、刘俪恩

1943**级**

刘玲弟、田安强、郭雅嫦、顾孟琴、张丕华、奚耀、薛德音、张家琳、张景瑜、张湘英、张微、陈凤雪、陈秀生、陈雪梅、陈姿艳、黄锦汝、郭淑贞、李懿、李帼范、李蕊春、李韻姗、梁雅云、梁燧莲、陈维煜、程明瑜、朱贵思、朱燕南、田孟芳、欧阳美珍、何锦云、项秋若、林琦、马贯一、宋娟娟、宋元卿、涂莲英、冯华镁、王瑞麟、吴蕙茵、吴纶、于培德、徐碧瑜

肄业：高克善、高彭秋、胡文芝、黄敏慧、黄彤、李瑗瑄、李瑞春、李姿艳、刘懿芩、鲁爱岩、全庚娥、沈庆鸿、宋丽华、吴偏、奚漱桢、席与萱、徐碧玉、徐莲英、徐肇蕙、余庆民、郁怡民、张经纬、朱世珏

1944**级**

薛棣、武凤岐、曹颐、胡蔼慈、吴国珍、马莲卿、刘懿芳、杨文珍、陆绮红、杨蕙兰、孙以敏、李堃娟、方香梅、陈汝艳、胡其珏、陈静娴、陆宗蟾、黄敏宜、李锦华、蔡国仪、李瑶、程四德、李爱娟、李明珠、沈汉平

肄业：

毕汾庆、顾芝馨、胡其珊、李瑞芳、林文裳、马越鸿、隋爱珍、唐筱琴、汪君陶、王瑞芬、王懿、夏莲英、徐碧瑾、徐秀珍、张一芝、赵炯、刘葵

1945**级**

江圣婉、卢忠修、姚凤宝、汪锡兰、刘兆兰、高摄渊、张淑英、张德旋、张瑞芝、陶美瑛、周慧芳、周琼燕、邓爱珠、朱蕴瑜、周世英、陈爱文、盛文英、黄英瑜、薛徽音、项蓉、郭莲爱、薛吟、徐贻珊、李苹卿、李帼贤、沈霞真、沈桂平、虞君英、董雅芳、沈晓梅、毛孝琼、唐碧云、蔡至文、吴芩茵、王汝巽、冯文玉、杨文英、王福英、王汝新、俞雯莹

肄业：曾汝剑、邓点熙、江孝贞、李佩英、欧阳丽珍、潘镘、孙树澄、王菁、吴锦明、萧自娴、薛吟吟、杨德芬、虞忠修

1946**级**

曲克瑛、王乃先、吴天真、邓稚凤、朱颐祖、刘曾舫、沈瑞奉、郭璧若、徐美贞、李道基、陈依弥、徐祖颐、薛爱曾、蔡宝瑜、

惠纫秋、项莱、席怀珍、蒋珊珊、邓雅烈、周志芬、林静怡、程雨梅、吴丽君、武明瑞、刘慧勤、严似苏、姚凤弥、乐翠华、徐韫玉、刘德曾、李伊丽、莫士威、李道淑、卢玲玉、薛智

肄业：

薛基、刘懿芬、陈中行、孙以美、陈云德

1947级

曹珍家、陈家珏、陈晋明、程明琨、邓敬仪、胡橥伊、华保元、黄曼筠、姜义珍、乐元琴、李帼礼、李慧娣、李霖、李松荫、林瑄、刘禄曾、刘泽墀、陆佩丽、马立群、马婉彰、邱锦来、荣智福、邵婉芳、宋宝莲、苏曼嫦、孙菊芳、谈遗、陶荣、汪一然鸟 、王傅珏、王义芳、谢蕴才、熊翔、俞锡莹、张珑、张罗罗、张培并、周瑞珍、朱颐云、朱蕴文、邹思敏

肄业：孙以祁

1948级

苏曼婷、王韻芳、蒋见微、胡澄亚、章湘谷、张万清、陈瑞兰、陈佩珍、陈宗行、陈宗道、郑静渊、朱传娴、周志芳、周希敏、傅元朔、奚品芳、项敏、谢苏珍、徐祖丰、薛瑞、芮苑如、高明珠、郭勤珊、郭惠馨、李宝珍、刘芸影、罗明润、卢君璧、陆佩华、缪雪如、桑明秀、沈明、盛皆英、宋时、孙蕙芳、司徒曼丽、涂长松、汪熙曾、王美格、武明慧、吴宁、姚凤梧、姚佩钰、颜桐芬、尹仪芝、虞伯璆

肄业：

苏宝珉、席与时、郭莲珠、张庆年、江贺运

1949级

卞敬容、蔡祖端、曹美佳、陈帼眉、陈清堂、顾荫吴、郭丽容、季耐雪、江天籁、江志平

蒋见琛、蒋维正、李玲雪、李明真、李佩娟、刘皓莹、刘慧诚、罗明凤、邱国债、宋时卿

孙以鑑、汤以南、陶立玲、汪玛莉、汪绍兰、汪锡苓、王朝凤、王珊如、王筱美、吴玎玎、张静桢、周人理、朱楣光、朱英芬、朱子筠

肄业：

陈桂雯、陈敏、马志群、潘韻雪、宋宝璋、孙树莹、杨清、张乃慧

1950级

蔡韵娟、曹　芸、曹云云、陈桂珩、陈国范、陈国凤、陈怀琳、陈撷英、程　爽、丁一明、董　怡、范若芳、冯学敏、葛守梅、龚正娴、顾文琴、何佩贞、胡霭堂、胡文梅、胡雪固、蒋见复、孔丽中、黎冠瑾、李葆琮、李文献、李育华、林怡然、凌　瑾、罗荃龄、马德彰、莫士敏、钱尔梅、瞿明明、荣智育、盛善珠、盛咏雯、苏曼棠、孙惠芬、孙侣雪、孙以智、唐玉华、王朝凰、王积康、王曼莉、王明蕃、吴修蓉、武明贤、徐薇薇、薛桢华、严瑞芬、严正清、杨慈、叶湘筠、虞仲琪、张德祯、张启莹、张

万静、赵国明、郑璧如、周芬芬、周光珉、周人康、朱嘉民、朱丽中、朱树芬

肄业：

白先慧、陈桂衍、邓敬融、黄明宪、陆佩英、邱瑙娜、孫以恭、孫以智、徐爱珍

1951级

蔡剑芳、蔡玉华、陈珊珊、陈宗慈、丁毓华、高全贞、龚正贤、何微雄、黄令娴、黄月华、黄韵戈、季爱雪、贾韵仪、金瑶、雷璧芬、李保馨、李再娟、梁翰芬、林其瑗、林其璋、林贤敏、林云璐、凌瑜、凌碧筠、刘华、卢成栩、莫琪华、钱元佩、邱元平、任家旭、邵绡红、邵聿雍、佘守錡、沈济莘、盛茵、张婉琮、王克英、王吾如、王宗瑗、韦秀瑾、巫漪云、吴易元、吴元明、奚慕时、徐惠玲、严瑛、姚永德、叶丹霞、叶湘菡、恽平、张敦华、郑依柳、周希静、朱理平、朱杏民、朱永琳、朱永珍、林珊枫、项斯月、黄迎梅、朱蕴文、张永明、袁珏、沈运泰、项郁文、吴修蕙、李道真、卞敬仪、陈晋秋、陈晋和、鲍培珍

肄业：

崔思愉、郭莹、何谷川、黄兰馨、李扬巽、吕黛芬、梅江、钱福熙、阮王龄、阮韻珍、芮彩珠、苏曼莹、孙元春、王培芳、夏梦、夏春晖、熊轼虞、杨文心、俞声铃、张尔庄、周秀珍

1952级

陈凤英、陈妙文、陈添弥、陈镇家、程伊文、戴松美、邓晓莺、邓稚云、丁奉训、丁士芸、董美然、杜怀雪、傅家祥、龚正冠、郭诗琦、郭玉如、何丽雄、江家麟、江天箴、蒋维新、金宝珠、赖慰萱、黎冠瑜、李文玉、李毓秀、李再婷、梁雄基、刘爱华、刘凤玲、刘文琪、卢瑞珍、陆美子、陆维德、缪 柔、缪道英、牛恩美、潘明珠、錢怡天、邱安娜、裘福吾、沈国英、沈美玉、盛今蕙、史大俊、司罗素、司徒曼怡、宋怡容、孙国琦、孙亦骝、孙龢君、汪文缦、汪锡衡、王宝龄、王剑秋、王曼丽（王宇力）、王人芳、王遵侨、吴其婉、伍备濂、肖嘉珣、谢葆珍、徐 菱、徐 敏、徐耀玲、许嘉琳、楊中文、叶秀兰、应诗敏、虞明英、张四鸣、张荫生、支玉珍、周慧贞、朱昌平、朱旦平、朱锡时、朱亚韫

1952届肄业

包蕴奇、曹雯雯、陈康丽、陈康美、陈明敏、陈佩恬、陈维卿、陈绣春、陈友石、方佩芬、干培雪、郭廷辉、李斌（李杨巽）、李连亮、林欣然、刘慧彰、陆岭湄、陆以沪、陆以津、秦月娥、荣智美、荣智瑞、荣智寿、沈美德、孙菊蕙、孙以彬、王冀（王妙琪）、吴清和、项斯芬、徐小虎、徐贻瑚、杨怡生、杨增铨、俞芷倩、张必立、张亦英、周佩、朱英（瞿英英）、谢馥琳、谢璋琳、楼忠麟、杨同煒、刘佩萸、姚庭熙、王培芬、王斐斐、孙以顺、孙以承、孙以斌

1952年高二(1953届)

卞敬华、蔡 莹、蔡雪妮、蔡祖明、柴慧娟、陈娥英、陈芾青、陈剑秋、陈仁英、程怿美、戴竞华、刁佩良、董 愉、方云锦、冯敏玉、顾芙清、顾小芸、顾 璇、郭静贞、何肇琛、何祚倩、洪建宜、黄惠音、黄锦文、黄敏錡、黄竹筠、江曼芳、李家珠、李洁民、李友琴、李毓隽、梁少华、林 青、林太琏、林太琪、林詠娴、刘佩萸、刘以瀛、卢珮洁、陆德华、陆寿娥、马慧彰、马圣清、缪 顺、泥惠兰、潘璐璐、彭传馨、邱珊娜、荣慧文、尚君嘉、沈 昆、沈美君、沈美玉、沈 嵩、盛如佩、舒琳琳、宋丽莲、苏国秀、苏尚煜、苏肇瑛、孙妙光、唐 曙、唐宏霞、唐乙龙、涂 省、屠曼恬、汪兴华、王 葆、王敬英、王六如、王协权、吴志莉、吴锦琪、夏春晖、项秉炜、项秉炆、项粲兮、谢慧霞、徐果馨、徐惠芸、徐梅丽、徐清辉、徐一戌、殷铭、俞宾鸿、张德仁、张君敏、张璐珊、张雪薇、赵汉珮、郑爱奋、郑企仁、郑儒伟、周保全、周伟文、周雪芬、朱亚爱、庄元贞

1952 年 7 月前离校

陈绣春、陈泽民、顾开明、顾琼宝、侯玉珠、黄金融、梁璧茜、聂崇实、牛恩德、史大同、田毓耕、汪正阳、王恩苏、王寿影、吴蜜蜜

1952年高一(1954届)

鲍贤琛、蔡 文、陈佩瑜、陈绮玲、陈瑞华、陈世珍、陈亚倩、戴庆芬、戴吟娥、董 铭、封素梅、冯学能、高明崙、葛渊婷、顾锦梅、顾圣婴、何慧灵、何祚芝、胡东兰、黄佩沁、黄惟静、惠明明、季忍燕、赖蔚萱、赖怡萱、乐 华、乐 英、李金和、李问梅、廉美玲、刘除临、卢 珊、乐美洵、陆筱苓、罗恒德、罗曼芦、马怀文、马元倩、马元珠、毛 琪、泥彩兰、宁卡洛、秦 玖、秦蕊珠、饶元美、申兆聪、沈敬一、沈佩萍、施小衍、石九华、石明敏、苏义美、孙亦马原、谈漪、谭爱理、谭荻茜、汤佩云、汤之永、唐健民、唐令诠、汪明珠、汪容生、王寒伟、王静育、王玫君、王培运、王汝静、王珠珠、魏希文、吴锦霏、吴湄、夏元洛、夏宗萸、萧嘉瑛、徐荔、徐明健、徐瑞双、徐育敏、许明德、杨继璐、杨露茜、杨钰钰、叶家芬、尤建圻、余曼珍、余美芬、俞梅贞、俞仲炜、郁蕴奇、袁美蒂、袁培明、张良莹、张文华、张文蓉、张孝严、章曼霓、赵无宣、郑涵德、周戟、周次辛、周涵新、周华、周慧仙、周梅苓、周佩白、周瑞娟、朱美龄、朱亚清、朱颐芳、朱玉珍、朱日蓁、祖炳华

1952年7月前离校：

边肇贤、陈允中、方绮纬、龚正诤、胡曜云、华宝雅、黄兆芝、陆维娴、沈蓓、沈佩英、沈若英、孙树荃、王品君、吴宁宁、吴淑仙、奚玉梅、许嘉瑾、颜 蕙、恽 馥、张文华、卓以玉

1952年初三(1955届)

蔡雍雍、曹策铭、陈别、陈德川、崔可忻、戴幼姑、邓稚娥、丁顺训、董淑仪、樊亭亭、范世彦、方媚媚、封莲娜、冯 恕、冯蕴顯、干仪凤、高萃华、高明锦、高勤明、高摄湉、高似娴、郭诗瑜、郭婉儿、郭昭则、黄璧如、黄皎英、黄曼璐、黄人慧、季素雪、蒋黛琲、蒋有丽、金树芳、金志霞、蓝而明、乐佩蒂、李安雪、李道翙、李家驹、李明蕙、李淑君、李文杰、刘文玮、刘重仪、陆孝蕙、吕维莲、马爱伦、马元仪、毛思孟、毛正容、缪季可、欧阳丽丽、潘詠新、钱德嘉、邱木兰、瞿元珍、任梅瑜、荣广琳、沈英、盛新英、施美琪、司马蕙兰、孙安琪、孙红薇、孙明惠、孙树珏、孙以蓝、孙以绶、孙以志、谈 建、王仪万、魏璿、翁维玲、吴锦健、吴静姝、吴天和、席与萍、夏邦茂、向隆本、肖顺贞、徐 祥、徐纪湖、徐剑平、徐意顺、薛莉莉、薛曼华、薛怡伦、颜 芙、颜志英、杨蕙韵、杨佩珍、杨慎生、余丽贞、俞尔玮、俞筠言、俞毓敏、张君琰、张以智、张忆宁、张禹芳、赵国湘、赵梅瑜、支竞雯、朱丽兰、朱思问

1952年7月前离校

戴玲、高新园、孙川志、朱雯文

1952年初二(1956届)

包至美、蔡鸿鸿、曾 平、陈 陈、陈冠芬、陈令君、陈绍梅、程文蓉、戴安慈、戴克慧、丁士芗、董颐仪、杜胜芳、范巴陵、范慧媛、方斌玲、方斌媛、方珊珊、封芳莲、冯菡、符逸、傅祖芸、高俭明、高迅燕、顾梅寿、顾振亚、关霭雯、郭婉慈、过海珠、胡蔼君、胡永惠、黄鹤英、黄建文、蒋媚丽、金德云、柯佩镜、乐瑶、雷璧芳、李爱媚、李次明、李港丽、李家珮、李幼秀、李则信、梁惠霖、梁雄杰、林玲、林胜兰、林颖敏、刘钦霞、刘文贞、罗庆云、罗惟德、麦木兰、毛正行、宓哲明、苗锦莹、潘励白、潘咪咪、潘培培、潘佩文、潘祖琨、庞元珠、彭德馨、戚良娣、秦芳芳、邱意娜、瞿世贤、任孟眉、荣智和、芮亚如、沈静渊、沈 能、沈晓梅、沈吟安、舒明律、孙迪平、孙圣薇、孙天帆、谭苐茄、唐曾妍、唐康明、唐 琪、陶霞芳、汪育平、王兰娟、王玫芬、王乃礼、王品珍、王蓉琛、王淑苹、王文伟、王筱瑞、吴 融、吴书肇、吴志洁、伍 瑜、夏春晔、肖子上、谢华珍、徐家蔼、徐为方、徐竹筠、薛光南、薛月明、杨愉生、杨瑜美、杨燠华、叶 慧、叶文霞、尤珊圻、虞含英、张 蓓、张大羽、张家和、张美琪、张荫敏、赵海伦、郑增鈺、钟光恕、周佩文、周祝龄、朱建平、朱伟炯、朱亚芬、庄肇广、邹冬梅

1952年初一(1957届)

安国屏、鲍明茂、毕鸿芬、蔡丽铭、蔡丽霞、蔡又芳、蔡祖美、曹惠芝、曹蕙芳、曹莉芬、曹秀芝、曹云珍、陈爱玲、陈爱伦、陈 甘、陈国蔚、陈洪南、陈惠芳、陈

锦娣、陈景春、陈露仙、陈来弟、陈敏英、陈模忠、陈佩蓓、陈佩瑶、陈青鸾、陈少英、陈文君、陈学然、陈雅琴、陈怡农、陈 渝、陈渊达、陈祖华、程 菊、程庆曾、程雪莉、仇莉倩、储国英、邓美华、丁霭训、丁逢辰、丁子英、段吉光、樊梅灵、范瑜、方云钰、斐钟安、费文琬、费粤珍、冯惠冉、傅美香、高 敏、高小欢、葛美凤、谷玲珍、顾家国、顾文美、管滇生、郭冀珍、郭婉慈、郭卫邦、郭綷禾、过维华、韩懿芳、何桂婵、何丽屏、何小莺(何 颖)、洪敏英、胡安慈、胡家松、胡琳琳、胡琼华、黄 川、黄蜀芹、黄文佩、黄熙竹、黄璋、季文英、季秀莹、江明琬、姜秀聪、蒋国明、蒋莉文、蒋玲玲、蒋燕宜、蒋有娜、金安英、金宝珍、金慈安、金琳楠、金佩芬、金文英、金晓华、金撷华、金义娴、蓝为季、李昌溪、李芳珠、李蓉芬、李世芳、李蜀箴、李文英、李小虹、李秀章、李雅琴、李泳云、李瑜玲、李中珍、梁素绯、梁正娜、林佩华、林荣华、林 云、凌文兰、刘慧华、刘明德、刘 熙、刘小燕、刘音仪、刘郁文、陆丽娟、陆梅棣、陆孝英、陆鑫慧、陆亚帼、罗恒愉、骆天彤、吕佩蘅、马材芳、马大望、马量珠、马淑贞、毛咏梅、宓爱芬、莫翠琴(莫志蔚)、倪国兰、欧阳文、潘丽宾、潘惟伟、潘振国、庞松珍、彭雪琼、钱似兰、秦 俐、秦玉妹、邱霭雪、裘织云、瞿世怡、荣志玄、沈悲琴、沈本瑜、沈惠芝、沈慧德、沈菊芬、沈佩英、沈蓉蓉、沈小梅、沈箴年、盛维兰、施伟英、石诚瑛、石菊芳、石佩莉、舒凯蒂、宋雅娥、孙怀瑾、孙维莹、谈飞凤、谭瑞予、谭新令、谭云华、汤斐青、汤幼淳、汤 挈、唐君明、唐连珍、唐蓬珍、唐思芬、唐 薇、唐雪芬、唐 英、童波儿、童露清、万美囡、汪家荼、汪韫慧、汪韫敏、王采琴、王公英、王慧玲、王慧敏、王玲利、王梅英、王乃六、王琦雯、王文鸾、王霞芳、王小玲、王晓苓、王亚男、王昭萍、王徵智、魏白蓉、魏蓓莉、魏美德、温以德、翁芳梅、乌美娜、吴国犀、吴丽如、吴美玲、吴 平、吴香海、吴雪梅、夏春曦、夏明姗、夏新阳、项静娟、谢霭梅、谢 敏、谢维青、谢雪芬、邢益兰、徐朵云、徐芬庭、徐复南、徐家丽、徐焦吉、徐萱薏、徐宣苏、徐志琴、许建华、许秀英、许撰撰、严君华、严伟衍、严义盛、杨福慧、杨君美、杨曼华、杨佩文、杨秋兰、杨世钰、杨伟贤、杨秀卿、杨秀钟、杨也平、姚曼萍、姚玫明、姚佩娟、姚婉清、叶慧韻、叶苏华、殷菱菱、余含贞、俞莉莉、俞幼税、郁慕简、袁介南、袁丽蓉、袁树琼、岳亦兰、张春风、张芙寅、张 剑、张洁佩、张琳、张杞芳、张善思、张淑铭、张庭珍、张韦莲、张孝英、张秀澜、张 余、赵荣仁、赵维蓉、赵幼辉、赵宗健、桢惠宜、郑翠娥、郑建和、郑 洁、郑良友、郑子敏、周

凤仙、周鸿芳、周丽珍、朱爱珍、朱福英、朱金玉、朱利亚、朱梅芬、朱秋瑕、朱若兰、朱亚昭、朱一佩、朱芝光、诸慧莲、竺士文、宗慕京、邹冬梅、邹曼丽、邹孟云

琴科毕业学生 (1900 ~ 1940 年共 51 人)

史凤珠、徐芸生、陈昭悦、唐美贞、毛凤娟、唐王瑞、胡志超、王瑞娴、张丽珍、吴维乔、潘珍宝、曹玉珍、潘玉梅、徐金宝、陈丽娟、夏璐传、曹淑珍、马雪珍、夏玛利、张霭贞、颜雪丽、邱贞爱、俞素青、王理生、郭美丽、方恩锡、沈雪珍、周湄云、夏璐懿、汪丽芳、夏璐米、夏静音、蔡文媛、裘毓庄、倪景珍、董娟娟、郁秀芳、邝文伟、萧嘉珍、吕霭青、沈显英、严 楙、姚锦新、萧嘉璐、黄乐群、胡文洁、邝彩贞、邝文英、刁友贞、程镁麟、胡普霖、

游艺科毕业学生：(根据 1936 年《墨梯》年刊)

朱润之、程修龄、吴玉芬、陈凤琼、彭望荃、施惠珍

主要参考资料

1. 传教士新闻工作者在中国：林乐知和他的杂志 (1860 ~ 1883)([美] 贝奈特)
2. Life and Letters of Laura Askew Haygood (海淑德的生活和信件 Oswald Eugene Brown、Anna Muse Brown)
3. 东成西就 (罗元旭)
4. 传教士与近代中国 (顾长声)
5. 中西女中《墨梯》年刊 (1917 ~ 1948)，其中缺 1918、1920、1921-1922 共三期。
6. 我所知道的中西女中 (薛 正)
7. 中西女中爱国学生运动的回顾 (瞿明明)

中西女中中国教职员一览表

姓名	职务	任职时间	基本情况
罗太太	音乐教员	1892~	Mrs. Loehr
马秀贞	音乐教员	1892~	Mo Sieu Tsung
郑夫人		1892~	Mrs.Zung
Wong 先生	国文教员	1892~1920	Mr. F. Z. Wong
曹芳云		1902~1906	1892年进中西女塾，1898年赴美留学，1902年回国后到中西女塾任教，1906年赴美考察，1907年进美国卫斯理女子学院教育系留学
马季英	副校长	1902~1928	
范子美	国文	1917~	
陈理彝		1923~	
关月琴		1923~	
沈林缜		1923~	
汪莲芳		1923~	
应荷珍	图书馆	1923~	
张淑润		1923~	
何彙莲		1923~1924	
王理生	钢琴	1923~1924	1922年中西琴科毕业
张韶莲		1923~1924	
周媚云	钢琴	1923~1924	1921年中西琴科毕业
刁夏淑贞		1923~1925	1922年中西女塾毕业
沈雪珍	琴科	1923~1925	1922年中西琴科毕业
徐有容		1923~1925	1921年中西女塾毕业
张庆娥		1923~1925	
周湘云		1923~1925	1921年中西女塾毕业
张履平	国文	1923~1927	
徐佩珍	图书管理员、司书员	1923~1928	1923年中西女塾毕业
程修龄	国文、数学	1923~1929	1920年中西女塾毕业
钱丰格	图书管理员	1923~1931	1922年中西女塾毕业
王昌明		1923~1935	1923年中西女塾毕业
方恩锡	钢琴、音乐	1923~1937	1921年中西琴科毕业
王侃如	国文	1923~1937	
吴景昭	训育员、校监、训育主任	1923~1952	1921年中西女塾毕业

陈银彝		1924~	
马秀英	会计	1924~	
汪丽芳	钢琴	1924~	1923 年中西琴科毕业
吴玉芬	五年级级任	1924~	
朱润芝	六年级级任	1924~	1914 年中西女塾毕业
施荷珍	司书员	1924~1925	1923 年中西女塾毕业
吴淑娴		1924~1925	1922 年中西女塾毕业
沈彬真	理科	1924~1928	
陶月琴		1924~1928	1922 年中西女塾毕业
陈纪彝		1925~	1923 年中西女塾毕业
丁素宝		1925~	
干青云		1925~	
黄韻秋	看护	1925~	
李琼英		1925~	
陆靓真		1925~	
马秀莲	会计	1925~	
潘金美		1925~	
潘韻若		1925~	
沈明宝		1925~	
盛培锡	中西一小校长	1925~	1924 年中西女塾毕业
宋剑青		1925~	
汤苏本楠	国乐	1925~	
温金美	图画	1925~	
张翠娥		1925~	
张葛素云	舍监	1925~	
张味苏		1925~	
归杏书	国文	1925~1926	
周子诚	国文	1925~1926	
黄粹卿	家政	1925~1927	
俞素青	琴科	1925~1928	1921 年中西琴科毕业
汪培之	中文书记	1925~1936	
瞿张蕊英	艺术、音乐	1925~1940	
李翰娟	书记	1925~1952	1910 年圣玛利亚书院毕业
戈炽卿		1926~	
阎芳洲		1926~	
周子斌		1926~	

胡周淑安	唱歌 中国现代第一位专业声乐教育家、第一位合唱女指挥家、第一位女作曲家	1921~1926、1938	1914年作为清华学校官费女留学生赴美，先后在哈佛大学、新英格兰音乐学校、纽约音乐学院攻读音乐理论、钢琴与声乐等科目，取得哈佛大学艺术学士学位。1927年再次去美国入纽约音乐学院进修声乐
陆朱兰贞	科学、生物家政	1927~	1927~1932 教务主任
李		1927~	Lee Tse Zu
倪医生	校医	1927~	Dr.V.S.Nyi
王瑞娴	钢琴 Grace T.H.Wong	1927~	中西 1914 届琴科
徐云兰(音)	护士	1927~	Zee Yuin Lan
张夫人	舍监	1927~	C.C.Chang
张少清(音)		1927~	Chang Shao Ching
周先生	国文	1927~	Mr.Z.M.Chow
谢文秋	体育主任	1927~1928	1918年中西女塾毕业
朱增龄		1927~1928	1925年中西女塾毕业
郁秀芳	钢琴	1927~1929	1926年中西琴科毕业
夏璐懿	钢琴	1927~1930	1926年中西琴科毕业
王丁秀珍	家政	1927~1940	1925年中西女塾毕业
霍邱贞霭	音乐、音乐主任	1927~1941	1921年中西琴科毕业
黄宝良(音)		1928~	Waung Pak Liang
黄倩仪	钢琴	1928~	1922年中西女塾毕业
黄秀璐(音)		1928~	Waung Sieu Lu
徐德如(音)		1928~	Zee Tuh Zu
徐有德		1928~	1923年中西女塾毕业
杨慧玉(音)		1928~	Yang Wei Nyok
张叔端(音)	国文	1928~	Tsang Sok Toong 先生
江长川	牧师	1928~1931	
谢民风	国文	1928~1933	
阙培珍	数学和地理、算术	1928~1936	1924年中西女塾毕业
陆规亮	国文	1928~1936	
孙王国秀	历史	1928~1940	
黄克仁	国文	1929~	
蒋石渠	国文	1929~	
林瑾秀	体育	1929~	
裘毓葑	数学	1929~	1926年中西女塾毕业、琴科毕业
吴世明	唱歌	1929~	
夏璐梅	钢琴	1929~	1924年中西琴科毕业

严莲韻	科学	1929~	
胡宣明		1929~1930	
林杨蔼芳	心理学和宗教	1929~1931	1925年圣玛利亚女校毕业
夏璐德	钢琴	1929~1931	1922年中西女塾毕业
萧嘉珍	钢琴	1929~1931	1928年中西琴科毕业
李澂	公民学和地理	1929~1933	
陈李清廉	体育	1929~1934	1918年中西女塾毕业
顾彭凤珍	女舍监、护士长	1929~1934	
方梅先	护士	1929~1935	
潘懿则	艺术、公民	1929~1935	
杨锡珍	校长	1929~1936	
贾季英	国文	1929~1937	
周连生	会计	1929~1940	
陈阮德馨		1930~	
程叟龄		1930~	1919年中西女塾肄业
鲍息卿	五年级级任	1931~	1929年中西女塾毕业
鲍锡卿	钢琴	1931~	
邓蔡桐	中文教员	1931~	
关丽真	五年级级任	1931~	1928年中西女塾毕业
李爱德	体育	1931~	1926年中西女塾毕业
李耀贞	物理	1931~	
马先生	国文	1931~	
倪张凤桢	心理学	1931~	
屈佩珍		1931~	
孙恩莲	钢琴	1931~	
汤纕蕙		1931~	1925年中西女塾毕业
唐隽蒨		1931~	1930年中西女塾毕业
吴培珍		1931~	
吴学勤	体育	1931~	
萧嘉惠	唱歌	1931~	1930年中西女中毕业
杨顾曜君	国文	1931~	
杨愿曜		1931~	
张丽娟	艺术与物理、助理司库	1931~1934	1930年中西女中毕业
沈涵莹	书记、国文、数学	1931~1935	
王方华侪	国文教员	1931~1945	
吴景贤	国文	1931~1945	

田莲素	数学地理、理科历史	1931~1952	1928年中西女塾毕业
王采娟	教务员	1931~1952	1928年中西女塾毕业
鲍秀珍	体育	1933~	
戴征蕙	国文教员	1933~	
郭美德	历史与社会	1933~	
邝文伟	钢琴与家庭经济	1933~	1928年中西琴科毕业
李哲卿	体育	1933~	
邬馥梅	钢琴	1933~	
夏梅迪	英语	1933~	
俞志英	书记	1933~	1932年中西女中毕业
左敬如	历史	1933~	
史凤宝	教育与公民、心理学	1933~1934	1900年中西女塾毕业
周芬	科学、化学	1933~1934	
杨竟学	科学、生物	1933~1935	
程伟志	国文与数学	1933~1937	
李冠媛	宗教	1933~1937	
倪萧嘉璐	钢琴、音乐	1933~1940	1931年中西琴科毕业
江梅娟	图书馆主任	1933~1952	1923年圣玛利亚女校毕业
薛正	1933年~1936年中文历史、教务主任，1936~1952校长	1933~1952	1926年圣玛利亚女校毕业，1933年燕京大学教育系毕业，1942美国哥伦毕业大学教育学院硕士，1948年美国哥伦比亚大学攻读博士
庞颖	国文	1934~	
吴蔼青	钢琴	1934~	1928年中西琴科毕业
蓝乾碧	体育主任	1934~1935	
梁润龄	钢琴、音乐	1934~1935	
孙瑞瑾	历史与地理	1934~1935	
章定勋	国文与历史	1934~1935	1926年圣玛利亚女校毕业
周静姿	图书馆员	1934~1935	
陶秋英	国文历史	1934~1936	
谢颂三	牧师	1934~1936	
殷美姑	科学生物、算术	1934~1936	1933年中西女中毕业
黄乐群	钢琴、音乐	1934~1937	1933年中西琴科毕业
王承诗	物理与数学	1934~1952	
梁美文	音乐	1935~	
林美钊	护士	1935~	
任勤粥	科学助理	1935~	1934年中西女中毕业

施李月卿	音乐	1935~	
王瑛铭	化学、家政	1935~	
魏郑绣菱	音乐	1935~	1915年圣玛利亚书院毕业
严菊生	社会心理	1935~	
姚鞾	国文	1935~	
刘琏	国文	1935~1936	
马骏	国文与历史	1935~1936	
汪蕙若	国文	1935~1936	
吴树秋	国文	1935~1936	
步春生	化学、物理、生物	1935~1937	
焦华震权	舍监	1935~1937	
严敬姜	体育	1935~1937	1934年中西女中毕业
张莲英	书记、生物卫生家政	1935~1937	
赵曼君	校长代理书记	1935~1937	1934年中西女中毕业
郑培德	科学助理、图书馆助理	1935~1937	1934年中西女中毕业
蔡德粹	地理、史地主任	1935~1939	
吴惠士	历史、公民、地理	1935~1940	1930年中西女中毕业
胡文洁	音乐	1936~1937	1935年琴科毕业
邝文雄	音乐	1936~1937	1931年中西女中毕业
刘彩贞	音乐	1936~1937	1935年中西女中毕业
陈德贞	物理、算术、数学主任	1936~1938	
陆招	化学、数理	1936~1939	1931年中西女中毕业
夏王建瑞	心理学、家政、史地	1936~1940	
丁良英	算术、地理、数学	1936~1945	
毛丹林	算术、数学	1936~1952	
鲍缪懿信	音乐	1937~	
董瑞琴	国文教员	1937~	
窦织云	体育教员	1937~	
李怀棻	体育	1937~	
秦锦华	国文	1937~	
秦韻梅	数学	1937~	1935年中西女中毕业
沈马雪珍	音乐	1937~	
王荷征	六年级级任	1937~	1932年中西女中毕业
张丽芬	唱歌	1937~	1933年中西女中毕业
郑绶英	五年级级任	1937~	1933年中西女中毕业
徐直民	国文主任、历史	1937~1940	

许怡曾	图书馆助理	1937~1940	1937 年中西女中毕业
李孟韫佳	书记、国文	1937~1945	1928 年中西女塾毕业
黄凤贞	数学史地	1937~1952	1936 年中西女中毕业
缪依信	护士、事务主任	1937~1952	
蔡慕莲	图书馆助理兼书记	1938~	1933 年中西女中毕业
曹秀贞	音乐	1938~	
戴瑞伦	音乐教员	1938~	
何汉心	音乐	1938~	
江慧贞	数学	1938~	1931 年中西女中毕业
江美贞	数学	1938~	1931 年中西女中毕业
倪斐雅	数学	1938~	
章伯寅	国文	1938~	
朱人驯	数理	1938~	1932 年中西女中毕业
江蕙若	书记	1938~1940	
吴爱娟	生物	1938~1940	
朱月珊	体育卫生	1938~1941	1933 年中西女中毕业
刁友真	音乐教员	1938~1946	1937 年中西琴科毕业
梁秀萱	体育	1938~1946	
陈王友葵	唱歌	1939~	
陈熙仁	宗教	1939~	
江太太	音乐	1939~	
聂吴沁明	音乐	1939~	
尚志权	国文与历史	1939~	
张信恩	舍监	1939~	
周蕴	舍监	1939~	
陈浣华	数学	1939~1940	
谈掌珠	书记兼图书馆助理	1939~1940	1938 年中西女中毕业
王惠玉	校医	1939~1940	
杨漱霞	国文	1939~1941	
卞文哲	史地	1940~	
陈汝霖	音乐	1940~	1936 年中西女中毕业
程瑛麟	音乐	1940~	1938 年中西毕业，1940 年琴科毕业
顾钟琳	音乐	1940~	
刘祖佳	音乐	1940~	
龙学铣	物理	1940~	
马智敏	数学	1940~	

蒲淑珍	史地	1940~	
唐珊贞	音乐	1940~	
王徐芸	音乐	1940~	
杨庄秉贞	物理	1940~	
张毓华	舍监	1940~	
汪淳	数学化学	1940~1945	
陈观裕	教导主任、英语	1940~1951	1936 年中西女中毕业
曾黄友黻	国文、书记	1940~1952	
程郁文	国文	1942~1945	
彭望荃	英文	1942~1945	1924 年中西女中毕业，留美
王寿华	国文	1942~1945	
吴瑜瑾	英语	1942~1945	1936 年中西女中毕业
徐华芝	生物	1942~1945	1936 年中西女中毕业
杨嘉仁	音乐	1942~1945	后任上海音乐学院指挥系主任，文革中受迫害自杀
曹露润	音乐	1942~1946	
邓锦屏	音乐教员	1942~1946	
阮郁珍	音乐	1942~1946	
薛德音	体育	1942~1946	
张李异琨	国文	1942~1946	
张祥保	英语	1942~1946	1938 年圣玛利亚女校毕业
吴沁明	英文历史	1942~1947	
郑慈慧	国文、史地	1942~1947	
李著瑞	数理、英文物理	1942~1948	1940 年中西毕业
李明珍	音乐	1942~1952	
吕呐	国文历史	1942~1952	
宋梦芹	国文	1942~1952	
王蔼娟	会计主任	1942~1952	1930 年中西女中毕业
王彭大泳	数理、化学生物	1942~1952	
严素勤	图书馆员兼书记	1942~1952	
杨文倩	膳务主任	1942~1952	
袁炜彤	国文	1942~1952	
曾弥白	生物	1943~1945	
赵陈懋恒	历史	1943~1945	
王耐一	国文	1944~1945	
张小如	数理、地理	1944~1952	

薛德音	体育	1946~	1943 年中西女中毕业
陈鸿恩	音乐	1947~	
黄胡文贤	音乐	1947~	
黄惠玉	校医	1947~	
林俊华	音乐	1947~	
林文桂	音乐	1947~	
沈燕	英文	1947~	
孙彦理	牧师	1947~	
谭翠荣	体育	1947~	
陶雪英	音乐	1947~	
许维英	体育	1947~	
张玮琳	音乐	1947~	
张玮琦	音乐	1947~	
刘曾舫	英语	1947~	1946 年中西毕业
严似素	特级级任	1947~1948	1946 年中西毕业
但家燔	国文教员	1947~1952	1926 年圣玛利亚女校毕业
桂韻春	训育员、特级级任	1947~1952	
陈静娴	英文	1948~	1944 年中西女中毕业
戴唐逵	体育教员	1948~	
党林静好	家政	1948~	
高思聪	音乐	1948~	
侯吴蔼青	音乐	1948~	1928 年中西琴科毕业
胡世惠	音乐	1948~	
刘裘翰香	国文地理	1948~	1940 年中西女中毕业
沈颂蔚	音乐	1948~	
王棻娟	体育教员	1948~	
吴乔(娇)	数学化学	1948~	1938 年中西女中毕业
张章景璆	音乐	1948~	1925 年圣玛利亚女校毕业
黄聪	国文	1948~1952	
李陈宝琪	史地	1948~1952	1938 年中西女中毕业
王征兰	数学	1948~1952	
陈家芝	语文	1949~	
沈淑敏	生物	1949~	
王文珍	数学	1949~	
马福祥	政治	1949~1950	
王宣之	生物	1949~1951	

蒋心英	英语	1949~1952	
刘祖信	体育主任	1949~1952	
钱青	语文	1949~1952	
王薇贞	数学	1949~1952	
谢芳蓉	地理	1949~1952	
徐尚均	物理	1948~1952	1940 年圣约翰大学毕业
张铠	数学	1949~1952	
朱琴珊	英文	1949~1952	1926 年中西女中毕业，留美
蔡乃焕	地理	1949~1952	
陈霙	化学	1950~1952	
戴惠英	卫生室	1950~1952	
傅晓清	语文	1950~1952	
韩昭	数学	1950~1952	
何友冰	历史	1950~1952	
洪之阶	英文	1950~1952	
胡慧珍	教务处	1950~1952	
季素瑠	语文	1950~1952	
金宝珍	数学	1950~1952	
王永慧	语文	1950~1952	
王誌平	体育卫生室	1950~1952	
吴玉仙	语文图书馆	1950~1952	
徐静娟	生物	1950~1952	
徐元璞	地理	1950~1952	
姚肇均	语文	1950~1952	
章星	数学	1950~1952	
朱尧文	数学	1950~1952	

中西女中外籍教师一览表

姓名	中文名字	职务	任职时间
Laura Haygood	(海淑德)	校长	1892~1894
Helen Richardson	(莲吉生)	校长	1894~1917
Alice Waters	(瓦特)	校长	1917~1918
Martha Pyle	(派尔)	校长	1919~1924
Lois Cooper	(库珀)	校长	1924~1925
Sallie Lou Machinnon	(麦金诺)	校长	1925~1929
Miss Hughes		英文	1892~
Mrs. Gaither		英文	1892~
Miss Bomar		英文	1892~
Miss Reynolds		音乐	1892~
Miss McClellan		英文	1892~
Miss Johnston		英文	1892~
Dr. Macleod (男)		牧师	1892~
Bishop Key (男)		主教	1892~
Emma. Service. Lester	(李淑德)	英文	1906~1929
White		唱歌	1917~
Mcrriel Smith	(苏美德)	钢琴教员	1914~1951
Mrs.Richardson		家政	1917~
Claibornf		科学	1917~
L. I. Tuttle	(德丽霞)	英文兼历史	1917~1941
Julie. M. Wasson	(王紫英)	数学、宗教、英语	1917~1951
F. Chuhorne		理科	1924~
M. Hixson	(海森美)	理科、地理	1924~1928
Margueriie H. Clarke	(柯雅德)	历史兼社会学、英文	1924~1931
L. V. Mitchell	(密素兰)	圣经兼附属小学顾问	1924~1925
C. T. Park		游艺	1924~
Mrs. G. Strobe		唱歌	1925~1927
Mademoiselle Legrand		法文	1925~
F Honey		琴科	1925~
Mr.J H H Berkman	(裴格萌先生)	圣经	1925~
M.E. Sohenck	(金美丽)	体育	1925~
Haberer		小提琴	1925~
Ruth Longden	(耶累得)	英文	1925~
I.R.Gailey	(格蔼仁)	英语、法语	1925~
E.A.mosher		英语	1927~

Louise Ballard		英语	1927~
Modemoiselle Le Grand		法语	1927~
Jessie Bloodworth		英文	1927~1928
A.Bourdin		英文	1928~
Ethel Bost		英文	1928~
Rose Hoffman Lobinstein		英文	1928~
Virginia A. Posey		英文	1928~
A.H.Swan		英文	1928~
M.S.Mitchell		英文	1928~
Rr.M.B.Sloon		牧师	1928~
Mrs.William Lyle	（籁而夫人）	唱歌	1929~
Myra Bancroft Olive	（林美德）	唱歌	1929~1937
Mable West	（魏美德）	教育学	1929~
Rev. S. R. Anderson		牧师	1929~1933
Dita Tenger	（谭德泰）	体育	1929~
M. D. Overall	（夏美迪）	英语	1929~1934
M.Harmon	（贺女士）	英语	1929~
L.Robinson	（殷罗德）	英语、英语主任	1929~1951
Jean F.Craig	（葛继恩）	英语、宗教	1929~1951
Mlle.A.Simonet		法语	1931~
Mrs.Woo		体育	1931~
Mr. Vas Heyst		小提琴	1931~1939
D. Jesctr		英文	1931~
Christine Brunkmier	（如客厅）	英语	1931~
Pearlk McCain	（梅敏珠）	英语	1931~1933
C.Chapman		钢琴	1933~
Mrs. C. Harris		钢琴	1933~1935
Bishop P.Kern		牧师	1933~
Mary Blackford	（费雪珍）	历史与社会、英文、宗教	1934~1951
Mrs. E.L. Blum		舞蹈、体育	1934~1936
E. M. Barnett		英语、体育	1934~1935
Sue S.Stanford	（傅希本）	英语	1934~1938
Margaret Marshall		英语、家庭经济	1934~1935
Mary O.Holler		英语	1935~1936
Mrs. J. McNeill		牧师	1936~
Rose V. Stallings		体育、家政	1936~1938
Mrs. Wyatt		小提琴	1936~

续表

Elizabeth Read		艺术	1936~1937
W.F.Harris		艺术、音乐	1936~
C. Chapman		音乐	1936~
Louiss Manget		音乐	1937~1939
Mrs. J. E. Badeley		音乐	1937~
Mrs. J.S. Brenneman		英语	1937~
Stallings		家政	1938~
R.M. Butler	（白露薇）	音乐、音乐主任	1938~1951
Knobles		英语	1938~
Oliphint		英语	1938~
Mes Dunlap		艺术	1939~
Mayes		英语	1939~
Annie Eloise Bradshaw		地理	1940~
Mrs. Bella Resek		音乐	1940~
Rose Waldron		音乐	1940~
Louise Killingsworth	（季凌云）	英语	1940~1951
Mary Winn		英语	1940~
Susie Mayes		英语	1940~
A. Alsup		英文家政	1946~1951
Mes. Skott		家政	1947~
R. Harris	（韩瑞士）	音乐	1948~

后 记

从2014年9月启动编写《中西女中》系列书以来，上海同学会和美国西部中西同学会同时开始工作，经过15个月的发动、征稿、协商合作，终于将这三本共45万字的校史和回忆文集按照原定计划完成了。

这三本书凝聚了近千名中西校友的心愿。早在2012年10月美国西部中西同学会会长陈晋明就向学校提出保存中西历史的建议，三年零八个月后，这个愿望终于得以实现。

在中西女中60年的历史中，其教育理念、教学实践，值得书写和借鉴的地方很多。撰写中西校史首先应以形象的第一手原始资料客观地展示她的原貌。每一个历史叙述都应有原始材料佐证其真实性。中西女中校史应是一部既能经受历史检验的史料性书籍，又是一部雅俗共赏的普及型读物。

中西女中留存的历史资料不少，从1917年《墨梯》创刊号起，到1948年的31年间，共出版了27册年刊，几乎涵盖了中西历史的二分之一时间，忠实地记录了当时学校的教育方针、学习情况和校园生活，还刊登有很多照片，给我们留下了中西校史的真实见证和写作校史的宝贵依据。

除了《墨梯》外，还有许多资料的来源。自1984年上海中西、圣玛利亚、市三女中同学会成立后，与港澳台及世界各国的中西校友会加强了沟通。1992年美国西部校友会陈晋明会长和印第安纳大学Heidi Ross教授对在美国的部分校友进行采访，留下了一本中西校友口述史*Telling Women's Lives: In Search of McTyeire 1892~1992*；2002年由乌美媚副校长主编《百年女中》，征集了许多各届校友的回忆文章；沈淼莲老师退休后从1991年开始用二十年的时间，义务做了近百本校史照片集和专题文件夹，将一页页看似杂乱的纸片整理成可利用的文档。这些工作都为这次抢救中西历史打下了基础。

我第一次接触中西女中历史是在上世纪八十年代中，学校委托我去参与上海地方志编

写工作，主要是写校史和薛正校长小传等，我得到了薛正校长的亲自指导。那一段时间里，薛校长正好住在华山医院，她对我讲了很多早期校友的成就，我第一次听说中国女子银行行长严顺贞，中国第一位女律师程修龄和她的剧本《Two Too Many》，日本张夫人餐厅的创办人谈掌珠，台湾女企业家吴舜文，旅美画家张荔英等校友的故事轶闻。薛正校长并将登载有“我所知道的中西女中”一文的《上海文史资料》1978 年第 2 期给我做参考。她知道我从上海市教育局有关部门取回了一批中西女中的年刊《墨梯》时非常高兴，她翻开自己收藏的 1936 年圣玛利亚年刊《凤藻》给我看张爱玲的文章，给我讲张爱玲和柯灵的友谊，以及她自己和柯灵的交往。在与薛校长相处的那些日子使我深感她对我的信任和期待。

自 1992 年百年校庆到 2012 年 120 周年校庆期间，曾举办过 5 次大的校庆活动，我都参与了校史展览的编辑工作，对校史资料进行了反复的搜索。但是由于每次时间都很仓促，从未对资料进行过细致的研究。这次由中西校友发起的保存中西校史的工作不仅大大丰富了中西女中的校史资料，而且促使我对这些资料进行了细致的阅读和研究，不仅有了很多新的认识，而且还有新的发现。

在《墨梯》中发现最早的校史是由历史教师 L. T. Tuttle(德丽霞) 在 1936 年写的“A Brief History of McTyeire School”(《中西女中简史》)。德丽霞是中西早期的美国教师，1917 年之前就在中西女塾任教，1941 年太平洋战争爆发后离开中国。在 1917 年《墨梯》创刊号上的教师照片中就有她，她的回忆比较准确可靠。1982 年原中西英文、宗教教师 Jean F.Craig(葛继恩) 在访问了上海市第三女子中学以后，回到美国写了 *McTyeire School 1892~1982: Ninety Years Ago and Now*(《中西女中 1892-1982：九十年前及现在》) 一文，回忆了中西女中的校史并谈了访问市三女中的感想。葛继恩是 1929 年来到中西女中的，在中西女中任教了 22 年，1951 年回国。此外薛正校长写的《我所知道的中西女中》较详细地叙述了中西女中的历史。薛正 1932 年从燕京大学教育系毕业后即到中西女中任教，从 1936 年底开始任中西女中校长，1952 年后任上海市第三女子中学副校长、校长，1984 年起任名誉校长，直至终身。她将 63 年的生命都贡献给了这所学校。她写的这篇文章是编撰中西校史的重要参考。

中西女中是一所在外人眼中有些神秘的学校，也是一所有很鲜明特色的学校，正因如此，研究中西者大有人在，从网络上就可以找到不少有关的文章。但从史料的角度看往往有许多错误的说法和理解。要使中西校史具有史料价值，必须对资料从深度和细节上进行挖掘。为此我有一个多月的时间完全沉浸在上海档案馆和上海图书馆里。上海档案馆虽然有比较齐全的中西女中资料，但是都已经做成缩微胶卷，只能在昏暗的缩微阅读

机上阅读，并用手工抄录，回来后再做成电子档案。上海图书馆民国时期的报刊比较齐全，但要找到所需的资料犹如在浩瀚的大海中寻找珍珠，需要投入大量的时间和精力。

然而令人欣慰的是，这些功夫没有白费，2015 年 7 月初，当我尝试着将写好的第一章的第 1、2 小节发给张珑老师后，第二天就接到回信，说美国工作小组看了很认可，说我旗开得胜了。得到了认可后，我信心倍增。中西校史，看似资料很多，实际写起来，每一个章节在动笔之前脑子里都是一片空白，先要做好有关资料的汇总工作，将资料细细分析，从中找出有用的信息，然后才能进入写作。有时对于一个年份，一个人物有疑问，要查询不同的资料，和各届校友交流，综合分析各种信息，求得准确的结论，力求做到书中的每一个年份，每一个人物，每一条信息，每一种说法都有可靠的依据，经得起推敲，经得起历史的检验。

感谢张珑老师对每一章节史料的核实和文字的修改；感谢九五高龄的曹宝贞老师写来长信为校史修改提出建议；感谢何亚男老师的批注和修改意见；感谢司罗素老师打来的鼓励电话；感谢所有的中西校友们，她们的信任和热情支持，是我写作校史的动力；校友们积极撰稿，让中西女中成功的教育理念得以留存，我想这也正是薛正校长生前所期待的吧。

中西女中是一所在半殖民地半封建的中国由外国教会开办的学校，办学的初衷是为中国上层社会培养通晓西方文化的淑女，扩大西方势力在中国的影响，然而随着中国社会的变化和中西女中老师们成功的全面发展教育，这批通晓英语，知晓西方科学文化，见识广泛的才女们自立自强，她们在科技、医学、外交、文化艺术、教育等各行各业做出了出色的成绩。更值得一提的是，原来在社会上一直被认为是贵族女子学校的中西女中，早在上世纪三、四十年代，面临日寇侵略，国破家亡的危难关头，就走出了一批投身于民族独立和人民解放的先锋战士，她们是中西女中的骄傲。中西 1950 届瞿明明以强烈的社会责任感，花了数年的时间进行调查，写出了“中西女中爱国学生运动的回顾”调查报告，为我们留下了这方面的资料。她们是民族的精英，但是由于后来几次针对知识分子的运动，她们中的一部分人受到了不公正的对待，她们全心全意为国家为人民的高尚精神境界被人误解，她们崇高的献身精神被人怀疑。但是她们忍辱负重、顾全大局、坚持信仰。她们的英名理应在中西校史上留存。为她们正名，弘扬她们高尚的人格，也是《中西女中》的一个重要内容。

陈瑾瑜

(2016 年 1 月 24 日)

蒲公英嘉年华

[日] 安昼安子 著
莞合 译

山东人民出版社 · 济南
国家一级出版社 全国百佳图书出版单位

目录

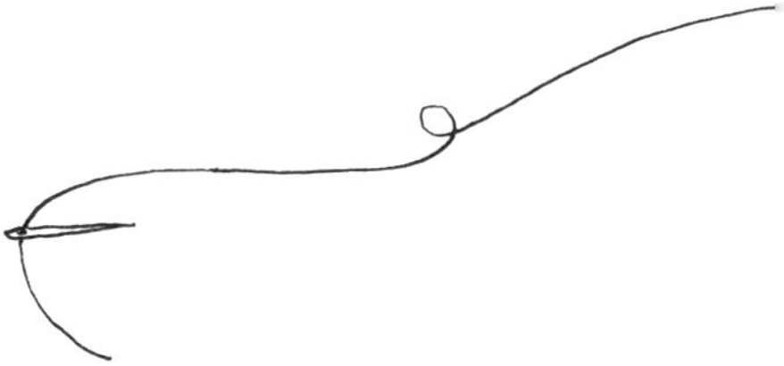

什么都行魔法商店14
蒲公英嘉年华

1

蒲公英嘉年华

南风才刚刚吹来，森林便迫不及待地洋溢起春天的气息。虽然偶尔还是会感到寒冷，但温暖的季节即将到来。

“知道春天就要来了，心情也跟着愉悦起来，真是让人兴奋啊！”

奈奈蹦蹦跳跳地前往礼服修改分店。一打

开门，让奈奈更加兴奋的景象立刻映入眼帘。

“欢迎光临，奈奈大人。”

一如往常，可冬开门迎接奈奈。可是他背后的桌子跟以往不太一样。桌子上堆满了黄色的丝线、黄色的缎带、黄色的光滑缎子，以及黄色的格子或花纹的布料。

“你们是在为蒲公英嘉年华做准备吧！”

奈奈的眼睛闪闪发亮。

“是的，奈奈大人。修改嘉年华礼服的订单，马上就要来了，所以在下现在正在检查材料是否齐全。”

可冬再次将黄色的丝线数过一遍后，将统计数量的笔记本合上。

蒲公英嘉年华是森林里的动物跟精灵为了庆祝春天的到来所举行的庆典。每年到了

这个时候，礼服修改分店都会变得很忙碌。

森林里的各种动物和精灵会绞尽脑汁，思考在蒲公英嘉年华时该穿什么样的礼服。

不过，并不是每个森林都举办蒲公英庆典，有些地方举办的是蓝铃花或铃兰的庆典。

但不管怎么说，以蒲公英来欢迎春姑娘到来的森林，占绝大多数。

因为在蒲公英嘉年华上有穿黄色礼服的传统，所以拿来修改的礼服大部分是黄色的。

“已经有三件修改好了，奈奈大人。”

正如可冬所说，一些性急的小动物拿来的黄色礼服，已经被修改得很漂亮，摆放在窗边了。

在蒲公英嘉年华开始之前，一定还会有

更多礼服需要修改。所以，可冬为了确保材料充足，一直在忙碌着。

“今年或许会比往年更忙碌吧？”

可冬一边泡茶，一边回答小丝：

“是的，小丝大人。因为今年的蒲公英嘉年华很特别。”

奈奈听到“特别”两个字，眼睛都亮起来了。因为对奈奈来说，光是嘉年华，就让她觉得足够特别了。

“是怎么个特别法？”

“今年，在蒲公英的洼地里，发出金色光芒的花蕾正含苞待放哦，奈奈大人。”

“发出金色光芒的花蕾？”

“嗯，是幸福蒲公英的花蕾。应该有十年左右没在这片森林的洼地开花了吧？”

听了小丝的说明，奈奈的眼睛瞪得又圆又大。可冬将一杯香气四溢的茶交给她，说：

“请喝茶，奈奈大人。据说幸福蒲公英是在蒲公英洼地开花的‘奇妙’蒲公英。开花的时候，会发出金色的光芒，还会帮助被

光芒包围的人实现愿望哦。”

“哇！好浪漫！”

奈奈旁边的小丝听了，说道：

“不过，这只是传说，可冬。愿望并不是真的实现了，那只是魔法而已。”

“尽管如此，你不觉得很棒吗？愿望这东西，有一半就像跟自己做约定一样。为了实现愿望，自己就得好好努力呀！”

“我还是第一次听到这种说法。人类真是奇怪。”

因为小丝是魔女，所以她觉得许下怎么也不会实现的愿望这种事很愚蠢。

可是奈奈还在想着刚刚自己说的那番话。她看着桌上摆放的黄色蕾丝、串珠，以及从深色到浅色的丝线和缎带，发出憧憬的叹息。

“有蒲公英嘉年华，真好。”

小丝听了，喝口茶，稍微思考了一下后说：

“那么，奈奈要不要也一起去？要穿什

么样的礼服呢？要赶快做决定，不然就来不及了。”

奈奈吃惊地瞪大眼睛。

2

要穿什么样的礼服呢?

“你会帮我做礼服，对吧，小丝？”

“不，是我们一起做。”

这时，浮现在奈奈脑海的，是她第一次帮小丝修改的那件熊小姐的拼布礼服。那样漂亮的礼服，这次自己也可以穿上了。

“好开心啊！谢谢你，小丝！我最喜

欢你了！”

被奈奈抱着的小丝，脸都红了。站在一旁的可冬，满脸笑容地指着时尚杂志说：

“在下很期待呢，奈奈大人。您想要什么样的礼服呢？”

杂志的封面上写着“蒲公英嘉年华特辑”，里面刊登的，是穿着美丽黄色礼服的

精灵和魔女的照片。

“哇，好美！”

一页页杂志翻下去，奈奈的双眸愈发炯炯有神。一件又一件优雅的公主裙，夺走了奈奈全部的目光。

“这个很漂亮，那个也很可爱。但是，我也想穿成这样……在魔女与精灵间，很流行这种款式，对吧？”

奈奈的期待越来越多。那可是著名的裁缝魔女小丝要帮她制作礼服呀！而且，不管是谁，在选择礼服时，总会考虑很多，以选出一件让自己看起来最出色、最漂亮的礼服。

奈奈将要翻开第五本杂志时，茶已经完全冷掉了，小丝的眉毛不耐烦地皱起。

魔女风格
魔女
风格
3
3

“奈奈，看着杂志的礼服，考虑这件好还是那件好，或者过分地追逐流行，都是不太好的。”

“没错，奈奈大人。应该要把‘我想穿这样的礼服’的想法，放在第一顺位。”

“可是……看了这么多美丽的礼服之后，我已经不晓得自己想穿什么了。好像每一件都很好。”

刚开始十分开心的奈奈，双眉不知何时皱了起来。

这时，门外传来敲门声。

有客人来了。

“欢迎光临，贵客大人。”

稍微打开门，往里面探头看的客人，是一只小狐狸。

她手上抱着一件黄色礼服，果然也是为了修改蒲公英嘉年华的礼服而来的。

“午安，裁缝魔女大人，我叫苏菲亚。希望您能帮我修改礼服。”

苏菲亚跟大部分动物一样，对小丝恭敬地鞠躬行礼。

可冬收下礼服，苏菲亚的礼服看起来似乎穿过好几次了。

“这是三年前做的礼服。”

奈奈心想，都这么久了，苏菲亚想要修改这件礼服也是正常的。

这虽然不是一件破旧的礼服，却也找不出称得上漂亮的地方，是件非常普通，在蒲

公英嘉年华上随处可见的裙子。在每年的蒲公英嘉年华举办之前，要定做新的黄色礼服的时髦动物不在少数。在第二次、第三次穿上这件礼服时，苏菲亚会不会

想，“如果能穿上新制的礼服，该多好啊”。

可冬请苏菲亚坐下，并递给她一杯茶后，小丝立刻说：

“你想改成什么样？”

3

苏菲亚的订单

被问到要怎么修改礼服时，苏菲亚却没有出声。

由于苏菲亚沉默了太久，因此可冬问道：

“改得更可爱一点儿怎么样，苏菲亚大人？”

苏菲亚却低下头，小声地说：

“嗯，这样的话也不错，仆猫先生。可是，我不想让朋友觉得太花哨……”

“那就改得成熟一点儿。”

小丝用有点儿不耐烦的语调接着说。

可是对于这个建议，苏菲亚却这么回答：

“确实，这么修改的话也很好，裁缝魔女大人。可是，我不想让朋友觉得自己明明不适合，却要硬穿……”

小丝的眉毛不高兴地抬起，这是她心情变差的提示。

所以，这回换成奈奈亲切地发问：

“苏菲亚，想要怎么修改都可以哦。小丝一定能把它修改成蒲公英嘉年华里，最受瞩

目的漂亮礼服。”

苏菲亚听了，慌张地说：“我不要最受瞩目，万万不可！我要是穿上这样的礼服，人家会怎么想……”

“咦？你不想将礼服改漂亮吗？”

奈奈不可思议地看着苏菲亚。

“不行！要是穿上最受瞩目的礼服，或许会被朋友认为我爱表现。”

“那么，要

改得更朴素吗，苏菲

亚大人？这件礼服的样式，已经非常……那个……怎么说呢……素净了。”

可冬似乎是难以说出口似的，清了清喉咙。

苏菲亚立刻摇摇头。

“那样也很伤脑筋，因为我不想让同伴认为自己没有品位。”

小丝、奈奈和可冬面面相觑。

苏菲亚来到店里，一直是这副模样，不断地重复“或许人家会这么想，不想被人家认为是那样……”这些话。

看着愁眉不展，迟迟做不了决定的苏菲亚，奈奈鼓励道：

“苏菲亚，你必须对自己有信心才行。

我觉得，不管穿什么样的礼服，你的朋友都不会觉得奇怪，一定会称赞你的。”

“真的吗？”

“当然喽！如果你还是介意的话，就把想穿这件礼服的理由告诉朋友。他们应该不会说不好听的话才对，一定会跟平常一样。只要你诚实说出心里的想法，就足够了。”

“我没办法诚实地说出心里的想法啊！要是被大家认为很奇怪的话，我会感到很困扰。”

又回到原点了。奈奈和可冬叹了一口气。

“如果没办法说出自己的想法，或许表示苏菲亚并没有可以称得上‘好友’的朋友。”

想到这里，奈奈开始觉得苏菲亚有点儿可怜了。

可是，小丝似乎不这么认为。她已经受够了这个麻烦的客人，于是说：

“这样的话，苏菲亚，那就不用修改，直接穿怎么样？”

苏菲亚听了小丝的话，陷入沉思，最后抬起头看着大家。

“即使花哨，也不会让朋友认为我明明不适合，却要硬穿；既不会让朋友觉得我爱表现，也不会让他们觉得我没有品位。不论是谁，都认为这是不错的礼服。对了！请在礼服上使用‘大家都会赞赏’的魔法。”

在礼服修改分店，是绝对不会接受要求在礼服上使用魔法的订单的。奈奈心想，小丝一定会生气地把苏菲亚赶走。

可是，小丝依然交叉着双手，点了点头。

“大家都会赞赏你的，苏菲亚。我接下这个订单了。”

苏菲亚终于能抛开烦恼，松一口气了。最后，她开心地笑着，回到了森林。

奈奈一边喝着可冬重新泡的茶，一边不高兴地看着小丝。

“小丝，在礼服上使用‘大家都会赞赏’的魔法，并不好吧？”

可是，小丝只是耸耸肩。

“是吗？你不觉得这是每个人都会有的愿望吗？苏菲亚只是过分了一点儿而已。”

4

奈奈想穿的礼服

当天晚上。

奈奈回家之后，满脑子想的仍是蒲公英嘉年华礼服的事情。只要她闭上眼睛，时尚杂志里的美丽礼服就会一件接一件地在脑海浮现。

“要请小丝帮我做什么样的礼服呢？只

能选一件，真是太难了。要走可爱风，使用很多褶边吗？还是走成熟风，使用光滑的缎子呢？还是……”

突然，奈奈吃惊地屏住呼吸，因为她想起了今天小丝说的最后一句话。

“就像小丝说的一样，希望穿上新礼服，得到大家称赞的，不止苏菲亚。不管是谁，都是这么期待的。因为，现在的我就是这样啊！”

正因为有这样的想法，才迟迟做不出决定。

想到这里，奈奈羞愧得脸都红了。

“在选择礼服时，我并没有思考自己想穿什么，反倒一直纠结究竟哪一件会让

大家觉得漂亮。我跟苏菲亚一样啊！”

说罢，奈奈再次想起小丝跟可冬的建议。

小丝说过分追逐流行是不好的，可冬则告诉她应该要把“我想穿这样的礼服”的想法，放在第一顺位。

“对，如果一味考虑别人会怎么看的话，什么决定也做不了。只考虑自己想怎么穿，就能做出属于自己风格的礼服了。”

注意到这一点后，奈奈的犹豫竟然立刻消失得无影无踪。

“苏菲亚应该也会有‘我想这么穿’的想法才对。她只是过分在意朋友的看法，而没注意到罢了。”

虽然这么想，可是苏菲亚想穿的那件礼服到底是什么模样，奈奈怎么也想象不出来。

5

蒲公英的绒毛

要前往礼服修改分店的奈奈，一踏进森林，就感觉今天比昨天多了许多春天的气息。阳光穿过树叶间的缝隙，洒向地面。绽放的黄色花朵，四处可见。

“啊，蒲公英已经开始开花了。”

奈奈在一朵蒲公英前坐下，而原本在那

鲜艳的黄色花朵四周飞舞的蜜蜂，慌慌张张地飞开了。

“咦？注意到蒲公英的，似乎不止我一个人。”

在前方的向阳处，奈奈看到一只毛色十分漂亮的咖啡色动物，是她认识的小狐狸。

“苏菲亚！”

苏菲亚听到奈奈的声音，抬起头来微笑着说：“午安，奈

奈小姐。”

苏菲亚手上拿着已经变成绒毛球的蒲公英。

“请看，奈奈小姐。这是今年最早变成绒毛球的蒲公英哦。”

“哎呀！真是相当性急的蒲公英呢。”

奈奈笑着说道，苏菲亚开心地点点头。

“我只要看到变成绒毛球的蒲公英，就会这样帮它们。”

苏菲亚说完，深吸一口气，然后呼地朝绒毛球用力吹过去。

才想着绒毛会不会像云朵一样扩散开来，转眼间，它们已经轻盈地飞向天空了。

“再见，蒲公英！请代我向住在远方某处的动物问好。”

苏菲亚说着，朝绒毛挥挥手。绒毛像是在回应苏菲亚一样，转着圈圈，展开它们的旅程。

“蒲公英真的很棒。刚刚奈奈小姐看到的蒲公英，或许也是远方某处森林里的动物吹了绒毛球，而飞来这里的种子长出来的，对吧？那是什么样的动物呢？一想到这里，我就会很开心。”

奈奈还是第一次听到苏菲亚这么清楚地表达自己的意见。

可是，当苏菲亚注意到奈奈吃惊地凝视

自己后，她一脸“糟了”的模样，像平常一样低下头。

“刚刚说了这些话，奈奈小姐会不会以为我很奇怪？”

“奇怪？”奈奈大喊，“怎么会奇怪！你非常棒哦，苏菲亚。我从来没有以这样的方式思考问题，蒲公英这种植物真是浪漫呢。”

苏菲亚打从心底开心地笑了。

“蒲公英为了让大家看到漂亮的黄色花朵，所以变成带着绒毛的种子，从遥远的地方旅行来到这里。花开完之后，又变成绒毛，展开新的旅程。

“所以，为了答谢蒲公英为我们开出这么美丽的花，我都会这么做，为它们的旅程助一臂之力。

“大家都会穿上黄色的礼服，庆祝春天来临。我也非常喜欢蒲公英，但是，我真正喜欢的，是开完花后，变成雪白绒毛球模样的蒲公英。

“虽然它们没有多彩的颜色，也没有光泽，却是勇敢的旅人，非常有勇士的风格。奈奈小姐也会参加嘉年华吧？”

“当然！我非常期待。小丝要帮我做礼服哦，要做怎样的礼服，我已经决定好了。”

苏菲亚叹了一口气，低下头。

“这样啊……能好好做出决定，真令人羡慕。哪像我，一直没办法做出决定。”

“不过，苏菲亚，你并非完全没法做出决定哦。因为，正是你决定不想穿跟去年一样的礼服啊！”

“……是啊，谢谢奈奈小姐。”

苏菲亚说完后，就没再开口。奈奈心里想：“苏菲亚是不是很想‘改变’，哪怕只有一点点也好呢？所以，她才想在礼服上做些修改。”

跟苏菲亚道别后，奈奈在前往礼服修改分店的路上，默默地对自己说：

“礼服修改分店是真正有需要的人才进得来，所以我们一定有帮助苏菲亚的必要。”

就像苏菲亚帮蒲公英的绒毛展开旅途一样，奈奈也想要帮苏菲亚得到幸福。

“想要这样的话，光使用‘大家都会赞赏’的魔法，并不是好办法啊……”

为什么小丝要答应在礼服上使用这样的魔法，奈奈一点儿都不清楚。

6

奈奈的订单

奈奈一推开礼服修改分店的门，就看到小丝正在素描本上画苏菲亚的礼服设计图。

地上是一堆又一堆的纸团，全是小丝因为不满意设计而撕下来的素描纸揉成的。

“小丝，看来你似乎没有什么好想法呢。”

“说得没错，奈奈。我要休息一下，下午茶时间到了。”

小丝叹了一口气，丢掉铅笔。

“不想可爱花哨，也不要成熟风。不想让人眼前一亮，却又要不失品位……我还是第一次遇到这种订单。”

桌子的旁边，放着被魔法顶针呼唤出来的苏菲亚模特架。苏菲亚带来的那件不起眼的礼服正套在上面。

奈奈看到这个情形，开始感到不安。要是一直没有好主意的话，小丝搞不好就不为这件不起眼的礼服做修改了，万一她直接施上“大家都会赞赏”的魔法，然后还给苏菲亚……

“小丝，绝对不可以使用‘大家都会赞

赏’的魔法哦！”

奈奈一边喝着可冬泡的茶，一边凝视着小丝，继续说：

“苏菲亚不是随时随地都很在意朋友对她的看法吗？如果用魔法来解决这个问题，是不对的。这种事必须经她本人好好

改正才行。”

“是吗？”

“是啊，小丝。因为苏菲亚太过在意朋友的看法，才会不知道自己想要什么。”

“奈奈不也是一样吗？”

被小丝这么一说，奈奈立刻满脸通红。

“以前虽然一样，现在却不同了！因为，我已经想好要穿什么样的礼服了。”

可冬听了，停下倒茶的手，认真地看着奈奈：

“奈奈大人，那是什么样的礼服呢？”

小丝也目不转睛地看着奈奈。奈奈不好意思地说：

“这个嘛，就跟熊小姐修改的礼服一样，是拼布礼服。”

奈奈终于想起，当她最初听到蒲公英嘉年华的礼服时，首先浮上脑海的是什么样的礼服。

“我也想穿上那样的礼服。因为那件礼服非常可爱，而且对我而言，是很特别的存在。”

奈奈无法忘记帮熊小姐修改礼服那天发生的事。那件礼服是她跟小丝一起修改的第一件礼服。而且最重要的是，那时想要跟小丝成为朋友的心情，她至今仍记得很清楚。

小丝有点儿开心地笑了起来，两颊微微变红，然后以一贯的语调说：

“可是，完全一样的款式很无趣。不做一件适合奈奈的礼服不行啊！”

“嗯，是啊。而且，我觉得应该设计得方

便我活动，或是能直接让我坐在草地上比较好。所以，请帮我设计这样的礼服。真期待嘉年华的到来！”

“真是太好了！奈奈大人。”对于奈奈决定好的事情，可冬把它当作自己的事情一样高兴。

“在下真是越来越期待嘉年华的到来了。小丝大人，在今年的嘉年华上，就让在下准备大一点儿的篮子，装满各种美食吧。”

小丝并没有回答干劲儿十足的可冬，反而，她轻轻地叹了一口气。

“可是在那之前，必须先设计好苏菲亚

的礼服，这个比较难。因为我对苏菲亚的事情一无所知啊！”

奈奈听了，身子前倾。

“小丝，我今天听苏菲亚说了一些有趣的事。借着这些事，或许我们可以稍微了解一下她。”

“什么事呢，奈奈大人？”

“苏菲亚说，比起黄色的花朵，她更喜欢变成绒毛球的蒲公英。”奈奈将刚才苏菲亚讲的一番话，复述了一遍。

小丝悠闲地喝一口茶后，轻轻地点点头。

“苏菲亚一定很羡慕能出去旅行的蒲公英吧。对苏菲亚而言，蒲公英不仅仅是春天的使者而已。”

小丝稍微思考一会儿，立刻拿起笔，在素描本上画起了设计图。这副投入的模样，真令人难以相信刚刚她还一点儿头绪都没有。

7

“不是全黄”的礼服

设计图转眼间就画好了，那是件足以令人睁大眼睛的美丽礼服。

“你们觉得如何，奈奈、可冬？”

他俩被问到这个问题，伤脑筋地看着对方。当然，礼服的设计是无可挑剔的。但是，小丝似乎忘了重要的事情。

可冬不好意思地说：

“这是非常出色的设计，小丝大人。只是，有一点儿小问题……”

奈奈也轻轻地点头。

“比起黄色的部分，这件礼服白色的部分好像更显眼一些。”

蒲公英嘉年华是动物或者精灵们穿着黄

色的礼服，庆祝春天来临的庆典。

可是这件礼服在上半身与下摆，都大量使用了绒毛般白色毛茸茸的东西。那毛茸茸的东西，是由羽毛、柔软的蕾丝，以及像是缠绕着雾般的毛线做成的。

虽然整件礼服的白色部分较多，不过确实是一件十分出色的礼服。

No.

委托人	苏菲亚
穿着对象	苏菲亚
目的	蒲公英嘉年华的礼服

备忘录

◎缎带

系在脖子后面

◎朝露串珠

（向日葵的

朝露）

◎毛茸茸

要白色，而且轻飘飘！

（用羽毛、蕾丝、毛线制作）

负责人 Silk

样本

“白色毛茸茸的部分虽然过于显眼，不过不用担心，因为这是件‘绒毛礼服’。”

小丝完全不在意奈奈和可冬的意见，她戴上黑猫顶针，敲了敲素描本。然后一如往常，素描本里的苏菲亚从纸上立起，轻飘飘地跳起舞来。

这种不可思议的舞蹈，经常让奈奈看得入迷，属于这件礼服的舞蹈，也让奈奈跟可冬着迷了。

礼服每次摆动，像绒毛般毛茸茸的地方就会轻轻地飞舞，好像就要这样直接飞到天上似的。

“好漂亮……”

“非常出色，小丝大人。”

奈奈和可冬陶醉其中，完全忘记礼服白

色部分显眼的事了。

“苏菲亚需要一件‘不是全黄’的礼服。”

小丝只说了这句话，然后再次用顶针敲击素描本，让正在跳舞的苏菲亚回到纸上。

“好了，奈奈、可冬，我们开始修改礼服吧。”

奈奈用力地点点头后，将套在模特架上的礼服与小丝画的设计图进行对比。

“设计图上的礼服，比原来的礼服还要蓬呢，要接上布加宽吗？”

“不，奈奈，做法更简单。原来礼服的设计虽然简约，但是裙子使用了大量的布。”

小丝说着，将裙摆往上拉，“裙摆拉到腰间都没问题”。

“哇，裙子可以延展的幅度很大呢。”

“是啊，奈奈。所以，只要做个裙撑，原礼服就能成为蓬蓬裙了。”

所谓“裙撑”，是为了让裙子变蓬，而放在礼服里的东西。小丝将好几层的薄纱层层缝上，做成蓬蓬的裙撑，再将裙撑装在裙子的内侧。

很快，一件普通的裙子摇身一变，就成为蓬蓬的优雅礼服了。

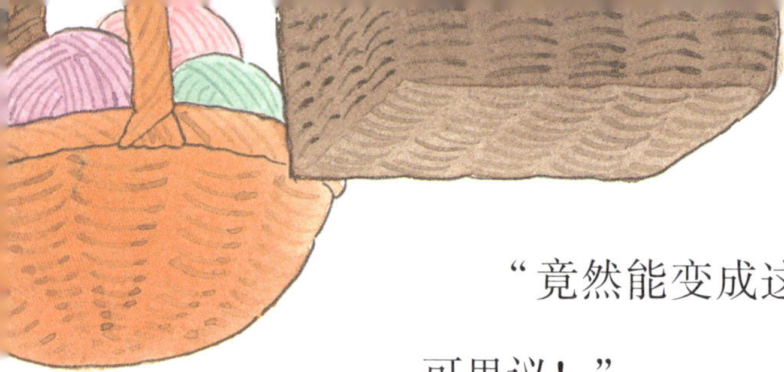

“竟然能变成这样，真是不可思议！”

奈奈惊讶地说完后，小丝微微地笑了。

“腰部以上也要修改，要露出肩膀。”

小丝将领口以上的部分剪下，缝上黄色缎带，缎带是要系在脖子后面的。

这个做法，不仅增加了礼服的可爱感，而且让礼服看起来非常高雅。

“嗯！好漂亮，小丝。”

奈奈觉得，这件礼服似乎比素描本上的设计图还要漂亮。

“快点儿缝上毛茸茸的东西让我们看看吧！小丝。”

可是，小丝把针轻轻放下了。

“奈奈，我虽然想这么做，但是店里毛茸茸材料的库存并不够。现在这里有的，只有黄色的东西而已。而且，这个毛茸茸的部分，我想利用其他特殊的材料制作。”

奈奈听了小丝的话，不解地看向她，可冬却笑着点头。

“在下正在思考，这个毛茸茸的材料，

利用‘雾之安哥拉羊毛’或‘雪孔雀的宝宝羽毛’是否合适，您认为如何呢，小丝大人？”

“是啊，可冬。我也正想到这些呢。”

8

雪孔雀的宝宝羽毛

“‘雾之安哥拉羊毛’和‘雪孔雀的宝宝羽毛’？总觉得这两样东西都是纯白的……”

在小丝的世界里，有一堆奈奈不知道且不可思议的东西。

“是的，奈奈大人。所谓‘安哥拉羊毛’，是用松软的细毛捻制而成的毛线，而

‘雾之安哥拉羊毛’，正如其名，是在毛线的四周缠绕真正的雾而制成的。‘雾之安哥拉羊毛’虽然以美丽的湖泊或河流的雾来缠绕，却因雾的不同，在价格上有所差异。”

“这件礼服比较适合使用浓雾缠绕的‘安哥拉羊毛’。对，我要‘牛奶湖’的‘雾之安哥拉羊毛’。这是‘雾之安哥拉羊毛’中最高档的。”

可冬点点头，开始了外出的准备。

“那么，在下迅速前往魔法市场，购买‘雾之安哥拉羊毛’。”

奈奈听到魔法市场很兴奋。但不久后，可冬一个人出门了。

“我们不用一起去吗，小丝？”

“当然不用，奈奈。我们要去买‘雪孔雀的宝宝羽毛’。”

奈奈听了，还是不知道那是什么东西。小丝将可冬已经放在桌上的明信片拿给奈奈。

"'关于羽毛的事情，请放心交给我们！售卖羽毛已经有一千年之久的羽毛店"鸭堂"。'这是广告啊！"

奈奈说完，突然大叫。

"上面贴着'轻松阻挡魔法便利贴'！这个明信片上施有'销售魔法'，对吧？之前来这里售卖口袋的推销魔女，使用的广告单跟这个一样。"

"你说得没错，奈奈。鸭堂的经营方式，是一边捡拾世界各地的羽毛，一边售卖收集而来的羽毛。因为一直在旅行，所以他们没有店面。不过只要呼唤他们，就会立刻出现。"

小丝将"轻松阻挡魔法便利贴"撕下后，说道："鸭堂，我急需'雪孔雀的宝宝羽毛'。"

明信片立刻飘到空中，发出“叮叮”的声响，接着在一个好听的声音说完“遵命”后，便落到地上。跟推销魔女辛西亚那时的情形一样。

接着，也跟那时一样，礼服修改分店的门外立刻响起敲门声。

“多谢关照。在下是鸭堂的娜塔莉。鸭堂是一间售卖羽毛已经超过千年的羽毛店。”

站在门口的，是个身穿条纹泳衣，脚穿蛙鞋的成年女性。她的腰带上挂着许多钥匙。

“请原谅我这身打扮，小丝小姐。因为我刚刚正在南方的大海，捡拾鱼鸟的羽毛。”

奈奈稍微想了一会儿后，忍不住问：

“鱼鸟，指的是飞鱼吗？飞鱼虽然会飞，可是不是鸟哦，没有鸟类那样的羽毛。”

鸭堂的娜塔莉眼睛睁得大大的。

“哎呀，好有趣的小姐。刚才那番话，好像是人类会说的啊。”

“奈奈是人类。先别管这个，娜塔莉，有‘雪孔雀的宝宝羽毛’吗？”

虽然娜塔莉看着奈奈的眼睛越睁越大，但还是立刻卸下背着的小保险箱。

“当然有，小丝小姐。关于羽毛的事情，请放心地交给鸭堂！”

说着，她迅速在钥匙串中挑出一把，插进保险箱的钥匙孔中。奈奈看了，便立刻明白这个保险箱跟礼服修改分店厨房那个不可

思议的门一样，被施上了同样的魔法。虽然门看起来只有一个，可是实际上对应的门的数量，有钥匙串上的钥匙那么多。

娜塔莉打开保险箱的门，里面有许多像棉花糖般纯白的松软羽毛。

“小丝小姐，这是放在夏天也不会融化，在

雪中生活的雪孔雀的羽毛，还是百分之百雏鸟时期生长，长大后才脱落的宝宝羽毛。最重要的是，这是我不久前才从今年离巢的雪孔雀巢里捡拾的。”

小丝满意地凝视着那纯白的羽毛。“雪孔雀的宝宝羽毛”白得炫目，比其他羽毛都要轻，很适合苏菲亚的绒毛礼服。

“我要这个，娜塔莉。”

“要不要再看看其他的羽毛？人类的奈奈小姐

也一起看看嘛。”

娜塔莉说着，迅速拿出另一把钥匙，打开保险箱。这次拿出来的，是散发七彩光芒的羽毛。

“哇，好漂亮的羽毛啊，小丝！”

“这是‘水晶凤凰的羽毛’哦，奈奈小姐。这可是很珍贵且难得的羽毛。”

奈奈不自觉地伸出手要拿，小丝立刻拉住她的手，阻止她。

“不用了，娜塔莉。今天只要这个就够了。”

被这么断然拒绝，就连已经是推销老手的娜塔莉，也只能关上保险箱。奈奈一脸遗憾。

“那么，小丝小姐，我这就回去捡拾鱼

鸟的羽毛了。感谢您的惠顾。祝您愉快。伊鲁玛巴纳！”

娜塔莉一消失，站在仍一脸遗憾的奈奈身旁的小丝，终于松了一口气。

“这次幸好没有乱花钱。对付推销魔女，真的不小心不行。”

没多久，可冬也从魔法市场回来了。于是，“雾之安哥拉羊毛”和“雪孔雀的宝宝羽毛”都齐全了。

隔天，奈奈将“雾之安哥拉羊毛”绑成一束一束的。小丝将这些与“雪孔雀的宝宝羽毛”一起缝在礼服的胸口和裙摆上。在“安哥拉羊毛”的梦幻之雾与轻轻摆动的纯白羽毛的装饰下，原本已经很漂亮的礼服，更是美得令人屏息。

非常简单

蒲公英绒毛球的做法

蒲公英的绒毛球

用粗毛线制作的
黄色蒲公英

绒毛的毛球

1

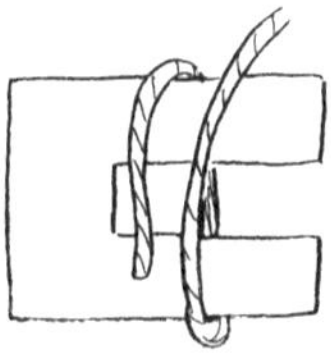

将厚纸板剪成“匚”形，用毛线缠绕约五十次。

2

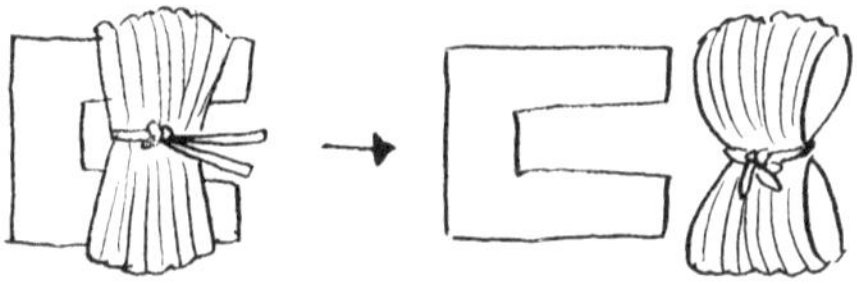

绕完后，在正中间用相同的毛线绑上死结，并从厚纸板上取出。

3

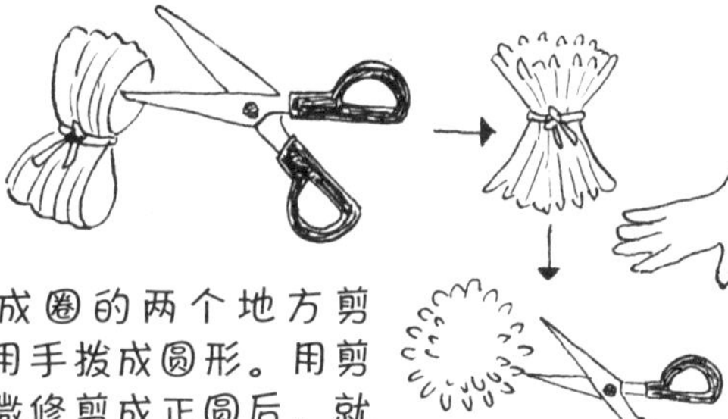

将变成圈的两个地方剪开，用手拨成圆形。用剪刀稍微修剪成正圆后，就完成了。

4

将羊毛毡剪成叶子的形状，在中央刺绣，再将绒毛球缝上。（将中间绑死结的毛线，缝在叶子上）

最后，小丝用凝结在向日葵花瓣上的朝露，做成黄色的朝露串珠，再将其缝在礼服上，一切大功告成。

奈奈朝礼服吹气，胸口位置的羽毛立刻轻轻摆动。

“真的就像蒲公英的绒毛一样。穿上这件礼服，感觉真的能飞到天上去呢。”

苏菲亚一定会喜欢的。小丝、奈奈和可冬，都非常地高兴。

9

奈奈的拼布礼服

隔天。

今天是苏菲亚来取礼服的日子。要是平常的话，奈奈在前往礼服修改分店的途中，总会兴奋地想象客人开心的模样。可是今天有点儿不一样。

“昨天我回家之后，小丝有没有在礼服

上使用魔法呢？”

奈奈真的很担心小丝在礼服上使用“大家都会赞赏”的魔法。

她打开门时，可冬正将苏菲亚的礼服套在模特架上。

“欢迎光临，奈奈大人。过一会儿，苏菲亚大人也要来看礼服了呢。”

套在模特架上的礼服虽然如梦似幻，美得令人屏息，可是跟昨天傍晚完成时的样子没有不同。奈奈看了，松了一口气。

这时，门外传来敲门声。

可冬打开门，看到满脸期待的苏菲亚站在门口。

奈奈静静地凝视苏菲亚因开心而发亮的脸庞。

“这是那件礼服……真令人难以置信。这是绒毛礼服吧？我想穿的‘蒲公英礼服’，就是这个样子呀！”

奈奈看着高兴的苏菲亚，善意地提醒

道：“苏菲亚，这件礼服白色的部分比黄色的地方还要显眼，所以搞不好会有人发出不好的议论，但是一定也会有很多朋友称赞你的。所以，请你豁出去，不要想太多，尽情

地享受嘉年华吧！”

“嗯，奈奈小姐。我……”

眼睛闪闪发亮的苏菲亚，正要回答的时候，小丝打断了她的话。

“哎呀，没有人会说不好的，苏菲亚。因为这件礼服上，确确实实已经被施上了你要求的魔法，只要穿上这件礼服，大家都会称赞你的。”

“这样啊……”

苏菲亚看着小丝，她的表情看起来有些犹豫，像是正在思考要不要取消魔法。

可是最后，苏菲亚只是点头行了个礼说：

“谢谢您，裁缝魔女大人。有了这件礼服，我就能安心地参加嘉年华了。”

奈奈惊讶地瞪大了眼，一旁的可冬则

利落地将礼服从模特架上取下，熟练地折好后，放进盒子里，再盖上贴有贴纸的盒盖。

“非常感谢您的光顾，苏菲亚大人。那么，我们就在后天的嘉年华上见吧。”

在可冬的目送下，苏菲亚回家了。

店里，奈奈嘟着嘴。

“小丝，苏菲亚光穿着修改过的礼服，说不定就会有自信了，为什么还要使用魔法呢？”

对于气呼呼的奈奈，小丝只是一如往常地耸耸肩，简短地回答：

“嘉年华开始后，我再告诉你。”

说着，她啪啦啪啦地翻起素描本。

“先别管那个，奈奈，你觉得这个设计图怎么样？”

No.

FROM 2003
什么都行魔法商店

委托人	我送的礼物
穿着对象	奈奈
目　　的	蒲公英嘉年华的礼服

备忘录

● 上衣（透明的）

穿在礼服里面

● 内搭裤

制作花边的布料，
跟上衣为同样材质

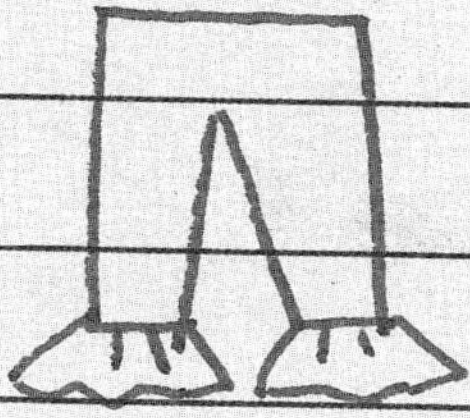

● ~~拼布的布料~~

利用缎子，让礼服变得华丽！

负责人　Silk

奈奈看了，简直说不出话来。

“好可爱的礼服！”

这是用拼布做的迷你礼服，样式与长款上衣类似。在使用的布料当中，加入了有光泽的缎子，看起来非常华丽。

下身的可爱紧身裤让奈奈可以尽情玩耍，而不用在意礼服下摆。

腰间的宽版缎带是用有光泽的缎子做成的，而穿在长款上衣里面的，是黄色的雪纺上衣。

“真是非常适合奈奈大人的礼服。”

奈奈也重重地点头，开心地笑着。

“找遍全世界，也找不到比我更适合这件礼服的女孩子了吧？”

说着，她紧紧握住小丝的手。

“谢谢你，小丝。”

“现在道谢是不是太早了，奈奈？嘉年华就在后天了。”

奈奈听了，立刻松开手。

“那得加紧赶工了，小丝！来不及的话，就没办法参加了。要从哪里开始呢？”

小丝和可冬互看一眼，扑哧笑了出来。

“我知道了，奈奈。麻烦你先将布剪成四边形，裁剪图纸已经事先做好了。”

于是，奈奈开始将布全部剪成小四边形。在她旁边的可冬将这些布熨平，小丝则用缝纫机将布缝接在一起。

不管是奈奈、可冬，还是小丝，都想起了当初帮熊小姐制作礼服时的情形。因为他们现在做的事，正和当时一模一样。

拼接的布完成后，小丝一边用针将它固定在模特架上，一边在布上做出美丽的褶子。

刚刚还很平整的布，现在变得蓬蓬的，在微风中轻轻摇动。

奈奈偶尔会停下手，看着

挂在跟自己身材一模一样的模特架上，一步一步完工的礼服。那时，她总会忍不住发出赞叹。

而小丝和可冬，则很开心地看着这个模样的奈奈。

第二天，夕阳尚未落山的时候，他们在长款上衣的腰部紧紧绑上黄色缎带后，奈奈的蒲公英嘉年华礼服就大功告成了。

“哇！我的礼服，超漂亮！”

“做得还不错。”

“虽然迟了一些，但是为了庆祝礼服完成，我们来喝下午茶吧。”

于是，他们三个一边品尝加了许多牛奶的红茶与刚烤好的蛋糕，一边聊着要带去嘉年华的三明治和点心、明天要跳的舞，以及在嘉年华上献唱的歌手的事。

最后，奈奈在满心期待下回家了。

10

前往嘉年华！

隔天早上。

今天是假日，而且是期盼已久的蒲公英嘉年华举办的日子！

奈奈蹦蹦跳跳地前往礼服修改分店。

店里，已经整装完毕的小丝和可冬正等着她。因为小丝是魔女，所以她只在黑色衣

服上搭配了黄色围裙，魔女帽子与黑色鞋子上则用黄色缎带做点缀。

奈奈想起可冬不久以前很自豪地说：

“最近，很多魔女大人穿着黄色的礼服，戴着黄色的魔女帽子参加蒲公英嘉年华，但是小丝大人依然遵照传统。”

“这就是小丝啊。”奈奈偷偷笑着。

至于可冬，则比小丝穿得更有嘉年华的味道。可冬穿上了黄色的燕尾服，打上了黄色波点领结，他的腰上甚至绑着腰饰带。当然，这些都是小丝制作的。

“不赶快换衣服不行。”

奈奈说完，小丝立刻拿出浅粉色水晶顶针，“要换装的话，就交给它了”。

浅粉色水晶顶针具有“瞬间换衣魔法”

的功能，是黑猫顶针的魔法宝石离家出走时，小丝为了工作而买的替代品。

小丝戴上浅粉色水晶顶针，在奈奈面前画圈圈。

一条光带立刻包围奈奈。光带消失后，奈奈身上已经穿好黄色的拼布礼服了。

而刚刚换下来的衣服，则被叠得整整齐齐，放在奈奈脚边。

“哇！”

奈奈低头看着自己，忍不住笑出声。可冬也发出赞叹。

“真的非常适合您呢，奈奈大人。”

“看起来不错，奈奈。”

奈奈虽然还没前往嘉年华，却已经开始想要跳舞了。可是，当她看到小丝拿着扫帚

过来后，心情变得有些低落。

“果然是要坐扫帚去啊，小丝。”

“是啊，奈奈，每一年都是坐扫帚去的。因为没有那么远，不需要动用魔法旅行纸。”

可冬也一副心不甘情不愿的模样，跟在小丝后面，走出门外。

将装满美食的篮子挂上扫帚后，大家便跨坐上去。

“导航魔法，开始。”

扫帚才摇摇晃晃往上飞，奈奈就已经紧闭双眼。

小丝对扫帚的操纵，真的很不在行。

“目的地是蒲公英洼地！”

扫帚这次仍以很快的速度冲向天空，让奈奈忍不住发出尖叫。

当遥远的下方出现黄色地毯时，笑容终于回到奈奈的脸上。

“到了。这是你参加的第一个嘉年华！”

在直直朝下飞的扫帚上说出这句话的小丝，声音全被奈奈的尖叫声盖过了。

蒲公英洼地比奈奈想象的要大得多，仿佛一张巨大的黄色地毯。

洼地的中央，既可以作为歌手的舞台，也可以作为大家跳舞的场所。而在更中心的地方，可以看到闪着金色光芒的蒲公英花蕾。那是可以帮人实现愿望的幸福蒲公英。

“花蕾好大，似乎快要开花了呢。”

接着，奈奈兴奋地看着四周。

各种动物跟精灵都穿上了黄色礼服，盛装打扮。光是这样看着，奈奈就觉得很好玩了。

这时，她看到苏菲亚和朋友一起走进洼地。

聚集在洼地四周的动物和精灵，同时发出赞叹声。

“哇，蒲公英绒毛礼服！好可爱啊。”

“是绒毛呢！好棒的想法。”

"非常适合你呢。"

即使如此，奈奈还是很担心地看着苏菲亚。

11

“大家都会赞赏”的魔法

苏菲亚红着脸走到洼地正中央。来这里之后，听到的只有赞美。

当然，苏菲亚的朋友都没有提起这件礼服“不是全黄”的。

“苏菲亚，这件礼服好漂亮哦。你为什么会做绒毛礼服呢？”

“那是因为……”

苏菲亚高兴地把对奈奈说过的话，又向同伴们说了一遍。

她说她喜欢蒲公英的绒毛胜过花，还说她觉得蒲公英像浪漫的旅人。

这是苏菲亚第一次对大家说这样的话。那是因为她穿上这件绒毛礼服后，有了勇气。

可是说完之后，她还是忍不住偷偷观察大家的表情。

“奈奈小姐虽然称赞了我，但是大家怎么想呢？”

苏菲亚还是很担心。可是，大家对她只有赞赏而已。

“哇，好浪漫哦，苏菲亚。我从来没有这样想过呢。”

“我也开始喜欢绒毛了！”

苏菲亚非常高兴，脸都红了。可是下一秒，她却突然想起一件事。

“对了，这件衣服被施上了魔法，所以大家才没有办法说出我很奇怪啊！”

苏菲亚突然变得很失落。第一次跟朋友吐露心声，朋友却因为魔法，无法说出自己真正的想法。

这时，苏菲亚看到了站在不远处的小丝。

“各位，请稍微等我一下。”

苏菲亚跟朋友说完，一副下定决心的模样，朝小丝走去。

“裁缝魔女大人，请您现在帮我解除魔法。”

“啊，苏菲亚。为什么？”

站在一旁的奈奈，惊讶地问道。

苏菲亚却目不转睛地看着小丝说：

“一定是因为魔法的关系，所以大家无法说出不好的评价。我错了。我想要跟朋友分享真正的想法，如果不这样做的话，我和他们就无法成为真正的朋友了。”

“可是，苏菲亚，你不管你的朋友怎么想了吗？一定会有小伙伴说这件礼服不好的。”

小丝以一贯的语调说道。

“即使有，我也不在乎，裁缝魔女大人。第一眼看到这件礼服时，我就想，就算没有使用魔法，我还是想穿。而且，穿上这件礼服后，我总觉得勇气不断地涌上来，感觉自己正在做真正想做的事。

“现在我已经了解，比起朋友怎么想，自己想穿这件礼服的想法更重要。所以，就算有坏评语，我也不会在意。”

小丝听了这番话，很难得地笑了。

“这样的话，我就帮你解除吧，苏菲亚。解除方法很简单，只要这么做就可以了。”

小丝说着，将苏菲亚的身子转向朋友那边，然后轻推她的背。

“咦？魔法呢？”

苏菲亚回头看着小丝，而站在小丝旁边的奈奈也瞪大了眼。

“你的意思是没有使用魔法吗，小丝？”

小丝微微地耸耸肩，以一贯的口气回答说：

“奈奈，稍微思考一下，不就懂了？‘改变别人想法的魔法’是绝对不能使用的魔法之一，所以，使用‘大家都会赞赏’的魔法，本来就是不可能的事。”

奈奈没有说话，可冬则抬起头看着苏菲亚，点点头说：

“即使那不是魔法的力量，但别人怎么看我们，我们并没有办法改变，苏菲亚大人。自己可以改变的，唯有自己的心而已。”

“自己的心……”

苏菲亚将手放在胸口，发现自己的心在不知不觉中已经改变了。这并不是魔法的力量，而是自己决定要改变的。

一颗全新的心，再也不害怕朋友怎么想了。现在她的心就像蒲公英的绒毛，轻飘飘的，而且很自由。

“谢谢您，裁缝魔女大人！”

苏菲亚说完，便跑回朋友身边。然后，她第一次向朋友发出邀请：

“各位，洼地南边的蒲公英已经长成绒毛球了。我们一起去吹绒毛球，好不好？一定很好玩。”

这还是苏菲亚第一次提议和大家一起做什么事呢。

所以朋友们都惊讶地瞪大了双眼。可是

这样的反应，只有一瞬间而已，随即，大家都笑了。

“赞成！”

“好像很有趣呢，走吧！苏菲亚。”

于是，大家手牵着手，向前奔跑。

12

幸福蒲公英

一直在观察苏菲亚的奈奈，高兴得跳起来。

“虽然没有在那件礼服上使用改变别人想法的魔法，但是，看起来好像使用了改变苏菲亚想法的魔法呢！小丝。”

小丝满意地点点头。

那当然不是魔法的力量，而是借由礼服的修改，让苏菲亚变幸福了。

奈奈看着自己穿的拼布礼服，想起跟小丝第一次相遇时的事。

“能跟小丝相遇，真好。”

奈奈心想，没有什么事比这件事更令她开心了。

“幸福蒲公英开花了！”

这时，在洼地正中央的动物和精灵大叫。传说中十年才开一次花的蒲公英终于绽放了。

不管是苏菲亚，还是在洼地周围的同伴，都急急忙忙围了过来。

散发着金色光芒的饱满花蕾，像要为大家解开秘密似的，悄悄地绽放了。

“哇！”

幸福蒲公英开花的瞬间，金色的光芒仿佛喷泉，猛力喷发至高高的天空中。在天空扩散开来后，又像金色的彩纸般，缓缓地落下。

“好漂亮……”

奈奈陶醉地看着这副美景。

当金色光芒笼罩在大家身上，整个洼地随即被寂静包围，再也没有人说话。大家闭上眼睛，有的人双手交握，有的人将手贴在胸口，有的人则面朝天空。接着，每个人开始许愿。

虽然就像小丝所说，这只是传说，跟能立刻实现愿望的魔法不同，但是，像这样在心中许下誓言实现自己的梦想或愿望，对大家来说，还是很重要的。

不仅奈奈，连小丝也闭上了眼睛，许下心愿。

这个时候的奈奈与小丝，许下了相同的心愿，可是因为愿望不能说出来，所以没人知道这件事。当然，她们彼此间也不知道。

当金色光芒消失，四周再度响起喧闹声时，两人互相望着对方，笑了。